Geheimnisse der libyschen Wüste

Ein Bericht über drei Jahre Erkundung im Herzen dieser riesigen und wasserlosen Region

WJ Harding König

Writat

Diese Ausgabe erschien im Jahr 2024

ISBN: 9789361465512

Herausgegeben von
Writat
E-Mail: info@writat.com

Inhalt

Die Satteltaschen oder *Hurj* sind farbenfroh und der Reiter ruht mit seinen Beinen auf dem Lederpolster über dem Widerrist. Das Kamel wird mit einem einzigen Zügel kontrolliert.

VORWORT

Es ist nicht einfach, einen Bericht über drei Jahre Arbeit in einem völlig unbekannten Teil der Welt wie dem Zentrum der Libyschen Wüste in einen vernünftigen Rahmen zu fassen.

Die meisten der wissenschaftlichen Ergebnisse, die ich während dieser Zeit erzielte, sind jedoch bereits in den Zeitschriften der Royal Geographical Society oder anderer wissenschaftlicher Organisationen erschienen, so dass es nicht notwendig war, sie wiederzugeben. Viele der Reisen in die Wüste führten zwangsläufig über Routen, die ich bereits zurückgelegt hatte, oder waren zu uninteressant, um beschrieben zu werden, so dass es nicht notwendig war, sie zu beschreiben. Andererseits wurden in den erzählenden Teil des Buches verschiedene Ereignisse aufgenommen, die, obwohl sie an sich relativ unwichtig erscheinen mögen, den Charakter der Eingeborenen veranschaulichen und so ethnographische Daten in einer ihrer praktischsten Formen liefern.

Die Fotografien, die die Illustrationen bilden, habe ich alle selbst gemacht. Leider wurden viele andere, die ich gemacht habe, durch den Sand oder die Hitze so stark beschädigt, dass sie für eine Reproduktion ungeeignet sind. Diese mussten durch Skizzen ersetzt werden, die ich anhand der Bilder angefertigt habe – dafür kann ich mich nur entschuldigen.

Die Namen der neuen Orte, die wir im zentralen Teil der Wüste entdeckten, sind auf keiner Karte zu finden. Es sind nur die, die meine Männer ihnen gegeben haben. Aber es war notwendig, sie zu verwenden, um die Wiederholung solch umständlicher Ausdrücke wie „der Hügel, der abwechselnd zurückzuweichen und vorzurücken schien, als wir uns ihm näherten" usw. zu vermeiden.

Ich habe bei der Durchführung meiner Arbeit von so vielen Seiten so viel Freundlichkeit und Unterstützung erfahren, dass es ein wenig schwierig ist, zu entscheiden, wo ich mit meiner Danksagung beginnen soll. Dem Kriegsministerium bin ich für die Bereitstellung der Gitternetze, auf denen meine Karte erstellt wurde, zu Dank verpflichtet; das Sudan-Büro in Kairo lieh mir Panzer und lieferte mir viele nützliche Informationen. Major Jennings-Bramley, Captain James Hay und der verstorbene Captain (später Colonel) OAG Fitzgerald gaben mir alle wertvolle Informationen und Ratschläge.

Dr. Rendle und seine Mitarbeiter der Botanischen Abteilung des Natural History Museum in South Kensington waren so freundlich, für mich eine Pflanzensammlung zu identifizieren, die ich mitbrachte, und gestatteten mir darüber hinaus die Nutzung ihrer Bibliothek, während sie die geografische Verteilung der Sammlung ermittelten.

Für die Identifizierung eines Teils meiner anderen Sammlungen bin ich auch den Mitarbeitern des Natural History Museum in South Kensington zu Dank verpflichtet. Eine auf meiner letzten Reise angelegte Insektensammlung, die ich an das Tring Museum schickte, wurde freundlicherweise von Lord Rothschild für mich identifiziert.

Ich bin der Royal Geographical Society zu großem Dank verpflichtet für die großzügige Leihgabe von Instrumenten . Und nicht zuletzt möchte ich mich herzlich bei der ägyptischen Vermessungsabteilung für die Leihgabe von Tanks und Instrumenten sowie für viele wertvolle Ratschläge und Hilfe bedanken. Insbesondere bin ich den folgenden Mitgliedern dieser Abteilung zu Dank verpflichtet: Dem verstorbenen Herrn (später Lt.-Col.) BFE Keeling und Herrn Bennett für die Berechnung einiger meiner astronomischen Beobachtungen; Herrn J. Craig für seine Freundlichkeit bei der Berechnung meines Siedepunkts und meiner aneroiden Höhen; Dr. John Ball und Herrn HE Hurst, die mir sehr geholfen und meine Unwissenheit zu diesem Thema soweit aufgeklärt haben, dass ich einige elektrische Beobachtungen an dem von einer Sanddüne gewehten Sand vornehmen konnte. Ersterer lieh mir außerdem freundlicherweise sein Elektrometer für die Beobachtungen. Herr Alfred Lucas von dieser Abteilung analysierte außerdem freundlicherweise einige Proben von verkrustetem Sand, die ich gesammelt hatte, um das Bindemittel zu entdecken.

Die Libysche Wüste, die in der Vergangenheit den Bemühungen aller ihrer Entdecker weitgehend getrotzt hat, wird ihre Geheimnisse in Kürze preisgeben. Passend konstruierte Autos, vielleicht begleitet von einem Aufklärungsflugzeug, unsere Feinde, gegen die selbst die eifrigste Wüste fast schutzlos ist, obwohl man die Notwendigkeit solch prosaischer mechanischer Hilfsmittel nur bedauern kann, bieten sie zweifellos eine ideale Methode, um lange Pioniererkundungen in einer wasserlosen Wüste durchzuführen. Aber diese Dinge sind erst vor kurzem erfunden worden, und es gibt noch immer viele ungelöste Probleme hinsichtlich dessen, „was sich hinter den Bergrücken verbirgt" in dem riesigen Gebiet, das wir als Libysche Wüste kennen, und die Spekulationen sind so faszinierend, dass es fast schade erscheint, dass diese Probleme jemals gelöst werden sollten.

KARTE FÜR „GEHEIMNISSE DER LIBYSCHEN WÜSTE. "

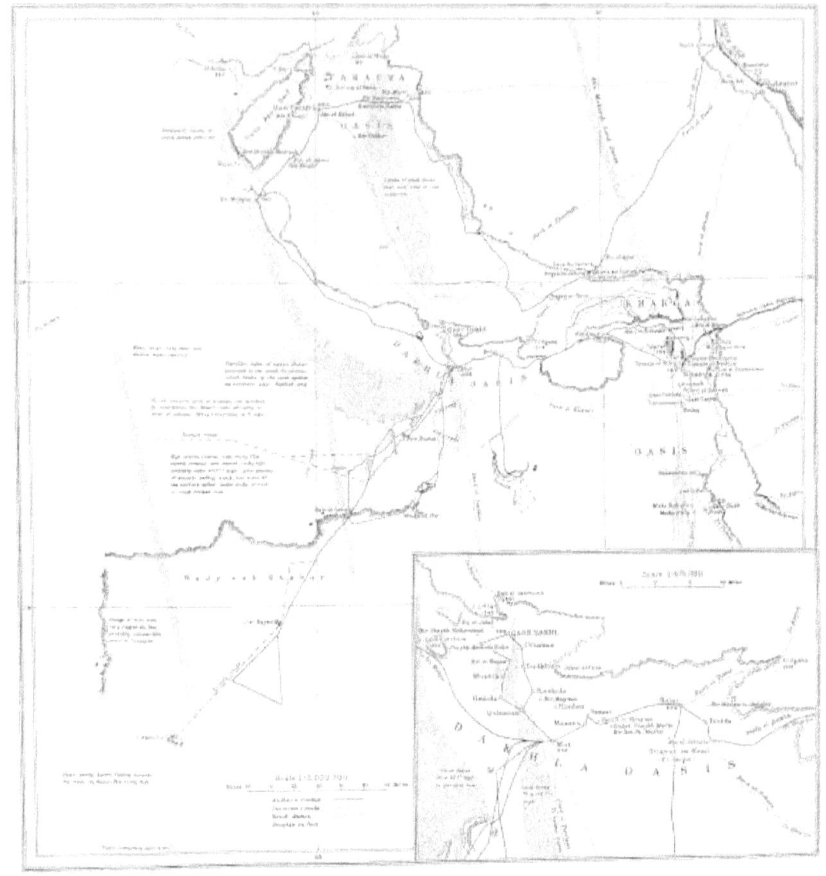

Seeley Service & Co. Ltd.

KAPITEL I

Die Zahl der Bücher über Ägypten nimmt kein Ende. Das erste Buch zu diesem Thema war Genesis, und seitdem ist eine stetige Produktion erfolgt. Die Literatur über die Libysche Wüste, die sich im Westen an Ägypten anschließt, ist jedoch merkwürdig spärlich, wenn man die enorme Fläche dieses Gebiets berücksichtigt.

Man kann sagen, dass sich die libysche Wüste vom südlichen Rand des schmalen kultivierten Gürtels erstreckt, der fast überall entlang der nordafrikanischen Küste existiert, bis zum Tibesti-Hochland und der nördlichen Grenze der Vegetation des Sudan. Im Osten ist die Grenze der Wüste durch das Niltal klar definiert; auf der westlichen Seite ist sie jedoch äußerst vage.

Ein breiter Wüstengürtel erstreckt sich von Ost nach West durch ganz Nordafrika. Der westliche Teil davon ist uns als „Sahara" bekannt. Aber „Sahara" ist eigentlich kein Name, sondern ein arabisches Wort, das Wüste bedeutet – *jede* Wüste. Die Einheimischen verwenden diesen Begriff für den gesamten Wüstengürtel und beschreiben damit sowohl die Libysche Wüste als auch den westlicheren Teil davon. Die Grenze zwischen dem, was wir als Sahara und Libysche Wüste kennen, wurde nie gezogen, aber man kann sagen, dass sie ungefähr vom nördlichen Ende des Tibesti bis zur Basis des Golfs von Sidra verläuft. Mit solch vagen Grenzen ist es unmöglich, ihre Ausdehnung genau zu schätzen, aber man kann davon ausgehen, dass die Libysche Wüste fast eine Million Quadratmeilen umfasst. Es ist wahrscheinlich das am wenigsten bekannte Gebiet dieser Größe auf der Welt. Es gibt immer noch Hunderttausende Quadratmeilen in ihren südlichen und zentralen Teilen, die den Europäern völlig unbekannt sind und deren Karte wie leeres Papier aussieht oder als mit unpassierbaren Sanddünen bedeckt dargestellt wird.

Ich hatte bereits einige Erfahrung mit Wüstenreisen in der Westsahara. Als ich also 1908 dem Sekretär der Royal Geographical Society schrieb und eine Reise in die Westsahara vorschlug, und als Antwort einen Brief erhielt, in dem mir vorgeschlagen wurde, ich solle mich stattdessen der Libyschen Wüste widmen, da diese das größte verfügbare Gebiet unbekannten Bodens biete und ich mich mit dem Studium der Sanddünen befassen solle, wozu diese eine unvergleichliche Gelegenheit böten, war ich sofort begeistert von diesem Vorschlag, der mir vorher noch nie in den Sinn gekommen war.

Doch nach einem solchen Sprung kommt man normalerweise mit einem ziemlichen Knall wieder auf die Erde zurück, und nachdem ich mich gründlicher als zuvor über die Art der Aufgabe informiert hatte, die ich übernommen hatte, begann ich, ihre wahre Natur zu erkennen. Und ich hatte das Gefühl, dass ich etwas ganz außergewöhnlich Dummes getan hatte, als ich sagte, ich würde diesen Teil der Welt in Angriff nehmen.

Viele Expeditionen waren von Ägypten aus aufgebrochen, um diesen Teil der Welt zu erkunden, aber bis dahin hatte keine die Grenze der Senussi überschritten, mit Ausnahme von Rohlfs, der 1874, bevor die Senussi fest in der Wüste verankert waren, versuchte, die Oase Kufara zu erreichen. Selbst er, vielleicht behindert durch seine riesige Karawane, schaffte es nur, drei Tage lang von Dakhla nach Westen vorzudringen und war dann durch die unüberwindlichen Dünen gezwungen, den Versuch aufzugeben und nach Norden abzubiegen und die ägyptische Oase Siwa anzusteuern. Diese Schwierigkeiten beim Überqueren der Sandhügel, der hinderliche Einfluss der Senussi, die passiven Widerstand zu einer Kunstform gemacht hatten, und vielleicht in einigen Fällen auch mangelnde Erfahrung im Reisen durch die Wüste hatten die anderen Versuche zum Scheitern gebracht. Dennoch schien dies die vielversprechendste Seite zu sein, um die Wüste zu betreten.

Ich machte zunächst einen vorläufigen Anlauf, indem ich wieder in die algerische Sahara ging. Das war natürlich einige Jahre vor dem Krieg, in dessen Verlauf die Senussi – oder die Senussia, wie sie genauer heißen sollten – sehr gründlich vernichtet wurden. Kurz vor dem Krieg waren sie jedoch auf dem Höhepunkt ihrer Macht und stellten in der Tat eine sehr ernste Bedrohung dar.

Sie hatten die – aus der Sicht eines Reisenden – sehr unerwünschte Eigenart, den Teil der Libyschen Wüste, in den ich vorhatte, als ihr Privateigentum zu betrachten und alle Versuche, in ihre Festungen einzudringen, – gelinde gesagt – aufs Schärfste zu verurteilen. Es kann kaum ein Zweifel daran bestehen, dass sie zu dieser Zeit schon seit langem eine Invasion Ägyptens in Erwägung zogen und nur auf eine geeignete Gelegenheit warteten, um sie in die Tat umzusetzen. Unter diesen Umständen wollten sie natürlich nicht, dass Europäer in ihr Land eindrangen, aus Angst, sie könnten zu viel erfahren. Außerdem war ihr Fanatismus gegen Europäer durch den Vormarsch der Franzosen in ihr Land von Süden her erheblich verstärkt worden.

Selbst heute noch scheinen die meisten Menschen den wahren Charakter der Senussia kaum zu begreifen; man hört ständig, dass sie als „Stamm" oder einfach als eine Gruppe ungewöhnlich frommer Moslems bezeichnet werden, die sich entschieden haben, in den unzugänglichsten Teilen Afrikas zu leben, um sich dort ihrem religiösen Leben zu widmen, ohne Angst vor Störungen durch Außenstehende haben zu müssen. Tatsächlich sind sie in Wirklichkeit Derwische, deren Charakter, jedenfalls zu dieser Zeit, gegenüber allen Nicht-Mohammedanern äußerst kompromisslos und gegenüber Europäern, insbesondere jenen, die muslimisches Territorium besetzten, besonders feindselig war. Darüber hinaus waren sie nicht nur auf die libysche Wüste beschränkt, sondern bildeten einen der mächtigsten Derwischorden, dessen Anhänger praktisch in der gesamten muslimischen Welt von Sumatra bis Marokko verbreitet waren.

Da ich erwartete, nach meiner Abreise aus der algerischen Sahara in der Libyschen Wüste häufig mit ihnen in Kontakt zu kommen, verbrachte ich viel Zeit in den öffentlichen Bibliotheken Algeriens und Tunis und sammelte alle verfügbaren Informationen über die Senussia und andere Derwische Nordafrikas.

Für diejenigen, die mit dem Thema nicht vertraut sind, ist es vielleicht gut, die Natur dieser Derwischorden zu erklären. Sie ähneln in mancher Hinsicht den Klostergemeinschaften des Christentums und sind normalerweise ähnlich organisiert. Ihre *Zawias* oder Klöster variieren in der Größe von einfachen Gebäuden, die kaum besser sind als Lehmhütten, bis hin zu riesigen Anlagen, die sich in Größe und Architektur mit den besten Einrichtungen ihrer Art in Europa messen können.

Jeder Derwischorden hat sein eigenes, besonderes Ritual. Viele von ihnen sind völlig unpolitisch und rein religiöser Natur; es gibt jedoch auch andere, wie zum Beispiel die berüchtigten Rahmania und Senussia, die einen stark politischen Charakter haben und den Europäern gegenüber normalerweise feindlich eingestellt sind. Häufig ist ihr Einfluss jedoch nicht offensichtlich, da sie sich diskret im Hintergrund halten; es hat sich jedoch wiederholt gezeigt, dass es intrigante Sekten wie diese waren, die hinter den zahlreichen Aufständen und Schwierigkeiten steckten, mit denen die Europäer im Umgang mit ihren moslemischen Untertanen zu kämpfen hatten.

Andere politische Ordnungen - wie etwa die Tijania - sind den Europäern sogar wohlgesinnt, während wiederum andere einen bestimmten Zweig der Gemeinschaft unterstützen, indem sie beispielsweise, wie im Fall der Ziania, als Beschützer der Reisenden auftreten oder, wie die Kerzazia, die Bewohner der Oasen gegen die Angriffe der sie umgebenden *Bedawin unterstützen* usw.

Da diese Derwischorden für ihren Unterhalt weitgehend von dem *Refar* oder Tribut abhängig sind, den sie von ihren Anhängern verlangen, tut jede Sekte mit wenigen Ausnahmen ihr Möglichstes, um die Zahl ihrer Anhänger zu erhöhen und sie davon abzuhalten, einem anderen Orden beizutreten. Dies führt natürlich zu einer erheblichen Rivalität zwischen ihnen, und wenn zwei von ihnen eine genau entgegengesetzte Politik verfolgen – wie zum Beispiel im Fall der Tijania und der Senussia –, entwickelt sich diese Rivalität zu einer tödlichen Fehde. Es ist vielleicht mehr als alles andere die Unmöglichkeit, rivalisierende Derwische zu einem Bündnis zu bewegen, die den wilden Traum vom Panislam, bei dem sich alle Mohammedaner zusammenschließen, um ihre europäischen Herrscher loszuwerden, zu einem so hoffnungslos unmöglichen Vorhaben macht.

Ein sehr großer Teil der eingeborenen Moslems in Nordafrika gehört einem oder mehreren dieser Orden an. Es kommt jedoch selten vor, dass ein Einheimischer frei darüber spricht, welchem Orden er angehört. Kenntnisse über diese Orden und über die Besonderheiten, an denen die Anhänger jeder Sekte erkannt werden können, sind jedoch äußerst nützlich. Die Informationen, die ich zu diesem Thema vor meiner Reise nach Libyen sammelte, waren für mich von größtem Wert, da sie es mir oft ermöglichten, die wahrscheinliche Einstellung der Männer, mit denen ich in Kontakt kam, mir gegenüber einzuschätzen und ihnen sogar Steine ins Gesicht zu legen, bevor sie überhaupt merkten, dass ich Grund zum Misstrauen hatte.

Als ich Tunis verließ, reiste ich weiter nach Ägypten, wo ich, bevor ich tatsächlich in die Wüste aufbrach, einige Zeit in Kairo verbrachte, um meiner Ausrüstung den letzten Schliff zu geben und so viele Informationen wie möglich über die Gegend zu sammeln, in die ich reiste. Es ist erstaunlich, wie viele meiner Informanten die Wüste als „Land der Romantik" betrachteten. Zweifellos verleiht die Entfernung dem Anblick in vielen Fällen einen Zauber und verleiht ihm einen gewissen Zauber; aber schon eine sehr kurze Erfahrung dieser trockenen Wüsten kann den Zauber völlig zerstören. Romantik ist lediglich das degenerierte Produkt von Fantasie und Unwissenheit. Es dürfte nur wenige Teile der Welt geben, in denen man so sehr mit harten, kalten Tatsachen konfrontiert ist wie in der Wüste.

Im Großen und Ganzen waren die Informationen, die ich sammeln konnte, sehr unbefriedigend. Ich konnte praktisch überhaupt nichts Genaues über die Wüste erfahren – zumindest nichts, was verlässlich schien, außer dass die Dünen im Inneren der Wüste völlig unpassierbar waren.

Doch bald stellte ich fest, dass zwar ich nichts erfuhr, andere aber *schon* . Die Wahrheit des einheimischen Sprichworts „In Ägypten kann man nichts geheim halten" wurde mir mehrere Male auf ziemlich verblüffende Weise aufgezwungen. Die meisten Neuigkeiten, die die Einheimischen erfahren, sickern wahrscheinlich durch die rücksichtslose Art durch, in der manche Europäer in Gegenwart ihrer englischsprachigen Bediensteten sprechen. Aber selbst wenn man diese Art von unvorsichtiger Unterhaltung berücksichtigt, ist es erstaunlich, wie schnell sich Nachrichten manchmal verbreiten. Diese schnelle Übermittlung geheimer Nachrichten ist in Nordafrika eine wohlbekannte Sache, mit der man immer rechnen muss. In Algerien nennt man es den „arabischen Telegraphen", und es sind viele außergewöhnliche Fälle davon dokumentiert.

Als Ergebnis meiner Nachforschungen konnte ich eine Art Programm für meine Arbeit in der Wüste aufstellen, dessen Hauptziele wie folgt waren:

(1) Dieses unpassierbare Dünenfeld zu überqueren.

(2) Wenn es mir gelänge, die Wüste von Nordosten nach Südwesten zu durchqueren.

(3) Sollte das letztgenannte Vorhaben fehlschlagen, so viele andere, unbekannte Teile der Wüste wie möglich zu erkunden.

(4) Möglichst viele Informationen von den Einheimischen über die unbekannten Teile der Wüste zu sammeln, die ich nicht selbst besuchen konnte.

Bevor ich Kairo verließ, stellte ich zwei Diener ein. Meine Arabischkenntnisse waren zu dieser Zeit dürftig und das, was ich konnte, war algerischer Art – ein schäbiger Dialekt, der fast eine andere Sprache ist als die, die in der Wüste gesprochen wird – ein Dolmetscher war daher fast eine Notwendigkeit. Ich nahm einen – Khalil Salah Gaber mit Namen – von einem Mann, der gerade das Land verließ. Er lobte Khalil lautstark und sagte, er sei ein äußerst guter Dolmetscher und „sehr taktvoll".

Seitdem bin ich Leuten gegenüber, die für ihr Taktgefühl bekannt sind, immer ausgesprochen misstrauisch – es gibt so viele verschiedene Abstufungen davon. Taktvoll, diplomatisch, hinterlistig, unehrlich, kriminell – all das sind unterschiedliche Schattierungen derselben Eigenschaft, und Khalils Taktgefühl erwies sich als das allerbeste!

Ich stellte auch einen Mann namens Dahab Suleyman Gindi als Koch ein. Dahab war – anders als Khalil, der ein *Fellache* oder einer der ägyptischen Bauern war – ein Berberiner, die Rasse, aus der die besten einheimischen Diener stammen. Er war ein kleiner, älterer, eher gebrechlich wirkender Mann mit einem ehrlichen, aufrichtigen Auftreten, der sich nicht nur als sehr guter Koch erwies, sondern sich manchmal auch als Dolmetscher nützlich machte, da er ein gewisses Maß an Englisch konnte.

Nachdem meine Vorbereitungen abgeschlossen waren, blieb ich noch eine Weile, um mir einige Sehenswürdigkeiten Kairos anzusehen. Seine kosmopolitischen Menschen aus allen Nationen machten es zu einem interessanten Ort für einen kurzen Aufenthalt. Aber nachdem man eine Weile dort verbracht und alle üblichen Sehenswürdigkeiten besichtigt hatte, begannen das schmutzige, laute Kairo und die anderen Touristenorte einem zu langweilig zu werden. Schließlich sind sie nur eine Art populäre Ausgabe des Landes, herausgegeben von Thomas Cook and Son. Dahinter lagen das wahre Ägypten und die Wüste, ein Land, in dem *Afrits*, *Ghule*, *Genien* und all die anderen Kreaturen des einheimischen Aberglaubens zum Alltag gehören; wo verlorene Oasen und verzauberte Städte im Wüstensand liegen, wo die Einheimischen noch immer vom Kontakt mit Europäern unberührt sind und wo die meisten Menschen angenehm sind, und obwohl die Aussicht abscheulich ist, konnte dies die Anziehungskraft nicht zerstören, die in der Tatsache lag, dass etwa eine Million Quadratmeilen davon völlig unbekannt waren und darauf warteten, erkundet zu werden.

Ich hatte schon nach kurzer Zeit genug von Kairo – es war wie eine Ausstellung in Earl's Court – und machte mich am Ende meines Aufenthalts mit einem Gefühl der Erleichterung auf den Weg in die Wüste.

Der Zug zur Oase Kharga verließ Kairo um 20.00 Uhr. Nach einer langen, staubigen Reise fand ich mich an der Endstation der kleinen Schmalspurbahn im Niltal wieder, die mehrere hundert Kilometer durch die Wüste zur Oase Kharga führt.

Heute gibt es an dieser Kreuzung einen richtigen Bahnhof, aber damals, im Jahr 1909, war die Strecke gerade erst eröffnet worden, und die Kreuzung bestand lediglich aus einem Abstellgleis, einer baufälligen kleinen Holzhütte für den Bahnhofsvorsteher und einem wahrhaft entsetzlichen Gestank nach toten Hunden. Letzterer war darauf zurückzuführen, dass die Behörden wegen einer Tollwut-Epidemie in der Gegend vergiftetes Fleisch auslegten, um die Pariahunde der Nachbarschaft zu töten, die alle die Umgebung der Station als Ort ausgewählt zu haben schienen, um ihre letzten Augenblicke zu verbringen.

Nachdem ich mein Gepäck am Rande des Gleises herausgeschossen hatte , verschwand der Zug in der Ferne und ließ mich mit etwa einer halben Tonne Ausrüstung zurück, um nach Qara zu gelangen, der Basis der Oasenbahn, wo ich, wie man mir gesagt hatte, untergebracht werden konnte. Nach einer Verspätung von fast einer Stunde, während der ich, da es bitterkalt war, die Wahrheit des einheimischen Sprichworts zu spüren begann, dass „jede Reise ein Vorgeschmack der Hölle ist", tauchten einige Trollies auf. Moslems, das sei erwähnt, glauben, dass es sieben Höllen gibt, eine schlimmer als die andere – und sie sagen, sie seien alle weiblich!

Sobald die Karren beladen waren, machten wir uns auf den Weg nach Qara, etwa acht Kilometer entfernt, wo ich die nächsten Tage verbrachte und die Kamele für meine Karawane sammelte.

Um mir beim Kauf der Tiere zu helfen, engagierte ich einen einheimischen Araber namens Sheykh Suleyman Awad, einen grimmigen, grauhaarigen alten Schurken, den ich später noch oft sah. In seiner Jugend hatte er einen hervorragenden Ruf als *Gada* – ein Begriff, der ziemlich genau unserem „Jäger" entspricht und bei den jüngeren *Bedawin sehr begehrt war* .

Diesen Ruf hatte er sich auf eine für diese Araber recht typische Weise erworben. Als junger Mann hatte er einmal eine Auseinandersetzung mit ein paar *Fellachen* , die ihn, nachdem sie ihn mit anderen Schimpfwörtern überhäuft hatten, schließlich als „Frau" bezeichneten. Eine solche

Beleidigung von ein paar einfachen *Fellachen* , einer von den Arabern sehr verachteten Rasse, war für Süleyman zu viel, und er erschoss sie beide sofort. Es war ein netter kleiner Schlagabtausch, aber Süleyman musste dafür einsitzen.

Die *Bedawin* in diesem Teil Ägyptens sind halbsesshaft und leben in Lagern im Niltal am Rande der Anbaugebiete. Die meisten von ihnen leben in Zelten aus dickem Kamel- und Ziegenhaar, andere in Hütten aus *Busa* – getrockneten Maisstängeln usw. – einige der wohlhabenderen Araber haben Häuser, die aus den üblichen Lehmziegeln gebaut sind, und besitzen kleine Landstücke, die sie bebauen. Zu bestimmten Jahreszeiten ziehen sie in die Oasen und kehren im Frühjahr wieder zu ihren Lagerplätzen im Niltal zurück, um der Kamelfliege zu entgehen, die zu dieser Jahreszeit in den Oasen auftaucht und unter den Kamelen fast so viele Todesopfer fordert wie die Tsetsefliege unter den Pferden in anderen Teilen Afrikas.

Nachdem ich ein oder zwei Tage damit verbracht hatte, in der Umgebung von Qara Kamele zu kaufen, erwarb ich schließlich fünf erstklassige Tiere auf dem Markt von Berdis.

Jeder arabische Stamm hat sein eigenes Kamelzeichen oder *Wasm* , dessen Ursprünge im Dunkel der Antike verloren gehen. Einige dieser Zeichen haben jedoch dieselbe Form wie die Buchstaben des alten libyschen Alphabets aus Nordafrika und dessen nahem Verwandten, dem Tifinagh oder Alphabet der modernen Tawareks, und es ist möglich, dass zwischen ihnen eine gewisse Verbindung besteht.

Die Kamele, die ich in Berdis kaufte, kamen aus dem Sudan. Es waren große, rehbraune Tiere mit ziemlich glattem Fell und alle trugen das gleiche Brandzeichen – eine senkrechte Linie auf der Vorderseite des Kopfes neben dem Nasenloch und eine ähnliche Linie in der Halsbeuge. Sie gehörten, glaube ich, dem Stamm der Ababda.

Schließlich besorgte mir Scheich Süleyman irgendwoher ein ansehnliches Kamel, das ich kaufte, und zusammen mit den fünf Kamelen, die ich aus Berdis besorgt hatte, bildete das meine gesamte Karawane - und es waren ganz schöne Tiere.

Ich engagierte ein paar Fahrer, die auf sie aufpassen sollten: Musa, einen jungen Burschen von etwa achtzehn Jahren, und einen kleinen pechschwarzen Sudani namens Abd er Rahman Musa Said, der sich als erstklassiger Mann erwies und die ganze Zeit, die ich in der Wüste verbrachte, bei mir blieb. Beide Männer gehörten zum Stamm von Scheich Suleyman.

Die Wahl eines Führers ist eine ernste Angelegenheit, da der Erfolg einer Expedition in hohem Maße von ihm abhängt, und ich hatte erhebliche Schwierigkeiten, einen geeigneten Mann zu finden. Ich hätte beinahe einen

Bewerber engagiert, da er der einzige der Kandidaten zu sein schien, der überhaupt etwas über die Wüste jenseits der ägyptischen Grenze wusste. Aber Nimr – der Bruder von Scheich Suleyman – ließ mir durch Abd er Rahman ausrichten, dass man sich nicht auf ihn verlassen könne, da er „dem Scheich folgte" – die übliche Beschreibung eines Mannes, der Mitglied der Senussia ist, unter Eingeborenen. Da er eine Zigarette ablehnte, die ich ihm anbot, lehnte ich es ab, ihn einzustellen. Es sei bemerkt, dass das Rauchen den Anhängern von Scheich Senussi verboten ist, und das Angebot einer Zigarette ist daher ein nützlicher – wenn auch nicht immer untrüglicher – Test für die Mitgliedschaft in dieser fanatischen Bruderschaft.

Meine Vermutungen bestätigten sich am nächsten Morgen, als dieser Mann hereinkam, um meine Antwort auf seinen Antrag zu hören. Das Kamel, auf dem er ritt, war am Hals mit dem *Wasm* der Senussia gebrandmarkt – eine Art konventionelle Form des arabischen Wortes „Allah" (**او**) – ein belastendes Beweisstück, das nicht nur zeigte, dass er der Sekte angehörte, sondern auch, dass sein Reittier von der Senussia selbst gestellt wurde. Er war wahrscheinlich einer ihrer Agenten.

Ich begann die Hoffnung auf einen Führer schon zu verzweifeln, als ich ein Telegramm vom *Mudir* (einheimischen Gouverneur) von Assiut erhielt, den ich um einen zuverlässigen Mann gebeten hatte. Darin stand, dass er einen für mich gefunden habe und ob ich ihn sehen wolle.

Der Mann kam am nächsten Tag. Er gefiel mir sofort, was selbst seine vielen kleinen Sünden nicht ganz taten. Sein Aussehen sprach eindeutig für ihn. Er war ein großer Mann, fast sechs Fuß groß, was für einen Araber wirklich sehr groß ist. Er sah aus wie etwa sechzig Jahre alt und hatte jene „große Ausstrahlung", die so viele *Bedawin* an den Tag legen und die so gut zu den wallenden Gewändern des Ostens passt. Anders als die meisten *Bedawin* war er makellos sauber.

Sein Name, sagte er, sei Qway Hassan Qway. Es ist völlig unmöglich, sich anhand rein europäischer Schriftsysteme ein genaues Bild von der Aussprache arabischer Namen zu machen, aber sein Vorname klang wie „choir" mit einer Art verschlucktem „g", das für das „ch" eingesetzt wurde. Er fügte die unnötige Information hinzu, dass sein Großvater ein *Bey gewesen war* – eine Art militärischer Titel, der ungefähr einem Ritterschlag entsprach. Er hatte offensichtlich nicht die Angewohnheit, sein Licht unter den Scheffel zu stellen. Aber da er vom *Mudir sehr empfohlen wurde* und mir sein Aussehen gefiel, engagierte ich ihn.

„Führer" ist vielleicht kaum der richtige Begriff für die Funktion, die man von ihm erwartete, denn er behauptete nicht einmal, die Wüste jenseits der ägyptischen Grenze zu kennen. Da es aber hoffnungslos schien, jemanden zu finden, der dies wusste, stellte ich ihn als einen Mann mit großer

Erfahrung im Wüstenreisen ein, der als Führer der Karawane fungieren und mir bei auftretenden Schwierigkeiten mit seinem Rat zur Seite stehen sollte.

Ich führte ihn herum und stellte ihn meinen anderen Männern vor. Auf meinen Vorschlag hin vereinbarte er mit Scheich Suleyman, ein Reitkamel von ihm zu mieten, da er sagte, er habe kein eigenes, das stark genug für eine harte Wüstenreise sei.

Trotz seines einnehmenden Wesens empfanden sowohl Scheich Suleyman als auch Abd er Rahman aus einem nicht ersichtlichen Grund eine starke Abneigung gegen ihn. Das gefiel mir ziemlich, denn ein wenig Reibereien in der Karawane machen die Männer leichter zu handhaben. Damals schrieb ich es seiner Zugehörigkeit zu einem anderen Stamm zu; aber nach dem zu urteilen, was später geschah, glaube ich, dass es in Wirklichkeit daran lag, dass sie etwas gegen ihn wussten, was sie mir, wie Einheimische, nicht zu sagen für nötig hielten.

Nachdem für Qway auf diese Weise gesorgt war, schickte ich meine Karawane auf dem Landweg zur Oase Kharga und folgte ihnen ein oder zwei Tage später selbst mit dem zweiwöchentlich verkehrenden Zug.

KAPITEL II

Die ersten paar Meilen verlief die Strecke über das Niltal. Etwa 40 Kilometer hinter Qara verließen wir den Wady, durch den die Eisenbahn führte, und erreichten das darüber liegende Plateau. *Jebel* , das in Ägypten allgemein verwendete Wort für Wüste, bedeutet wörtlich Berg; die Wüste nahe dem Niltal besteht aus dem Plateau, durch das der Nil seinen Lauf geschnitten hat.

Der Anblick des Plateaus war durch seine völlige Kargheit beeindruckend – keine einzige Pflanze, nicht einmal getrocknetes Gras, war zu sehen. Obwohl die eigentliche Oberfläche der Wüste sehr uneben war, war das allgemeine Niveau äußerst gleichmäßig. Das ganze Plateau bestand aus Kalkstein, in dessen kleinen Vertiefungen und Unebenheiten sich Sand- und Kiesflecken angesammelt hatten. Hier und da waren sehr niedrige Kalksteinhügel oder vielmehr Hügel zu sehen, von denen wahrscheinlich keiner höher als sechs Meter war. Überall auf dem Plateau waren die Auswirkungen der Sanderosion am deutlichsten zu erkennen. Die verschiedenen Arten der entstandenen Oberfläche waren den Einheimischen als *Rusuf-* , *Kharafish-* , *Kharashef-* und *Battikh-* oder „Wassermelonen"-Wüsten bekannt, deren Beschaffenheit man am besten auf den Fotos erkennen kann.

Der Abstieg vom Plateau in die Senke, in der die Oase Kharga liegt, erfolgte, wie der Aufstieg vom Niltal auf das Plateau, durch ein Wady. Die Oase Kharga war damals den Europäern kaum bekannt. Bis zur Ankunft der Gesellschaft, die die Eisenbahn gebaut hatte, war die Oase, so glaube ich, nur von einigen wenigen Wissenschaftlern und Regierungsbeamten besucht worden.

Die Wüste dahinter war so wenig erforscht, dass ich etwa eine Tagesreise von der Oase entfernt ein regelrechtes Labyrinth von mehreren hundert Quadratkilometern entdeckte, das aus kleinen, zwei- bis dreihundert Fuß tiefen Vertiefungen bestand, die sich gegenseitig öffneten und das Gebiet, das man zuvor als Teil des Kalksteinplateaus betrachtet hatte, wabenförmig durchzogen. Leider konnte ich dieses merkwürdige Gebiet nie vollständig erkunden. Es enthält mit ziemlicher Sicherheit mindestens zwei Brunnen oder vielleicht kleine Oasen – 'Ain Hamur und 'Ain Embarres.

Es ist schwierig, jemandem, der sie nicht gesehen hat, eine klare Vorstellung von diesen Oasen in der libyschen Wüste zu vermitteln. Kharga ist ein längliches Stück Land, das von Norden nach Süden etwa 140 Meilen und von Osten nach Westen etwa 20 Meilen misst. Es wird im Osten, Norden und Westen von riesigen Klippen oder Hügeln begrenzt. Nur etwa ein Hundertfünfzigstel seiner Fläche, in der Nähe der verschiedenen Dörfer, Weiler und Bauernhöfe, die über seine Oberfläche verstreut sind, wird kultiviert. Diese kultivierten Gebiete werden durch artesische Brunnen bewässert, von denen viele aus einer sehr fernen Zeit stammen. Aber die Oase Kharga und ihre Altertümer wurden bereits von zwei oder drei Autoren beschrieben, so dass keine ausführliche Beschreibung erforderlich ist. Sie enthält eine Reihe von Tempeln und anderen Ruinen, von denen der Hibis-Tempel die wichtigste ist.

Mit dem Tempel ist eine hervorragende Mumiengeschichte verbunden. Diejenigen, die mit der Ausgrabung der Tempel und Gräber Ägyptens beschäftigt sind – eine Tätigkeit, die lokal als „Leichenraub" bekannt ist – sind sich durchaus bewusst, dass sie bei ihrer Arbeit immer „die Toten gegen sich" haben, und es gibt nur wenige Orte, an denen dies so gut veranschaulicht wird wie im Tempel des Hibis.

Als ich in Kharga ankam, wurde es gerade von einem amerikanischen Archäologen namens W. restauriert. Bevor man sich der Restaurierung annahm, war der Wind Sand an die Mauern getrieben, der fast bis zur Spitze reichte. Um die Ausdehnung der Gebäude zu ermitteln, ließ W. parallel zu einer der Hauptmauern einen Graben ausheben.

Bevor dies abgeschlossen war, teilten ihm seine Männer mit, dass sie in diesem Teil nicht weiterarbeiten wollten. Als Grund gaben sie an, dass dort ein Scheich, also ein heiliger Mann, begraben worden sei. Da dieser von außergewöhnlicher Heiligkeit war, hatte man nachts Lichter über seinem Grab schweben sehen. Zudem war ein Mann, der dort zuvor gegraben hatte, erkrankt.

Nach einigen Schwierigkeiten gelang es W———, die Männer dazu zu bewegen, ihre Arbeit fortzusetzen. Aber eine heilige Mumie ist eine unheimliche Sache. Und tatsächlich, nachdem seine Männer noch ein wenig weiter gegraben hatten, rutschte etwas Erde in den Graben und mit ihr die Hälfte der Mumie, während die andere Hälfte im Boden neben dem Graben blieb. Die Männer legten sofort die Arbeit nieder und waren entsetzt über dieses Unglück. Die Gefühle der Mumie müssen ernsthaft verletzt gewesen sein, denn er machte sich sofort an die Arbeit – der Eingeborene, der sie tatsächlich ausgegraben hatte, war anfällig für Anfälle, bekam einen und starb noch *in der Nacht* .

Am nächsten Morgen war die Mumie verschwunden und alle Männer waren wieder bei der Arbeit, als wäre nichts geschehen. Nach einiger Zeit begann W——— vorsichtige Nachforschungen anzustellen, was mit der Mumie geschehen sei; aber er bekam keinerlei Informationen. Seine Fragen wurden mit einem ausdruckslosen Blick der Überraschung beantwortet – „Mumie? Welche Mumie? Da war keine Mumie gewesen." Wenn ein Eingeborener nichts dergleichen weiß, ist es völlig hoffnungslos, zu versuchen, etwas aus ihm herauszubekommen.

W——s Männer machten mit ihrer Arbeit weiter, als wäre nichts geschehen. Einer von ihnen hatte den kleinen Unfall mit der Mumie wiedergutgemacht, also wussten sie, dass die anderen in Sicherheit waren … aber sie schienen um W——s Gesundheit besorgt zu sein, und W——— stellte bald fest, dass er mit der Mumie noch nicht fertig war. Noch vor Ende der Saison erkrankten er und der mit ihm arbeitende Europäer, der am meisten mit der Mumie zu tun gehabt hatte, an sehr schlimmem Kharga-Fieber – einer virulenten Form von Malaria –, an dem W——— selbst beinahe gestorben wäre.

Einige Zeit später erfuhr er, dass seine Männer in der Nacht, in der die Mumie ausgegraben wurde , vor ihm hinabgegangen waren, seine sterblichen Überreste geborgen und ihm ein anständiges mohammedanisches Begräbnis gegeben hatten. Er fand heraus, wo er begraben war, und errichtete eine wirklich prächtige Grabplatte über seinem Grab. Sie musste fast drei Meter lang, zwei Meter breit und zwei Meter hoch sein. Sie war aus den allerbesten Lehmziegeln gebaut, die die Oase hervorbringen konnte – und er hat sie sogar weiß getüncht. Seitdem ist die Mumie besänftigt und hat W——— in Frieden gelassen.

Als ich herausfand, wo die Mumie begraben war, machte ich einen *Baschsch* , indem ich neben seinem Grab eine Fünfpiastermünze in die Erde steckte – ein Vorgehen, das Dahabs höchste Zustimmung fand – und ich hatte in diesem Jahr eine erfolgreichere Reise als in jedem anderen. Aber das sagt nicht viel über die Intelligenz der Mumie aus, denn diese Fünfpiastermünze war eine schlechte.

Für die Skeptiker möchte ich hinzufügen, dass diese Geschichte wahr ist – *absolut wahr* – das wird Ihnen jeder Einheimische in Kharga bestätigen – außerdem gibt es das getünchte Grab, das das beweist; für eine Mumiengeschichte ist sie also tatsächlich sehr wahr.

Nach einem mehrtägigen Aufenthalt in Kharga, damit die Karawane vom Niltal durchkommen konnte, machten wir uns auf den Weg zur Oase Dakhla. Unsere Straße verlief zunächst grob von Ost nach West. Kurz nach unserem Aufbruch führte sie durch ein etwa drei Kilometer breites Stück merkwürdiger Lehmhügel. Diese, die alle weniger als sechs Meter hoch zu sein schienen, waren offensichtlich durch die Erosion der Erde durch den vom Wind verwehten Sand entstanden, denn sie verliefen alle von Nord nach Süd, in Richtung des vorherrschenden Windes. Kurz bevor wir die Westseite der Oase erreichten, führte unsere Straße durch eine Lücke in einem Gürtel aus Sanddünen, die wie die Lehmhügel in derselben Nord-Süd-Richtung des vorherrschenden Windes verliefen.

Diese Sandgürtel bestehen aus langen, schmalen, mit Dünen bedeckten Flächen, die in fast geraden Linien ungefähr von Norden nach Süden durch die Wüste verlaufen. Dieser Abu-Moharik-Gürtel, durch den unsere Straße führte, hat eine Länge, die nicht viel weniger als 400 Meilen betragen kann; obwohl seine Breite an verschiedenen Stellen entlang seines Verlaufs etwas variiert, beträgt seine durchschnittliche Breite wahrscheinlich nicht viel mehr als fünf Meilen, das heißt etwa ein Achtzigstel seiner Gesamtlänge. Diese Gürtel bestehen fast ausschließlich aus mehr oder weniger halbmondförmigen Dünen. An manchen Stellen sind die Sandhügel, aus denen sie bestehen, verstreut und stehen isoliert voneinander, mit sandfreien Wüstengebieten dazwischen. In anderen Teilen sind die Dünen dichter gepackt; viele der Halbmonde vereinen sich zu großen Gruppen, und die Zwischenräume zwischen den Dünen sind manchmal ebenfalls mit Sand bedeckt.

Jenseits des Dünengürtels bogen wir scharf nach Süden ab und erreichten bald das nördliche Ende des bebauten Gebiets, das das Dorf Kharga umgibt. Von Kharga aus reisten wir südwärts zum Dorf Bulaq und passierten auf unserem Weg die Sandsteintempel von Qasr el Guehda – oder Wehda, wie es oft lokal ausgesprochen wird – und Qasr Zaiyan. Beide waren von einer Lehmziegelumfassung umgeben, die mit den Überresten eines Labyrinths kleiner zerstörter Ziegelgebäude gefüllt war und einige Hieroglyphen und einige schöne Kapitelle an den Säulen enthielt.

Kurz nachdem wir Qasr Zaiyan verlassen hatten, betraten wir ein sandiges Stück Land, das mit einer Vegetation aus anmutig verzweigten Dompalmen, Akazien, Palmengestrüpp und Gräsern bedeckt war, auf dem einige der Rinder der Rasse grasten, für die die Oase bekannt ist. Nach einer halbstündigen Reise durch dieses mit Gestrüpp bedeckte Gebiet erreichten wir die Palmenhaine und das Dorf Bulaq, an dessen Südseite ich mein Lager aufschlug. Bulaq ist zwar mit etwa tausend Einwohnern eines der größten Dörfer der Oase, aber ziemlich uninteressant. Seine Palmenhaine und sein kultiviertes Land liegen auf seiner Ostseite; im Norden, Süden und Westen wird es von offener Sandwüste begrenzt. Es ist vor allem als das wichtigste Zentrum der Oase für die Herstellung von Matten und Körben bekannt, die hauptsächlich aus den Blättern der zahlreichen Dompalmen hergestellt werden, die in der Umgebung wachsen.

Am nächsten Tag brachen wir nach dem Frühstück unser Lager ab und machten uns auf den Weg nach Westen durch den Dünengürtel. Wir brauchten nur eineinviertel Stunden, um ihn zu bewältigen. Zwischen den Dünen gab es viele Zwischenräume, die völlig frei von Sand waren. Indem wir uns so weit wie möglich an diese hielten und uns um sie herumschlängelten, um die Sandhügel an ihren niedrigsten Stellen zu überqueren, schafften wir es, durch den Gürtel zu gelangen und gelangten in eine kiesige, sandfreie Wüste dahinter.

Dies war meine erste Erfahrung mit den Dünen der Libyschen Wüste und ich war ausgesprochen ermutigend. Die Sandhügel waren nicht nur viel kleiner, als ich angenommen hatte, sondern ihre Oberfläche war auch hart verkrustet, und wir überquerten sie ohne große Schwierigkeiten. Als ich auf der anderen Seite herauskam, machte ich mich auf den Weg zur Oase Dakhla und war zuversichtlicher als je zuvor, den schweren Sand westlich dieser Oase überqueren zu können.

Nachdem wir den Dünengürtel überquert hatten, änderten wir unseren Kurs und bogen fast genau nach Norden ab, um auf den Brunnen von 'Ain Amur zuzusteuern. Die Wüste, durch die wir reisten, bestand aus Kieselsand, mit gelegentlichen felsigen Hügeln oder Bergrücken aus schwarzem Sandstein und bot nur wenige interessante Punkte. Wir schlugen unser Lager um fünf Uhr auf, und ich hatte eine gute Gelegenheit, die Eigenheiten meiner Männer und die Ausrüstung, die sie für die Reise mitgebracht hatten, zu studieren.

Qways Ausrüstung war für die Wüste so perfekt, wie es nur möglich war. Sein Kamelsattel war ein *Rabiat*, über dem ein rotes Lederkissen lag, auf dem er saß. Darauf legte er seinen *Hurj*, ein Paar Satteltaschen aus starkem, teppichartigem Stoff, von denen auf jeder Seite eine herabhing; darüber lag eine gefaltete rote Decke, und darüber breitete er seine *Furwa*, ein schwarzes Schafsfell, aus – ein unverzichtbarer Teil der Ausrüstung eines Kamelreiters, das er nicht nur über seinen Sattel legt, wo es einen weichen und bequemen Sitz bildet, sondern auf dem er auch sitzt, wenn er absteigt, sich darauf legt oder sich nachts damit zudeckt und das er sich an einem kalten Tag über die Schultern wirft. Über dem Widerrist des Kamels vor dem Sattel befand sich ein zweites kleines Kissen, ebenfalls aus rotem Leder, auf dem er seine Beine ablegen konnte, wenn er sie beim Reiten vor sich überkreuzte. An seinem *Rabiat hing* auf jeder Seite ein Sack Getreide für sein Kamel, und die Taschen seines *Hurj* ruhten auf den Säcken.

Auf seinem Sattel hing eine Sammlung der verschiedensten Gegenstände. Ein Martini-Henry-Gewehr, das ich ihm geliehen hatte und auf dem in Goldbuchstaben ein Text aus dem Koran eingraviert war, lag auf der einen Seite unter seinem *Hurj auf dem Rücken seines Kamels* und wurde auf der anderen Seite von einem roten Sonnenschirm ausgeglichen. Ein Ziegenfell zum Tragen von Wasser, ein kleiner Topf voll Käse, sein Kamelfutteral oder *Mukhlia*, in dem er, wenn er eine Oase verließ, normalerweise ein paar in Stroh verpackte Eier transportierte, die er sich in einem Dorf erbettelt hatte, an dem wir vorbeikamen, sein *'Agal* oder Kamelfessel und ein Schlauch mit Mehl – all das war irgendwo an seinem Sattel festgebunden.

In seinem *Hurj* führte Qway eine höchst außergewöhnliche Sammlung von Dingen mit sich: einen kleinen runden Spiegel und eine zusammenklappbare Nagelschere, mit denen er am Ende eines Tagesmarsches oft einige Zeit damit verbrachte, seinen Bart und Schnurrbart zu trimmen – er war immer blitzsauber und ordentlich –, eine Kleiderbürste, mit der er stets seine besten Kleider putzte, seine besten Schuhe, eine Ahle, deren Spitze in einem Korken steckte, um Kamele zu operieren, eine Packnadel und ein oder zwei Nähnadeln, deren Spitzen ebenfalls geschützt waren, ein kleines Säckchen mit Garn und Knöpfen, ein Stück Seife, ein Teil einer Tüte Zucker, Tee, Salz, roter Pfeffer, Pillen und ein oder zwei andere geheimnisvolle arabische Medikamente, alle sorgfältig einzeln in verschiedene Lumpenstücke eingewickelt, einige Patronen, die ich ihm für sein Gewehr gegeben hatte, alle Zwiebeln, die er in der letzten Oase erbetteln konnte und eine Menge getrockneter Datteln waren nur einige der vielen Dinge, die seine Kamelbeutel enthielten.

Die Ausrüstung der Kameltreiber, die natürlich zu Fuß unterwegs waren, war viel einfacher. Sie brachten einen Mehlschlauch, eine emaillierte Eisenschüssel zum Zubereiten des Teigs, eine leicht gewölbte Eisenplatte (*Saj*) zum Backen des Brots und zwei oder drei kleine Blechdosen mit, in denen sie Zucker, Salz und Tee transportierten, wenn sie welchen hatten. Diese Dosen warfen sie in den Sack, in dem sie die wenigen Kleidungsstücke transportierten, die sie sonst noch besaßen.

Dahab trug seine Sachen in einer Tasche, die in eine Decke eingerollt war, auf der er schlief. Seine Ausrüstung war sehr handwerklich. Khalils Outfit war jedoch größtenteils ornamentartiger Natur und umfasste Kleinigkeiten wie ein rosa Satinkissen, das dicht mit goldenen Sternen besetzt und mit einem mit Spitze besetzten Kissenbezug bedeckt war!

Durch die raue Beanspruchung, die mit einer Wüstenreise untrennbar verbunden ist, wird jedermanns Kleidung mehr oder weniger beschädigt. Die anderen Männer ließen während unserer Rast ihre Kleidung flicken und ausbessern, aber Khalil reparierte nie die zahlreichen Risse, die bald in seiner Kleidung auftauchten. Er wurde schließlich zu einer solchen Vogelscheuche, dass er, als er sich an einem extrem heißen Tag während unserer Mittagsrast auf einen Felsen setzte, viel schneller wieder aufsprang, als er sich hingesetzt hatte, weil der Felsen sehr heiß war und er, um es poetisch auszudrücken, nicht „durch die Nähte von der Wüste getrennt" war.

Während seines Aufenthalts im Tal war Khalil recht erfolgreich, da er ein sehr guter Dolmetscher war. Doch kaum war er in der Wüste, da zeigte sich sofort sein wahres Ich: ein Dragoman der tiefsten Art. Er war eine schwere Prüfung, bis ich ihn loswurde.

Die ersten paar Tage in der Wüste mit einer neuen Karawane sind immer anstrengend. Die Männer haben sich noch nicht in ihre Arbeit eingefunden und die Kamele, die sich gegenseitig fremd sind, verbringen die meiste Zeit mit Kämpfen. Ein wildes Kamel ist ein gefährliches Tier und es hat keinen

Sinn, mit ihm zu spielen. Die richtige Stelle, um es zu treffen, ist sein Nacken. Schlagen Sie es hart mit einem schweren Gegenstand und machen Sie so weiter, bis es teilweise betäubt ist und dann wieder vernünftig werden kann. Dennoch, wie der begabte Autor von „Eothen" es ausdrückte: „Man lernt ein Kamel wegen seiner sanften, weibischen Art bald zu lieben."

Die Araber geben Kamelen je nach Alter verschiedene Namen: Ein einjähriges Tier heißt *ibn esh Sha'ar* oder manchmal *ibn es Sena* , ein zweijähriges *ibn Lebun* , ein dreijähriges *Heg* , ein vierjähriges *Thenni* , ein fünfjähriges *Jedda* , ein sechsjähriges *Raba'a* , ein siebenjähriges *Sedis* und ein achtjähriges *Fahal* . Die Namen gelten sowohl für männliche als auch für weibliche Tiere. Nach acht Jahren heißt ein Männchen einfach *Jemel* (Kamel) und das Weibchen *Naga* .

Auf einigen sehr schlechten Straßen, auf denen es viel Fels zu überqueren gilt, haben viele Karawanenführer eine Ahle, Schnur und Lederstücke dabei, um den Huf eines Kamels neu zu besohlen, falls sich die ganze Haut ablöst, was manchmal vorkommt. Qway hat einmal den Huf eines meiner Kamele neu besohlt, das aus diesem Grund völlig hinkte.

Die Operation war einfach und schien ziemlich schmerzlos zu sein. Er bohrte Löcher diagonal nach oben durch die dicke Haut am Rand der Fußsohle, schnitt ein Stück Leder heraus, das etwas größer war als der Fußabdruck des Kamels, führte dann Schnüre durch die gebohrten Löcher und durch die entsprechenden Löcher im Stück Leder und band die Enden der Schnüre zusammen. Ein oder zwei Schnüre wurden vom Stein durchtrennt und mussten ersetzt werden. Das Kamel konnte jedoch ohne große Schwierigkeiten zurück in die Oase humpeln und erholte sich nach einigen Wochen Ruhe, in denen die Haut an seiner Fußsohle nachwachsen konnte, vollständig.

Kamele haben ganz unterschiedliche Farben. Unter denen, die ich in meiner ersten Saison in Ägypten kaufte, befanden sich ein Tier mit einer eher ungewöhnlichen kastanienbraunen Farbe und zwei andere rehbraune Tiere, von denen eines einen Grauton aufwies und das andere eher zu einem Rotschimmel neigte. Meine Männer nannten sie die roten, blauen und grünen Kamele.

Das „grüne" Tier war das, das ich früher geritten habe. Es war kein schlechtes Reittier, aber da es vor dem Kauf noch nie geritten worden war und das Lenken eines Kamels mit einem einzigen Zügel immer ein bisschen so ist, als würde man versuchen, eine Boa Constrictor mit einem Faden zu lenken, musste ich meinen Stock anfangs ziemlich oft benutzen.

Am Nachmittag unseres dritten Tages, nachdem wir Kharga verlassen hatten, passierten wir eine Masse aus erodiertem Kreide, die aus dem

Sandboden ragte und die Einheimischen aufgrund ihrer Form als *Abu el Hul* – „die Sphinx" – kannten. Von dort gingen wir weiter zum Brunnen von 'Ain Amur, in dessen Nähe ich einige Flecken hellblauen Sandes fand.

Eine anderthalbtägige Reise Richtung Westen über das Hochplateau, auf dessen Nordklippe 'Ain Amur liegt, brachte uns auf den höchsten Punkt des Abhangs, der uns vom Plateau zur Oase Dakhla führt.

Dieser *Negeb* oder Abstieg erwies sich als ziemlich schwierig zu bewältigen. Der Sand hatte sich gegen die Klippe gewühlt, die wir hinabklettern mussten, und als die Kamele erst einmal auf der Sandbank waren, konnten sie den Abhang schräg hinabgehen und so ohne Schwierigkeiten den Grund erreichen. Aber oben auf der Sandbank hingen die Felsen, aus denen die Klippe bestand, über und bildeten eine Art Gesims, und der Weg zum darunterliegenden Sandhang führte durch einen Spalt im Gesims, der so schmal war, dass das Gepäck vorübergehend vom Rücken der Kamele gehoben werden musste, damit sie durch den Durchgang gelangen konnten.

Wir brauchten eine halbe Stunde, um diese Stelle zu überwinden, doch als wir es schließlich ohne Katastrophe geschafft hatten, schlugen wir bald, nachdem wir den Grund erreicht hatten, in einer Bucht in der Klippe unser Lager auf.

Bald nach Sonnenuntergang flog eine Wildgans aus südwestlicher Richtung über das Lager auf das Plateau. Es gab viele Spekulationen darüber, woher sie gekommen war, denn man wusste nicht, dass es in der Wüste, aus der sie kam, Wasser gab, das näher als im Sudan lag.

KAPITEL III

Gegen zwei Uhr nachmittags am nächsten Tag erreichten wir „Ain El Jemala", den ersten Brunnen der Oase Dakhla, der am Rande eines großen Buschlandes liegt, das angeblich ein beliebter Aufenthaltsort der Gazellen war. Wir machten hier Halt, um die Kamele zu tränken. Dann fuhren wir weiter, vorbei am Dorf Tenida, nach Belat.

Der *Omda* (Dorfvorsteher) kam im Laufe des Nachmittags vorbei und brachte einige der führenden Männer des Dorfes mit, um mich in der Oase willkommen zu heißen und mich zum Abendessen einzuladen. Er begrüßte mich mit der bildhaften Formel, die in der Wüste unweigerlich jedem gegeben wird, der von einer Reise zurückkehrt: „Gelobt sei Allah für deine Sicherheit."

Nach dem Abendessen wurde ein Mann hereingebracht, der aus Mut, der Hauptstadt der Oase, gekommen war. Er brachte mir eine Nachricht vom *Mamur* , dem einheimischen Magistrat, der mich in seinem Bezirk willkommen hieß und sagte, dass, obwohl er von meiner Ankunft gehört hatte, niemand meinen Namen aussprechen konnte. Er bat mich, jemanden zu finden, der ihn auf Arabisch aufschrieb. Die Oase Dakhla, obwohl sie gerade noch an der ägyptischen Grenze liegt, war bis dahin nur von sehr wenigen Europäern besucht worden, und meine Ankunft an diesem abgelegenen Ort sorgte daher in der kleinen Gemeinde für einiges Aufsehen.

Ich habe Khalil mit der Beantwortung des Briefes betraut. Den „ing"-Laut in meinem Namen hat kein arabisch sprechender Einheimischer je gelernt. Nach vielen Diskussionen hatte Khalil schließlich den Brief geschrieben, und das Ergebnis war, dass ich von da an immer unter dem Namen „Harden Keen" in die Oase ging.

Von Belat aus zogen wir weiter nach Smint el Kharab, dem Ruinenort Smint, wo sich einige aus Lehm gebaute Ruinen befinden, von denen einige an den Innenwänden Malereien aufweisen, die offenbar koptischen Ursprungs sind. Von Smint el Kharab aus zogen wir weiter zum Dorf Smint selbst. Hier wurden wir natürlich von der *'omda zum Mittagessen eingeladen* – eine Einladung, die ich ausnahmsweise gerne annahm, da wir früh aufgebrochen waren und die Karawane, die außerhalb des Dorfes auf mich warten sollte, aufgrund eines Missverständnisses nach Mut weitergezogen war.

Mein erster Eindruck von den Bewohnern dieser Oasen und ihrem herzlichen Empfang war sicherlich ein äußerst positiver. Ihre Gastfreundschaft war für mich jedoch manchmal etwas überwältigend.

,OMDA'S HAUS, TENIDA.

Über die Art dieser Gastfreundschaft scheint es ein Missverständnis zu geben. In vielen Fällen ist der Gastgeber eine Privatperson, oder wenn es sich um einen *'omda handelt, bewirtet er einen in seiner privaten Eigenschaft. Aber normalerweise ist man, wenn man zu einer Mahlzeit oder einem Aufenthalt bei einem 'omda* eingeladen wird , in Wirklichkeit der Gast des ganzen Dorfes, auch wenn dies nicht offensichtlich ist. Die *'omdas* der Oase Dakhla haben das Recht, einen kleinen Anteil des Wassers jedes neuen Brunnens, der in ihrem Bezirk gegraben wird, zu nehmen, um die Gastfreundschaft zu bezahlen, die sie den Fremden erweisen, die in ihr Dorf kommen. In Fällen, in denen es keine neuen Brunnen gibt, fordern sie von den Oberhäuptern der verschiedenen Familien die Kosten ein, die ihnen auf diese Weise entstanden sind; so dass in Wirklichkeit die Kosten für die Bewirtung des Gastes vom ganzen Dorf getragen werden.

Die meisten Bewohner dieser Oasen sind bitterarm, und es ist für einen Europäer sehr widerwärtig, auf diese Weise von ihnen leben zu müssen. Ihre Gastfreundschaft abzulehnen, wäre jedoch eine Beleidigung, wenn nicht gar eine echte Beleidigung, und das Gleiche gilt für jeden Versuch, ihnen im Gegenzug eine Bezahlung anzubieten.

Die Mahlzeiten waren in der Regel recht gut gekocht und meist besser als die, die ich im Lager bekam. Tee und Zigaretten waren eine echte Qual. Der einzige Luxus, den sich die Bewohner der Oase leisten, ist Tee; selbst die Ärmsten unter ihnen konsumieren enorme Mengen. Die Qualität des Tees in den Häusern der besseren Klasse ist tadellos. Der beste Tee soll aus Persien kommen, und man sagte mir, dass man dafür bis zu 1 £ pro *Rotl* (das ägyptische Pfund) bezahlt. Neben rotem Tee werden auch grüner Tee sowie brauner und schwarzer Tee verwendet. Letzteren habe ich nur einmal probiert; er schien von minderer Qualität zu sein. Die reicheren Einheimischen bieten oft zwei oder sogar drei verschiedene Sorten nacheinander an.

Nach dem Trinken ist es ganz richtig, eine Weile still dazusitzen, sich die Lippen zu lecken und zu schmatzen und den „Tee zu probieren", wie man es nennt, als Kompliment für die Qualität des Tees, den der Gastgeber serviert. Die Einheimischen haben eine andere Art, ihre Wertschätzung für das Essen auszudrücken, das ihnen vorgesetzt wird, die wir jedoch besser nicht beschreiben.

Die größte Tortur, die ich durchstehen musste, waren nicht der Tee, sondern die Zigaretten. Mein Gastgeber holte irgendwo aus den voluminösen Falten seiner Kleidung eine große, glänzende Tabakdose aus Pappmaché hervor, die mit Perlmutt eingelegt war, aus der er etwas Tabak und Zigarettenpapier hervorholte und mir eine Zigarette drehte, die er dann *hinunterleckte* .

Schließlich fand ich einen Weg, ihnen aus dem Weg zu gehen. Wenn mir die Zigarette vor dem Tee angeboten wurde, hielt ich sie mir übers Ohr – die richtige Position, um sie in den Oasen zu tragen – und erklärte, dass ich sie später rauchen würde, um den Tee nicht zu verderben. Wenn sie mir nach dem Teegenuss gereicht wurde, konnte ich das Anzünden eine Weile hinauszögern, indem ich sagte, dass ich sie jetzt nicht rauchen würde, da ich den Tee noch „schmecke". Dann, während ich mir noch immer die Lippen leckte und schmatzte und die Zigarette noch immer ungeraucht über meinem Ohr hing, stellte ich fest, dass es Zeit war, mich zu verabschieden. Sobald ich mich sicher vor dem Haus meines Gastgebers in der Wüste befand, fiel die Zigarette aus meinem Ohr und wurde sofort von meinen Männern aufgelesen.

In Smint waren jedoch keine Zigaretten zu bekommen. Der Grund dafür war nicht weit entfernt. In der Nähe des Dorfes hatten die Senussi eine *Zawia* *errichtet* , und viele Einwohner des Dorfes waren bereits zu den Lehren der Sekte konvertiert oder, wie die Einheimischen es ausdrückten, „dem Scheich gefolgt". Den Mitgliedern dieser Sekte ist das Rauchen verboten.

In Begleitung des *Omda* besuchten wir den Scheich der *Zawia* . Nachdem er ein oder zwei Minuten mit uns gesprochen hatte, lud er uns ziemlich mürrisch ein, hereinzukommen, und spendierte uns den üblichen Tee.

Die *Zawia* war ein ganz schlichtes Lehmgebäude und hätte nur das Haus eines wohlhabenden Dorfbewohners sein können. Deren Oberhaupt – Scheich Senussi mit Namen – war ein recht junger Mann Anfang zwanzig und hatte die Position wahrscheinlich deshalb erhalten, weil er eine Tochter von Scheich Mohammed el Mawhub geheiratet hatte, dem obersten Senussi-Scheich in Dakhla, der selbst eine *Zawia* in Qasr Dakhl hatte, der größten Stadt der Oase, die in der nordwestlichen Ecke lag.

Er soll ein Araber aus Tripolis sein, was auch seine Kleidung bewies, die aus dem gewöhnlichen weißen *Hram* eines tripolitanischen Arabers der ärmeren Klasse bestand. Während unseres gesamten Besuchs war er sehr schweigsam, und wenn er sich doch einmal herabließ zu sprechen, dann meist, um über eine Bemerkung, die wir machten, zu spotten oder zu lachen. Das Interview wurde daher so kurz wie möglich gehalten.

Neubesohlung eines Camel's Foot.

Die scharfen Steine in der Wüste reißen manchmal die ganze Haut von der Sohle eines Kamels. Die Araber ersetzen diese durch ein Stück Leder, das an den Fuß des Kamels genäht wird (S. 35).

Nachdem es Qway gelungen war, aus der *Omda etwas Gerste für sein Kamel zu holen* , machten wir uns wieder auf den Weg nach Mut, das etwa zehn Kilometer westlich lag.

Die Landschaft dieser Oasen ist in vielen Teilen äußerst schön. Unsere Straße nach Mut führte durch kultivierte Felder, die sich mit salzverkrusteten Flächen abwechselten und mit Palmenplantagen und niedrigen Erdhügeln übersät waren. Weit im Norden, am Fuße der Klippe, die die Oase begrenzt, lagen die Palmenhaine des Dorfes Hindau. Die Felder mit ihrem reifenden Getreide und den grünen *Bersim* -*Ernten* (Klee), die gelb-ockerfarbenen Hügel, die Gruppen anmutiger Dattelpalmen mit ihrem dunkelgrünen Laub, vor einem Hintergrund aus cremefarbenen Sanddünen und violetten Klippen, boten im Licht der untergehenden Sonne ein liebliches Bild.

Als wir uns jedoch Mut näherten, wurde das Land weniger produktiv. Große, mit Salz verkrustete Landflächen und kahle Wüstengebiete ersetzten die fruchtbaren Felder und Palmenhaine in der Umgebung von Masara und Smint. Wahrscheinlich aufgrund des Bohrens neuer Brunnen auf tieferer Ebene im Dorf Rashida ist die Wasserversorgung von Mut seit vielen Jahren zurückgegangen, und obwohl der Ort die Hauptstadt ist, ist der Bezirk, in dem er liegt, einer der ärmsten der gesamten Oase.

Wir erreichten Mut in der Dämmerung kurz nach Sonnenuntergang. Der Ort, der auf einem niedrigen Hügel erbaut wurde und im schwindenden Licht eher den Eindruck einer alten mittelalterlichen Festungsstadt erweckte. Wir umgingen die Südseite, vorbei an einer Reihe von ummauerten Gehegen, in denen nachts das Vieh eingepfercht war, und gelangten durch eine Lücke in der südwestlichen Ecke der Mauer, die die Stadt umgibt, zu einem großen, weitläufigen Lehmgebäude, das hauptsächlich als Lager diente und in dem ich die Erlaubnis zum Übernachten erhalten hatte. Es war ein düster aussehender Ort und offensichtlich zu Verteidigungszwecken errichtet worden. Wir betraten ihn durch ein Tor in der Mauer, das mit einem Riegel gesichert war, und bogen nach rechts ab, vorbei an einigen niedrigen Nebengebäuden. Wir befanden uns in einem schmalen Hof, der auf drei Seiten von hohen zweistöckigen Gebäuden umgeben war – der obere Teil war anscheinend irgendwann von einer seiner früheren Bewohnerinnen als Harem genutzt worden.

An beiden Enden einer Galerie, die die beiden Flügel verband, öffneten sich Türen. Eine führte in die Mitte von drei Räumen auf der Westseite mit Blick auf die Wüste, die andere in einige kleine Kammern, von denen eine eine Feuerstelle zum Kochen hatte. Ich teilte sie Dahab und Khalil zu und behielt die drei westlichen Räume für mich.

ALTE HÄUSER IN MUT.

Diese erwiesen sich als hoch, geräumig und luftig und boten einen schönen Blick über die Wüste. Die Fenster waren groß und mit einer Art Gitter versehen. Dies gab den Räumen nicht nur mehr Privatsphäre, sondern reduzierte auch das grelle Licht der Wüste beträchtlich. Abgesehen von der Tatsache, dass die Böden vielerorts unsicher wirkten und es dort angeblich von Skorpionen wimmelte, hatte ich an meiner Unterkunft also wenig auszusetzen.

Ich ging in der Dämmerung hinaus, sobald wir unser Quartier im alten Laden bezogen hatten, um mir die Stadt so gut wie möglich anzusehen. Viele der Straßen waren überdacht, wie in der Oase Kharga, aber die Tunnel waren bei weitem nicht so lang und sehr viel höher, so dass wir, abgesehen von den Unebenheiten der Fahrbahn, keine Schwierigkeiten hatten, uns fortzubewegen. Wir waren allerdings gezwungen, eine Laterne mitzunehmen, um den Weg zu finden.

Es gab nicht viel zu sehen; aber das monotone Poltern der Frauen, die den Reis stampften, das ununterbrochene Rumpeln der kleinen Steinhandmühlen, mit denen sie das Getreide mahlten, der Geruch von Holzrauch, das leise Singen der Frauen und gelegentlich ein roter Lichtstrahl, der aus einer halb geöffneten Tür auf die Straße fiel, zeigten, dass die meisten Einwohner in ihren Häusern waren und ihr Abendessen zubereiteten.

Reis nimmt einen großen Platz auf der Speisekarte der Eingeborenen der Oasen ein und wird von den Frauen mit einem großen Stein, den sie in beiden Händen halten, zerstampft und mit aller Kraft in eine kleine beckenförmige Mulde gestoßen, die aus dem felsigen Sandsteinboden gegraben wurde, auf dem die Stadt erbaut ist.

Am nächsten Morgen bekam ich Staatsbesuch vom *Mamur* (Magistrat), Ibrahim Zaky mit Namen, dem Arzt Gorgi Michael, einem Kopten aus Syrien, und dem *Zabit*, dem Polizisten. Der *Mamur* und der Arzt sprachen ziemlich gut Englisch.

Wie die meisten einheimischen Beamten, die man in den Oasen findet, stand der *Mamur* unter einem gewissen Schatten und war als Strafe für einige seiner Verfehlungen bei seiner letzten Anstellung nach Dakhla geschickt worden. Diese Oasenposten sind bei den Einheimischen herzlich verhasst, da sie in diesen abgelegenen Bezirken völlig vom geschäftigen Leben der Städte des Niltals abgeschnitten sind. Die Anstellungen haben jedoch gewisse Vorteile. So weit entfernt von den Städten des Niltals zu sein, mag langweilig sein, aber es befreit sie von der ständigen Überwachung durch die englischen Inspektoren, ein Umstand, den ein Ägypter normalerweise gerne ausnutzt, indem er von den elenden *Fellachen* ihres Bezirks *Bakhshish erpresst — oft in höchst unverschämtem Ausmaß.*

Einer der englischen Inspektoren hatte dem *Mamur sehr freundlich geschrieben* , um ihn darüber zu informieren, dass ich in seinen Bezirk kommen würde, und um ihn zu bitten, mir auf jede erdenkliche Weise zu helfen. Da die Amtszeit *des Mamur* in Dakhla fast zu Ende ging, war er äußerst darauf bedacht, mein gutes Wort beim Inspektor einzuholen, damit er in einen besseren Bezirk versetzt werden konnte. Er war dementsprechend äußerst aufdringlich und unermüdlich in seinen Bemühungen – bis die Regierung ihn in einen anderen und noch schlimmeren Bezirk versetzte.

Er war keineswegs begeistert von seinem Leben in der Oase, und aus seinen Schilderungen der Eingeborenen ging hervor, dass er sie offenbar als Tiere betrachtete. Er erklärte, er habe seine Frau in Ägypten zurückgelassen, aber da er feststellte, dass er ohne sie nicht gut zurechtkam, habe er ein junges Mädchen aus Mut geheiratet. Er beklagte sich bitter über die Kosten, die sie ihm verursacht hatte, denn wie er es in seinem ziemlich mangelhaften Englisch ausdrückte, hatte es ihn „25 Pfund gekostet, sie sauber zu machen!"

Nachdem die ägyptischen Beamten abgereist waren, kamen eine Reihe von *Omdas* aus der ganzen Oase vorbei, um ihren Respekt zu bekunden und mich zu bitten, in ihre Dörfer zu kommen.

Nach den *'omdas* kamen verschiedene kleinere Unterhaltungen. Zuerst schaute der Kamelpostbote, ein stämmiger, schwarzbärtiger Araber namens 'Ali Kashuta, herein, trank ein oder zwei Gallonen Tee, nahm eine Handvoll Zigaretten aus der Schachtel, die man ihm reichte, sagte mir mehrmals, dass er mein Diener sei, und meinte das offensichtlich nicht so; und als er mich fragte, ob ich Briefe zum Versenden hätte, ging er und hinterließ eine lockere, unabhängige Atmosphäre , die einen angenehmen Kontrast zu der unterwürfigen Haltung der anderen Eingeborenen darstellte.

Dann kam der Schreiber des Qadi, Scheich Senussi, der ebenfalls Mitglied der Senussi-Sekte war. Er war ein sehr gelehrter Mensch und in seiner Freizeit ein Dichter. Er trank Tee, rauchte aber nicht und war immer voller Lächeln und Komplimente.

Als nächstes kam der Postmeister. Er war im Niltal zur Schule gegangen und sprach recht gut Englisch. Er erklärte mir – was mir allmählich klar wurde – , dass ich die guten Leute der Oase in große Verlegenheit brachte; sie konnten mich überhaupt nicht verstehen. Der Postmeister jedoch, der in Ägypten erzogen worden war, wusste alles darüber. Er hatte von einem Mann namens „Keristoffer Kolombos" gelesen, der Amerika gefunden hatte, und er dachte, dass ich in derselben Branche tätig sein müsse. Ich sagte ihm, dass er völlig recht hatte. Er strahlte über das ganze Gesicht und reiste sofort ab, um einer erwartungsvollen Oase die gute Nachricht zu überbringen, dass das große Problem gelöst worden war. Bevor er ging, wünschte er mir, dass Allah mich auf meiner Reise beschützen möge, und hoffte, dass ich in der libyschen Wüste ein zweites Amerika finden würde.

Am Nachmittag ging ich zum Tee zum *Mamur* im *Merkaz* , der offiziellen Residenz.

Einer seiner Gäste war ein großer, intelligent aussehender Mann, der mir als *Omda* von Rashida vorgestellt wurde. Der *Mamur* fügte auf Englisch hinzu, dass er einer der gastfreundlichsten Männer in der Oase sei, aber ein großer Whisky-Fan.

Die letztere Aussage erwies sich leider als wahr. Laut dem *Mamur* war er ein äußerst verdorbener und notorischer Trinker. Dies war jedoch eine Übertreibung.

Zwischen ihm und diesem *'omda* herrschte nur wenig Liebe. Kurz vor meiner Ankunft hatten sie sich heftig gestritten. Ich habe den Grund des Streits nie erfahren – wahrscheinlich war es ein Fall von „ *cherchez la femme* " , denn Dakhla ist einer jener unglücklichen Orte, wo, wie Byron es so treffend ausdrückte, „die Liebe des Mannes von seiner Frau getrennt ist, die ganze Beharrlichkeit der Frau". Diese kleingeistigen Eingeborenen zanken sich über die belanglosesten Dinge und halten den Streit jahrelang aufrecht. Oft wird ein Zwist der kindischsten Art zu einer Familienangelegenheit und endet in einer regelrechten Erbfehde. Im Niltal führt dies oft zu Blutvergießen. In den Oasen jedoch nimmt der Streit normalerweise die Form an, dass die beiden Seiten sich hinter ihrem Rücken gegenseitig beschimpfen und Lügen über sich erzählen, sich bei jeder zufälligen Begegnung streiten und bei jeder möglichen Gelegenheit versuchen, ihren Gegner einer oft sehr kunstvollen Beleidigungen (*Ayb* , Herabwürdigung, Kränkung) auszusetzen.

Kurz vor meiner Ankunft hatte der *'omda* , der des Gezänks überdrüssig geworden war oder fand, dass der *Mamur* ihm die Dinge zu unangenehm machte, ein Friedensangebot gemacht und ihm einen Korb mit frühen Maulbeeren geschickt - eine Frucht, die in der Oase sehr geschätzt wird. Der *Mamur* hatte dies als Gelegenheit genutzt, seinen Gegner zu demütigen. Er hatte die Frucht aus seinem Fenster auf den Platz vor der Moschee geworfen, wo sie alle Einwohner gesehen hatten. Es wurde allgemein angenommen, dass er damit einen großen Erfolg erzielt hatte und dass dies einer der besten *Aybs war* , die man seit Jahren gesehen hatte. Die ganze Oase hatte darüber gesprochen.

Die Anhänger der *'Omda* waren dementsprechend verärgert, versuchten jedoch ihre Niederlage zu vertuschen, indem sie erklärten, es sei kein wirklich guter *Ayb gewesen* – der *Mamur* habe nicht alle Maulbeeren weggeworfen, wie er behauptet hatte, sondern die besten herausgenommen und nur die faulen aus seinem Fenster geworfen; als *Ayb* zählte es also überhaupt nicht.

Die Feindseligkeit zwischen den beiden eskalierte schließlich so sehr, dass einige der führenden Männer der Oase beschlossen, eine Versöhnung zwischen ihnen zu versuchen. Daraufhin fand eine Zeremonie statt, die als „Friedensschluss" bekannt ist.

Die beiden Gegner wurden zu einem Treffen in Anwesenheit einiger ihrer Freunde eingeladen, die mit ihnen gestritten hatten, und schließlich wurde der Streit beigelegt. Sie waren sich dann gegenseitig um den Hals gefallen, hatten sich umarmt und vereinbart, gemeinsam zu essen. Sie hatten an einem riesigen Fest teilgenommen, bei dem Whisky offenbar eine wichtige Rolle spielte, und waren beide betrunken geworden und hatten wieder angefangen, in ihren Bechern heftig zu streiten. Am nächsten Morgen, als sie sich beide wahrscheinlich ziemlich geizig vorkamen, machten sich die Friedensstifter wieder an die Arbeit und erklärten ihnen, dass sie das Spiel nicht gespielt hatten, und wieder war eine Versöhnung zustande gekommen; aber es gab immer noch eine Menge latenter Missgunst zwischen ihnen, die sich hauptsächlich in übler Nachrede unter dem Deckmantel der Freundschaft entlud.

KAPITEL IV

Auf Qways Rat hin begann ich, meine Kamele mit *Bersim zu füttern, als Vorbereitung auf unsere Reise in die Dünen.* In der Oase werden zwei Arten von *Bersim angebaut: Bersim Beladi* [1] und *Bersim Hajazi* [2] . Allerdings sollte *Bersim Hajazi* nicht im grünen Zustand an Kamele verfüttert werden, da es bei ihnen sehr häufig zu Hufenbildung führt.

Der Bersim wurde den Eingeborenen mit einem Kantar von hundert ägyptischen Pfund abgekauft . Zunächst gab es einige Schwierigkeiten, ihn zu wiegen. Abd er Rahman war jedoch der Notlage gewachsen. Er entdeckte einen Stein, der einen *Kantar wiegen sollte* und das Standardgewicht für die gesamte Oase war. Dann baute er eine Waage auf, bestehend aus zwei Körben, die an den Enden eines Balkens befestigt waren, der wiederum an einem zweiten Balken aufgehängt war.

Am Abend des ersten Tages, den ich in Mut verbrachte, stieg ich auf einen niedrigen Hügel in der Nähe der Stadt, um mir das Dünenfeld anzusehen, das ich zu überqueren hoffte. Einen deprimierenderen Anblick kann man sich nicht vorstellen. Die Sandhügel in der Nähe der Stadt waren nicht nur viel höher als jene, die wir beim Verlassen der Oase Kharga gesehen hatten, sondern sie erstreckten sich auch so weit, wie man bis zum Horizont sehen konnte, und wurden in der Ferne, wo sie offensichtlich sehr hoch waren, offensichtlich noch beträchtlich größer.

Ich kehrte mit den düstersten Vorahnungen in mein Zimmer zurück und wünschte, ich wäre nie so dumm gewesen, mich in das *Belad Esh Shaytan* oder „Satans Land" zu wagen, wie die Eingeborenen diesen Teil der Wüste nennen, und fragte mich, ob ich, wenn ich versuchte, diese Dünen zu überqueren, nicht nach ein paar Stunden Reise völlig geschlagen und mit eingezogenem Schwanz ins Niltal zurückkehren müsste. Infolgedessen lag ich fast die ganze Nacht wach.

Aber das Tageslicht ließ die Dinge wie üblich fröhlicher aussehen. Jedenfalls konnte ich es versuchen, und da meine Kamele nicht in sehr guter Verfassung zu sein schienen, beschloss ich, ihnen eine Pause zu gönnen und sie so gut wie möglich zu füttern, bevor ich sie einer scheinbar fast unmöglichen Aufgabe unterwarf. In der Zwischenzeit dachte ich, ich könnte mir genauso gut etwas von der Oase ansehen und gleichzeitig so viele Informationen wie möglich über die Wüste sammeln.

Also machte ich mich einige Tage nach meiner Ankunft in Mut mit dem *Mamur* , dem Polizisten und dem Arzt auf den Weg, um eine Nacht beim *'Omda* von Rashida zu verbringen und ließ die Karawane hinter mir.

Die ersten zwei Stunden nach unserer Abfahrt aus Mut bis zum Dorf Qalamun führte unsere Straße durch karges Land, das größtenteils mit losem Sand bedeckt war, was sich als ziemlich beschwerlich erwies.

Qalamun ist ein recht malerisches Dorf und scheint mit Blick auf die Verteidigung erbaut worden zu sein. Ein großer Teil des Landes in der Umgebung ist mit Treibsand bedeckt, der an manchen Stellen in die Anbauflächen einzudringen scheint, obwohl er keinen ernsthaften Schaden anrichtet. Ein ungewöhnlich großer Teil des Landes in der Umgebung ist mit Dattelpalmen bepflanzt, und da die Wasserversorgung recht reichlich zu sein scheint, herrscht in dem Ort eine wohlhabende Atmosphäre. In einigen Fällen scheinen die Brunnen zu versagen, da einige *Shadufs* zum Heben des Wassers zu sehen waren. Diese und einige Dompalmen gaben der Umgebung ein recht charakteristisches Aussehen. Natürlich besuchten wir die *'Omda* . Die Scheichs dieses Dorfes – die Shurbujis mit Namen – behaupten, die Oase seit der Zeit des Sultans Selim, „des Grimmigen“, regiert zu haben.

Als wir Qalaman verließen, fuhren wir direkt nach Rashida. Der größte Teil unserer Straße führte durch kultivierte Felder, auf denen hauptsächlich Getreide angebaut wurde. Bevor wir das Dorf erreichten, kamen wir an einem großen toten Baum vorbei – offenbar einer *Sunt* oder Akazie –, der als „Baum von Scheich Adam“ bekannt ist und angeblich eine Seele besitzt. Das Holz soll nicht brennbar sein.

Kurz bevor wir Rashida erreichten, wurden wir vom *Omda* und einigen seiner Familienmitglieder empfangen, die uns entgegengeritten waren. Sie saßen alle prächtig auf syrischen Pferden, prächtig geschmückt mit reich bestickten Sätteln und Satteldecken. Sie schlossen sich unserer Gruppe an und ritten mit uns zurück nach Rashida.

Kharashef.

Sandiger Rillenkamm.

Der vom Wind getriebene Sand trägt Furchen aus dem Gestein, so dass manchmal große Grate über der Oberfläche hervorstehen. (S. 308).

Im alten Mut.

Dies zeigt den befestigten Charakter der Häuser, die früher in den Oasen der libyschen Wüste zur Verteidigung gegen Überfälle errichtet wurden. (S. 41).

Das Dorf ist eines der schönsten und fruchtbarsten der Oase. Es liegt auf einem niedrigen Hügel an der südöstlichen Ecke eines sehr ausgedehnten Palmenhains, in dessen Schatten zahlreiche Obstbäume gepflanzt sind: Feigen, Maulbeeren, Aprikosen, Orangen, Mandarinen – in Ägypten unter dem merkwürdigen Namen *Yussef effendi* , d. h. Herr Joseph, bekannt –, Bananen, Mandeln, Granatäpfel, Limetten, Zitronen, Oliven und süße Zitronen, von denen letztere eine große, geschmacklose, aber sehr saftige Frucht tragen, die in ihrem Aussehen einer Zitrone ähnelt.

DER BAUM MIT EINER SEELE, RASHIDA.

Das Dorf liegt dicht an der Klippe. Das Innere des Dorfes war von normaler Art und unterschied sich nicht von den anderen Dörfern der Oase, abgesehen von seinem ungewöhnlich wohlhabenden Erscheinungsbild und der Tatsache, dass die Außenwände einiger seiner Häuser mit geometrischen Mustern, meist in Rot und Weiß, bemalt waren.

Das Haus *des Omda* war herrlich gelegen, die Palmen wuchsen fast bis an die Wände. Er führte uns in sein Gästezimmer, einen langen, schmalen Raum, der sauber weiß getüncht und fast ganz im europäischen Stil eingerichtet war, mit Liegestühlen, Sofas an den Wänden, einer großen vergoldeten Hängelampe, Stühlen aus gebogenem Holz und dreibeinigen Tischen. Die Fenster waren mit europäischen Vorhängen behangen und der Boden mit orientalischen Teppichen und Läufern bedeckt. Ein großer Spiegel in einem vergoldeten Rahmen und ein Ölgemälde des Khediven vervollständigten die Möbelliste.

Beim Betreten des Zimmers fielen einem sofort die Worte „ *Ahlan wa Sahlen* “ – Willkommen – auf, die an die gegenüberliegende Wand gemalt waren. Und dieser gastfreundliche *Omda* hieß uns wirklich willkommen. Die Fensterläden waren den ganzen Morgen über fest verschlossen, um die Hitze und die Fliegen draußen zu halten; aber bei unserer Ankunft wurden sie geöffnet. Dann trat der *Omda* ein und begann, das Zimmer und seine Bewohner mit Duftstoffen zu besprühen. Kurz darauf erschienen der unvermeidliche Tee und die Zigaretten.

Nachdem Komplimente ausgesprochen, Fragen nach dem Befinden aller Anwesenden gestellt und die üblichen höflichen Vorbemerkungen gemacht worden waren – ein Vorgang, der einige Minuten dauerte –, kam das Gespräch auf Pferde. Nur wenige der reicheren Eingeborenen der Oasen können sich Pferde leisten, und die übrigen reiten, wenn sie nicht zu Fuß gehen, auf Eseln. Kräftige Hinterhand, runde Röhrbeine und ein kleiner Kopf mit besonders kleiner Schnauze und weit gewölbten Nüstern schienen die Punkte zu sein, auf die sie am meisten Wert legten.

Nach dem Mittagessen, als die Hitze des Tages vorbei war, wurden wir vom *'omda* zu einigen Sehenswürdigkeiten des Dorfes geführt. Zuerst wurden wir zu einer großen Lehmruine namens 'Der abu Madi geführt. Er erzählte uns, dass er etwa eine Meile nördlich des Dorfes eine Anzahl Mumien ausgegraben hatte, die seiner Aussage nach in Tonsärgen begraben worden waren. Fragmente eines dieser Särge, die er hervorholte, zeigten, dass sie etwa drei Zoll dick gewesen sein mussten und offensichtlich in einem Ofen gebrannt worden waren. Viele der Mumien waren mit einem Tuch irgendeiner Art umwickelt worden, wobei ihre Arme gerade an den Seiten lagen, und dann waren sie mit einem Seil fest umwickelt worden. Die

Überreste einer von ihnen wurden uns gezeigt. Sie waren jedoch völlig in Stücke gerissen, da der *'omda* und seine Familie sie aufrecht auf den Boden gestellt und sich dann amüsiert hatten, indem sie sie in eine „Tante Sally" verwandelt hatten. Ein oder zwei Münzen und der Schädel einer Gazelle waren aus einem der Gräber ausgegraben worden. Leider waren die Münzen so abgenutzt und verfallen, dass man sie nicht mehr erkennen konnte. Für einen Archäologen in Dakhla scheint es jede Menge Arbeit zu geben – und für einen Altertumsinspektor noch mehr.

Als nächstes wurden wir zu der großartigen Sehenswürdigkeit von Rashida gebracht – dem Bir Magnun oder „törichten Brunnen". Als dieser Brunnen vor etwa vierzig Jahren gegraben wurde, unterbrachen die Arbeiter ihre Arbeit für den Tag, da sie nicht wussten, dass sie fast die wasserführende Schicht erreicht hatten, mit dem Ergebnis, dass sich das Wasser seinen Weg durch die kurze Distanz vom Boden des Bohrlochs bis zur Oberfläche des Wasserreservoirs bahnte und mit solcher Gewalt hochschoss, dass es die Rohre über dem Bohrloch teilweise aus dem Boden drückte und das ganze Land überschwemmte.

Als ich in den Oasen ankam, erkundigte ich mich bei den Einheimischen von allen Seiten nach Informationen darüber, welche Brunnen, Straßen oder Oasen in den unbekannten Teilen der Wüste jenseits der Senussi-Grenze zu finden seien. Lange Zeit konnte ich keinem von ihnen Informationen entlocken, und erst als ich nach Rashida kam und den *Omda zufällig fragte*, ob er etwas über die Oase Zerzura wisse, erhielt ich überhaupt Informationen. Ein Einheimischer aus Dakhla ist nicht zu stoppen, wenn er auf dieses Thema eingeht, und man beginnt langsam zu begreifen, wie wenig sich der Osten seit den Tagen, als „Tausendundeine Nacht" geschrieben wurde, verändert hat.

Viele der wohlhabenderen Eingeborenen der Oasen und, wie ich glaube, auch des Niltals verbringen einen beträchtlichen Teil ihrer Zeit mit der Suche nach vergrabenen Schätzen. Diese Suche ist sehr fesselnd und selbst Europäer fallen ihr manchmal zum Opfer. So merkwürdig es auf den ersten Blick erscheinen mag, die Bemühungen der Eingeborenen sind nicht selten von einigem Erfolg gekrönt.

Der Grund dafür ist nicht weit hergeholt. Früher, als das Land von einer Menge korrupter türkischer Beamter regiert wurde, wurde ein Einheimischer, von dem bekannt war, dass er über Reichtum verfügte, sofort zum Objekt ihrer erpresserischen Aufmerksamkeit. Er traf daher jede erdenkliche Vorsichtsmaßnahme, um seine Reichtümer vor diesen habgierigen Beamten zu verbergen. Der Plan, den er sehr oft verfolgte, bestand darin, seine Wertsachen in der Erde zu vergraben. Nicht selten muss er gestorben sein, ohne seinen Verwandten mitzuteilen, wo sein Versteck war. Der auf diese Weise in Ägypten vergrabene Schatz würde insgesamt wahrscheinlich eine enorme Summe ausmachen, wenn man ihn nur finden könnte.

Außerdem findet man in ganz Ägypten Stätten alter römischer Siedlungen. Die sorglose Art und Weise, mit der die Römer ihr Kleingeld in den Straßen ihrer Städte verstreut zu haben scheinen, ist einfach erstaunlich. Man kann kaum eine Stunde lang in einer alten römischen Stätte graben, ohne auf ein oder zwei alte Kupfermünzen zu stoßen.

Wenn ein Einheimischer auf diese Weise ein paar Münzen findet, wird er wochenlang, wenn niemand hinsieht, in der Nachbarschaft herumstreifen, in der Hoffnung, mehr zu finden. Sollte er das Glück haben, einen Tontopf zu finden, der eine Handvoll oder zwei alter Münzen enthält, die in der Vergangenheit vor einem türkischen Pascha versteckt wurden, wird er ziemlich sicher für den Rest seines Lebens ein eingefleischter Glücksritter sein. Es besteht kein Zweifel, dass auf diese Weise gelegentlich ganz beträchtliche Summen – mehrere Pfund auf einmal – gefunden werden. Die Einheimischen sind in dieser Hinsicht außerordentlich verschwiegen und leben schon so lange unter einer korrupten Regierung, dass sie ihren eigenen Rat viel besser für sich behalten können als jeder Weiße – denn selbst jetzt noch ist der erpresserische Herrscher in abgelegenen Gebieten wie den Oasen, wo die englischen Inspektoren die einheimischen Beamten nicht richtig überwachen können, manchmal auf höchst unangenehme Weise *präsent*.

Bei ihrer Jagd nach vergrabenen Reichtümern lassen sich die Eingeborenen häufig von alten „Schatzbüchern" leiten. Jeder Eingeborene mit Selbstachtung, der reich genug ist, sich eines zu besorgen, besitzt mindestens ein Exemplar.

Bevor ich Kharga verließ, hatte ich das Glück, EA Johnson Pasha zu treffen, der als Übersetzer des gesamten „Rubaiyat" von Omar Khayyám in englische Verse bekannt ist – Fitzgerald übersetzte natürlich nur einen Teil davon. Er war der stolze Besitzer der einzigen bekannten vollständigen Kopie eines Buches dieser Art aus dem 15. Jahrhundert.

Eines der Probleme der Libyschen Wüste jenseits der westlichen Grenze Ägyptens ist die Oase Zerzura oder „Oase der Schwarzen". Ich glaube, Rohlfs hörte zum ersten Mal davon, als er versuchte, von der Oase Dakhla nach Kufara nach Westen zu gelangen. Er fand die Sanddünen für seine große Karawane unpassierbar und musste deshalb nach Norden abbiegen und stattdessen die Oase Siwa ansteuern. Auf dieser Reise begegnete er drei Schwarzen, die sagten, sie seien entflohene Sklaven aus der Oase Zerzura, einem Ort, den sie als etwas westlich seiner Route liegend beschrieben.

Als ich Johnson Pasha von diesem Ort erzählte, erzählte er mir von diesem alten Buch und sagte, dass es eine Beschreibung der Straße zu dieser Oase enthalte und was dort jeder finden könne, der das Glück hätte, sie zu erreichen. Sein Buch beschrieb auch die Straße zu den Minen von König Kambyses.

Er gab mir freundlicherweise eine Übersetzung der Teile dieses seltsamen alten Buches, die sich auf diese beiden Orte bezogen. In einem Abschnitt des Buches mit der Überschrift „In den Oasen" gab es zwei Beschreibungen der Straße nach Zerzura. Sie lauteten wie folgt:

„Gehe zum Der el Banat (dem Mädchenkloster), in dessen Nähe findest du eine Mulde, drei *Mastabas* (Plattformen), einen runden Hügel und drei rote Steine. Verbrenne hier Weihrauch." Dann folgen zwei Zeilen Geheimschrift und kabbalistische Zeichen, die vermutlich Anweisungen für den Weg geben, und die Beschreibung endet.

Der zweite Hinweis war viel treffender. Er lautete wie folgt: „Bericht über eine Stadt und die Straße dorthin, die östlich von Qala'a es Suri liegt, wo Sie Palmen und Weinreben und fließende Quellen finden. Folgen Sie dem Tal, bis Sie auf ein weiteres Tal stoßen, das sich im Westen zwischen zwei Hügeln öffnet. Darin finden Sie eine Straße. Folgen Sie ihr. Sie führt Sie zur Stadt Zerzura. Sie werden feststellen, dass das Tor verschlossen ist. Es ist eine weiße Stadt, wie eine Taube. Neben dem Tor finden Sie eine Vogelskulptur. Strecken Sie Ihre Hand nach seinem Schnabel aus und nehmen Sie einen Schlüssel heraus. Öffnen Sie damit das Tor und betreten Sie die Stadt. Sie werden viel Reichtum finden und den König und die Königin in ihrem Palast, die den Schlaf der Verzauberung schlafen. Gehen Sie nicht in ihre Nähe. Nehmen Sie den Schatz und das ist alles."

Das Buch enthielt auch zwei verschiedene Anweisungen zum Auffinden der Minen von König Kambyses. Eine davon wies den Leser folgendermaßen an: „Gehen Sie zum Der el 'Ain, westlich von Esna, wo es eine Heilquelle gibt, und gehen Sie vom Der und dem Brunnen fünf Farasangs nach Norden, die eineinhalb Barid ergeben, bis zu einem roten Hügel mit einem Leuchtfeuer auf der Spitze. Gehen Sie hinauf und schauen Sie nach Osten. Sie werden eine in zwei Hälften geteilte Säule sehen. Graben Sie dort." Dann bricht das ärgerliche Buch – gerade als es die endgültigen Anweisungen zum Auffinden der Minen geben soll – in eine Reihe kabbalistischer Zeichen auf, wie es im Fall von Zerzura der Fall war.

Die zweite Anweisung zum Auffinden der Minen ist jedoch viel expliziter und geht so detailliert auf den einzuhaltenden Weg ein, dass es unmöglich erscheint, dass jemand sie übersieht.

Sie lautet wie folgt: „Bei der Stadt Esna, nördlich von Edfu. Wenn Sie dorthin gehen, suchen Sie die Minen von König Kambisoos (Cambyses). Fragen Sie nach dem Heiligen Der, der ‚——‘ genannt wird, aber es wäre töricht, Anweisungen zu geben, wie man einen so reichen Schatz findet. König Cambyses war ein Sohn von Kyros dem Großen – dem Eroberer von Babylon – und herrschte über die Meder und Perser, als das Persische Reich auf seinem Höhepunkt war. Er war ein wirklich großer König, und die viel gepriesenen Minen von König Salomon – im Vergleich dazu nur ein kleiner Sultan – stehen wahrscheinlich in etwa in derselben Beziehung zu denen von König Cambyses wie ein Dreipfennig zur gegenwärtigen Staatsverschuldung. Allein die Beschreibung dieser Minen in Johnson Pashas Schatzbuch lässt einem das Wasser im Mund zusammenlaufen.“

Zunächst führen Sie die Anweisungen – auf die klarste Art und Weise – zu einem Tal namens Wady el Muluk (Tal der Könige). Hier finden Sie die Schmelztiegel und alle zum Schmelzen notwendigen Geräte und Werkzeuge, die nur darauf warten, verwendet zu werden. Sie gehen ein wenig weiter und kommen zu einer „erstklassigen Mine“ – und sie ist wirklich erstklassig. Sie müssen nur eine halbe Elle tief graben und stoßen sofort auf ein Mineral „wie gelbe Erde in steinigem Boden“. Zuerst finden Sie es in bohnengroßen Klumpen, die „von Allah gesandt wurden“, und Sie werden angewiesen, „Sein Glück“ anzunehmen. Wenn Sie dann tiefer graben, werden Sie es in melonengroßen Klumpen finden. Es wird Ihnen ausdrücklich gesagt, dass es „Gold aus Ägypten ist. Es gibt kein besseres“ – eine Aussage, der zu widersprechen voreilig wäre.

Nachdem er sich mit diesen besonderen Minen befasst hat, weist der alte arabische Astrologe seinen Sohn, an den das Buch gerichtet ist, an, zu zwei großen Felsen zu gehen, vor denen sich eine Mulde befindet. In der Mulde werde man „schwarze Erde mit grünen Adern wie Silberrost“ finden, und er weist ihn an, sie mitzunehmen. Sie sei „von Allah gesandt“. Leider versäumt er es, die Natur dieses geheimnisvollen Minerals zu erwähnen.

Dann weist er seinen Sohn an, „mit Allahs Segen“ an einen anderen Ort zu gehen, und sagt dort: „Oh mein Sohn, vor dir wirst du einen hohen Hügel finden, aus dem man früher Peridots grub.“ Als nächstes erklärt er ihm, wie er zu den „Smaragdgruben, von denen es drei gibt“, gelangt. Danach weist er ihn zur „Kupfermine, die sich in einer durch eine Tür verschlossenen Höhle befindet“, und fügt hinzu, dass das Kupfererz „grüne Erde ist, die grünem Ingwer sehr ähnlich ist und Adern wie Blut hat.“

Angesichts der schillernden Aussicht auf den Erwerb solch unermesslicher Reichtümer, wie sie in den „erstklassigen Minen“ zu finden sind, die in Schatzbüchern wie diesem beschrieben werden, ist es kaum verwunderlich, dass die Ureinwohner Ägyptens so viel Zeit mit der Suche danach verbrachten.

Schatzsuche muss eine höchst faszinierende Beschäftigung sein. Aber sie ist selten lukrativ. Dennoch ist es eine merkwürdige Tatsache, dass Peridots früher im Handel als „Esna-Peridots" bekannt waren, was eher darauf hindeutet, dass sie zum Verkauf in diese Stadt gebracht wurden, vielleicht über die Straße, auf die in diesem Buch Bezug genommen wird.

Als ich das Thema Zerzura gegenüber dem *'omda* von Rashida ansprach, sagte er, er kenne keinen Ort namens Der el Banat (Kloster der Mädchen), aber der alte Name des Der Abu Madi sei „der el Seba'a banat" (Kloster der sieben Mädchen) gewesen, und irgendwo in der Nähe seien angeblich ein Buch und ein Spiegel vergraben. Wenn man den Anweisungen im Buch folge und dann in den Spiegel schaue, werde der Weg nach Zerzura erscheinen, sagte er.

Er erzählte mir – für seine Glaubwürdigkeit übernehme ich keine Garantie –, dass er vor drei Jahren, als er in einem Hotel in Ägypten übernachtete, von einem Kellner gefragt wurde, ob er nicht der *'Omda* von Rashida sei. Als er dies bejahte, teilte er ihm mit, dass er zum „Der el Seba'a Banat" wolle, da er in einem Schatzbuch gelesen habe, dass siebenhundert Ellen nördlich des Der drei *Mastabas* rund um einen runden Hügel stünden und dass unter jeder von ihnen eine Pfanne mit großen Goldmünzen, *Gurban genannt, vergraben sei* . Dann zeigte er ihm ein Exemplar, das laut dem *'Omda* sehr alt, größer als eine Fünfpiaster-Münze und sehr dick und schwer sei. Der Kellner erzählte ihm, dass er die Münze im Niltal gefunden habe, indem er den Anweisungen in seinem Schatzbuch gefolgt sei, und bot ihm an, ihm die Hälfte von allem zu geben, was sie fänden, wenn er eine Partnerschaft mit ihm eingehen wolle.

Der *'omda* hatte dieses Angebot offenbar abgelehnt und begann auf eigene Faust zu graben. Da er den Schatz jedoch nicht finden konnte, war er sehr daran interessiert, dass ich mit ihm zusammenarbeitete, und sagte, dass wir durch die Kombination unserer Anweisungen etwas finden würden. Ich war jedoch hinsichtlich des Ergebnisses nicht zuversichtlich genug, um sein Angebot in Betracht zu ziehen – immer noch drei Pfannen voller *Gurban* ...!

Nach einer Nacht in Rashida machten wir uns auf den Weg nach Qasr Dakhl und machten auf dem Weg Halt, um Budkhulu zu besuchen, einen armen kleinen Ort mit nur dürftiger Wasserversorgung. Wie Rashida liegt es nahe der Klippe, die die Oase begrenzt; da es jedoch erheblich höher liegt als Qasr Dakhl oder Rashida, sagen die Einwohner, dass die Anzahl der in diesen beiden Bezirken gegrabenen modernen Brunnen ihre Wasserversorgung stark verringert hat. Sein *'omda* war nur für seine Trinkgewohnheiten bekannt.

Als wir Budkhulu verließen, ritten wir an dem kleinen Weiler Uftaima vorbei und erreichten bald darauf einen ein oder zwei Meilen breiten Streifen weichen Sandbodens, hinter dem wir Qasr Dakhl mit seinen Palmen und Feldern sehen konnten. Dies ist die größte Stadt in der Oase und ihre Einwohner sagen, dass sie die reichsten Datteln Ägyptens produziert.

Von Südosten her betrachtet, war Qasr Dakhl ein außergewöhnlich malerischer und fruchtbarer Ort. Der Blick von dieser Seite, über einen schilfbewachsenen Teich, in dem sich die Palmenplantage mit dem Dorf und dem blauen Abhang im Hintergrund spiegelte, war einer der schönsten, die man in der Oase sehen konnte.

Das Tor von Qalamun.

Die Häuser sind alle miteinander verbunden und bilden eine durchgehende Mauer zum Schutz gegen Überfälle. Einige Dächer sind mit Palmblatthecken umgeben (S. 48).

Das 'Omda von Rashida und seiner Familie.

Die Eingeborenen verbringen einen großen Teil ihrer Zeit auf den flachen Dächern. Beachten Sie die bemalte Dekoration der Wand im Hintergrund und die durchbrochenen Wappen der Wände. (S. 50).

Kurz bevor wir die Stadt betraten, kamen wir an Bir el Hamia vorbei, einem der Hauptbrunnen des Bezirks, aus dem das meiste Trinkwasser von Qasr Dakhl stammt. Das Wasser aus dem Brunnen sprudelte stark und strömte unter einer Steinplattform hervor, die über seiner Mündung errichtet worden war, in einen großen, klaren Teich, in dem einige Einwohner badeten, als wir vorbeikamen. Das Wasser aus diesem Brunnen ist heiß und soll medizinische Eigenschaften haben. Es soll früher viel heißer gewesen sein als heute; es wird sogar behauptet, man könne darin Eier kochen.

Der *Omda* lud die ganze Gruppe zum Mittagessen ein, und es war ein ausgezeichnetes Mittagessen. Die Scheichs dieses Dorfes behaupten, vom arabischen Stamm der Qoreish abzustammen, zu dem der Prophet Mohammed gehörte, und geben an, dass sie sich um 1500 N . CHR. IN DER OASE NIEDERLIEßEN . Sie geben sich deshalb nicht wenig Mühe.

Nach dem Mittagessen, von dem sich Qway wundersamerweise mit der Begründung entschuldigte, er wolle einen Freund besuchen, wurde der unvermeidliche Tee hereingereicht, und mit ihm trafen mehrere der führenden Männer des Lokals ein, die sich alle in einer Reihe entlang einer der Wände des Gästezimmers auf den Boden setzten.

In der Hoffnung, einige Informationen zu erhalten, fragte ich, ob irgendjemand schon einmal von der Oase Zerzura gehört habe. Hatte er nicht! Ein halbes Dutzend von ihnen begann mir auf einmal alles darüber zu erzählen. Kühe, so wurde mir gesagt, seien mehrmals aus der Wüste in die Oase gekommen. Sie waren sehr wild, aber ansonsten genau wie die Kühe der Oase. Sie kamen aus Zerzura. *Kimri sifi* (Palmentauben) und Krähen kamen im Frühjahr in die Oase. Sie kamen auch aus Zerzura. Sowohl die *Kimri* als auch die Kühe kamen aus dem Südwesten; aber die ganze Wüste dort war mit Sand bedeckt und niemand konnte dorthin gehen. Die letzten Kühe waren erst vor siebzehn Jahren gekommen.

Ein anderer Mann erzählte mir, dass einst eine Frau mit einem Jungen, der fast verdurstet war, von Süden her in die Oase gestolpert war und dass die Nachkommen des Jungen noch immer in Mut lebten. Die Frau und der Junge kamen ebenfalls aus Zerzura. In Mut wurde mir jedoch praktisch dieselbe Geschichte erzählt; dort wurde mir jedoch mit Sicherheit mitgeteilt, dass die Nachkommen des Jungen nicht in Mut, sondern in Qasr Dakhl lebten, sodass ich nicht wusste, was ich glauben sollte.

Nachdem wir das Thema Zerzura erschöpft hatten, kamen wir zu Rohlfs, der die Oase 1874 besucht hatte. Ein älterer Mann sagte, er habe Rohlfs – oder „Ro-hol-fus", wie er ihn nannte – gesehen und erinnere sich recht gut an ihn. Er wusste alles über ihn. Er hatte ein „Schatzbuch" und war nach Dakhla gekommen, um im Der el Hagar – einem Steintempel in der Nähe von Qasr Dakhl – nach vergrabenen Reichtümern zu graben, und hatte sehr viele Männer mit der Ausgrabung beauftragt. Aber der Schatz wurde von einem *Afrit* (Geist) bewacht, und er konnte ihn lange Zeit nicht finden. Er wurde sehr wütend und enttäuscht. Schließlich schickte er eines Tages alle aus dem Tempel, bis auf einen Schwarzen, den er bei sich behielt. Die übrigen Männer setzten sich ein Stückchen weiter auf den Boden und warteten auf die Entwicklungen, da sie sicher waren, dass er einen Talisman schreiben oder etwas tun würde, um den *Afrit zu besänftigen* .

DER EL HAGAR, DAKHLA-OASE.

Lange Zeit geschah nichts. Dann hörte man laute Hilferufe, gefolgt von den schrillsten und markerschütterndsten Schreien aus dem Tempel, und sie wussten, dass der Talisman wirken musste, und vermuteten, dass der *Afrit* am schlimmsten betroffen war.

Eine Zeit lang geschah nichts weiter. Dann hörten sie ein Knistern, gefolgt von dichten schwarzen Rauchwolken, die aus dem Tempel aufstiegen. Das Knistern und der Rauch hielten noch eine Weile an, und dann kam Rohlfs mit einem sehr zufriedenen Lächeln aus dem Tempel, verkündete, dass er den Schatz endlich gefunden hatte, und lud alle ein, herzukommen und ihn sich anzusehen.

Sie marschierten alle hinein und stellten fest, dass er den Eingang zur Schatzkammer entdeckt hatte. Es handelte sich um eine Falltür über einer Treppe, die in eine mit Gold, Silber, Diamanten und Schätzen aller Art gefüllte Schatzkammer führte. Rohlfs war sehr erfreut.

Dann suchten sie nach dem schwarzen Mann, konnten ihn aber nicht sehen. Schließlich entdeckte einer von ihnen in einem anderen Teil des Tempels die glühende Asche eines riesigen Feuers, und darin lagen der verkohlte Schädel und einige Knochen – der schwarze Mann war von Rohlfs geopfert worden, um den *Afrit zu besänftigen* !

Mehrere der anwesenden Männer stimmten dieser Geschichte zu. Keiner von ihnen, obwohl sie in Qasr Dakhl lebten, war bei dieser Gelegenheit dabei gewesen; aber sie hatten davon gehört, und jeder in der Oase wusste davon.

Sie wussten nicht genau, was mit dem Schatz passiert war, aber Rohlfs hatte eine sehr große Karawane dabei und alle Kamele waren beladen, als er abreiste, also nahmen sie an, dass er alles mitgenommen hatte.

All dies wurde mit größter Ernsthaftigkeit und mit beträchtlichen Einzelheiten erzählt, und sie alle glaubten die Geschichte zweifelsohne selbst. Doch es soll alles in der Nähe ihres eigenen Dorfes passiert sein, und viele von ihnen lebten nicht nur zu dieser Zeit, sondern mussten auch junge Männer und keine Kinder gewesen sein. Sie, keiner von ihnen, dachten wegen dieses Opfers schlechter von Rohlfs – tatsächlich schienen sie noch besser von ihm zu denken, weil er den *Afrit überwunden hatte* .

KAPITEL V

NACH dem Mittagessen – und dem anschließenden Tee – machten wir uns auf den Weg, um Scheich Mohammed el Mawhub, dem Vertreter der Senussi in der Oase, in seiner *Zawia* (Kloster) in der Nähe der Stadt einen Besuch abzustatten.

Seine Geschichte ist interessant, da sie etwas Licht auf die Methoden der Senussi-Sekte wirft. Er wurde irgendwann zwischen 1840 und 1850 in Jalo in Tripolis geboren und wurde schon früh Mitglied der Senussia. Als noch recht junger Mann, wahrscheinlich unter dreißig, wurde er vom obersten Senussi-Scheich ausgesandt, um zu versuchen, die Bewohner der Oase Dakhla zu bekehren.

Er kam mit praktisch keinem Besitz außer der Kleidung an, die er trug, und begann, den Einwohnern die Lehren seines Ordens zu erläutern. Bald gelang es ihm, eine Anhängerschaft um sich zu scharen, von der er, wie es seine Art war, lebte.

Als nächstes beantragte er bei den Behörden der Oase eine Genehmigung zum Bohren eines Brunnens. Als er diese erhalten hatte, bat er seine Anhänger, ihm bei der Arbeit zu helfen. Der erste Brunnen, den er bohrte – Bir Sheykh Mohammed – liegt etwa vier Meilen westlich des Dorfes Qasr Dakhl und erwies sich als äußerst gut. Bald darauf bohrte er einen zweiten Brunnen – Bir el Jebel – etwas näher am Dorf, der sich als noch besser erwies als Bir Sheykh Mohammed. Auch dieser Brunnen wurde hauptsächlich von freiwilligen Helfern gebohrt. Die beiden Brunnen zusammen bewässerten ein beträchtliches Gebiet. In ihrer Nähe wurden *Ezbas* (Bauernhöfe) gebaut, die von den Söhnen von Sheykh Mohammed bewohnt wurden. Da diese Bauernhöfe an der Straße von Dakhla nach Kufara, dem Hauptsitz der Senussi, und weit entfernt vom Dorf lagen und sich in ihrer Nähe kein gewöhnlicher *Fellachen* der Oase aufhielt, konnten die Mawhubs nach Kufara kommen und gehen – eine Reise, die sie immer mit einem beträchtlichen Maß an Geheimnis unternahmen, ohne Angst haben zu müssen, von den anderen Eingeborenen der Oase beobachtet zu werden.

Während das Grundstück um diese Brunnen herum bebaut wurde, wurde auch mit dem Bau seiner *Zawia* fortgefahren. Auch dies wurde größtenteils von freiwilligen Arbeitern durchgeführt, nicht nur von Mitgliedern seiner Sekte, sondern auch aus anderen Dörfern, die, ohne tatsächlich der Gemeinschaft anzugehören, ihr wohlgesinnt waren und es als fromme Tat betrachteten, beim Bau eines religiösen Gebäudes zu helfen, das dem Dienst Allahs gewidmet sein sollte. Später wurden weitere Brunnen gegraben.

Die *Zawia* bestand aus einem Hof, der von einer sehr hohen Mauer aus Lehmziegeln umgeben war, die nicht einmal verputzt war. Das ganze Gebäude hatte keinen Anspruch auf architektonische Schönheit. Als wir vorbeikamen, warf ich einen Blick durch die Tür in den Hof. Ein Mann, der auf dem Boden eines kleinen Raums saß, der in der Nähe des Eingangs hinausging, und drei kleine Jungen, die er unterrichtete, waren die einzigen Bewohner, die zu sehen waren.

Das Haus von Scheich Mawhub war genauso schlicht wie der Rest seiner *Zawia* . Wir wurden in ein Gästezimmer der üblichen Art geführt, mit Sofas an den Wänden, und waren dort für einige Zeit uns selbst überlassen. Nach etwa zehn Minuten Wartezeit kam ein Scheich Ibrahim – in dem ich den Schulmeister erkannte, den ich im Hof der *Zawia gesehen hatte* – herein und verkündete, dass der Tee bald kommen würde und dass Scheich Mawhub selbst ihm folgen würde – er betrachtete dies offensichtlich als ein Zeichen beträchtlicher Herablassung seitens des Scheichs.

Zu gegebener Zeit wurde der Tee serviert, und nachdem Scheich Ibrahim dafür gesorgt hatte, dass wir alle ordnungsgemäß bedient worden waren, ging er, und es kam zu einer weiteren endlosen Verzögerung.

Schließlich hörten wir langsame, schlurfende Schritte, unterbrochen von Stehenbleiben und Fragen und Antworten einer leisen Stimme in der Ferne, und der *Mamur* flüsterte mir zu, dass er glaube, es müsse Scheich Mawhub sein, der komme. Er schien ziemliche Ehrfurcht vor ihm zu haben.

Der Scheich selbst erschien schließlich in der Tür, respektvoll – es wäre kaum übertrieben, ehrfürchtig zu sagen – gestützt von Scheich Ibrahim. Er schien sich im letzten Stadium der Nervosität zu befinden. Er berührte nur unsere Hände auf eine fast leblose Art und Weise und setzte sich dann, immer noch gestützt von Scheich Ibrahim, zusammengekauert auf ein Sofa in der hintersten Ecke des Raumes, wo ihn der begleitende Scheich zärtlich an seinen Platz führte. Kaum hatte er sich in seiner Ecke niedergelassen, als, zu meiner Überraschung, Qway hereinkam, nur beiläufig mit ihm sprach und sich dann so nah wie möglich an den Tee setzte. Es war offensichtlich, dass Scheich Mawhub der Freund war, den Qway um Erlaubnis gebeten hatte zu besuchen, und dass er ihn bereits gesehen hatte, da die üblichen Begrüßungen bei seinem Eintreten ausblieben.

Ein sehr prächtiger junger Mann folgte Qway dicht auf den Fersen, ging zu ihm und küsste Scheich Mawhubs Hand, ging dann sofort wieder hinaus und stellte sich direkt gegenüber der Tür mit dem Rücken zur Wand des Durchgangs auf, von wo aus er die versammelten Gäste beobachtete. Es stellte sich heraus, dass es sich um Scheich Ahmed handelte, den ältesten Sohn von Scheich Mawhub.

Es fiel auf, dass die einheimischen Regierungsbeamten, die sich in Rashida und während der Fahrt durch die Oase in der für ihre Art üblichen ausgelassenen Art aufgeführt hatten, indem sie lachten, sich gegenseitig aufzogen und ständig Befehle herausbrüllten, anscheinend nur, um ihre eigene Stimme zu hören und ihre Autorität geltend zu machen, in Gegenwart von Scheich Mawhub alle äußerst gedämpft und beinahe schüchtern wirkten.

Seine Bühnenführung war ausgezeichnet und er war sicherlich eine ziemlich beeindruckende Persönlichkeit. Seit er zu Wohlstand gekommen war und seine Söhne erwachsen wurden, führte er ein äußerst zurückgezogenes Leben und war praktisch ein Einsiedler, der seine *Zawia selten verließ* oder jemanden außer seinen Anhängern sah. Die Verwaltung seines Eigentums überließ er größtenteils seinen Söhnen und den Männern, die seiner *Zawia angehörten, wie Scheich Ibrahim* . Es wurde allgemein angenommen, dass er sein ganzes Leben dem Studium, den Angelegenheiten der Sekte, der er angehörte, und seinen religiösen Bräuchen widmete. Wahrscheinlich war es diese Lebensweise, kombiniert mit dem Zustrom so vieler Fremder, die seine offensichtliche Nervosität erklärten.

Der alte Scheich beherrschte von seinem Eintreten an die Versammlung. Sein Benehmen war so ruhig und zurückhaltend, dass es fast schon affektiert wirkte. Er sprach zunächst so leise, dass man ihn kaum hörte, und antwortete auf die Bemerkungen der Beamten so kurz wie möglich.

Der *Mamur* nahm es auf sich, dem Scheich zu erklären, dass ich losziehen würde, um die Wüste zu kartieren, und dass ich mich nach Zerzura erkundigt hätte. Als er das Thema ansprach, fragte ich Scheich Mawhub, ob er jemals von diesem Ort gehört habe. Er dachte einen Moment nach und sagte dann, dass er das getan habe. Es sei eine verzauberte Oase, und alle Bewohner und das Vieh seien in Stein verwandelt worden und würden erst dann zum Leben erwachen, wenn dort jemand geopfert worden sei.

Dann blickte er für einige Augenblicke mit dem verzückten Ausdruck eines Heiligen in einem Buntglasfenster aus dem Fenster in den Himmel und fügte in einem Ton verträumter Erinnerung hinzu, dass einst ein Grieche versucht hatte, Zerzura zu suchen, ihn aber nicht gefunden hatte und auf dem Rückweg nach Europa an Gift gestorben war. Dann kam er wieder auf die Erde herunter und sah mich geistesabwesend an; aber ich glaubte, so etwas wie ein Funkeln in seinen trüben Augen zu erkennen.

Danach kamen wir auf das Thema Naturgeschichte. Der Scheich wachte auf und wurde interessant. Ich unterhielt mich lange mit ihm über verschiedene Themen. Gegen Ende überwand er seine Zurückhaltung und schien zu versuchen, mir zu gefallen, denn als ich mein Bedauern darüber ausdrückte, dass meine Sprachkenntnisse nicht ausreichten, um mich mit ihm unterhalten zu können, außer mit Hilfe eines Dolmetschers, bot er mir an, mir Arabisch beizubringen, wenn ich zu seiner *Zawia käme* .

Ich muss zugeben, dass ich versucht war. Die Chance, meine Ausbildung in einem Senussi-Kloster abzuschließen, war einzigartig; aber es wäre eine „Augenwischerei" gewesen, und ich hatte andere Arbeit zu erledigen – außerdem zweifelte ich an seinen Motiven, also lehnte ich ab. Er schien ehrlich enttäuscht zu sein. Ich nehme an, er hatte gehofft, dass ich in seiner *Zawia weiter Arabisch lernen würde* , anstatt loszuziehen und die Libysche Wüste zu erkunden, die die Senussi als ihr Privateigentum betrachteten.

Nach einiger weiterer Unterhaltung lud uns der Scheich alle ein, die Nacht als seine Gäste in der *Ezba* seines Sohnes, Scheich Ahmed, zu verbringen.

Scheich Ahmeds *Ezba* lag etwa fünf Meilen westlich der *Zawia* . Der erste Teil des Weges führte hauptsächlich über unbebautes Land. Sobald er dem zurückhaltenden Einfluss der Anwesenheit seines Vaters entzogen war, schüttelte Scheich Ahmed seinen Geruch der Heiligkeit ab und erschien in seinem wahren Charakter als sehr fröhlicher und schlanker junger Schlingel. Er und seine beiden Brüder, Scheich Mohammed und 'Abd el Wahad – die sich uns beide anschlossen, bevor wir die *Ezba erreichten* – hatten in der Oase keineswegs den Ruf der Heiligkeit, den ihr Vater besaß. Scheich Ahmed galt als äußerst schlanker Kerl und galt selbst unter den Einheimischen als „der größte Lügner der Oase". 'Abd el Wahad, der jüngste Bruder, war noch im Teenageralter und hatte damals noch nicht den Klatsch der Oase auf sich gezogen. Aber Scheich Mohammed galt als noch hinterlistiger als sein älterer Bruder.

Es war die alte, alte Geschichte; zu viel fromme Erziehung der Jugend führt später zu einer Reaktion. Man trifft zum Beispiel auf Söhne von Geistlichen, die für vieles berühmt sind, aber übermäßige Frömmigkeit gehört selten dazu. Die Geschichte, die auf der menschlichen Natur beruht, wiederholt sich sprichwörtlich, und diejenigen *in loco parentis* täten meiner Meinung nach gut daran, sich immer daran zu erinnern, dass Robert der Teufel der Sohn von Richard dem Guten war – und das ist er häufig!

Die Religion des alten Scheichs Mawhub war offensichtlich eine sehr reale und echte Sache, aber die seiner Söhne war, nach allem, was ich hörte und sah, weitgehend eine Frage der Einhaltung der äußeren Formalitäten ihres Ordens. Aber das Ansehen der Sekte, der sie angehörten, war so groß, dass die einfachen Bewohner der Oase ihre Rückfälle übersehen und sie fast als eines der Privilegien ihres heiligen Charakters betrachteten. In Nordafrika ist es nur notwendig, sich selbst als heiligen Mann zu bezeichnen, genügend Gebete zu sprechen und gelegentlich zu fasten, und in der Zwischenzeit kann man so ziemlich tun, was man will.

Nach einer Fahrt von etwas über einer Stunde erreichten wir, gerade als die Sonne unterging, die *Ezba von Scheich Ahmed* . Sein Gästehaus war, wie das des *Omda* von Rashida, an sein Privathaus angebaut, in dem seine Frauen und seine Familie lebten. Das Haus und das Gästehaus waren von einer Reihe offener Höfe umgeben, die die Wirtschaftsgebäude bildeten und als Orte dienten, an denen nachts das Vieh untergebracht wurde, als Dreschplätze usw.

Eine Teeparty in der Oase Dakhla.

Die Eingeborenen trinken enorme Mengen sehr starken Tees, dessen Zubereitung regelrecht eine Zeremonie ist. Beachten Sie die große Kupferurne links. (S. 39).

Das Gästezimmer war ein langer, schmaler Raum, der von Ost nach West etwa 25 Fuß und von Nord nach Süd 12 Fuß maß. Zwei Fenster und die Tür öffneten sich zu einer Art Terrasse, während auf der gegenüberliegenden Seite drei Fenster nach Norden auf einen Garten hinausgingen, in dem sich der Brunnen befand, der die *Ezba bewässerte* , und in dem eine Anzahl Palmen und andere Obstbäume gepflanzt waren, über deren Wipfel man in der blauen Ferne die Klippe sehen konnte, die die Oase begrenzte.

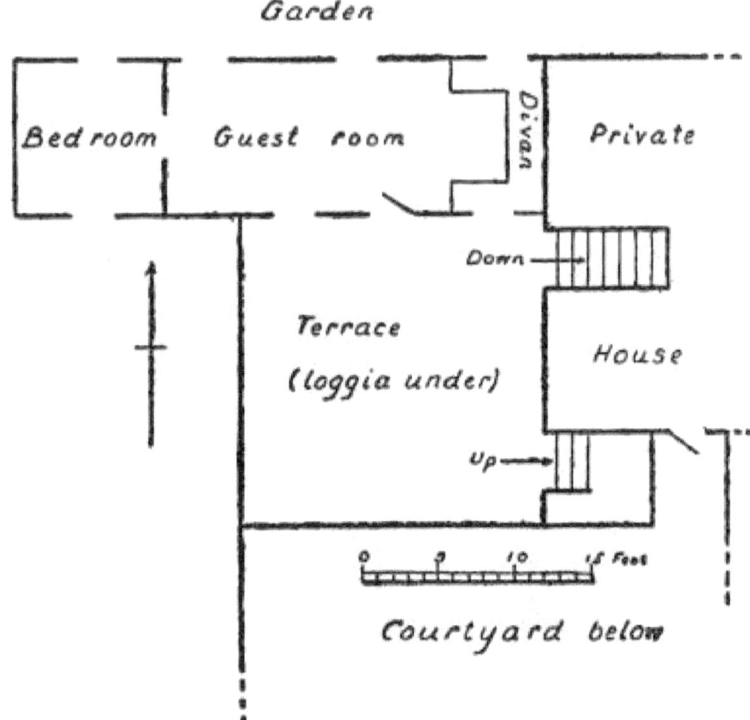

GÄSTEHAUS VON SHEYKH AHMED.

Die Fenster waren mit roten Vorhängen verhangen, und eine Tür, die in ein kleines Schlafzimmer am westlichen Ende des Raumes führte, war mit einem Paar schwerer und ziemlich staubiger Samtvorhänge in derselben Farbe bedeckt. Der Boden war mit Teppich ausgelegt, auf dem hier und da ein paar Matten lagen. Das Dach, das anscheinend auf die übliche Weise aus Palmenstämmen gebaut war, die Jerids (Palmblattstämme) stützten, war mit einer dünnen Schicht Gips bedeckt, wie die Wände weiß getüncht und mit breiten roten Streifen bemalt – eine Art der Dekoration, die zwar grob ausgeführt, aber sowohl wirkungsvoll als auch geschmackvoll war und zusammen mit den gedämpften Farbtönen der Teppiche auf dem Boden ein Farbschema bildete, für das sich ein europäischer Künstler nicht hätte schämen müssen.

Da ich weiß, dass die Senussi den Ruf haben, ein einfaches Leben zu führen, und dass sie angeblich eine Abneigung gegen die Übernahme europäischer Neuerungen haben, war ich vom Inhalt des Zimmers völlig überrascht.

Auf einer Platte neben einem offenen Fenster, so dass es im Luftzug stand, stand die unvermeidliche *Gula* – eine poröse Terrakotta-Flasche für Kühlwasser, die in jedem Haus eines Eingeborenen in Ägypten zu finden ist.

An die Wand genagelt waren runde Papierfächer japanischer Herstellung und zwei oder drei in einer seltsamen Beilform, verziert mit Stücken aus rotem Baumwollstoff, wie sie in der Oase hergestellt werden. Ein greller rot-schwarzer Druck von Mekka war an die Wand gegenüber der Tür genagelt, und ein zweiter langer Druck in Silber auf Seide, der sich fast über die Ostwand erstreckte, zeigte eine andere Ansicht desselben Motivs in schurkischer Perspektive, zusammen mit einigen anderen Szenen östlicher Städte, die ich nicht identifizieren konnte, wobei die Zwischenräume zwischen den Ansichten mit Texten und arabesken Ornamenten ausgefüllt waren.

Die übrigen Möbel waren rein europäisch – ein an der Wand befestigtes Regal mit einem darunter angebrachten Spiegel, das man in der Tottenham Court Road hätte kaufen können; ein Hängesessel und einige andere aus gebogenem Holz mit Sitzen aus Rohrgeflecht der üblichen Art, ein paar Tische aus Kiefernholz, auf einem davon standen eine vernickelte Petroleumlampe und eine Sprudelflasche, auf dem anderen ein paar Bücher, ein gewöhnliches schwarz lackiertes Tablett mit einer Glaswasserflasche und Bechern und ein Grammophon. Auf der einen Seite des bunten Drucks der heiligen Kaaba in Mekka befand sich ein farbiger Öldruck des Khediven und auf der anderen Seite einer von König Edward VII.!

Nachdem er gesehen hatte, dass wir uns alle bequem an unseren Plätzen niedergelassen hatten, entschuldigte sich Scheich Ahmed, uns nicht weiter zu bedienen, und erklärte, dass es Zeit für das *Maghrib*- Gebet sei, und ging nach unten, wo wir ihn kurz darauf inbrünstig das Gebet im Raum unter uns anführen hörten.

Bald darauf kam er mit einem Diener zurück, der den unvermeidlichen Tee brachte. Nachdem er dafür gesorgt hatte, dass wir alle bedient waren, ging Scheich Ahmed wieder, um sich umzuziehen, und kam in einem noch prächtigeren Gewand als zuvor zurück.

Während wir auf das Abendessen warteten, kamen die beiden Brüder von Scheich Ahmed – Scheich Mohammed und Scheich 'Abd el Wahad – herein, gingen auf ihn zu, küssten ihm die Hand und blieben dann stehen, bis er ihnen mit einem Zeichen die Erlaubnis gab, sich zu setzen.

Die Senussi - oder zumindest die bessere Klasse unter ihnen - halten die zeremoniellen Sitten des alten patriarchalischen Systems der Araber aufrecht. Scheich Ahmed zum Beispiel blieb nicht einmal mit seinem Vater im Zimmer in der *Zawia* , geschweige denn setzte er sich ohne seine Erlaubnis dort hin. Seine jüngeren Brüder küssten ihm zu Hause die Hand, wenn sie das Zimmer betraten, und warteten auf seine Erlaubnis, sich zu setzen. Sie standen auf, wann immer er das tat, und blieben stehen, bis er das Zimmer verließ oder bis er ihnen ein Zeichen gab, sich zu setzen. Als Scheich Mohammed, der zweite Bruder, hereinkam, stand der jüngste, Scheich 'Abd el Wahad, sofort auf.

Als es Zeit zum Abendessen war, gingen die beiden jüngeren Brüder, wie ich hörte, zu Scheich Mohammeds *Ezba* , die nicht weit von der von Scheich Ahmed entfernt war. Scheich Ahmed selbst half, das Essen zu decken. Ein zusammenklappbarer Eisentisch wurde zu unserem Platz gebracht und ein riesiges rundes Tablett aus rotem Emaille, das rundherum Ansichten der Schweiz zeigte, wurde auf den Tisch gestellt. Ein Tischtuch wurde darüber ausgebreitet und darauf das Essen serviert. In fast allen *Omdas-* Häusern, in denen wir wohnten, aßen wir auf einheimische Art mit den Fingern; aber in Scheich Ahmeds *Ezba* hatten wir vernickelte Löffel und Gabeln, Teller, Becher und Messer mit vernickelten Griffen.

Scheich Ahmed selbst bediente seine Gäste zunächst, gemäß der strengen arabischen Etikette, mit sorgfältig hochgekrempelten Ärmeln, damit sie nicht durch den Kontakt mit dem Geschirr schmutzig wurden. Er war ein guter „Brötchenverkäufer" und erst als ich ihn zu uns einlud, nahm er am Tisch Platz und beteiligte sich an der Unterhaltung. Leider konnte ich vielem, was er sagte, nicht folgen, da mein Arabisch zu dieser Zeit nicht das beste war, aber dem Gelächter nach zu urteilen, das viele seiner Bemerkungen begleitete, war er eindeutig ein unterhaltsamer und geistreicher Redner. Er beteiligte sich freimütig an den Scherzen der ägyptischen Beamten und hatte offensichtlich die Gabe, schnell zu antworten.

Die Familie Mawhub war stolz darauf, den besten Tisch in der Oase zu haben, und das Abendessen, das er für uns zubereitete, war ausnahmslos die beste Mahlzeit, an der ich je das Glück hatte teilzunehmen, und ich hatte großen Anteil daran.

Die Senussi hofften, den Mamur *zu ihrer Sekte zu bekehren – falls sie das nicht bereits getan hatten. Ein Großteil ihres Einflusses in Ägypten wurde durch diese Form der „friedlichen Durchdringung" gewonnen. Scheich Ahmed war kein Dummkopf und wusste wahrscheinlich, dass der einfachste Weg zum Herzen eines Ägypters durch seinen Magen führt. Er hatte sich deshalb den Koch seines Vaters aus der Zawia* in Qasr Dakhl ausgeliehen, um dem Anlass Ehre zu erweisen. Von diesem Mann hieß es in der Oase – wahrscheinlich zu Recht –, er sei einst Koch des Sultans der Türkei gewesen, und die türkische Küche ist wahrscheinlich die beste der Welt.

Ich weiß nicht, ob wir in Europa unser Klostersystem von den Arabern übernommen haben, ob sie es von uns haben oder ob wir beide es aus einer gemeinsamen Quelle haben; aber sicherlich gibt es viele Ähnlichkeiten zwischen unserem und ihrem. Der Ruf des „guten Lebens", den die Klöster des Mittelalters in Europa genossen, als

„Kein Baron, Knappe oder Ritter der Grafschaft

Habe als Mönch nur halb so gut gelebt."

hat sein genaues Gegenstück in den meisten heutigen muslimischen Klöstern. Dieser Koch aus *der Zawia* der Senussi-Sekte – so berühmt für ihr enthaltsames, einfaches Leben! – in Qasr Dakhl war ein Meister seiner Kunst, und dieses Abendessen muss eine seiner besten Leistungen gewesen sein.

Zuerst kam eine große Schüssel mit Brühe, in der zwei oder drei junge Hühner gekocht worden waren. Die Brühe war stark nach Zitrone gewürzt, was man erst einmal probieren muss.

Dann kam das *Glanzstück* — ein Truthahn. Der Polizist, der neben mir saß, der selbst ein ausgezeichneter Koch war und genau wusste, wovon er sprach, sagte, er sei in Milch gekocht und dann mit Butter bestrichen, mit einer Art Paste bedeckt und für ein paar Minuten in den Ofen geschoben worden. Er war mit Mandeln, Reis, Rosinen und *Ferikh gefüllt* , einer Art Popcorn, das, glaube ich, aus in Butter gebratenem grünem Mais gemacht wurde. Die Füllung enthielt auch eine Art Gewürz, das ich nicht identifizieren konnte.

Das Fleisch schien alle Fasern verloren zu haben und schmolz beinahe im Mund zusammen; die Haut war knusprig und schmeckte wie Gebäck; die Füllung – aber eine Vorstellung davon zu geben, wie diese Füllung war, übersteigt meine Vorstellungskraft – niemand außer einem Dichter könnte sie beschreiben.

Nach dem Truthahn gab es Hühnchen, gebraten und ebenfalls gefüllt. Es folgten Frikadellen, gewürzt mit einigen leckeren Kräutern.

Als die Frikadellen fertig waren, hatte ich bereits das Gefühl, dass ich der Gastfreundschaft von Scheich Ahmed mehr als gerecht geworden war und dass der Versuch, ihm in dieser Hinsicht weitere Komplimente zu machen, ernsthafte Konsequenzen haben könnte. Ich hoffte, dass das Ende der Mahlzeit in Sicht sein würde. Aber davon war nichts zu sehen.

„Die Strapazen des einsamen weißen Mannes in Afrika" wurden oft beschrieben, aber nie wirklich gewürdigt – sie sind furchtbar! Nach den Frikadellen folgte eine endlose Reihe von Süßigkeiten, wie sie nur ein türkischer Koch zubereiten kann. Eine Art schwammiger Pudding, der mit Marmelade gegessen wurde. Marmeladentörtchen – die Marmelade wird anscheinend aus Datteln hergestellt. Knusprige, dünne Blätterteigtaschen, mit Schlagsahne bedeckt, rosa gefärbt und mit Honig gegessen. Eine Art sehr süßer Nougat, der ebenfalls mit Sahne gegessen wurde, gefolgt von unverwechselbarem türkischem Honig, dick mit weißem Puderzucker bestreut, der dem besten „Rahat Lakum", das man sogar in Kairo kaufen konnte, unendlich überlegen war – Rahat Lakum war übrigens ein Name, den anscheinend noch niemand gehört hatte.

Nach dem Abendessen gab es natürlich Tee und anschließend *Kerkadi* oder Sudantee – ein Getränk aus den getrockneten Blüten einer Pflanze, die irgendwo im Sudan wächst.

Von Letzterem hatte ich in Ägypten gehört, es aber noch nie gesehen. Als ich also hörte, dass Scheich Ahmed welches hatte, fragte ich danach. Es wird von Moslems nicht nur als völlig in Ordnung angesehen, seinen Gastgeber zu bitten, ihm auf diese Weise eine Kleinigkeit zu präsentieren, sondern es wird sogar als Kompliment angesehen.

Das *Kerkadi* wurde zunächst kalt zubereitet. Ein paar Blüten wurden in ein Glas gegeben und einige Minuten lang umgerührt, bis ein blassrosa Sud entstand. Anschließend wurde Zucker hinzugefügt, um es zu süßen.

Auf diese Weise hergestellt, entstand ein Getränk mit einem eigenartigen, leicht säuerlichen Geschmack, das an einem heißen Tag sehr angenehm und erfrischend gewesen wäre. Man kann es auch heiß trinken, wobei man es dann genauso zubereitet wie gewöhnlichen Tee. Aber es schmeckt nicht annähernd so gut, wenn man es auf diese Weise zubereitet, und wenn man es eine Zeit lang stehen lässt, bekommt es einen starken, beißenden Geschmack, der europäischen Geschmäckern wahrscheinlich nicht zusagen würde. Aber als Kaltgetränk ist es überraschend, dass es so wenig bekannt ist.

Der Polizist flüsterte mir zu, dass der Tee, der vor dem *Kerkadi getrunken wurde* , von außerordentlich guter Qualität war, und fügte in einheimischer Manier hinzu, dass Scheich Ahmed eine Guinee pro Pfund dafür bezahlt haben muss. Er hatte höchstwahrscheinlich recht, denn das ist keineswegs ein ungewöhnlicher Preis für einen der reicheren Einheimischen der Oase für seinen persischen Lieblingstee.

Als wir mit dem Abendessen und dem Tee fertig waren und unsere Zigaretten angezündet hatten, nahm der koptische Arzt das Grammophon in Besitz und wir wurden mit arabischen Liedern und Melodien unterhalten. Etwa eine halbe Stunde lang folgten Lieder, Musikstücke und gelegentliche Rezitationen aufeinander. Schließlich wurde eine sehr langweilige Melodie gespielt, und da alle sie langweilig fanden, ging Scheich Ahmed zum Stapel der Schallplatten und begann, sie zu sortieren, mit der Begründung, er würde schon etwas Besseres finden.

Die Platte, die er auflegte, erwies sich als Dialog zwischen einem Mann und seiner Frau, die nach ein paar Sätzen heftig zu streiten begannen, sich gegenseitig beschimpften und sich alle schmutzigen und widerlichen Namen gaben, die selbst die arabische Sprache hervorbringen kann. Diese Platte gefiel dem Publikum offensichtlich, denn es brüllte bei einigen der Bemerkungen vor Lachen. Sobald die Platte zu Ende war und wiederholt wurde, legte Scheich Ahmed ein Lied auf, dem ich überhaupt nicht folgen konnte, das aber, den Bemerkungen des Publikums nach zu urteilen, äußerst gewagt gewesen sein musste.

Dieses Grammophon war eine großartige Einrichtung, die jedoch in meinem zweiten Jahr in der Wüste beinahe zu unangenehmen Komplikationen geführt hätte. Als ich nach meiner ersten Saison in der Wüste nach Kairo zurückkehrte, bestellte ich ein halbes Dutzend Schallplatten, die als *Bakhshish an Scheich Ahmed geschickt werden* sollten. Die Auswahl überließ ich dem Verkäufer, der besser wusste, was dem einheimischen Geschmack entsprach.

Während meiner zweiten Saison besuchte ich Scheich Ahmed erneut, und wieder wurde das Grammophon hervorgeholt und meine Schallplatten hervorgeholt. Scheich Ahmed hatte sie an einem anderen Ort als die anderen in seiner Sammlung aufbewahrt, und ich vermute, er hatte sie noch nie zuvor auf sein Grammophon gelegt. Aber er legte sie eine nach der anderen auf sein Gerät, setzte sich darüber, schlug den Takt der Musik und tat höflich so, als genieße er sie in vollen Zügen. Daraus schloss ich, dass er sich der Art der Musik, die sein Grammophon produzierte, überhaupt nicht bewusst war – denn es waren ganz sicher keine Schallplatten, die ich ausgewählt hätte, um sie einem Senussi-Scheich zu schicken.

Einige Jahre später fand es Scheich Ahmed aufgrund kleiner Meinungsverschiedenheiten mit den Regierungsbehörden angebracht, mit seiner Familie und seinem Hab und Gut plötzlich nach Kufara zu ziehen.

Wenn ein künftiger Besucher dieser Oase aus einem einheimischen Haus eine schöne Baritonstimme hören sollte, die ihm „Lieder aus Arabien und Geschichten aus dem schönen Kaschmir singen" wird, oder wenn ein Chor, begleitet von einer Blaskapelle, ihn mit den inspirierenden Klängen von „Vorwärts, christliche Soldaten! Marschiert in den Krieg" zu weiteren Anstrengungen auffordert, wird er das Haus von Scheich Ahmed ausfindig machen können und wissen, woher diese Aufzeichnungen stammen.

Als ich das nächste Mal in Kairo war, besuchte ich den Laden, um zu fragen, warum man einem Senussi-Scheich Schallplatten geschickt hatte, die als Geschenk für ihn völlig ungeeignet waren. Während eines ziemlich vertraulichen Gesprächs über das Thema erklärte der Verkäufer, er habe diese Schallplatten als „Scherz" ausgewählt, da er nicht damit gerechnet hatte, dass ich wieder in die Oase gehen würde. Das hatte durchaus eine humorvolle Seite; der Anblick dieses ahnungslosen Senussi-Scheichs, der höflich den Takt zu „Vorwärts, christliche Soldaten!" schlug, war durchaus sehenswert!

Doch zurück zu meinem ersten Besuch in Scheich Ahmeds *Ezba* . Als das Repertoire dieses Grammophons zu Ende war, kam es zu einer langen und ernsthaften Diskussion darüber, ob unsere Verdauung des Abendessens schon weit genug fortgeschritten war, um zu Bett gehen zu können. Obwohl es inzwischen nach zwei Uhr morgens war, kam man einstimmig zu dem Schluss, dass wir unserer Verdauung noch etwas Zeit geben sollten, ihre Arbeit fortzusetzen, bevor wir uns zurückzogen. Die Gesellschaft hatte offensichtlich beschlossen, eine Nacht daraus zu machen.

Zunächst wurde beschlossen, dass wir etwas mehr Musik machen sollten. Der Polizist hatte am Morgen aus einem Stück Rohr eine Art Tin Whistle hergestellt. Der *Mamur besorgte sich ein Eisentablett, das er als Tamtam* benutzte . Der koptische Arzt, der den Vorteil einer Ausbildung bei europäischen Lehrern im Qasr el 'Aini-Krankenhaus in Kairo genossen hatte, war bei der Wahl seines Instruments zivilisierter – er schaffte es, irgendwo einen Kamm aufzutreiben, und erwies sich mit einem Stück Papier als erstklassiger Musiker. Nachdem sie so eine Jazzband improvisiert hatten, machten sie den Abend schrecklich, indem sie einige der Lieder, die sie auf dem Grammophon gehört hatten, noch einmal sangen.

Schließlich hatten sie dieses Vergnügens satt und begannen ein kindisches Spiel, bei dem einer von ihnen sich etwas ausdachte und die anderen ihn durch Befragung herauszufinden versuchten, was es war. Das sorgte für viel Unterhaltung und der Spaß wurde immer wilder. Das Spiel war offensichtlich sehr beliebt. Aber die Dinge, die sich dieser scheinheilige Senussi-Scheich ausdachte – nun ja! Sie *waren* östlich! So sehr sogar, dass ich schließlich zu Bett ging und sie weiterspielen ließ – so streng waren die Senussi!

Herstellung von Holzpfeifen.

Die Bewässerung dieser Oasen erfolgt über artesische Brunnen unbekannten Alters. Sie sind alle mit Holzrohren ausgekleidet. Bis heute werden noch immer ähnliche Brunnen gegraben. (S. 312).

Eine Straße in Rashida.

Manchmal werden die oberen Stockwerke der Häuser über die Straße gebaut, um die Fahrbahnen bei heißem Wetter kühl zu halten. (S. 49).

Nach einer etwas unruhigen Nacht wurde ich durch die Fortsetzung des Konzerts der Jazzband geweckt. Als ich aus meinem Zimmer kam, fand ich die ganze Gruppe in verschiedenen Stadien der Entkleidung auf den Matratzen sitzend, auf denen sie die Nacht verbracht hatten, Zigaretten rauchend, singend, auf Tabletts schlagend und auf die Ankunft des Friseurs wartend, um sie zu rasieren. Scheich Ahmed selbst war nicht im Vordergrund, er hatte sich für die Nacht in sein Privathaus zurückgezogen und war nicht erschienen.

Die Ankunft des Barbiers und zweier Diener mit Waschgeräten machte dem Chaos ein Ende. Der Barbier ging nacheinander zu jedem der einheimischen Gäste, rasierte sie und schnitt ihnen die Haare, während die übrigen ihre Hände wuschen, während die Diener Wasser über sie gossen. Nachdem diese Vorarbeiten erledigt waren, begannen sie mit dem Anziehen.

Scheich Ahmed, wie immer prächtig gekleidet, kam bald aus seinem Haus und begann mit Hilfe der Bediensteten, den Tisch für das Frühstück zu decken.

Nach dem Essen wurde Tee serviert und nachdem wir diesen getrunken hatten, führte uns unser Gastgeber zu seinem Brunnen und Garten. In einem der von kleinen Mauern umgebenen Bereiche um sein Haus zeigte er uns seinen Ofen, um den herum eine Anzahl grober Teller, Töpfe und Becken aus Ton lagen. Der Ofen selbst war ein kleiner bienenstockförmiger Bau, dessen Kuppel leicht mit erhabenen Mustern verziert war, unter denen ein Muster wie ein umgedrehtes Y auffiel. Dies könnte möglicherweise sein *Wasm gewesen sein* – das Brandmal seines Stammes.

Die Senussi-Sekte selbst hat ein eigenes **IWI** *Wasm , das aus dem Wort „Allah"*
besteht, um zu zeigen, dass die damit gebrandmarkten Tiere und Sklaven Seinem Dienst
geweiht sind. Ich habe nie Sklaven gesehen, die mit diesem Brandzeichen gekennzeichnet
waren, aber ich habe oft ihre Kamele gesehen, die auf diese Weise gekennzeichnet waren.
In jedem Fall hatte das Wort jedoch die Form . Dies kann nur auf eine schlechte Schreibweise des Mannes zurückzuführen sein, der das Tier gebrandmarkt hat, es kann aber auch eine Art konventionelle Form des korrekt geschriebenen Wortes sein.

Die beiden Brüder von Scheich Ahmed kamen kurz vor Ende seiner Hausparty an. Als wir also ins Gästezimmer zurückgingen, um unsere Sachen zu packen, nutzte ich die Gelegenheit, sie zusammen zu fotografieren. Danach versuchte ich, Scheich Ahmed dazu zu überreden, sich in seinem weißen Gebetsgewand fotografieren zu lassen, aber dabei beging ich einen ziemlichen *Fauxpas . Er sah einen Moment lang sehr wütend aus, antwortete dann*
aber steif, das sei unmöglich, da es haram sei – in seiner Religion verboten. Aber er fing sich bald wieder und war wieder ganz am Lächeln, als wir gingen.

KAPITEL VI

Der *Mamur*, der unsere Gruppe persönlich führte, hatte dafür gesorgt, dass wir Gedida besuchen sollten. Auf dem Weg dorthin kamen wir am Dorf Mushia vorbei, das in einem Gebiet aus Flugsand lag, der an manchen Stellen in die Anbauflächen einzudringen schien. Der größte Teil des Landes war mit Palmen bepflanzt, von denen es angeblich etwa 26.000 gab. Das Dorf selbst erwies sich als uninteressant; seine auffälligste Besonderheit waren die Malereien mit geometrischen Mustern, die die Außenwände einiger Häuser schmückten. Die Einwohner zeigten hier mehr Anzeichen von Fortschritt als in den meisten Dörfern der Oase, da eine Reihe von *Sagias* – Wasserrädern – errichtet worden waren, um das Anbauland zu bewässern, wo die teilweise Versäumnis der Brunnen dies notwendig gemacht hatte.

In Gedida jedoch schienen sie konservativer zu sein. Die Wasserversorgung war knapp, was den Einwohnern zufolge auf die großen Wassermengen zurückzuführen war, die die großen modernen Brunnen in Rashida lieferten, und viele ihrer Palmen starben, weil sie nicht bewässert werden konnten. Einige *Shadufs wurden eingesetzt, um das Wasser zu heben; die Einwohner beklagten sich jedoch bitter über die harte Arbeit, die zu ihrer Bearbeitung erforderlich war. Auf die Frage, warum sie keine Sagias* verwendeten, antworteten sie apathisch, niemand wisse, wie man sie herstelle, und schienen zu denken, es wäre zu viel Mühe, sie aus dem Niltal zu importieren.

In Gedida hörte ich eine andere Geschichte über Zerzura. Es scheint, dass vor vielen Jahren – die genaue Zahl wurde nicht genannt –, als die Vorfahren der heutigen Bewohner alle verstreut in kleinen Weilern und *Ezbas über den Bezirk lebten*, einige sehr große schwarze Männer mit langen Haaren und langen Nägeln aus der Wüste kamen und nachts ihr Brot stahlen. Am Morgen folgten die Eingeborenen ihren Spuren in die Wüste, fanden die Brunnen, aus denen sie bei ihrer Ankunft in der Oase getrunken hatten, und füllten sie mit Salz, damit sie nicht wieder benutzt werden konnten. Dann kehrten sie in die Oase Dakhla zurück und schlossen sich zusammen, um zum gegenseitigen Schutz das Dorf Gedida (die „neue Stadt") zu gründen.

Wir erreichten Mut gerade bei Sonnenuntergang und kamen dabei an zahlreichen Eingeborenen vorbei, die ihr Vieh in die kleinen, ummauerten Gehege rund um die Stadt trieben.

Ich traf Abd er Rahman, der wartete, um über den Zustand der Kamele zu berichten. Alles, was er sagte, war gut verlaufen, außer dass das grüne Kamel das blaue gebissen hatte und dass das rote von Räude befallen war. Abd er Rahman sagte jedoch, dass er ihn gut eingecremt hatte – was ihn, fügte er hinzu, sehr wütend gemacht hatte, und er hoffte nun, dass er geheilt sei.

Der *'Omda* von Rashida kam am Nachmittag vorbei. Beim Abschied äußerte er den innigen Wunsch, dass ich Zerzura finden möge, und dass ich dort viele Schätze finden würde. Ich merkte bald, dass es völlig sinnlos war, einen Einheimischen glauben zu machen, dass ich nur Karten anfertigen und wissenschaftliche Informationen sammeln wollte. Selbst die intelligenteren unter ihnen – wie die einheimischen Beamten, die Familie Mawhub und der *'Omda* von Rashida – konnten überhaupt nicht begreifen, dass jemand so dumm sein konnte, eine solche Arbeit zu verrichten, ohne dafür bezahlt zu werden, und sie waren selbst so eingefleischte Schatzsucher und so geheimnisvoll in ihren Methoden, ihre Suche nach vergrabenen Reichtümern durchzuführen, dass sie alle der Meinung waren, der Grund, den ich für meine Reise angab, sei nur ein Deckmantel, um die Tatsache zu verschleiern, dass ich wirklich nach Schätzen suchte.

Als ich meine Pläne schmiedete, in den unbekannten Teil der Libyschen Wüste jenseits von Dakhla aufzubrechen, sah ich mich sofort mit einer ernsten Schwierigkeit ausgesprochen ungewöhnlicher Art konfrontiert. Normalerweise hat ein Reisender, wenn er eine Reise antritt, ein bestimmtes Ziel vor Augen – er möchte einen bestimmten Berg besteigen, einem bestimmten Fluss bis zu seiner Quelle folgen, die Vermessung eines entdeckten Sees abschließen oder nach einem Ort suchen, dessen Existenz ihm aufgrund von Informationen der Einheimischen bekannt ist – aber in dieser Gegend gab es kein solches Ziel.

Mit Ausnahme der Oasengruppe von Kufara im äußersten Westen war praktisch die gesamte Libysche Wüste südlich und westlich von Dakhla völlig unbekannt. Deshalb reizte mich der südwestliche Teil am meisten, da jede Reise in diese Richtung direkt ins Herz des größten unbekannten Gebiets Afrikas (oder auch darüber hinaus) führen würde. In diesem Teil war auf den Karten auch das große Dünenfeld verzeichnet, dessen Durchquerung eines der Hauptziele meiner Reise war. Deshalb beschloss ich, diesen Teil zuerst in Angriff zu nehmen.

Dann stand ich vor einem Problem. Was sollte mein Ziel sein? Zwischen West und Süd gibt es viele Richtungen, auf denen man marschieren kann. In welche Richtung sollte ich gehen?

Die Aussicht, durch zielloses Herumwandern in mehreren Hunderttausend Quadratkilometern Wüste einen Brunnen zu finden, sei es nur ein zwei Fuß tiefer Schacht im Boden, der höchstwahrscheinlich mit Sand verschlammt ist, ist gering.

Die Karten halfen kaum bei der Lösung des Problems. Viele ließen diesen Bereich völlig leer. Diejenigen, die dort überhaupt etwas platzierten, beschrieben ihn als vollständig von großen Dünen bedeckt oder, wie einige es ausdrückten, als „unpassierbare Dünen".

Der nächste Punkt in diesem südwestlichen Quadranten, der auf den Karten verzeichnet war, war eine Oase, die nach Angaben der Einheimischen achtzehn Tagereisen südwestlich lag. Achtzehn Tage, das heißt über gewöhnliche Wüste, was mindestens dreißig bedeuten könnte, wenn große Dünen überquert werden müssten, und nach dem, was ich von diesen Dünen gesehen hatte, war es fraglich, ob sie überhaupt passierbar waren. Es hieß, sie sei bewohnt, aber nicht einmal ihr Name war bekannt. Es hieß auch, eine alte Straße führe von dort nach Ägypten. Das sah einigermaßen vielversprechend aus, aber der Ort war zu weit weg, um als erstes Ziel von Nutzen zu sein, denn bis ich seine Position genau kannte, sodass ich sicher sein konnte, ihn beim ersten Versuch zu finden, hätte ich mich um eine Rückkehr kümmern müssen, falls ich ihn nicht erreichen konnte – und das hätte eine sechsunddreißigtägige Reise abseits von Wasser über einfache Wüste oder zwei oder drei Monate über große Dünen erfordert.

Wenn man bedenkt, dass ein Kamel, das nur mit Getreide beladen ist, seine eigene Ladung in etwa einem Monat verzehrt, und dass die Menge an Wasser, die man auf einer Reise dieser Art zusätzlich mitnehmen müsste, weit größer wäre als das benötigte Getreide, wird leicht verständlich, dass eine solche Reise ohne die Einführung eines Systems von Depots oder Zwischenlagern völlig unmöglich wäre, wozu ich mich jedoch aufgrund der Gefahr, dass sie manipuliert werden könnten, nicht bereit fühlte, bis ich mehr über die Gegend wusste. Bevor ich hoffen konnte, diesen Ort zu erreichen, musste ich eine näher gelegene Oase oder einen Brunnen finden, von dem aus ich neu aufbrechen konnte; es war also klar, dass diese Zwischenoase oder dieser Brunnen mein erstes Ziel sein musste. Aber wo war dieser Ort zu finden?

Da es keine verlässlicheren Informationen gab, kam mir der Gedanke, dass sich möglicherweise einige Hinweise auf den Standort der Stätte aus den Legenden von Zerzura ergeben könnten. Die Geschichte von Rohlfs' Ausgrabungen im Der el Hagar, die mir von Männern erzählt wurde, die zu der Zeit, als sie angeblich stattfanden, tatsächlich in der Gegend gelebt hatten, zeigte, in welchem Ausmaß selbst relativ junge Ereignisse von den Einheimischen verdreht werden.

Aber der Name Zerzura selbst war vielsagend. Zerzur bedeutet wörtlich Star, wird aber oft auch frei auf kleine Vögel angewendet. Angenommen, der Name sei von dieser Quelle abgeleitet, hätte er so etwas wie „Ort der kleinen Vögel", ein Name, der so phantasievoller Natur zu sein schien, dass er mir unwahrscheinlich erschien, dass er auf einen bestimmten Ort angewendet werden konnte, und in Verbindung mit dem etwas mystischen Charakter der Geschichten, mit denen die Oase in Verbindung gebracht wurde, kam ich zu dem Schluss, dass entweder nie ein Ort dieses Namens existierte oder, was wahrscheinlicher schien, dass Zerzura ein allgemeiner Name für jede unbekannte oder verlorene Oase war und dass die verschiedenen Legenden, die ich darüber gehört hatte, in einigen Fällen jedenfalls entstellte Versionen von Ereignissen waren, die sich tatsächlich in der Vergangenheit zugetragen hatten; und nach der Geschwindigkeit zu urteilen, mit der die Geschichte von Rohlfs' Ausgrabungen verzerrt worden war, einer Vergangenheit, die nicht unbedingt sehr weit zurücklag.

Zerzura soll südwestlich von Dakhla liegen, und die anderen Hinweise, so klein sie auch waren, deuteten alle darauf hin, dass dies die vielversprechendste Richtung war. Nicht nur war die unbekannte Oase mit der Straße zurück nach Ägypten auf der Karte als ungefähr in dieser Richtung liegend eingezeichnet, sondern, was wahrscheinlich der beste Hinweis von allen war, ein großer Vogelzug, der jedes Jahr aus diesem Teil der Wüste kam. Natürlich gab es nicht viele Anhaltspunkte für die Entscheidung, diese Route einzuschlagen, aber in Ermangelung zuverlässigerer Informationen war ich gezwungen, den Hinweisen zu folgen, die es gab. Später – in meiner letzten Saison in der Wüste – konnte ich von verschiedenen Eingeborenen eine große Menge an Daten über die unbekannten Teile sammeln, aus denen ich eine mehr oder weniger vollständige Karte erstellen konnte. Aber die Informationen kamen zu spät, als dass ich sie hätte nutzen können. Vielleicht können sie zukünftigen Reisenden als Ziel dienen. Hätte ich diese Informationen gehabt, als ich zum ersten Mal in die Wüste ging, hätte ich die Aufgabe ganz anders angegangen.

Nachdem sich das rote Kamel von der Butterbehandlung erholt hatte und Qway erklärte, dass es von der Räude geheilt sei, beschloss ich, sofort aufzubrechen.

In der Oase herrschte große Neugier, in welche Richtung ich gehen wollte. Die Mehrheit der Eingeborenen, vielleicht beeinflusst durch meine Nachforschungen über Zerzura, war fest davon überzeugt, dass ich auf der Suche nach dem dort verborgenen Schatz war, und jede gegenteilige Aussage von mir bestärkte sie nur noch mehr in ihrer Meinung. Kein Eingeborener verrät jemals, wohin er geht, wenn er auf Schatzsuche geht; er versucht, seine Nachbarn über seine wahren Absichten zu täuschen, und alle Aussagen, die ich über den Zweck meiner Reise machte, wurden ausnahmslos von diesem Standpunkt aus betrachtet.

Der *Mamur* kam, um mich zu verabschieden, und fragte mich kurz vor der Abfahrt, in welche Richtung ich gehen wollte. Ich sagte ihm: nach Südwesten. Der *Mamur* war zu höflich, um mir zu widersprechen, aber sein Gesichtsausdruck zeigte ganz deutlich seine Ungläubigkeit – Ungläubigkeit und etwas Bewunderung. Seine Gedanken waren in Worte gefasst: „Lügner, was für ein Lügner. Ich wünschte, ich könnte so lügen."

Bei meiner Rückkehr war er einer der Ersten, der vorbeikam, um „Allah für meine Sicherheit zu preisen". Nachdem die üblichen höflichen Formalitäten erledigt waren, fragte er mich, wo ich *wirklich* gewesen sei. Als ich ihm sagte, ich sei in den Südwesten gegangen, wie ich es ihm gesagt hatte, sah er äußerst überrascht aus und sah zur Bestätigung zu Qway hinüber, der auf einer Matte neben der Tür Tee trank. Qway lachte. „Ja, er ist in den Südwesten gegangen", sagte er.

„Aber – aber – aber –", stammelte der *Mamur* , „du hast gesagt, dass du dorthin gehst."

Ich glaube nicht, dass er mir das auch damals wirklich geglaubt hat. Wenn ich Fragen dieser Art gestellt bekam, sagte ich immer die genaue Wahrheit und machte nie ein Geheimnis aus meinen Plänen. Ich wusste ganz genau, dass sie mir nicht glauben würden, und das taten sie zunächst auch nicht. Später, als sie zu begreifen begannen, dass meine Aussagen richtig waren, hielten sie mich, glaube ich, für einen ziemlichen Narren. Sie schienen nicht zu verstehen, dass jemand die Wahrheit sagte, wenn er nur lügen musste, um zu täuschen.

Dies wirft eine etwas verzwickte moralische Frage auf. Wenn Sie wissen, dass Ihnen nicht geglaubt wird, wenn Sie die Wahrheit sagen, und Sie deshalb Ihre wahren Absichten verschleiern, ist es dann nicht strenger moralisch, zu lügen?

Ich hatte ziemlich aufwendige Vorbereitungen für die Überquerung der Dünen getroffen. Ich hatte mehrere leere Säcke mitgebracht, die ich auf dem Sand ausbreitete, damit die Kamele darauf treten konnten, und für meinen eigenen Gebrauch hatte ich ein Paar kanadische Schneeschuhe, mit denen ich sogar den weichsten Sand problemlos überqueren konnte.

Ich ging hinaus, um mir die Dünen genauer anzusehen. Aus der Nähe erschienen sie mir noch gewaltiger als aus der Ferne. Sie waren nicht nur beträchtlich groß, sondern, was noch viel schlimmer war, der Sand, aus dem sie bestanden, war so locker und weich, dass die Kamele fast bis zu den Sprunggelenken eingesunken wären. Es war offensichtlich, dass es ein fast hoffnungsloses Unterfangen war, eine Karawane über eine mehrtägige Reise durch diesen weichen Sand zu bringen, wenn das gesamte Dünenfeld diese Beschaffenheit aufwies.

Ich beschloss jedoch, es zu versuchen. Also schickte ich Qway am Abend vor unserer Abreise in die Wüste auf seinem *Hagin los,* um die beste Stelle zu finden, an der wir in den Dünengürtel gelangen konnten. Das Ergebnis war, dass er die Karawane nicht nach Südwesten, sondern nach Nordwesten führte, wo er eine Vertiefung in den Sandhügeln gefunden hatte. Ich betrat jedoch mit ziemlicher Beklommenheit die erste Düne, die wir erreichten, und mir wurde klar, dass ich mich auf den verzweifelten Versuch eingelassen hatte, das Rätsel des Sandes im „Teufelsland" zu lösen – es war eine schreckliche Aussicht.

KAPITEL VII

Die erste Düne, die wir überwinden mussten, war nur etwa 2,5 Meter hoch, und da der Sand an dieser Stelle eine harte Kruste hatte, hatten wir in ein oder zwei Minuten ohne die geringste Schwierigkeit den ersten Sandhügel dieses Feldes „unpassierbarer Dünen" überquert – und den letzten!

Wir befanden uns sofort auf einem sandfreien Fleckchen zwischen den Dünen. Indem wir dem Gürtel in gewundenen Bahnen folgten, konnten wir in etwa anderthalb Stunden die andere Seite erreichen, ohne weiteren Sand zu überwinden. Die Sandhügel waren bei weitem nicht so dicht beieinander, wie es aus der Ferne schien.

Wir gelangten auf eine lange, völlig sandfreie Gasse zwischen den Dünen, die parallel zum Sandgürtel verlief und sich nach Süden erstreckte, bis sie in der Ferne in einem Hügel am Horizont endete. Auf der anderen Seite dieser Gasse befand sich ein weiterer Gürtel aus Sandhügeln, die dicht beieinander und von beträchtlicher Höhe lagen und daher eine Überquerung ziemlich schwierig gemacht hätten. Anstatt also eine südwestliche Richtung einzuhalten, was die Überquerung dieser schwierigen Dünen erforderlich gemacht hätte, folgte ich der sandfreien Gasse nach Süden und rollte an ihnen entlang, in der Hoffnung, eine einfachere Stelle zu finden, wo die Dünen niedriger oder verstreuter geworden waren. Eine alte, nicht mehr benutzte Straße führte von Mut nach Westen in die Dünen hinein und führte vermutlich direkt nach Kufara. Wir fanden die Fortsetzung dieser Straße dort, wo sie die Gasse kreuzte und wieder westlich davon unter den Dünen verlief. An dieser Stelle hatte sie eine Helligkeit von 265° mag.

Bald stießen wir auf die Spuren von fünf Kamelen, die in die gleiche Richtung zogen wie wir und offenbar erst drei oder vier Tage alt waren. Wir folgten diesen Spuren, die entlang der Gasse zwischen den Dünen verliefen, und stießen bald, zur großen Verwunderung aller, auf die unverkennbare Spur eines zweirädrigen Karrens. Sie führten uns schließlich zu einem sehr niedrigen Sandsteinhügel.

Da in der Oase keine Fahrzeuge mit Rädern sind, war die Existenz der Gleise ein absolutes Rätsel. Erst bei meiner Rückkehr in die Oase erfuhr ich ihre Geschichte. Mindestens vierzig Jahre zuvor hatte der Vater des 'omda von Rashida einen Karren aus dem Niltal in die Oase gebracht, um von dem Sandsteinhügel zwei Mühlsteine zu holen, die wir in einer Mühle in seinem Dorf gesehen hatten.

Dass Spuren in bestimmten Wüstenarten dauerhaft sind, ist jedem bekannt, der das Leben in der Wüste kennt. Die Spuren in diesem Fall verliefen über eine ebene Sandfläche, die dünn mit dunkleren Kieselsteinen bedeckt war.

Der Karren muss die Kieselsteine tief in den weichen Sand gedrückt haben, auf dem sie lagen, und die so entstandenen Furchen füllten sich während des ersten Sandsturms rasch wieder mit Treibsand. Sie zeigten sich als zwei auffällige weiße Linien, da die dunkleren Kieselsteine entlang der Spuren fehlten, und bildeten Spuren, die leicht ein Jahrhundert überdauern konnten, es sei denn, sie befanden sich zufällig in einem Teil der Wüste, wo die Sanderosion die Erdoberfläche allmählich abgetragen hatte .

In der Nähe des Hügels, aus dem die Mühlsteine gebrochen worden waren, bogen die Spuren der fünf Kamele, die wir gesehen hatten, nach Westen ab. Da die Straße, der wir gefolgt waren, nach Norden in Richtung Qasr Dakhl führte und die einzigen Kamele in der Oase die von den dort lebenden Senussi gehaltenen waren, bestand wenig Zweifel daran, dass die Spuren, die wir gesehen hatten, die einer Gruppe von Senussi aus der *Zawia waren* , die wahrscheinlich mit Briefen unterwegs nach Kufara waren.

Die Senussi führten ihre Besuche zu und von ihrem Hauptquartier stets unter größter Geheimhaltung durch, aus Angst, dass sie auf dem Weg dorthin verfolgt werden könnten und so die von ihnen gewählte Route bekannt werden könnte. Die Route, der diese Gruppe folgte, war hervorragend geeignet, ihr Geheimnis zu wahren, da sie auf dem Weg durch die dazwischenliegende Dünenreihe, die wir überquerten, vor den Bewohnern der Oase völlig verborgen gewesen sein mussten. Wir waren also offensichtlich auf eine ihrer Geheimstraßen nach Kufara gestoßen.

Gegen vier Uhr erreichten wir den Hügel, den wir am Ende der Gasse zwischen den Dünen am Horizont gesehen hatten, und da es der höchste in der Gegend war, kletterte ich mit Qway und Abd er Rahman auf seine Spitze und schickte die Karawane um seinen Fuß herum, wo sie auf der Südseite auf mich wartete.

Vom Gipfel aus konnten wir über eine weite Landschaft blicken. Im äußersten Norden lag die Oase Dakhla mit der Steilküste dahinter. Die Fortsetzung dieser Klippe jenseits von Qasr Dakhl war weit im Westen als schwache blaue Linie zu erkennen, die nach Westen hin immer niedriger zu werden schien.

Die Wüste westlich von Dakhla war fast vollständig von Dünen bedeckt, die weiter im Norden und im äußersten Westen höher zu sein schienen und dort eine deutlich rötlichere Farbe aufwiesen als die cremefarbenen Sandhügel in der Umgebung der Oase.

Überall im Südwesten, in der Richtung, in die wir gingen, war die Wüste sehr eben und zu meiner großen Überraschung völlig frei von Flugsand, mit Ausnahme von ein oder zwei isolierten Dünen, die in der Ferne zu sehen waren. Statt der sandbedeckten Wüste im Südwesten von Dakhla, die auf den

Karten eingezeichnet war, bestand die gesamte Oberfläche aus nacktem nubischem Sandstein – es gab keine Spur von dem Kalkstein, der das Plateau in der Nähe des Niltals bedeckt. Der Hügel, auf dem wir standen, war erheblich höher als Dakhla, und von unserer erhöhten Position aus konnten wir weit sehen; aber von dem „großen Meer aus unpassierbarem Sand", das auf den Karten des Südwestens der Oase eingezeichnet war, war keine Spur zu sehen. Noch nie war ein ahnungsloser Reisender von einem einfallsreichen Geographen so hoffnungslos in die Irre geführt worden. Das große, mit riesigen Dünen bedeckte Gebiet, das sich hier angeblich über Tausende und Abertausende Quadratmeilen erstreckte, existierte einfach überhaupt nicht. Es war ein absoluter Mythos!

Die Sandgürtel dieser Wüste bewegen sich unter dem Einfluss des vorherrschenden Nordwindes nach Süden – nicht, wie ich einmal in einem Roman gelesen habe, mit einer Geschwindigkeit von vielen Meilen im Laufe einer Nacht – sondern mit einer stetigen Vorwärtsbewegung von, sagen wir, zwanzig Metern im Jahr. Lange Gürtel, wie der bereits erwähnte Abu Moharik, erstrecken sich bekanntlich über Hunderte von Meilen, und man hatte deshalb angenommen, dass die Dünen, die Rohlfs gefunden hatte, eine ähnliche Distanz zurücklegten.

Von unserem Standort aus war der Grund für die Verkürzung dieser Gürtel völlig klar. Von Dakhla aus stieg das Gelände ziemlich schnell an, und das südwestlich von unserer Position liegende Gebiet bildete ein Hochplateau, an dessen Nordrand eine Kette von Hügeln von beträchtlicher Höhe entlanglief. Die von Rohlfs gefundenen Sandgürtel hatten sich alle an diese Hügel angehäuft, mit Ausnahme von ein oder zwei Stellen, wo eine Reihe isolierter halbmondförmiger Dünen durch eine Lücke in der Bergkette gekrochen war und auf das Plateau hinaustrat.

Der Kontrast zwischen diesem Teil der Wüste, der auf der Karte vollständig mit diesen „unpassierbaren" Dünen bedeckt ist, deren Überquerung mir in den letzten Monaten den Kopf zerbrochen hatte, und der Wüste, wie sie in Wirklichkeit war – mit nur einem kleinen Sandkamm von etwa acht Fuß Höhe und vielleicht vierzig Metern Breite, der überquert werden musste und der überhaupt keine Schwierigkeiten bereitet hatte – hätte kaum größer sein können. Ich war ziemlich verärgert über die Ersteller dieser Karten, weil sie mir so viel vergebliche Planung abverlangten. Die Entdeckung des sandfreien Charakters der Wüste war jedoch für den Zweck meiner Reise von größter Bedeutung, da sie unsere Straße natürlich viel leichter befahrbar machte.

Da sich das „unpassierbare Sandmeer" als Mythos herausgestellt hatte und die Senussi bei weitem nicht so fanatisch schienen, wie man es erwartet hatte, begann ich zu hoffen, dass auch die anderen vorhergesagten unüberwindlichen Schwierigkeiten auf die gleiche Weise verschwinden würden und dass ich keine anderen Hindernisse zu überwinden hätte als den Wassermangel und andere Probleme, die bei jeder Wüstenreise auftreten.

Abd er Rahman hatte von der Spitze des Hügels aus die gesamte Wüste in Richtung Südwesten genau abgesucht. Plötzlich berührte er meinen Arm und lenkte meine Aufmerksamkeit auf zwei *'Alems* (Orientierungspunkte), die in der Ferne lagen.

Ich schaute durch mein Fernglas in die Richtung, die er mir gezeigt hatte, konnte aber überhaupt keine *'Alem sehen*. Da er jedoch darauf beharrte, dass sie da waren, gingen wir zum Fuß des Hügels hinunter, um nach ihnen zu suchen.

Vom Fuß des Hügels aus war die gesamte Wüstenoberfläche über weite Strecken mit losen Sandsteinplatten bedeckt. Abd er Rahman führte uns darüber zu einem kleinen, etwa einen Fuß hohen Haufen aus drei Steinen, den er mit der scharfen Sicht des *Bedawin aus einer Entfernung von etwa* zweihundert Metern entdeckt hatte , obwohl er auf dem Boden lag und so mit losen Steinplatten bedeckt war, dass ich ihn selbst nicht sehen konnte, selbst als Abd er Rahman darauf zeigte, bis ich bis auf wenige Meter herangekommen war.

Diese kleinen Steinhaufen, manchmal nur wenige Zentimeter hoch, werden in Abständen entlang der Wüstenstraßen aufgestellt, um den Benutzern als Orientierungspunkte zu dienen. Manchmal werden sie nicht auf der Straße selbst, sondern auf einem Hügel oder einer Anhöhe in der Nähe errichtet. Die *Bedawin* legen oft große Entfernungen zurück, auch wenn sie sich in der Gegend nicht auskennen, und verlassen sich dabei auf die *'Alems,* die von früheren Reisenden entlang der Straßen errichtet wurden.

Einige hundert Meter weiter fanden wir das zweite *'Alem* , das Abd er Rahman gesehen hatte. Es bestand aus einem ähnlichen Steinhaufen. Ich nahm eine Richtung entlang der beiden und dann marschierten wir weiter. Aber der Weg erwies sich als sehr schlecht, die Kamele rutschten und stolperten über die losen Steinplatten, bis ich ein- oder zweimal dachte, eines würde hinfallen. Aber nach einiger Zeit gelangten wir auf leichteres Gelände und kamen besser voran.

Bei einer Kompassumrundung ist es meines Erachtens üblich, die Geschwindigkeit zu schätzen, mit der die Karawane auf jedem Abschnitt der Straße unterwegs ist. Ich persönlich fand diese Methode so unbefriedigend, dass ich sie nach vielen Versuchen schließlich aufgeben musste und mein Routenbuch nach einer eigenen Methode führte, die meiner Meinung nach viel bessere Ergebnisse lieferte.

Ich ging von einer gleichmäßigen Geschwindigkeit von zweieinhalb Meilen pro Stunde aus, was ungefähr der Geschwindigkeit einer Karawane beladener Kamele auf normalem Gelände entspricht. Nachdem wir dann einen ungewöhnlich schwierigen Abschnitt der Straße passiert hatten, wo wir, wie ich wusste, nicht mit unserer normalen Geschwindigkeit marschiert waren, schätzte ich die Zeit, die wir verloren hatten, und trug sie in das Routenbuch als „Halt" ein, der von der Zeit abgezogen werden sollte, die wir tatsächlich für die Überquerung benötigt hatten. Ich stellte fest, dass eine auf diese Weise gebuchte Kompass-Pause nicht nur wesentlich besser zu den astronomischen Positionen passte, die ich gefunden hatte, sondern dass die eigentliche Planung der Pause selbst sehr viel einfacher war – und das Risiko von Fehlern infolgedessen viel geringer –, wenn man mit einer gleichmäßigen Geschwindigkeit arbeiten konnte.

Kurz bevor wir unser Nachtlager aufschlugen, überquerten wir eine kaum erkennbare alte Straße, die fast genau in Ost-West-Richtung verlief. Diese alten Straßen – von denen wir eine große Zahl fanden – bleiben außergewöhnlich lange sichtbar, wenn sie durch bestimmte Arten von Wüsten führen.

Wir fanden die Überquerung des Plateaus ungewöhnlich schwierig. Wir mussten nicht nur große Flächen aus *Kharafisch* (scharfer, sanderodierter Fels) überqueren, sondern stießen auch wiederholt auf eine besonders abstoßende Form davon, die, glaube ich, als *Sofut bekannt* ist – eine Art Erosion, die aus messerscharfen Sandsteinklingen besteht, die fünf bis sieben Zentimeter über dem Boden ragen. Dies erwies sich als schwere Prüfung für die Kamele mit den leisen Füßen, die stolperten und taumelten und dabei die melancholischsten Stöhngeräusche ausstießen.

Eine andere Art von Oberfläche, die wir gelegentlich überqueren mussten, war der sogenannte „ *Noser*" . Auf den ersten Blick schien dies eine vollkommen ebene Fläche aus hartem, verkrustetem Sand zu sein. Doch der Schein täuschte. Der Sand war nur wenige Zentimeter dick und überlagerte eine Schicht aus steifem Lehm, der unter dem Einfluss der großen Sommerhitze Risse gebildet hatte, die oft einen Fuß oder mehr breit waren und mehrere Fuß tief in den Boden reichten. Die glatten Sandoberflächen zeigten keine Spur dieser Spalten. Aber wenn die schweren Kamele beim Gehen zufällig einen ihrer Füße auf einen Spalt setzten, brachen sie sofort durch den weichen, verkrusteten Sand und stolperten in das darunter liegende Loch. Mehr als einmal kamen sie dabei direkt herunter und verloren ihre Last. Glücklicherweise hatten wir keine schlimmeren Verluste; aber Sehnenzerrungen und sogar Beinbrüche sind bei dieser Gelegenheit keineswegs ungewöhnlich.

Alems eingeschlagen hatte , soweit es die Unebenheiten der Wüste erlaubten, denn obwohl das Plateau über weite Strecken eben blieb, gab es viele kleinere Unebenheiten. Aber indem wir nach vorn in die Richtung der Richtung schauten, konnten wir im Allgemeinen erkennen, wo die Straße verlief.

Hier und da stießen wir auf *Markierungen* , die uns zeigten, dass wir noch immer auf dem richtigen Weg waren. Doch erst nachdem wir ihm fast zwei Tage lang gefolgt waren, sahen wir wieder einen Teil der Straße selbst.

Dann jedoch fanden wir einen Abschnitt davon, der an einer geschützten Stelle lag und dem wir über drei Kilometer folgen konnten. An einer Stelle, wo er aufgrund seiner geschützten Lage deutlicher als sonst zu sehen war, zählte ich nicht weniger als dreiundvierzig parallele Pfade. Es muss einst eine der wichtigsten Karawanenstraßen der Wüste gewesen sein. Aber wir sahen keine *Alems mehr* und stießen auf dieser Reise auch nicht auf weitere Abschnitte dieser Straße.

Je weiter wir auf dem Plateau hinauskamen, desto mehr Hügel sahen wir. Sie bestanden alle aus demselben nubischen Sandstein, aus dem das Plateau selbst bestand – ich sah in diesem Teil der Wüste nirgends eine Spur des Kalksteins, der das Plateau im Norden und Osten von Dakhla und Kharga bedeckt. Die Hügel waren vom üblichen Wüstentyp, entweder flach, gewölbt oder pyramidenförmig. Hier und da stießen wir auf welche mit gezackterer Kontur, aber diese waren selten. Teilweise waren diese Hügel außerordentlich zahlreich, von einem Punkt aus zählte ich über zweihundertfünfzig von ihnen, obwohl etwa 60° des Horizonts durch die Nähe eines langen Bergrückens abgeschnitten waren. Der größte von ihnen, den ich sah, war nicht viel höher als dreihundert Fuß. Die allgemeine Höhe des Plateaus entsprach ungefähr der des Tafellandes auf der Spitze der Klippe im Norden von Dakhla.

An unserem vierten Tag von Mut aus gelangten wir in ein ziemlich unwegsames Gebiet, das größtenteils aus scharfkantigem *Sofut bestand* , mit der Folge, dass am Abend zwei der Kamele aufgrund von Verletzungen an den Füßen durch die scharfen Steine leicht humpelten. Da ich im Süden viel tieferes Gelände sehen konnte, bog ich ab, als ich am fünften Morgen in diese Richtung aufbrach.

Nach einem zweistündigen Marsch erreichten wir den Grund eines kleinen Wady, der laut meinem Aneroid 110 Fuß tief war. Da wir kurz vor dem Wady die Spur einer Ratte gesehen hatten, tauften meine Männer das Tal „ *Wadi el Far* " oder „Tal der Ratte". Es war noch recht früh am Tag, aber da eines der Kamele immer noch hinkte, beschloss ich, ein Lager aufzuschlagen und schickte Qway auf seinem *Hagin* nach Südwesten, um dort zu erkunden.

Die „unpassierbarste" Düne.

Der gesamte zentrale Teil der libyschen Wüste sollte aus einem „unpassierbaren Meer" von Sanddünen bestehen, doch auf einer Reise bis etwa zur Mitte der Wüste war die einzige Düne, die tatsächlich überquert werden musste, die oben abgebildete kleine Düne (S. 82).

Als er ins Lager zurückkehrte, fragte ich Qway, was er während seines Ritts gesehen hatte. Er sagte, er sei zwei Stunden lang in Richtung Südwesten geritten und habe dann den Rand einer Ebene erreicht, auf deren anderer Seite sich ein hoher schwarzer Berg befände. Dahinter, sagte er, liege ein sehr tiefes Tal, in das er nicht hineinsehen konnte, das aber von Nebel überzogen sei. Da der Berg etwa vier Stunden Ritt entfernt liege und das Tal etwa zwei Stunden dahinter, sei er ins Lager zurückgekehrt, um zu berichten, was er gesehen habe.

Das klangen sehr vielversprechende Neuigkeiten und ich wollte unbedingt sofort losgehen und mir das „ *Wadi Esh Shabur* " oder „Tal des Nebels", wie Khalil es poetisch nannte, ansehen. Also nahm ich Qway mit, um uns unsere Wassertanks anzusehen.

Aber die Inspektion war nicht sehr ermutigend. Wir hatten eindeutig zu wenig Wasser. Qway meinte, wir sollten gerade genug haben, um in sein „Tal des Nebels" und wieder zurück nach Dakhla zu kommen, wenn alles gut ginge, aber er wies darauf hin, dass wir ein lahmes Kamel und ein anderes, das leicht hinkte, hätten und dass es zu dieser Jahreszeit durchaus möglich sei, dass wir ein paar heiße Tage mit Simum- *Winden erleben würden* . Er dachte daher, es sei weitaus besser, auf Nummer sicher zu gehen und direkt nach Dakhla zurückzukehren, die Kamele auszuruhen und dann wieder herauszukommen und die nächste Reise ins Tal anzutreten.

Da dies offensichtlich ein guter Rat war, brachen wir das Lager ab, packten zusammen und bereiteten uns darauf vor, sofort nach Dakhla aufzubrechen. Dabei ließen wir mehrere Säcke Getreide zurück, was die Last der Kamele erheblich erleichterte und es uns ermöglichte, die beiden hinkenden Tiere unbeladen zurückzulassen.

Der Wady, in dem das Lager aufgeschlagen worden war, lag offensichtlich am südlichen Rand des Plateaus und öffnete sich auf seiner Ostseite über einen Sandhang in das tiefer gelegene Gelände dahinter. Ich wusste, dass sich das Plateau nicht viel weiter nach Osten erstreckte, und so hielt ich es mit zwei verletzten Kamelen in der Karawane für das Beste, die Rückkehr über die sehr holprige Straße, der wir auf unserer Hinreise gefolgt waren, zu vermeiden und stattdessen in östlicher Richtung um die südöstliche Ecke des Hochplateaus herumzugehen, über die glatte Sandwüste, die am Fuße der Böschung des Plateaus lag.

Diese Straße war zwar etwas länger als die, die wir auf unserer Hinreise genommen hatten, aber sie erwies sich als ausgezeichnet; sie führte fast ausschließlich über glatten, harten Sand. Wir folgten weiterhin einem östlichen Kurs bis zur Mitte des nächsten Morgens, als wir den Rand des Dünengürtels erreichten, der entlang der westlichen Grenze von Dakhla verläuft. Wir bogen nach Norden in Richtung Mut ab und fuhren auf diesem Weg.

Die Straße war fast eintönig. Nach dem Verlassen des „Tals der Ratte" waren im unteren Gelände für eine Weile ein paar niedrige Felshügel zu sehen, aber auch diese verschwanden bald. Von diesem Punkt an sahen wir nichts Interessantes mehr, mit Ausnahme einiger versteinerter Holzstücke, die auf grünlichem Lehm lagen, bis wir unser Ziel in Mut in der Oase Dakhla erreichten. In der Wüste rund um Kharga und Dakhla stießen wir mehrmals auf versteinerte Baumreste, obwohl sie nie in großen Mengen vorkamen.

Qway hatte recht mit seiner Vorhersage von heißem Wetter und wir hatten zwei Tage lang ziemlich warmen *Simum-* Wind. Wir schafften es jedoch, hineinzukommen, ohne übermäßig zu dursten – aber ich war ziemlich froh, dass wir nicht versucht hatten, dieses Tal zu erreichen.

Der Zustand meiner Karawane machte es erforderlich, ihnen einige Ruhetage zu gönnen, damit sie sich erholen und ihre Füße nach der harten Beanspruchung auf den scharfen Felsen des Plateaus wieder in Form kommen konnten, bevor wir wieder in die Wüste aufbrachen.

In der Zwischenzeit führte ich ein Experiment durch, um den Ort zu lokalisieren, von dem die Palmtauben – die *Kimri Sifi* – angeblich kamen. Ihre Migration war gerade auf ihrem Höhepunkt, und wir hoben sie mehrmals auf dem Plateau von den Felsen auf, auf denen sie während ihres Fluges gelandet waren, um sich auszuruhen.

Die *Kimri Sifi* kamen immer kurz vor Sonnenuntergang in der Oase an, und da sie im Allgemeinen einen bestimmten Brunnen südwestlich von Mut ansteuerten, ging ich eines Abends mit Kompass und Gewehr dorthin, um auf sie zu warten. Ich nahm mit meinem Kompass die Richtung vor, aus der einige von ihnen kamen. Diese Richtungen stimmten sehr genau überein, der Durchschnitt betrug 217° mag.

Ich habe dann ein paar von ihnen erschossen, als sie gerade landeten, und sie aufgeschnitten. Sie hatten sich alle von Samen – anscheinend Grassamen – und Oliven ernährt. Die Samen waren in nahezu perfektem Zustand, aber die Oliven waren so weit verdaut, dass sie kaum noch zu erkennen waren.

Als nächstes kaufte ich den Dorfbewohnern einige Tauben der üblichen Art, die in der Oase gehalten wurden, und sperrte sie in einen Käfig. Bei Sonnenaufgang am nächsten Morgen fütterte ich sie mit Oliven und nahm sie dann gegen Mittag im Abstand von einer Stunde eine nach der anderen heraus, tötete sie und schnitt sie auf, um den Zustand der Oliven zu sehen. Die Oliven der um drei Uhr getöteten schienen in einem Zustand zu sein, der denen der *Kimri Sifi* , die ich geschossen hatte, am ähnlichsten war, was zeigte, dass es etwa neun Stunden Verdauung brauchte, um sie in diesen Zustand zu versetzen.

Der *Kimri Sifi* ist ein Vogel mit schwacher Flugfähigkeit, und nach der Anzahl der Vögel zu urteilen, die wir in der Wüste von Orten aus aufspürten, an denen sie sich zur Ruhe niedergelassen hatten, verbringt er einen beträchtlichen Teil des Tages auf dem Flug von der Oase, wo die Oliven wachsen, nach Mut damit, sich auf Felsen in der Wüste auszuruhen. Ich kam daher zu dem Schluss, dass seine Durchschnittsgeschwindigkeit, einschließlich der Ruhepausen, während seiner Reise von der Olivenoase etwa 25 Meilen pro Stunde betragen würde.

Indem ich die Prinzipien von Sherlock Holmes auf den Fall anwandte, folgerte ich - ich glaube, das ist das richtige Wort -, dass die Oase, aus der die *Kimri* kamen, in der Richtung des Mittelwerts der von mir gemessenen Peilung lag, nämlich 217° mag., in einer Entfernung von neun mal fünfundzwanzig oder zweihundertfünfundzwanzig Meilen, und dass es dort Olivenbäume gab. Einige Jahre später erzählte mir ein Araber, dass es dort eine Oase *gab* , die viele Olivenbäume enthielt. Pfadfinder werden es mir, da bin ich sicher, nachmachen!

KAPITEL VIII

Nachdem ich meiner Karawane genügend Zeit gegeben hatte, sich von ihrer vorherigen Reise zu erholen, brach ich erneut in die Wüste auf. Diesmal waren die Kamele viel schwerer beladen, da ich entschlossen war, so viel Strecke wie möglich zurückzulegen.

Aber wir waren noch nicht länger als vier Stunden von Mut entfernt, als eines der Kamele wieder hinkte. Da es offensichtlich hoffnungslos war, ihn mitzunehmen, und wir nur eine so kurze Strecke zurückgelegt hatten, beschloss ich, umzukehren und einen neuen Anfang zu machen.

Als wir Mut erreichten, feuerten wir das Kamel an und ließen das arme Tier los. Es humpelte ein paar Minuten lang unter Schmerzen umher und kniete dann mit einem Grunzen auf dem Boden nieder. Musa, vielleicht in der Absicht, seine Leiden zu lindern, hockte sich vor ihm auf die Fersen und begann, ihm auf seiner Flöte etwas vorzuspielen.

Dies war ein Mittel, zu dem er oft griff, um die Tiere, die ihm anvertraut waren, zu beruhigen. Nach einem ungewöhnlich anstrengenden Tag in der Wüste, wenn die Kamele gefüttert worden waren, hockte er sich oft zwischen sie und spielte ihnen bis tief in die Nacht wilde Musik aus seiner Rohrflöte vor. Da dies im Allgemeinen zur Folge hatte, dass ich nicht schlafen konnte, war ich ziemlich dagegen.

Bei dieser Gelegenheit schienen seine musikalischen Bemühungen seltsamerweise Wirkung zu zeigen. Das Kamel blieb eine Zeit lang unruhig auf dem Boden schlurfen, wahrscheinlich unter großen Schmerzen. Doch nach einiger Zeit wurde es ruhiger, und bald darauf streckte es seinen langen Hals auf dem Boden aus und schlief offenbar ein.

Am Tag nach unserer Operation am Kamel brachen wir erneut ins „Tal des Nebels" und zum hohen schwarzen Berg Qway auf.

Anfang April ist das Wetter immer wechselhaft. Am dritten Tag kam gegen Abend ein starker Nordwind auf und machte die Dinge ziemlich ungemütlich. Der Himmel hatte in der Abenddämmerung ein merkwürdiges silbriges Aussehen, das mir oft vor und nach einem Sandsturm aufgefallen war. Vermutlich wurde es durch feine Sandpartikel in den oberen Bereichen der Atmosphäre verursacht. Der Wind ließ nach Einbruch der Dunkelheit nach, wie es in der Wüste häufig der Fall ist, aber am Morgen kam er mit erhöhter Kraft wieder auf. Während der Nacht drehte er von Nord nach Ost und am Morgen war er noch weiter herumgekommen und blies einen Sturm aus Süd direkt in unsere Zähne.

Schon bald nach unserem Aufbruch hatten wir erhebliche Schwierigkeiten, uns dagegen zu wehren, und bald marschierten wir in einen wütenden Sturm hinein. Eines der Tiere, das vielleicht ziemlich überladen war, wurde mehrmals durch eine heftige Böe zum Stehen gebracht. Eine ungewöhnlich starke Böe, die es traf, zwang es fast auf die Knie. Wir halfen ihm wieder auf die Beine, aber wir waren noch nicht weit gekommen, als ein anderes Kamel seinem Beispiel folgte. Dann kam das erste wieder herunter und warf diesmal seine Last ab.

Es war offensichtlich sinnlos, weiterzugehen. Nachdem wir das Kamel wieder beladen hatten, gingen wir den gleichen Weg zurück zu einem Hügel, an dessen Fuß wir unser Lager aufgeschlagen hatten. Es war natürlich völlig ausgeschlossen, das Zelt aufzustellen, also ließen wir es zusammen mit dem anderen Gepäck in einem Ballen zusammengebunden zurück, während wir auf einen Felsvorsprung kletterten, der etwa zwanzig Fuß über dem Fuß des Hügels um den Hügel herumlief. Hier befanden wir uns über der dicksten Sandwolke, die so dicht über die Erdoberfläche fegte, dass man in keine Richtung mehr als ein paar Meter weit sehen konnte.

Gegen Nachmittag wurde der Wind noch heftiger, und man hörte, wie kleine Steine zwischen den Felsen auf dem Hügel hin und her klapperten. Er drehte noch einmal, bis er wieder aus dem Norden wehte. Bis zum Sonnenuntergang hatte der Sturm deutlich nachgelassen. Ich beschloss daher, was ich später ziemlich bedauerte, die Nacht am Fuß des Hügels zu verbringen.

Als ich mein Bettzeug herausholte, nahm ich einen Wollburnus *und* schüttelte ihn, um den Sand loszuwerden. Er sprühte Funken. Ich legte die Fingerspitze an meine Decken und entlockte ihnen einen Funken von solcher Stärke, dass ich ihn ganz schwach spüren konnte. Als ich den Hut abnahm, den ich trug, stellte ich fest, dass mir die Haare zu Berge standen – ich beeile mich, zu sagen, dass dies nur auf Elektrizität zurückzuführen war.

Gegen Morgen legte sich der Wind. Ich musste jedoch vor Mitternacht mehrmals aufstehen, um den Sand abzuschütteln, der sich auf meinen Decken angesammelt hatte, um nicht lebendig begraben zu werden, denn der Sand wehte in außergewöhnlicher Stärke um die Hänge des Hügels.

Wir waren am nächsten Morgen schon eine Weile aufgebrochen, als mir auffiel, dass mit dem Gepäck etwas nicht stimmte, und ich entdeckte, dass das Zelt zurückgelassen worden war. Wir fanden es am Fuße des Hügels, völlig verschüttet vom Sand, der sich während des Sturms bis zu einer Höhe von zwei bis drei Fuß am Hügel aufgetürmt haben musste.

Die Schrecken eines Sandsturms wurden stark überschätzt. Ein gewöhnlicher Sandsturm ist kaum störend, wenn man Mund und Nase wie die Einheimischen bedeckt und sich vom Sand fernhält. Eine gewisse Menge davon gelangt in die Augen, was unangenehm ist, aber ansonsten gibt es nicht viel zu beanstanden. Andererseits liegt ein außergewöhnlich belebendes Gefühl in der Luft, während ein Sandsturm weht – vielleicht aufgrund des elektrifizierten Zustands der Sandkörner, die, wie ich einmal bei einigen Experimenten mit von einer Düne gewehtem Sand festgestellt habe, eine ziemlich hohe positive Ladung tragen.

Der Sturm, den ich beschrieben habe, war sicherlich unangenehm, aber er hatte eine Entschädigung - Musa ließ seine Rohrflöte im Sand liegen, und mein *Hagin* aß es sofort! Dieses Kamel schien ein Allesfresser zu sein . Federn, Zeltpflöcke und Gewehrkolben standen alle zu verschiedenen Zeiten auf seiner Speisekarte. Aber Knochen waren seine Lieblingsdelikatesse; ein Kamelskelett oder -schädel am Straßenrand lockte ihn unweigerlich vom Weg ab, um nachzuforschen, und er kehrte selten an seinen Platz zurück, ohne einen Bissen zu nehmen. Infolgedessen war einer der zahlreichen Namen, unter denen er in der Karawane bekannt war – sie waren alle beleidigend, denn seine Gewohnheiten waren abscheulich – der des Ghul *oder* Kannibalen.

Am Tag nach dem Sandsturm brachen wir um fünf Uhr morgens auf und erreichten nach einem sechsstündigen Marsch die Getreidesäcke im „Tal der Ratte". Da der Tag ziemlich warm war, ließen wir die Kamele hier vier Stunden ruhen und marschierten dann weiter zum „hohen schwarzen Berg" von Qway und dem „Tal des Nebels".

Ich hatte mir von Qways Beschreibung Großes erhofft, aber leider hatte ich die Proportionen der *bedawinischen* Araber nicht berücksichtigt. Der „hohe schwarze Berg" war zwar schwarz, aber er war nur siebzig Fuß hoch!

Von der Spitze dieses „Berges" konnten wir in das „Tal des Nebels" hinabblicken. Auch hier erlebte ich eine große Enttäuschung. Der Wady war tatsächlich da – er war eine enorme Senke, etwa 60 Meter tiefer als das Plateau. Aber die Vegetation und die riesige Oase, die ich nach Qways Bericht über den „Nebel" erwartet hatte, glänzten nur durch ihre Abwesenheit. Der Wady war so kahl wie das Plateau; und angesichts der porösen Beschaffenheit des Sandes, der seinen Boden bedeckte, und der Höhe über dem Meeresspiegel im Vergleich zu den anderen Oasen hätte es kaum anders sein können. Er war jedoch eindeutig von enormer Größe, denn er erstreckte sich, so weit wir südlich einer Ost-West-Linie sehen konnten, als weite Fläche aus glattem Sand, die im Süden und Osten von einigen niedrigen felsigen Hügeln übersät war, im Südwesten und Westen jedoch völlig ohne Besonderheiten.

Der „Nebel", auf den Qway so viel Wert legte, war, wie ich herausfand, überhaupt nicht auf Feuchtigkeit zurückzuführen, sondern auf Brechung oder vielmehr auf deren Fehlen. Die heiße Sonne, die auf eine flache Steinwüste wie das Plateau, über das wir gereist waren, herabbrennt, verursacht am fernen Horizont ein dunstiges Erscheinungsbild, das einer Fata Morgana gleicht. Aber wenn man von der Spitze eines Hochplateaus über eine tiefe Senke in einiger Entfernung blickt, ist dieses dunstige Erscheinungsbild nicht vorhanden, da die Sichtlinie des Betrachters auf der Höhe der Klippe über dem Boden der Senke liegt, anstatt nur wenige Fuß darüber. Obwohl das „Tal des Nebels" von dem Punkt aus, an dem Qway seinen „hohen schwarzen Berg" zum ersten Mal gesehen hatte, unsichtbar war, hatte sein erfahrenes Auge aufgrund des Fehlens dieses Dunstes, der jedoch nur unter bestimmten Bedingungen sichtbar ist, erkannt, dass dahinter eine Senke lag.

Mit einiger Mühe gelang es uns, die Karawane vom Plateau auf tiefer gelegenes Gelände zu bringen, und dann fuhren wir in Richtung Westen unter der Klippe entlang, um sie zu erkunden. Diese Böschung verlief praktisch genau nach Osten und Westen, ohne Unterbrechung oder Einkerbung, bis wir zu einem Dünengürtel kamen, der sich darüber ergoss und einen leichten Aufstieg auf das Plateau bildete, das wir dann hinaufkletterten.

Oben verlief der Sandgürtel zwischen zwei schwarzen Sandsteinhügeln, von deren Gipfel man einen sehr weiten Blick über die Senke hatte. Es war sofort klar, dass es für mindestens zwei Tagereisen weiter südlich keine Aussicht gab, Wasser zu finden – geschweige denn eine Oase –, denn es gab nichts, was die Monotonie der sandbedeckten Ebene unter uns hätte unterbrechen können. Da die Wasserversorgung nicht ausreichte, um von Mut aus weiter vorzudringen, mussten wir umkehren – immer ein deprimierender Anblick.

Wir fanden jedoch ein hoffnungsvolles Zeichen. Am Fuß des Passes, der über den Dünengürtel auf das Plateau führte – das „Bab es Sabah" oder „Tor des Morgens", wie ihn der poetische Khalil nannte, weil wir ihn kurz nach Sonnenaufgang zum ersten Mal erblickten –, befand sich ein *Alem* . Als ich unsere Route auf der Karte einzeichnete, stellte ich fest, dass dieses *Alem* fast genau auf der alten Straße verlief, der wir bei unserer ersten Reise von Mut aus gefolgt waren, was zeigte, dass der Pass das Ziel gewesen war. Der Ort, zu dem diese Straße führte, lag folglich mit Sicherheit in der Nähe oder in der Fortsetzung des Kurses vom Pass zu der Stelle, an der wir die ersten beiden *Alems gesehen hatten. Dies war ein Punkt von erheblicher Bedeutung, da es kaum eine Chance zu geben schien, irgendwelche Überreste der Straße selbst auf dem sandigen Boden der Senke zu finden, es sei denn, wir würden zufällig auf einem weiteren Alem* landen . Der Kurs, den wir zuvor eingeschlagen hatten, war so kurz, dass immer die Gefahr bestand, dass der kurze Abschnitt, auf dem wir den Kurs eingeschlagen hatten, aufgrund einer natürlichen Behinderung des direkten Weges nicht direkt zum endgültigen Ziel führte.

Als ich rund um das Lager herum suchte, fand ich im Sand zwei Stücke getrocknetes Gras, die ziemlich ausgefranst und zerschlagen waren. Als wir also am nächsten Tag das Lager verließen, folgten wir der Linie des Sandgürtels nach Norden, da dies die Richtung des vorherrschenden Windes war, in der Hoffnung, den Ort zu finden, von dem das in der Düne eingebettete getrocknete Gras stammte.

Blick in der Nähe von Rashida.

Beachten Sie die bewaldete Anhöhe im Hintergrund und den von Gestrüpp gesäumten Bach im Vordergrund, der vom Brunnen unter dem großen Baum rechts ausgeht. (S. 49).

Eine auffällige Straße – zu einem Araber.

Zwei kleine Steinhaufen oder *'Alems* sind nur schwer zu erkennen. Araber können Hunderte von Meilen durch eine wasserlose Wüste marschieren und sich dabei auf Orientierungspunkte wie diese verlassen. (S. 86)

Battikh.

Eine Art der Sanderosion, bekannt als *Battikh*- oder „Wassermelonenwüste".
(S. 308).

Wir verließen das Lager gegen halb acht. Kurz nach vier erreichten wir einen sogenannten *Redir*, das heißt einen Ort, an dem sich nach einem der seltenen Wüstenregen Wasser sammelt. Es war eine sehr flache, untertassenartige Mulde, einige Fuß tief, deren Boden aus Lehm bestand. Die andere Seite war mit Sand bedeckt, und hier fanden wir das Gras, nach dem wir gesucht hatten.

Es war sehr dünn über eine Fläche von einigen hundert Metern Durchmesser verstreut. Es war ziemlich vertrocknet und allem Anschein nach völlig abgestorben. Aber es war die erste Vegetation, die wir auf dem Plateau südwestlich von Dakhla gesehen hatten. Dieser *Umweg* zeigte eine bemerkenswerte Anzahl von Spuren der Wüstenratten und war wahrscheinlich einer ihrer bevorzugten Futterplätze.

Da unser Wasservorrat zur Neige ging, nachdem wir das Grasproblem gelöst hatten, bogen wir in nordöstlicher Richtung ab und machten uns auf den Weg nach Dakhla. Die Oberfläche des Plateaus verschlechterte sich, und wir mussten eine beträchtliche Strecke *Sofut* überqueren; aber glücklicherweise hielten die Kamele durch. Wir überquerten zwei alte Straßen, die nach Norden führten, offenbar nach Bu Mungar und Iddaila. Hier und da entlang dieser alten, nicht mehr benutzten Straßen sahen wir Kreise von vier bis fünf Fuß Durchmesser, spärlich bedeckt mit Steinen von der Größe eines Hühnereis, die auf der Sandoberfläche verstreut waren und offensichtlich von Menschenhand dort platziert worden waren. Qway erklärte, dass dies die Orte waren, an denen die alten Sklavenhändler, die diese Straßen benutzten, ihre Wasserschläuche gewöhnlich abgelegt hatten. Ein *Gurba* , der auf diese

Weise leicht vom Boden abgehoben ist, so dass die Luft um ihn herum zirkulieren kann, hält das Wasser viel kühler, als wenn er mit einem großen Teil seiner Oberfläche in Kontakt mit dem Boden abgelegt wird.

Weitere Hinweise auf die früheren Benutzer dieser Straßen finden sich in gelegentlich gefundenen ovalen, leicht gewölbten Steinen von etwa zwei Fuß Länge, die als *Markaka bezeichnet* werden und auf denen sie ihr Getreide mithilfe eines kleineren Handsteins mahlten oder vielmehr zerstampften, sowie in den vielen zerbrochenen Straußenpanzern, die man dort häufig sah. Diese Panzer findet man in vielen Teilen der Wüste und es heißt, es handele sich um die Überreste frischer Eier, die alte Reisende aus dem Sudan als Reiseproviant mitbrachten. Aufgrund ihrer Existenz wird geschlussfolgert, dass es in diesen Wüsten wilde Strauße gab. Es ist jedoch schwer vorstellbar, wovon sich ein so großer Vogel ernährt haben könnte.

Am zweiten Tag nach Verlassen der *Umleitung* gelangten wir auf eine andere alte Straße und folgten ihr den ganzen Tag. Diese Straße brachte uns schließlich zu einer Ansammlung von vier oder fünf grünen *Terfa*-Büschen, und bald darauf erreichten wir eine zweite von etwa derselben Größe. Diese kleinen Buschgruppen erwiesen sich später als äußerst hilfreich für uns, da sie nicht nur den Kamelen einen Bissen grüne Nahrung lieferten, sondern auch die Quelle des Großteils des Brennholzes waren, das wir in der Wüste verwendeten. Offenbar hatten auch andere sie in der Vergangenheit als nützlich empfunden, denn nicht weniger als vier alte Straßen mündeten dort – ein eindrucksvolles Beispiel für den Wert von grüner Nahrung und Brennholz in der Wüste. In diesen Büschen fanden wir einige zerbrochene rote Keramik.

Kurz nachdem wir sie verlassen hatten, fanden wir die Spur eines einzelnen Kamels, das nach Westen führte – offensichtlich nach Kufara. Aber abgesehen von dieser einzelnen Spur und der der fünf Kamele, die wir auf unserer ersten Reise von Mut aus gesehen hatten, sahen wir auf dem Plateau keine modernen Spuren menschlicher Wesen.

Das Wetter, das zuvor sehr heiß gewesen war, wurde glücklicherweise plötzlich kühl und ein oder zwei Mal fielen ein paar Regentropfen. Diese Temperaturänderung war sehr willkommen, da die Kamele durch ihre lange Reise ohne Wasser erschöpft waren und unverkennbare Anzeichen von Not zeigten. Der Wechsel zum kälteren Wetter erholte sie jedoch wunderbar.

Leider wurde die Straße deutlich schlechter und wir gelangten zu einem Teil des Plateaus, der dicht mit losen Platten aus purpurschwarzem Sandstein bedeckt war, von denen viele wie eine Glocke klingelten, wenn man darauf trat.

Am Tag vor unserer Ankunft in Dakhla gab es gleich nach unserer Abfahrt einen leichten Regenschauer, und das Wetter blieb kühl, mit kaltem Nordwind und bedecktem Himmel den ganzen Tag. Wir konnten daher gut vorankommen und hatten am Abend die nordöstliche Ecke des Plateaus erreicht und waren nur noch eine Tagesreise von Mut entfernt.

Kurz bevor ich auf das Zeltlager konnte, gab es einen heftigen Regenschauer mit Blitz und Donner. In den wenigen Minuten, die der Regen anhielt, fiel so viel Regen, dass sich meine Kleidung völlig durchnässt anfühlte.

Das Zelt war auf einem Sandfleck aufgebaut und kaum war es errichtet , als der Regen etwa eine Viertelstunde lang in Strömen niederprasselte und wiederholt grelle Blitze zuckte, die eine beeindruckende Wirkung auf die dunkle Wüste hatten.

Etwa eine Stunde später wollte ich mich gerade hinlegen, als meine Aufmerksamkeit von einem seltsamen, in Abständen erklingenden Brummgeräusch erregt wurde. Zuerst dachte ich mir nicht viel dabei und schrieb es dem Wind zu, der in den Zeltseilen wehte, die durch den starken Regen so straff geworden waren, dass sie so gespannt waren wie Harfensaiten. Das Geräusch verklang und ich hörte es einige Minuten lang nicht.

Dann schwoll es wieder viel lauter an als zuvor und hatte einen anderen Ton. Zuerst klang es wie der Wind, der durch eine Telegrafenleitung bläst; aber diesmal war es ein viel tieferer Ton, der eher dem Nachhall einer großen Glocke ähnelte.

Ich trat aus dem Zelt, um herauszufinden, was der Grund war. Es war sofort klar, dass es nicht am Wind in den Zeltseilen liegen konnte, denn es war eine vollkommen ruhige Nacht. In der Ferne grollte noch gelegentlich der Donner und im Norden zuckten Blitze am Himmel. Nach dem heißen, sengenden Wetter, das wir erlebt hatten, fühlte sich die Luft feucht und kühl genug an, um einen erschauern zu lassen.

Das Geräusch war außerhalb des Zeltes nicht ganz so deutlich zu hören wie innerhalb, vermutlich weil der Regen die Seile und die Plane so festgezogen hatte, dass das Zelt als Resonanzboden fungierte. Manchmal verklang es ganz, dann schwoll es wieder zu einem unheimlichen musikalischen Ton an.

Ich dachte, es könnte an einem Singen in meinen Ohren liegen und rief meinen Männern zu, ob sie etwas hören könnten.

Abd er Rahman, dessen Gehör nicht so gut war wie sein Sehvermögen, erklärte, er könne überhaupt nichts hören. Doch Khalil und Qway sagten beide, sie könnten das Geräusch hören, und Qway fügte hinzu, es sei nur der

Wind im Berg. Dann dämmerte mir, dass ich dem „Lied des Sandes" lauschte, von dem ich zwar oft gelesen, es aber noch nie gehört hatte.

Dieses „Lied des Sandes" war außerordentlich schwer zu orten. Es schien aus einer Entfernung von etwa einer halben Meile im Westen zu kommen, wo der Sand über eine Klippe fiel. Insgesamt war es ein ziemlich unheimliches Erlebnis.

Musikalischer Sand ist nicht sehr ungewöhnlich. Die Einheimischen führen das Geräusch, das er von sich gibt, manchmal auf Trommelschläge einer Klasse unterirdischer Geister zurück, die in den Dünen leben. Außer jenem Sand, der von sich aus einen Ton von sich gibt, gibt es eine andere Art, die wie eine Glocke klingt, wenn man sie anschlägt. Ein Sandfleck dieser Art soll auf dem Plateau nördlich der Oase Dakhla existieren. Ich persönlich bin nie auf Sand dieser Art gestoßen, aber ein Großteil des nubischen Sandsteins, den wir auf dem Plateau südwestlich der Oase Dakhla fanden, gab einen deutlich musikalischen Klang von sich, wenn man dagegen trat, und in der Schlucht, die am Dakhla-Ende der Straße nach Ain Amur hinauf zum Plateau führt , kam ich an einer Felsbank vorbei, die ein leises Summen von sich gab, als ein starker Südwind um sie herumwehte.

Am nächsten Tag erreichten wir Mut ohne weitere Zwischenfälle. Wir kamen jedoch gerade noch rechtzeitig an, da unsere Wassertanks nach unserer elftägigen Reise durch die Wüste völlig leer waren.

Da ich wusste, dass viele Eingeborene in Dakhla mich verdächtigten, auf Schatzsuche zu sein und nach der Oase Zerzura zu suchen, hatte ich diese Theorie unterstützt, indem ich ständig nach Informationen zu diesem Thema fragte. Als wir von einer so langen Reise in die Wüste zurückkamen, kamen mehrere Eingeborene, die annahmen, dass wir etwas gefunden haben müssten, vorbei und fragten, ob ich die Oase tatsächlich gefunden hätte.

Khalil, der den Bericht im „Buch des Schatzes" gehört hatte, machte mich darauf aufmerksam, dass die Straße, der wir auf unserer Rückreise gefolgt waren, bis sie sich in den Sanddünen am Stadtrand von Dakhla verlor, zu dieser Zeit geradewegs zum Der el Seba'a Banat führte, und gab seiner Meinung nach an, dass wir, wenn wir der Straße nur weit genug in die entgegengesetzte Richtung folgten, zwangsläufig nach Zerzura gelangen würden. Zum Nutzen aller Schatzsucher, die nach dieser Oase suchen und sich auf eine Schatzsuche begeben möchten, möchte ich eine weitere und noch bedeutendere Tatsache erwähnen – diese Straße folgt genau der Linie der großen Vogelwanderung im Frühjahr – was zeigt, dass sie in ein fruchtbares Gebiet führt, und außerdem – die bedeutsamste Tatsache von allen – viele dieser Vögel sind Wildgänse!

KAPITEL IX

Auf der Reise, von der wir gerade zurückgekehrt waren, waren wir für diese Jahreszeit ziemlich lange ohne Wasser gewesen, und die Kamele waren von der harten Reise in der Hitze mit wenig Wasser in einem sehr erschöpften Zustand. Es war damals Mai, und der März gilt in Ägypten normalerweise als der letzte Monat für die Feldarbeit, also beschloss ich, ihnen eine Ruhepause zu gönnen, damit sie sich erholen konnten, und dann zur Oase Kharga und ins Niltal zurückzukehren.

Die Männer, mit Ausnahme von Khalil, hatten sich alle an die Routine des Wüstenreisens gewöhnt und arbeiteten gut. Die tragende Säule der Karawane war Qway. Er war ein großartiger Mann in der Wüste und machte kaum jemals einen Fehler.

Da die Karawane bei unserer dritten Reise ziemlich überladen war, ließ ich am zweiten Tag einen Wassertank und zwei Säcke Getreide in der Wüste zurück, die wir auf dem Rückweg nach Mut abholen sollten. Von da an waren wir drei Tage Richtung Süden gereist. Dann zwei Tage Richtung Südwesten, dann zwei Tage Richtung Westen, einen weiteren Tag Richtung Nordwesten und dann drei Tage Richtung Nordosten. Bis auf die ersten vier Tage dieser Reise waren wir über ihm völlig unbekanntes Terrain gereist; aber als ich ihn am Ende dieses Umwegs bat, mir zu zeigen, wo unser Tank und die Säcke gelagert worden waren, konnte er uns die Position ohne die geringste Unsicherheit angeben.

Auf den ersten Blick scheint die Fähigkeit eines guten Wüstenführers, sich in einer weglosen Wüste zurechtzufinden, geradezu ein Wunder zu sein. Doch er hat die Fähigkeiten, die selbst der zivilisierteste Mensch nur in rudimentärem Stadium besitzt, nur in ungewöhnlichem Maße entwickelt.

Jeder kann beispielsweise im Dunkeln einen ihm bekannten Raum betreten, von der Tür aus geradeaus zu einem Tisch gehen, von dort zum Kaminsims und wieder zurück zur Tür, und das ohne jegliche Schwierigkeiten. Er zeigt damit denselben Sinn für Winkel und Entfernungen, der es Qway ermöglichte, nach einer Umwegreise von 160 Meilen geradewegs zu seinem Ausgangspunkt zurückzufinden. Die Araber haben diese Fähigkeit jedoch so weit entwickelt, dass sie sie in einem viel größeren Maßstab einsetzen können.

Die *Bedawin*, die es gewohnt sind, über die weiten Wüstenebenen von einem Wahrzeichen zum nächsten zu reisen, halten ihre Augen größtenteils auf den Horizont gerichtet. Man erkennt einen Wüstenmenschen immer, wenn man ihn in einer Stadt sieht. Er blickt zum Ende der Straße und scheint seine unmittelbare Umgebung nicht wahrzunehmen. Dies verleiht ihm diesen „entrückten" Blick, der von Romanautorinnen so bewundert wird.

Es wäre jedoch voreilig anzunehmen, dass ein Wüstenführer nicht auch bemerkt, was um ihn herum geschieht, denn es gibt tatsächlich sehr wenig, was er nicht sieht. Er mag einen Großteil seiner Zeit damit verbringen, zum Horizont zu blicken, um seinen nächsten Orientierungspunkt zu finden, aber er sucht auch den Boden, über den er reist, sehr genau ab und wird nicht an der schwächsten Spur oder Fußspur vorbeigehen, ohne sie zu bemerken und seine eigenen Schlüsse darüber zu ziehen, wer diesen Weg gegangen ist und wohin er unterwegs war. Er mag zu diesem Zeitpunkt nichts über sie sagen, aber er vergisst sie nicht.

Ebenso wenig wird er seine Orientierungspunkte vergessen oder sie nicht erkennen, wenn er sie ein zweites Mal sieht. Ein guter Führer wird sich seine Orientierungspunkte gut genug merken, um ohne Zögern einer Straße folgen zu können, die er schon vor vielen Jahren gegangen ist und in der Zwischenzeit nicht gesehen hat.

Ich habe oft beobachtet, wie Qway nach dem Passieren eines auffälligen Hügels für ein oder zwei Sekunden über die Schulter blickte, um zu sehen, wie der Hügel aussehen würde, wenn er auf dem Rückweg wieder in die Nähe kam, und um eventuelle kleine Besonderheiten zu bemerken.

Zusätzlich zu diesem Sinn für Winkel und Entfernungen verfügen diese Wüstenbewohner in vielen Fällen über ein erstaunlich genaues Wissen über die Himmelsrichtungen. Dies scheint auf den ersten Blick fast einem Instinkt gleichzukommen. Es wird jedoch wahrscheinlich durch eine Erinnerung an die Richtungsänderungen während eines Tagesmarsches hervorgerufen, die durch lange Übung so zur Gewohnheit geworden ist, dass sie fast unbewusst ist.

Ein guter Führer kann sich nicht nur an den Sternen und der Sonne orientieren, sondern kommt auch ohne sie fast genauso gut zurecht. Selbst in der dunkelsten und bewölktesten Nacht hatte Qway nicht den geringsten Zweifel, in welche Richtung unsere Straße führte – und das auch noch in einem Teil der Wüste, den er noch nie zuvor besucht hatte.

Beim Eintreffen meiner Männer im Lager testete ich häufig den Orientierungssinn. Dazu legte ich ein Gewehr auf einen Getreidesack und forderte sie auf, es nach Norden zu richten. Anschließend prüfte ich ihre Zielgenauigkeit mit meinem Kompass.

Qway und Abd er Rahman waren in ihrer Genauigkeit überraschend konstant, und es gab tatsächlich kaum Unterschiede zwischen ihnen. In diesem Punkt herrschte daher erhebliche Rivalität zwischen ihnen. Sie lagen sehr selten mehr als zwei Grad auf der einen oder anderen Seite des wahren Nordens daneben.

Qway war ein ungewöhnlich intelligentes Exemplar der *Bedawin*- Araber – einer Rasse, die keineswegs so dumm ist, wie sie manchmal dargestellt wird. Es gab wenig, was er nicht über die Wüste und ihre Lebensweise wusste, und er war außerordentlich schnell dabei, alle kleinen europäischen Tricks zu verstehen, die ich ihm zeigte, wie zum Beispiel das Anfertigen maßstabsgetreuer Karten; aber in Fragen der Bewässerung, des Anbaus, des Bauens oder irgendetwas, das das Leben der *Fellachen betraf*, war er – oder gab zumindest vor, es zu sein – völlig unwissend. Er betrachtete sie als minderwertige Rasse und hielt es offensichtlich für unter seiner Würde, sich überhaupt für sie oder ihre Lebensweise zu interessieren. Er erwähnte sie mir gegenüber selten, ohne eine verächtliche Bemerkung hinzuzufügen . Er fühlte sich im geschäftigen Treiben des Niltals nie zu Hause und erklärte, er verirre sich jedes Mal, wenn er eine Stadt betrete (was, glaube ich, bei den meisten *Bedawin der Fall ist*). Die Städte seien schmutzig, die Einwohner allesamt Diebe, Lügner, „Weiber" und Schlimmeres, das Trinkwasser sei verdorben und selbst die Luft sei feucht, unrein und nicht mit der seiner geliebten Wüste zu vergleichen.

Die Meinung der Ägypter des Niltals ist ebenso ungünstig wie die der Araber. Sie betrachten sie als anmaßende, gesetzlose, ignorante Bande von Grobianen, die sie angeblich verachten – aber sie empfinden trotzdem große Ehrfurcht vor ihnen. Schließlich sind ihre Ansichten voneinander ganz natürlich; ihre Charaktere haben praktisch nichts gemeinsam, und Kritik äußert sich meist in der Form: „Dieser Mann ist anders als ich, also muss er falsch liegen."

Qway wurde in der Karawane stets mit großem Respekt behandelt. Er wurde normalerweise als „ *Khal* (Onkel) Qway" angesprochen und er war nicht der Mann, der von dieser Haltung abweichen würde, die er als Araber und als Oberhaupt der Karawane für seine Pflicht hielt. Auf jeden Abfall in dieser Hinsicht folgte sofort ein beißender Hinweis seinerseits auf die Minderwertigkeit von Sklaven, „schwarzen Männern" oder *Fellachen* , je nach Bedarf.

Abd er Rahman und die Kameltreiber machten ihre Arbeit gut, und die Schwierigkeiten, die ich aufgrund des Sandes und der Haltung der Eingeborenen zu erwarten hatte, schienen mir alle stark übertrieben. Mit Qway als meinem Führer hoffte ich, mit der Erfahrung, die ich bereits gesammelt hatte, im nächsten Jahr mit einigermaßen Aussicht auf Erfolg einen Versuch zu unternehmen, die Wüste zu durchqueren oder jedenfalls viel weiter in sie vorzudringen, als ich es bereits getan hatte, und einen bewohnten Teil zu erreichen.

Doch gerade als ich mich auf meine Rückkehr nach Ägypten vorbereitete, geschah etwas, das die Dinge in ein völlig neues Licht rückte und meine gesamten Pläne durcheinanderbrachte.

Während unserer Abwesenheit in der Wüste traf ein neuer *Mamur* in der Oase Dakhla ein und besuchte mich. Er war ein ziemlich elegant aussehender Kerl, gekleidet in einen Anzug, der ihm viel zu eng war, und hatte jenen eigentümlichen Rotton, der bei den europäisierten Ägyptern so beliebt war. Er hatte das für seine Klasse typische laute, ungestüme Auftreten, sprach aber ausgezeichnetes Englisch und war offensichtlich darauf bedacht, sich angenehm zu benehmen.

Bevor er ging, teilte er mir mit, dass der Postbote gerade gekommen sei und dass mit der Post Nachrichten über die Revolution in der Türkei eingetroffen seien. Diese Revolution hatte lange geschwelt, und wie üblich hatte der Abschaum – in Form von Tala'at und dem eingedeutschten Enver – die Oberhand gewonnen. Der Sultan war abgesetzt worden und man hielt es für wahrscheinlich, dass er durch eine Art Republik ersetzt werden würde. Die gesamte moslemische Gemeinschaft war deshalb in großer Aufregung.

Ein oder zwei Tage später kam der koptische Arzt vorbei. Er erzählte mir, er habe gerade Scheich Ahmed von der *Zawia in Qasr Dakhl gesehen – dessen Gast ich in seiner Ezba* gewesen war –, der ihm gesagt habe, wenn die Revolution in der Türkei erfolgreich wäre und der Sultan tatsächlich abgesetzt würde, würde der Senussi Mahdi wieder auftauchen und Ägypten erobern. Der Mahdi, das sei erwähnt, ist der große moslemische Prophet, der gemäß mohammedanischen Prophezeiungen kurz vor dem Ende der Welt auferstehen soll, um die gesamte Menschheit zum Glauben des Islam zu bekehren.

Das war, wenn es stimmte, eine wichtige Neuigkeit. Die Lage war mit vielen Möglichkeiten behaftet. Um die Situation zu verstehen, könnten einige Erklärungen für diejenigen hilfreich sein, die mit der mohammedanischen Politik nicht vertraut sind.

Ägypten war damals Teil des türkischen Reiches. Unsere Position im Land war, zumindest theoretisch, lediglich die einer Besatzungsmacht mit Unterstützung einer kleinen Militärmacht. Der Sultan der Türkei war also nominell immer noch der Herrscher des Landes.

Aber Abdul Hamid war nicht nur Sultan der Türkei, sondern auch Kalif des Islam – ein Amt, das ihn zu einer Art Kaiser-Papst aller Mohammedaner machte. Sein Anspruch, Inhaber dieses Titels zu sein, war in Wirklichkeit eher dürftig; doch was auch immer seine Rechte darauf nach dem strengen Wortlaut des muslimischen Gesetzes gewesen sein mögen, die Mitglieder der sunnitischen Mohammedaner betrachteten ihn fast allgemein als ihren

Kalifen, das heißt als den direkten Nachfolger, als das Oberhaupt des Islam, des Propheten Mohammed selbst, so wie der Papst als der direkte Nachfolger des heiligen Petrus betrachtet wird.

Eine Revolution lockert immer den Einfluss der Zentralregierung auf die Randgebiete eines Landes, und in einem ausgedehnten und unzivilisierten Reich wie dem des Sultans der Türkei, wo Jahrhunderte der Misswirtschaft einen Geist – man könnte fast sagen eine Gewohnheit – der Revolte hervorgebracht haben, mussten ernsthafte Probleme folgen, wenn der Sultan abgesetzt und sein Platz durch eine Republik eingenommen würde. Nicht nur Ägypten und Tripolis würden ihres Herrschers beraubt, dem sie ihre Treue schuldeten, sondern die gesamte einheimische Bevölkerung Nordafrikas würde, mit Ausnahme einer fast unbedeutenden Minderheit, ohne geistliches Oberhaupt dastehen. Dies wäre eindeutig eine Situation gewesen, die einer so unternehmungslustigen Sekte wie den Senussia endlose Möglichkeiten eröffnet hätte, deren weitverbreiteter Einfluss in Nordafrika durch die zahlreichen *Zawias belegt wird*, die sie in allen Ländern entlang des südlichen Mittelmeers und weit im Inneren des Kontinents angesiedelt haben.

Ägypten, das reichste dieser Länder, bot wahrscheinlich die vielversprechendste Beute. Die ägyptischen *Fellachen* sind, wenn man sie sich selbst überlässt, viel zu sehr mit der Bewirtschaftung ihres Landes beschäftigt, als dass sie sich um Politik kümmern würden, und obwohl sie eine religiöse Einstellung haben, sind sie keine Fanatiker. Aber wie die jüngsten Ereignisse gezeigt haben, können sie von Agitatoren in gefährlichem Ausmaß aufgestachelt werden.

Ich habe die Senussi-Frage in Ägypten mehrmals diskutiert gehört. Die Meinungen über ihre Ernsthaftigkeit gingen weit auseinander. Einige behaupteten lautstark und entschieden, dass die Bedrohung durch eine Invasion der Senussi nur ein Schreckgespenst sei und wie jedes Schreckgespenst eher die erste als die zweite Silbe sei. Andere wiederum verfielen in Schweigen oder wechselten das Thema, wenn es erwähnt wurde. Es war jedoch sicher, dass ein Invasionsversuch der Senussi in Ägypten, der mit ziemlicher Sicherheit von einem von ihnen angezettelten Aufstand unter den Eingeborenen des Niltals begleitet worden wäre, angesichts der geringen Streitkräfte, die wir damals im Land hatten, erhebliche Schwierigkeiten verursacht hätte.

Das Erscheinen eines Mahdi kann – wenn er nicht rechtzeitig vernichtet wird – ein ganzes Land in Aufruhr versetzen. Nicht selten ernennt sich eine lokale religiöse Berühmtheit zum Mahdi und gewinnt vielleicht ein paar Anhänger; seine Karriere ist jedoch meist nur von kurzer Dauer. Gelegentlich jedoch tritt einer auf die Bühne, der ein ernstes Problem darstellt – wie zum Beispiel der bekannte Mahdi des Sudan und der weniger bekannte, aber furchterregendere Mahdi der Senussi-Sekte.

Letzterer war zwar anscheinend ein fähiger Kerl, aber ein Theaterschurke, der es vorzog, sich mit einer Atmosphäre des Geheimnisvollen zu umgeben. Da es dieses mysteriöse Element war, das die Situation komplizierte, sind einige Erklärungen hierzu erforderlich.

Sidi Mohammed Ben Ali Senussi, der Gründer der Senussi-Derwische, ließ sich 1830 auf einer Reise von Marokko nach Mekka von seiner Frau Menna scheiden, die sich als unfruchtbar erwiesen hatte. Einige Einheimische aus Biskra hatten Mitleid mit ihm und schenkten ihm eine arabische Sklavin, da er nun keine Frau mehr hatte. Diese Frau soll ihm einen Sohn geboren haben – Sidi Ahmed el Biskri –, der später in der Geschichte der Senussia eine ziemlich bedeutende Rolle spielte. Mit einer anderen Frau hatte er einen Sohn, Mohammed, den er auf seinem Sterbebett zum lang erwarteten Mahdi erklärte.

Diese beiden Halbbrüder, Mohammed und Ahmed, sollen einander eine verblüffende Ähnlichkeit gehabt haben.

Ein alter Senussi, den ich in Dakhla traf und der behauptete, sie beide gesehen zu haben, sagte, dass sie nicht nur die gleiche Größe und Figur hätten, sondern dass sich sogar ihre Stimmen und ihr Benehmen so sehr ähnelten, dass niemand sie unterscheiden könne.

Es scheint wenig Zweifel zu geben, dass der Senussi Mahdi, wenn er einen Besucher nicht selbst interviewen wollte, stattdessen seinen Doppelgänger Sidi Ahmed schickte, um dies zu tun. Diese Täuschung wurde dadurch erleichtert, dass der Senussi Mahdi in der zweiten Hälfte seines Lebens ein verschleierter Prophet war, der sein Gesicht verbarg, wenn er in der Öffentlichkeit erschien, indem er seinen Kopf mit einem Schal bedeckte; es wird berichtet, dass er nicht einmal seinen engsten Anhängern sein Gesicht zeigte.

Er gewährte seinen Besuchern nur wenige Gespräche und sie waren schwer zu bekommen. Sie waren ausnahmslos kurz – der Mahdi selbst maß die Zeit des Gesprächs mit seiner Uhr – und das Gespräch bestand, soweit es ihn betraf, aus ein paar Fragen, gefolgt von einer Entscheidung, falls nötig. Seine Bemerkungen machte er mit der leisen, verträumten Stimme eines Menschen, der seine Inspirationen von oben erhielt – eine Vorgehensweise, die die leichtgläubigen Anhänger, die ihn besuchten, mit seiner außerordentlichen Heiligkeit und Wichtigkeit beeindrucken musste, was offensichtlich auch beabsichtigt war.

Es wurde berichtet, dass dieser Mahdi einige Jahre vor meinem Besuch in Dakhla gestorben war, und obwohl die Nachrichten über die Ereignisse in den unzugänglichen Teilen Nordafrikas oft unzuverlässig sind, gab es kaum Zweifel daran.

Die einheimische Version war, dass er in die Wüste gegangen und verschwunden sei; wahrscheinlich aber folgte er nur dem Beispiel von Scheich Schadli, dem Gründer der großen Schadli-Sekte, und mehrerer anderer berühmter muslimischer Heiliger und ging in die Wüste, um zu sterben, als er sein Ende nahte.

Allerdings herrschte in der Wüste allgemein das Gefühl, man habe ihn noch nicht zum letzten Mal gesehen – ein Eindruck, den die Senussi durch die vage Aussage, er „bleibe bei Allah", und Andeutungen, er könne jeden Moment wieder auftauchen, aufrechtzuerhalten versuchten.

Zwischen den Senussi und den Türken herrschte nie viel Sympathie. Etwa ein Jahr vor meinem Besuch in der Wüste war ein türkischer Beamter in die Oase Kufara geschickt worden, mit dem Auftrag, die Autorität des Sultans über den Bezirk offiziell geltend zu machen und die türkische Flagge zu hissen. Die fanatischen Einwohner hatten die Flagge jedoch heruntergerissen, in Fetzen gerissen, mit Füßen getreten, den türkischen Offizier schwer geschlagen und ihn aus der Oase vertrieben, sodass die Annexion irgendeines Teils des türkischen Reiches ein Plan gewesen wäre, der den Senussi gut gefallen hätte.

Auch Ahmed el Biskri, der Doppelgänger des Mahdi, soll gestorben sein. Doch nichts wäre einfacher gewesen, als dass die führenden Senussi-Scheichs jemanden gefunden hätten, der ihren verschleierten Propheten verkörperte, wenn er von seinem „Aufenthalt bei Allah" zurückkehrte. Und sie hätten das immense Ansehen, das ihre Marionette unter ihren leichtgläubigen Anhängern erlangt hätte, dazu genutzt, den Einfluss der Sekte zu vergrößern, neue Anhänger zu gewinnen und ihren Fanatismus zu schüren. Das „Wiederauftauchen" des Senussi-Mahdi auf diese Weise ist noch immer eine Möglichkeit, die es wert ist, in Erinnerung zu bleiben.

Nachrichten über die Aktivitäten der Anführer der Senussia, die in der Wildnis der Libyschen Wüste lebten, waren schon immer sehr schwer zu erhalten. Damals wurde jedoch aus Dakhla berichtet, dass sie sich irgendwo in der Nähe von Tibesti aufhielten, das südwestlich der Oase Dakhla in der Richtung der Straße lag, der wir gefolgt waren. Wenn sie tatsächlich einen Vormarsch nach Ägypten planten, schien es wahrscheinlich, dass sie, sofern es auf dieser Straße Wasser gab, versuchen würden, auf ihr nach Dakhla und von dort weiter ins Niltal vorzudringen.

Aufgrund dieser Überlegungen beschloss ich, vor meiner Rückkehr nach Ägypten noch einmal in die Wüste zu reisen, um zu sehen, ob es uns nicht gelingen würde, die Quelle oder Oase zu erreichen, zu der die Straße führte, und um festzustellen, ob der Weg, den wir gefunden hatten, für eine große Männergruppe befahrbar war.

Ich schickte einem der britischen Beamten, die ich in Kairo getroffen hatte, eine Nachricht, um die Behörden über die Neuigkeiten zu den Invasionsgerüchten zu informieren, sofern diese noch von Bedeutung waren, und machte mich an die Reisevorbereitungen.

Ich hatte nicht damit gerechnet, so spät in der Saison noch in der Wüste zu bleiben, und so waren meine Vorräte fast aufgebraucht. Die wenigen Dosen mit Fleischkonserven, die noch übrig waren, hatten alle erheblich unter der Hitze gelitten und waren nicht mehr zum Verzehr geeignet. Ich hatte jedoch noch ein paar Dosen Sardinen, die trotz ihres ausgeprägten Zinngehalts noch ganz genießbar waren, und eine Anzahl Notrationen, die nicht im Geringsten unter der Hitze gelitten hatten. Diese, zusammen mit einer großen Schale arabischen Mehls und ein paar Pfund Maulbeermarmelade, die Dahab aus Früchten machte, die mir die guten Leute von Rashida schickten, boten reichlich Nahrung für eine weitere Reise.

Nachdem wir noch ein paar Tage damit verbracht hatten, die Kamele zu füttern und sie wieder in einen für eine lange Wüstenreise bei heißem Wetter geeigneten Zustand zu versetzen, untersuchte Qway die Tiere gründlich, steckte seinen Daumen in ihre Viertel, um die Konsistenz ihres Fleisches zu prüfen, zeigte sich zufrieden mit dem aufgeblähten Zustand ihrer Bäuche, schmierte dem roten Kamel noch einmal Butter gegen die Räude ein und bereitete sich dann, nachdem er erklärt hatte, dass die Tiere in bester Verfassung seien, auf die Abreise vor.

KAPITEL X

Die Entdeckung der fünf grünen Büsche auf unserer letzten Reise war, so unbedeutend sie auch erscheinen mag, für uns von größtem Wert.

Ich rechnete damit, dass wir, bis wir die Büsche erreichten, ungefähr eine Kamelladung Wasser und Getreide verbraucht haben würden. Wenn wir also gerade genug Brennholz mitnahmen, um bis zu den Büschen durchzuhalten, und das unbeladene Kamel dann mit Brennmaterial aus den Büschen beluden, konnten wir ein weiteres Kamel für Wasser und Getreide einsetzen. Auf dieser Reise hatten wir also zusätzlich zu meinem *Hagin drei zusätzliche Lasttiere*, die mit diesen unverzichtbaren Gütern beladen waren. Wir hofften, dadurch erheblich mehr Strecke zurücklegen zu können als bei unseren vorherigen Versuchen.

Ich hatte die Route bereits erkundet, und da eine zweite Kartierung der Straße unnötig war, konnten wir einen Großteil der Zeit nachts reisen, wenn die Temperaturen am niedrigsten waren. Durch schnelle Märsche erreichten wir am fünften Tag den Pass, der in Khalils „Tal des Nebels" hinunterführte.

Die zahlreichen felsigen Hügel, die sich über das Plateau erhoben, waren fast ausnahmslos so geformt, dass es mitten am Tag völlig unmöglich war, Schatten unter ihnen zu finden. Wir mussten uns also so gut es ging einen Unterschlupf basteln, indem wir Decken oder leere Säcke von einem Wassertank zum anderen spannten oder sie mit einem Gerüst stützten, das sich spontan aufbauen ließ. Qway band normalerweise ein Ende seiner Decke an den Sattelknäufen fest und spannte das andere Ende über einen oder zwei Tanks, die er hochkant stellte, oder befestigte es an seinem Gewehr, das er als eine Art Zeltstange aufstellte.

Als wir vom Plateau ins „Tal des Nebels" hinabstiegen, setzten wir unseren Marsch in derselben Richtung fort. Der Boden der Senke erwies sich als ausgezeichneter Weg, da er aus hartem, glattem Sand bestand, der mit abgerundeten Kieselsteinen übersät war; es gab kaum eine Welle, die die Ebenheit seiner Oberfläche unterbrach. Hier und da tauchten ein paar Steine über dem Sand auf, der den Rest der Oberfläche bedeckte; an ihnen war deutlich zu erkennen, dass wir uns noch immer auf derselben nubischen Sandsteinformation befanden wie das Plateau. An einer Stelle fanden wir eine riesige Steinplatte, die zu einem *Alem aufgestützt* war, und hier und da stießen wir auf weiße, zu Pulver zermahlene Knochen, die ihrer Größe nach von einem Kamel stammen mussten, das in ferner Vergangenheit in diesem Teil der Wüste gestorben war. All dies zeigte, dass wir uns noch immer auf der Straße befanden, der wir gefolgt waren.

OLD 'ALEM, „TAL DES NEBELS".

Bald nachdem wir in die Senke hinabgestiegen waren, erblickten wir fast direkt vor uns einen Hügel mit zwei Gipfeln, der, da er völlig allein inmitten der ebenen Sandebene stand, eine weite Aussicht von seinem Gipfel versprach. Als ich den Hügel erblickte, schlug ich Qway, der neben mir ritt, vor, es wäre vielleicht ein guter Plan, Abd er Rahman auf den Gipfel zu schicken, um zu sehen, ob es dort etwas zu sehen gäbe.

Qway betrachtete den Hügel einen Moment lang zweifelnd. „Ich glaube, der Hügel ist weit weg", sagte er. „Wir werden ihn nicht vor Mittag erreichen."

Aber Entfernungen auf diesen ebenen Ebenen, wo es keine natürlichen Merkmale gibt, mit denen man die Größe eines Objekts vergleichen könnte, sind oft außerordentlich trügerisch – selbst Qway mit all seiner Erfahrung ließ sich oft von ihnen täuschen. Wir hatten diesen Hügel bis Mittag noch nicht erreicht, und obwohl wir unseren Marsch am Nachmittag noch zwei Stunden lang fortsetzten, schien er am Ende des Tages nicht näher zu sein – wenn überhaupt, schien er weiter entfernt zu sein als am Morgen. Da es überhaupt nichts zu vermessen gab, brachen wir an diesem Abend um halb zwölf wieder auf und setzten unsere Reise in Richtung des Hügels bis vier Uhr am nächsten Morgen fort.

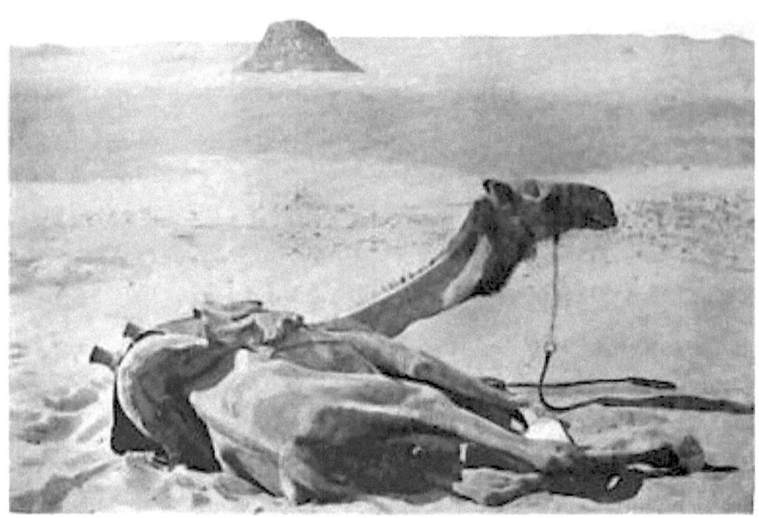

Ziemlich dünn.

Lange Reisen in der Hitze und mit knappem Wasservorrat sind für die Kamele sehr anstrengend; die Kameltreiber waren der Ansicht, dass sich dieses hier nicht in einem allzu schlechten Zustand befand. (S. 181).

Doch im Morgengrauen schien der Hügel kein Stück näher zu sein, und als wir unseren Marsch fortsetzten, schien er tatsächlich zurückzuweichen und merklich kleiner zu werden.

Qway war völlig verblüfft und erklärte, es müsse sich um einen *Afrit* handeln. Als wir jedoch weiter vorrückten, schien es plötzlich näher zu kommen, doch nach einiger Zeit verschwand es wieder.

Qway schien ernsthaft zu glauben, dass etwas Übernatürliches dahintersteckte. Auch die Männer begannen offenbar zu glauben, dass sie in einen verwunschenen Teil der Wüste geraten waren, denn sie hörten auf zu scherzen und zu singen und trotteten in sturer Stille weiter. Es war wirklich ziemlich unheimlich.

Es war ein ungewöhnlich schlimmes Stück Wüste. Die sengende Mittagssonne ließ den ganzen Horizont wie eine Fata Morgana tanzen, und es war unmöglich zu sagen, wo der Horizont endete und der Himmel begann – sie schienen allmählich ineinander überzugehen – Streifen der Wüste hingen einige Grad über dem Horizont im Himmel, während große Teile des Himmels unter den Horizont reichten und den Anschein von Wasserflächen erweckten – der *Bahr esh Shaytan* oder „Teufelssee" der Eingeborenen.

Aber dieser Hügel war keine Fata Morgana. Wir erreichten ihn am dritten Tag nach seiner Sichtung mittags, und er erwies sich als etwa 420 Fuß hoch über der Ebene und nicht als optische Täuschung. Aufgrund der eigenartigen Art und Weise, wie er sich zuerst zurückzuziehen schien, als wir uns ihm näherten, und dann plötzlich auf uns zuzuspringen schien, um dann wieder zurückzuweichen, gaben ihm die Männer den Namen „Jebel Temelli Bayed" – „der immer entfernte Hügel" –, den sie später zu Jebel el Bayed abkürzten. Ich war lange Zeit verwirrt über die Art und Weise, wie er seine Position zu verändern schien, wenn wir uns ihm näherten; kam aber zu dem Schluss, dass dieser Effekt dadurch verursacht wurde, dass die Straße, auf der wir durch die Wüste fuhren, zwar scheinbar völlig eben war, in Wirklichkeit aber leicht gewellt war, während der Hügel selbst eine Form hatte, die sehr allmählich in die umgebende Wüste überging.

Folglich konnten wir, wenn wir in einer Position wie A (Abb. 2) auf dem Gipfel einer der Wellen standen, über den nächsten Grat E bis zur Linie A, B (Abb. 1 und 2) fast bis zum Fuß des Hügels sehen. Als wir jedoch in eine Mulde zwischen zwei der Wellen gerieten, wie bei C, konnten wir nur den Teil des Hügels sehen, der über der Linie C, D (Abb. 1 und 2) lag, und dieser erschien folglich viel kleiner und damit weiter entfernt als von A aus gesehen. Als wir jedoch den Gipfel des Grates E erreichten, kam der ganze Hügel bis zu seinem Fuß in Sicht, der schnell an Größe zunahm und so nach vorne zu springen schien, als wir den Hang von C nach E hinaufstiegen.

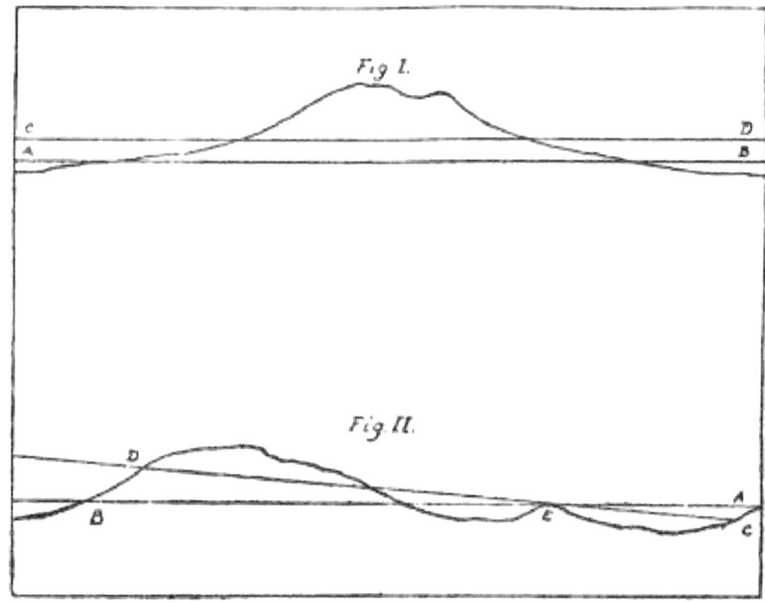

DIAGRAMM VON JEBEL EL BAYED.

Ich erklärte Qway diese Ansicht, der sie sofort als richtig akzeptierte und offensichtlich sehr erleichtert war, denn er gab halb lachend zu, dass er allmählich glaubte, der Hügel sei verzaubert, und wollte nichts damit zu tun haben.

Von der Spitze des Hügels aus hatte man eine sehr weite Aussicht. Im Norden war der Pass, über den wir vom Plateau heruntergekommen waren, aufgrund einer Anhöhe im dazwischenliegenden Gelände nicht zu sehen; weiter im Westen war jedoch die südliche Klippe des Plateaus sichtbar und man konnte auch die Oberfläche des Plateaus selbst in dieser Richtung sehen, was zeigte, dass es ziemlich steil nach Süden abfiel; dieser Teil schien jedoch viel weniger dicht mit Hügeln übersät zu sein als die Teile, die wir durchquert hatten.

In Richtung Nordwesten sah ich eine Reihe von Sanddünen, die sich über das Hochplateau erstreckten. Durch mein Fernglas konnte ich auch die Stelle erkennen, an der sie über die Böschung kamen, und ihre Fortsetzung auf dem Boden der Senke. Offenbar zogen sie ein kleines Stück westlich von uns vorbei.

Die Klippe des Plateaus wurde nach Westen hin viel niedriger und es sah aus, als würde sie ganz verschwinden und das Tafelland allmählich in den Boden der Senke übergehen. Die Sicht in diese Richtung wurde jedoch durch eine lange Hügelkette mit sehr gezacktem Umriss verdeckt, die sich von Norden nach Süden von der Umgebung der Böschung aus erstreckte und den Blick auf den Horizont zwischen Nordwesten und Südwesten größtenteils verdeckte.

Südlich dieser Hügelkette erstreckte sich eine weite Ebene mit offener Sandwüste, die nach Westen abfiel und, soweit das Auge reichte, keine Sanddünen enthielt, sondern hier und da nur einen einzelnen niedrigen Felshügel.

Direkt vor uns im Südwesten, etwa zwei Tagesreisen entfernt, stand ein sehr auffälliger Hügel oder eine Hügelgruppe mit gezackter Silhouette. Diese unterbrochene Silhouette und die der Hügelkette im Westen könnten möglicherweise auf eine Veränderung der geologischen Formation hinweisen. Die Hügel aus nubischem Sandstein, die auf dem Plateau und in der umliegenden Wüste zu sehen waren, waren, mit wenigen Ausnahmen, alle von bestimmten, eindeutigen Typen – flach, gewölbt oder kegelförmig – und die unregelmäßige Silhouette war in der nubischen Sandsteinformation nur selten zu sehen.

Die Wüste blieb von Süden über Osten bis fast nach Norden von derselben eintönigen Ebene und sandiger Beschaffenheit, obwohl auf dieser Seite unserer Position die vereinzelten felsigen Hügel etwas zahlreicher zu sein schienen. Es war eine außerordentlich eintönige Landschaft. Von unserer erhöhten Position aus mussten wir in der Lage gewesen sein, problemlos über fünfzig Meilen in fast alle Richtungen zu sehen, aber es gab kaum etwas, das man auf einer Karte eintragen konnte. Ich nahm ein paar Peilungen vor, notierte sie und untersuchte den Rest der Landschaft durch mein Fernglas genau, um zu sehen, ob es etwas zu beachten gab. In etwa fünf Minuten hatte ich alles verfügbare Material für die Kartierung von etwa zehntausend Quadratmeilen Wüste gesammelt und den größten Teil davon leer gelassen – es gab praktisch nichts aufzuzeichnen.

Als ich fertig war, lieh sich Qway mein Glas und schaute eine Zeit lang hindurch. Dabei erklärte er, dass es sinnlos sei, in diesem Teil der Wüste irgendwo nach Wasser zu suchen, da es überall sehr hoch liege. Er fügte hinzu, dass wir uns dem Land der Bedayat näherten und besser nach Mut zurückkehren sollten.

Es war klar, dass er Recht hatte. Es bestand keine Chance, in den nächsten drei Tagen Wasser zu finden, und wir hatten nicht genügend Vorräte dabei, um so weit zu kommen. Also stieg ich, sehr widerstrebend, vom Hügel herab und bereitete mich auf die Rückreise vor.

Bevor ich aufbrach, sah ich mich in unserem Lager um. Nahe am Fuße des Hügels fand ich einen *Alem* und eine der niedrigen halbrunden Mauern aus losem Gestein, die die *Bedawin* an ihren Rastplätzen als Windschutz errichten. Falls also noch ein weiterer Beweis nötig war, dass wir uns noch auf der Straße befanden, der wir gefolgt waren, schienen diese Relikte eines vergangenen Verkehrs diesen Punkt endgültig zu klären.

Bei einer Reise durch die Wüste bei heißem Wetter muss man mit den Tieren sehr vorsichtig umgehen. Wir verließen Mut am 3. Mai. Am 8. gaben wir den Kamelen etwas zu trinken, und danach schickte ich Abd er Rahman mit allen leeren Tanks zurück nach Mut. Ich sagte ihm, er solle sie auffüllen und auf unserem Weg wiederkommen, um uns auf der Heimreise zu treffen. Falls er uns nicht treffen sollte, sollte er die Tanks zurücklassen und sofort nach Mut zurückkehren, um auf unsere Ankunft zu warten. Er sollte nur gerade genug Wasser für sich selbst für die Rückreise mitnehmen. Die letztgenannten Anweisungen waren für den Fall gedacht, dass wir in der Wüste Wasser finden und unsere Reise fortsetzen könnten.

Wir erreichten Jebel el Bayed am 12. Mai, und da die Tränke der Kamele am 8. bei weitem nicht ausgereicht hatte, um sie zu sättigen, zeigten die armen Tiere bereits deutliche Anzeichen von Wassermangel. Schon am 9. hatten zwei von ihnen einen Teil ihres Futters übrig gelassen; am 10. taten dies alle, und zwei von ihnen verweigerten ihre Nahrung ganz – ein sehr schlechtes Zeichen. Qway hatte damals gewollt, dass ich umkehrte; aber trotz ihres offensichtlichen Durstes schienen die Kamele stark zu sein, und ich hatte mir vorgenommen, zu sehen, was es von der Spitze dieses Hügels zu sehen gab, bevor ich zurückkehrte, selbst wenn wir danach davonlaufen müssten; also hatte ich es, stark gegen seinen Rat und trotz seiner Aussage, dass ich zwei oder drei der Tiere verlieren und nicht mehr zurückkehren könnte, wenn ich weiterginge, riskiert.

ALTER WINDSCHOTT, „TAL DES NEBELS.“

Aber es war klar, dass die Kamele vor lauter Wassermangel am Ende waren und die beiden schwächeren kaum noch stehen konnten. Es gab nur eine Möglichkeit, diese Tiere nach Dakhla zurückzubringen, und zwar indem wir gerade genug Wasser in den Tanks ließen, um die Männer zu unserem Treffpunkt mit Abd er Rahman zurückzubringen, und den Rest den Kamelen gaben. Das hatte den doppelten Vorteil, dass es nicht nur ihren Durst löschte, sondern auch die Lasten, die die armen Tiere tragen mussten, erheblich erleichterte; aber es bedeutete eine Katastrophe, wenn Abd er Rahman nicht auftauchte.

Wenn ich bei heißem Wetter durch die Wüste reiste und die ganze Karawane nur eine begrenzte Wasserration hatte, nutzte ich die Gelegenheit, die Tiere zu tränken, normalerweise, um ein Bad zu nehmen. Das Wasser wurde in eine zusammengefaltete Leinwand gegossen, in der ich – ohne Seife zu verwenden – meine Waschungen vornahm, und die Kamele durften anschließend daraus trinken. Da Kamele keine anspruchsvollen Tiere sind, funktionierte diese Anordnung sehr gut. Aber bei dieser Gelegenheit musste ich auf mein Waschmittel verzichten, da ich aufgrund der Notwendigkeit, das Gewicht des Gepäcks zu reduzieren, das Bad in Mut zurücklassen musste.

Die Schwierigkeit, sich mit einem begrenzten Wasservorrat richtig sauber zu halten, war vielleicht die größte Herausforderung bei einer Wüstenreise. Die Bäder, die ich bekam, wenn die Kamele tranken, waren ein großer Luxus, aber meine Waschung zwischen ihren Trinkritualen war von der dürftigsten Art überhaupt. Ich fand, dass das Wasser am weitesten reichte, wenn ich mich mit der angefeuchteten Ecke eines Handtuchs sauber schrubbte und mich danach kräftig mit dem trockeneren Teil abrieb. Manchmal reichte der Vorrat sogar für diese sparsame Methode nicht aus. Dann zog ich mich normalerweise hinter einen Felsen zurück, zog mich aus und rollte mich wie ein Kamel im Sand. Dies war zwar nicht so reinigend wie die Methode mit dem feuchten Handtuch, aber ausgesprochen erfrischend.

Wir konnten uns am frühen Abend so gut ausruhen wie möglich, brachen gegen zwei Uhr morgens auf und marschierten die ganze Nacht durch, bis wir für die Mittagspause anhielten. Um fünf Uhr abends brachen wir wieder auf und marschierten, mit nur einer Pause kurz vor Mitternacht, um etwas zu essen, bis neun Uhr am nächsten Morgen, als wir bereits den Gipfel des Bab es Sabah erreicht hatten. Dann hatten wir genug davon und lagerten bis zum Sonnenuntergang, dann setzten wir unsere Reise fort und marschierten die ganze Nacht durch bis zum Morgengrauen.

Die Sterne leuchten in der klaren Wüstenatmosphäre mit einer Helligkeit, die in unseren nördlicheren Breiten völlig unbekannt ist. Die Milchstraße erscheint als dünne Wolke und ist so deutlich, dass ich sie, als ich sie zum ersten Mal in der Wüste sah, für eine solche hielt. Wir befanden uns praktisch auf der Linie des Wendekreises des Krebses, und in diesem südlichen Breitengrad erschienen viele Sterne, die in England nie über dem Horizont zu sehen sind, darunter besonders auffällig das etwas überbewertete Sternbild Kreuz des Südens.

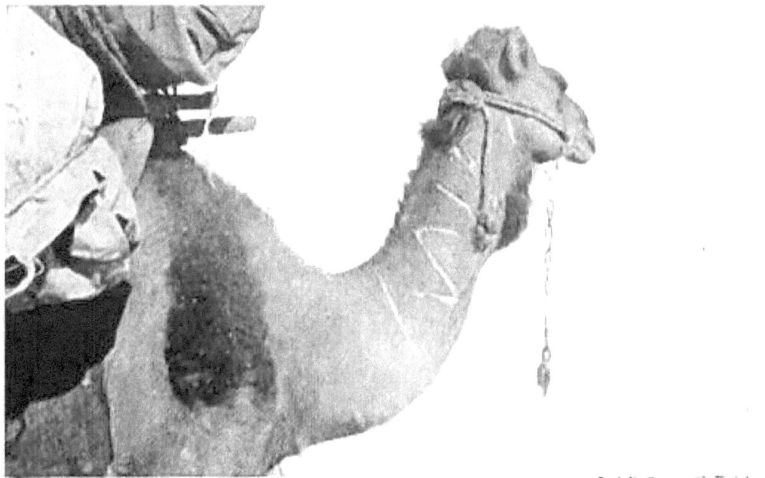

Wasm oder Brand der Senussia.

Jeder arabische Stamm hat sein eigenes Kamelbrandzeichen. Das Wasm der Senussi-Derwische ist das in den Hals eingebrannt Wort „Allah". (S. 24).

Brotbacken in der Wüste.

Die *Bedawin* rollen ihren Teig zu einem dünnen Kuchen und rösten ihn auf einer Eisenplatte. (S. 207).

Das Baby sieben.

Dieses Baby wird in einem Sieb mit Getreide usw. geschüttelt, während eine Frau mit einem Stößel auf einen Mörser schlägt, um sicherzustellen, dass es nicht verhungert, wenn es groß ist, oder Angst vor Lärm hat, sondern ein schneller Läufer wird. (S. 249.)

Die *bedawinischen* Araber kennen alle Sterne, da sie sich bei ihren nächtlichen Reisen so häufig an ihnen orientieren, und haben Namen und oft auch Geschichten über sie zu erzählen. Der Polarstern, den sie am häufigsten als Orientierungshilfe verwenden, ist als Jidi oder Ziegenbock bekannt, den die Sterne des Großen Bären – die Banat Nash oder Töchter von Nash – zu stehlen versuchen, woran sie jedoch von den beiden *Ghaffirs* (Wächtern) gehindert werden, die uns – vielleicht aus derselben in Vergessenheit geratenen arabischen Legende – auch als „Wächter" des Polarsterns bekannt sind. In manchen Gegenden sind der Große und der Kleine Bär als Kamelstute und ihr Fohlen bekannt. Die Plejaden werden „die Töchter der Nacht" genannt. Orion ist ein Jäger mit Gürtel und Schwert, dem sein Hund (*canis major*) *folgt und der einen bagar el wahash (wilden Stier) jagt* , also das Sternbild Stier. Ein Großteil unserer Astronomie stammt, glaube ich, ursprünglich von den Arabern, und viele Sterne werden noch immer mit ihren arabischen Namen bezeichnet, wie zum Beispiel Altair, der Vogel, der Name, unter dem er den *Bedawins noch heute bekannt ist* .

Sternschnuppen, die in der Wüste oft mit einer Helligkeit leuchten, die die Bewohner eines nebligen Klimas wie England kaum wahrnehmen können, werden von den Moslems für Pfeile gehalten, mit denen die Engel auf böse Geister schießen, um sie zu vertreiben, wenn diese sich an die Pforte des Himmels schleichen, um zu lauschen.

Auf einer Reise prägen sich immer gewisse Ereignisse unauslöschlicher ins Gedächtnis ein als vielleicht wichtigere, und die hastige Rückkehr zum Plateau war eines davon.

Qway ritt wie gewöhnlich allein fünfzig Meter vor der Karawane. Ich ritt mit den anderen Männern hinterher, döste gelegentlich im Sattel und dachte zwischendurch über einige ziemlich verzwickte Probleme nach – ob die Senussi wirklich kamen; ob wir ihnen wahrscheinlich begegnen würden, bevor wir Mut erreichten; ob man von der Spitze des entferntesten Hügels eine Oase sehen konnte und, am häufigsten von allen, ob wir Abd er Rahman begegnen würden.

Gelegentlich lief mir ein kalter Schauer über den Rücken, wenn mir der Gedanke kam, dass die Kamele, die ich mitgeschickt hatte, vielleicht hinken würden oder dass etwas anderes passieren könnte, das ihn daran hinderte, mit dem Wasser herauszukommen, das wir so dringend brauchten.

Ehrlich gesagt, hatte ich erhebliche Zweifel, ob die Karawane es durchhalten würde, bis wir ihn erreichten. Denn indem ich mit so wenig Wasser in der schlimmsten Jahreszeit so weit vordrang und ihn allein zurückschickte, um frische Vorräte zu holen, wusste ich, dass ich gegen die wichtigsten Regeln des Wüstenreisens verstoßen hatte, denn ich ging ohne Wasservorrat ein ernstes Risiko ein.

Eine Reise in einer schönen Nacht durch die Wüste ist immer ein unvergessliches Erlebnis, und die fast vollkommene Stille, in der wir marschierten, machte es noch eindrucksvoller als sonst. Außer dem sanften Schlurfen der Füße der Kamele auf dem glatten Sand, dem leisen Klirren ihrer Kettenzügel, dem gelegentlichen Knarren eines Seils gegen das Gepäck und dem hohlen Plätschern des Wassers in den halb leeren Tanks war kaum ein Geräusch zu hören. Ab und zu, wenn die Kamele ihr Tempo verlangsamten, rief Musa ihnen etwas zu, wobei seine Stimme die Stille mit überraschender Plötzlichkeit durchbrach, oder er stimmte eines der wilden, schrillen Lieder an, die die Kameltreiber manchmal ihren Schützlingen vorsangen, und die Tiere beschleunigten sofort ihr Tempo.

Ein langer Nachtmarsch scheint kein Ende zu nehmen. Der langsame, monotone Gang der Kamele, regelmäßig wie der Schlag eines Pendels, erzeugt eine beinahe hypnotische Wirkung, wenn man Meile um Meile, Stunde um Stunde neben ihnen durch die öde Einöde der sternenbeleuchteten Wüste trottet.

Der anstrengendste Teil eines Nachtmarsches ist die Zeit kurz vor der Morgendämmerung. Dann ist die Lebenskraft am niedrigsten und man spürt die Erschöpfung der langen Nachtreise am meisten. In dieser Zeit breitet sich eine große Stille in der Karawane aus. Die ganze Wüste scheint tot und unsagbar langweilig und trostlos, und nichts scheint auch nur im Geringsten der Mühe wert zu sein. Wenn die Morgendämmerung naht, scheint sich die Wüste im Schlaf zu regen. Eine leichte Frische kommt in die Luft. Eine dünne Brise – der Morgenwind – erhebt sich aus der grenzenlosen Wüste, stiehlt leise flüsternd über den Sand und zieht seufzend in die Ferne. Die falsche Morgendämmerung kriecht in den Himmel, und dann, mit einer Plötzlichkeit, die fast erschreckend ist, springt die Sonne über den Horizont, die langgezogenen Schatten der langen Kamelreihe erscheinen als „violette Flecken" auf dem ebenen Sand der Wüste, wie jene Puzzle-Schriften, die man von der Seite betrachten muss, bevor man sie lesen kann, und man erkennt plötzlich, dass endlich ein weiterer glühend heißer Tag angebrochen ist.

KAPITEL XI

ZWEI Tage nachdem wir den Pass verlassen hatten und auf das Plateau zugegangen waren, erreichten wir unseren Treffpunkt mit Abd er Rahman, wo er zu unserer großen Erleichterung bereits auf uns wartete.

Wir alle hatten, glaube ich, Angst, dass etwas passieren könnte, das ihn daran hindern könnte, unseren unverzichtbaren Wasservorrat herauszubringen. Für mich jedenfalls war die Möglichkeit, dass er uns im Stich lassen könnte, ein Alptraum – wenn man sich durch das heiße Wetter und ungeeignetes Essen ein wenig erschöpft fühlt, können Probleme dieser Art ziemlich beunruhigende Ausmaße annehmen, besonders bei den langen Nachtmärschen in den ein oder zwei Stunden vor der Morgendämmerung.

Um unsere Wasserversorgung ganz sicherzustellen, schickte ich Abd er Rahman mit allen leeren Tanks noch einmal nach Mut zurück und sagte ihm, er solle so bald wie möglich wiederkommen, um uns zu treffen.

Unsere Vorräte aller Art gingen zur Neige. Unser Brennholz war fast vollständig verbraucht, unser letztes Streichholz war angezündet worden, und da mein Feuerstein und mein Stahl verloren waren, war es sehr schwierig, Feuer zu machen. Ein Feuer war nicht nur für die Männer eine Notwendigkeit, um ihr Brot zu backen, sondern die ganze Karawane – mit Ausnahme von Qway – waren eingefleischte Raucher, und wenn einem Eingeborenen sein Tabak vorenthalten wird, wird er sofort unzufrieden.

Musa hatte das Problem, Feuer zu machen, am Abend zuvor gelöst, indem er ein Stück Stofffetzen aus seiner Baumwollkleidung riss, es mit Schießpulver einrieb und es dann aus seinem Gewehr abfeuerte. Qway eilte herbei, hob das noch glimmende Stück auf, steckte es in eine Handvoll getrocknetes Gras, das er mitgebracht hatte, fachte es zu einer Flamme an und schaffte es so, mit dem letzten Brennstoff ein Feuer zu entzünden.

In der Mittagszeit war es sehr heiß, und ich fand es sehr amüsant, welche Mittel die Männer anwandten, um ihr Unbehagen zu lindern. Während der heißen Stunden am Morgen und am Nachmittag versuchten sie alle, so nah wie möglich an die Kamele heranzukommen, um in deren Schatten zu bleiben. Doch als es fast Mittag war und die Sonne fast senkrecht am Himmel stand, warfen sie sich die Enden ihrer langen Hemden über den Kopf, was nicht nur bis zu einem gewissen Grad als Schutz für Nacken und Wirbelsäule diente, sondern auch den Wind abhielt und einen Luftzug über ihren Rücken wehte.

Die hungrigen und mürrischen Männer marschierten zwei oder drei Stunden lang schweigend weiter. Dann ließ Qway, der wie gewöhnlich vor der Karawane ritt, sein Kamel plötzlich niederknien, sprang auf den Boden und rief den anderen zu, sie sollten sich ihm anschließen. Ich rief, um zu erfahren, was los sei.

ABD ER RAHMANS WINDSCHAUFEL.

„ *Tahl* ", rief er, „ *Tahl ya farah. Allah akbar. Allah kerim. El hamdl'illah. Barr* ." („Komm, komm. Oh Freude! Allah ist allmächtig. Allah ist barmherzig. Alles Lob gebührt Allah. Mist!")

Wir hatten einen alten Campingplatz erreicht, den wir auf einer unserer früheren Reisen genutzt hatten. Der Boden war reichlich mit Kamelkot übersät, der in der großen Hitze völlig ausgetrocknet war und nun einen ausgezeichneten Brennstoff darstellte.

Obwohl es noch früh am Tag war, luden wir die Kamele ab, und Khalil begann, reichlich Teig zuzubereiten. Mithilfe der letzten Handvoll getrockneten Grases erzeugten Musa und sein Gewehr das nötige Feuer, und in einer halben Stunde wurde das Brot über einem heißen Barr-Feuer gebacken. Am Abend erreichten wir die Büsche, und das Brennstoffproblem war gelöst.

Unser Wasservorrat war wieder auf dem niedrigsten Stand. Wir hatten noch eine lange Tagesreise vor uns, bevor wir Abd er Rahman wieder treffen konnten, und hatten kaum genug Wasser für diesen Zweck. Wir hatten die Kamele seit unserer Abreise von Mut vor sechzehn Tagen dreimal getränkt, aber die Gesamtmenge, die wir ihnen geben konnten, lag weit unter ihrem Bedarf.

Doch im Laufe des Abends kam Abd er Rahman. Er war sehr beunruhigt, als er sah, in welchem Zustand sich die Tiere befanden, die bei uns geblieben waren. Wir berieten uns mit Qway und kamen zu dem Schluss, dass die einzige Möglichkeit, sie wieder zur Oase zurückzubringen, darin bestand, ihnen so viel Wasser wie möglich zu geben und nur gerade genug für uns selbst zu behalten. Dann sollten wir so schnell wie möglich zurückkehren und den Großteil des Gepäcks auf die Kamele laden, die Abd er Rahman aus Mut mitgebracht hatte und die sich in der Oase in ziemlich guter Verfassung befanden, nachdem sie genug getrunken hatten.

Früh am Morgen, als der Inhalt der Tanks Zeit hatte, abzukühlen, gaben wir den armen Tieren Wasser, und nachdem wir ihnen eine Stunde Zeit gegeben hatten, sich zu beruhigen, packten wir zusammen und machten uns auf den Weg zur Oase.

Kurz nach unserer Abfahrt geriet ein Teil unseres Gepäcks durcheinander und wir mussten anhalten, um es zurechtzurücken. Khalil nutzte die Gelegenheit, um sich hinzusetzen und zu erklären, dass er müde sei und „Borsten“ an den Füßen habe und nicht weitergehen könne, wenn man ihn nicht reiten lasse. Er sei „nicht wie diese Araber“ und sei „sorgfältig erzogen“ worden!

Da wir das Lager vor weniger als einer Stunde verlassen hatten, war es völlig unmöglich, dass er müde gewesen sein konnte. Und was seine Blasen betraf, so stellte sich bei näherer Untersuchung heraus, dass es sich nur um eine kleine Blase auf seinem Spann handelte. Da wir über glatten Sand liefen und er, wie wir alle, barfuß lief, konnte ihm dies nicht die geringste Unannehmlichkeit bereitet haben.

Ich machte ihn darauf aufmerksam und sagte ihm, dass er mit Sicherheit verdursten würde, wenn er zurückbliebe und die Karawane verließe.

„Macht nichts“, antwortete er heldenhaft. „Macht nichts. Ich werde zurückbleiben und sterben. Ich kann nicht mehr gehen. Ich bin müde. Gehen Sie weiter, Sir, und retten Sie sich. Ich werde hier bleiben und in der Wüste sterben.“

Wir hatten viele Szenen dieser Art mit Khalil, und die *Bedawin* hatten jedes Mal großen Spaß daran.

„Was sagt er?“, fragte Qway.

Ich habe so gut übersetzt, wie ich konnte.

„ *Malaysh* “ („es ist ohne Bedeutung“), antwortete Qway ruhig. „Lass ihn zurückbleiben und sterben, wenn er will. Schlag die Kamele, Abd er Rahman, und lass uns gehen. Wir können nicht warten. Wir sind in der Wüste und haben nicht genug Wasser.“

„Ich werde sterben“, schluchzte Khalil.

„ *Malaysh* “, wiederholte Qway, ohne sich auch nur die Mühe zu machen, ihn anzusehen.

Ich hatte große Lust, dieses lästige Tier mit meinem *Kurbaj zu kitzeln* , aber es widersprach meinen Prinzipien, einen Eingeborenen zu schlagen, also zogen wir weiter und ließen ihn allein in der Wüste zurück.

„Meine Frau wird Witwe“, schrie Khalil uns hinterher – obwohl nicht ganz klar war, wie er damit unser Mitgefühl wecken wollte. Musa rief ein paar zotige Bemerkungen über die fragliche Dame zurück, und die Karawane setzte fröhlich – um nicht zu sagen lautstark – ihren Weg fort.

Nachdem wir eine Weile gefahren waren, verlief unsere Straße tiefer und wir verloren Khalil für eine Weile aus den Augen. Ich blickte zurück, kurz bevor wir außer Sichtweite waren, und sah ihn genau dort sitzen, wo wir ihn zurückgelassen hatten. Wir waren eine beträchtliche Strecke gefahren, bevor wir ihn auf einer Anhöhe, über die unsere Straße führte, wieder sehen konnten. Als ich durch mein Fernglas zurückblickte, konnte ich gerade noch erkennen, dass er dort saß, wo wir ihn zurückgelassen hatten. Ich erwartete durchaus, dass Khalil nach ein paar hundert Metern – oder jedenfalls, sobald wir außer Sichtweite waren – aufgestanden und uns gefolgt wäre. Aber die *Fellachen* Ägyptens sind ein seltsam temperamentvolles Volk, das, wenn es nicht genau das bekommt, was es will, manchmal in einen Anfall von selbstmörderischem Schmollen verfällt, mit dem man nur schwer umgehen kann. Als Khalil eine so mürrische Stimmung annahm, befürchtete ich, dass er seine Drohung tatsächlich wahr machen und dort bleiben wollte, wo er war, bis er verdurstete oder von der Karawane so weit abgehängt worden war, dass er sich uns nicht mehr anschließen konnte, was zum selben Ergebnis geführt hätte.

Als ich Qway fragte, wie lange wir brauchen würden, um die Oase zu erreichen, antwortete er mit aller Entschiedenheit, dass wir am nächsten Tag nur noch vor Sonnenuntergang über die Dünen kommen würden. Der Sandgürtel war bei Tageslicht, wenn wir sehen konnten, wohin wir gingen, leicht zu überqueren, aber im Dunkeln wäre er ein sehr ernstes Hindernis gewesen. Angesichts der Möglichkeit eines weiteren Tages glühend heißen *Simums* oder, noch schlimmer, eines heftigen Sandsturms, bevor wir Dakhla erreichten, hätte eine Verzögerung, die dazu geführt hätte, dass wir die nächste Nacht auf der falschen Seite der Dünen hätten zelten müssen und so weitere zwölf Stunden in der Wüste verbracht hätten, bevor wir Wasser erreichten, sehr ernste Folgen haben können.

„Wenn wir morgen nicht den Sand überqueren“, sagte Qway eindringlich, „erreichen wir Mut vielleicht gar nicht. Sehen Sie sich die Kamele an. Sehen Sie sich unsere Tanks an. Sie sind fast leer. Wir müssen weiter. Wir können nicht warten.“

Ich konnte es nicht riskieren, die ganze Karawane wegen eines einzigen Simulanten zu opfern. Also befahl ich Abd er Rahman, die Kamele zu vertreiben, und wir ließen den „sorgsam gepflegten" Khalil zum Sterben in der Wüste zurück.

Bald darauf verloren wir ihn völlig aus den Augen. Wir waren früh am Morgen aufgebrochen und den ganzen Tag ohne Pause weitergezogen, bis wir um acht Uhr abends anhalten mussten, um den Kamelen Ruhe zu gönnen. Wir sahen nichts mehr von Khalil und gaben ihn als verloren auf. Um ihm eine letzte Chance zu geben, zündeten wir ein großes Feuer an und bereiteten uns dann darauf vor, so gut es ging zu schlafen, obwohl wir bei weitem nicht genug Wasser bekamen.

Gegen Morgen taumelte Khalil unter dem Gejohle und den Flüchen der Männer ins Lager, krächzte eine Bitte um Wasser, und nachdem er getrunken hatte, warf er sich schlafen, da er zu erschöpft war, um auch nur etwas zu essen.

Dieser kleine Zwischenfall heilte Khalil von seiner Simulierung und er machte auf unserer Reise nach Mut keine weiteren Probleme. Das zeigt, was ein wenig Taktgefühl im Umgang mit einem Eingeborenen bewirken kann. Viele brutale Kerle hätten den armen Mann geschlagen!

Am nächsten Tag war es zum Glück ziemlich kühl und wir kamen besser voran als erwartet. Kurz nach Mittag erreichten wir den Dünengürtel und da wir anscheinend einen niedrigen Teil davon gefunden hatten, beschloss ich auf Qways Rat hin, ihn an dieser Stelle in Angriff zu nehmen.

Doch bei dieser Entscheidung hatte ich einen der wichtigsten Faktoren übersehen – das Licht. So merkwürdig es auch erscheinen mag, Dünen sind manchmal im gleißenden Sonnenschein am Mittag fast genauso schwer zu überqueren wie im Dunkeln. Das grelle Licht zu dieser Tageszeit macht den fast weißen Sand, aus dem sie bestehen, äußerst schmerzhaft anzusehen, und das völlige Fehlen jeglichen Schattens verhindert, dass man ihre Form erkennt, und macht sogar die Wellen praktisch unsichtbar.

Als Folge dieser Situation stolperte Qway, der der Karawane vorausritt, um den Weg zu zeigen, ohne zu sehen, wohin er ging, von der flachen Spitze einer Düne auf die steile Wand darunter, wurde abgeworfen und entkam mit seinem Hagin *nur* knapp einem Sturz von etwa neun Metern. Danach blieb er zu Fuß, bis wir die andere Seite des Gürtels erreichten, und zog seinen *Hagin* hinter sich her. Nachdem wir die Dünen überquert hatten, war der Rest der Reise recht einfach.

Die Nachrichten über die Lage in Europa, die wir bei unserer Rückkehr in Dakhla hörten, waren einfach herzzerreißend. Die Revolution in der Türkei, die eine ziemlich große Sache zu werden versprach, war völlig im Sande verlaufen. Sultan Abdul Hamid – „Abdul der Verdammte" – war zwar abgesetzt worden, aber sein Bruder Mohammed V. war an seiner Stelle zum Herrscher ernannt worden und saß fest auf dem wackeligen türkischen Thron. Die Unruhen in der Türkei hatten sich gelegt; es bestand keine Chance auf eine Republik, und so war die angedrohte Invasion Ägyptens durch die Senussi nicht im Geringsten wahrscheinlich.

Trotzdem waren wir ziemlich zufrieden mit uns, denn wir waren 18 Tage lang ohne Wasser in der Wüste gewesen, mit nur sieben Kamelen, in der härtesten Jahreszeit, und waren ohne ein einziges Tier zu verlieren wieder zurückgekehrt. Aber wer Lust hat, dieses Picknick zu wiederholen, dem sei geraten, genügend Wasser und geeignete Nahrung mitzunehmen.

Die Gubary-Straße, auf der wir nach Kharga reisten, folgte dem Fuß der Klippe, die die südliche Grenze des Plateaus bildet, auf dem 'Ain Amur liegt. Sie war sehr eintönig und uninteressant. Aber obwohl sie keine bedeutenden Naturmerkmale aufwies, haben die *Bedawin* entlang der Straße eine Reihe von Orientierungspunkten, denen sie Namen gegeben haben und anhand derer sie die Straße in verschiedene Etappen unterteilen. Es ist merkwürdig zu sehen, wie die Notwendigkeit entsteht, Orte zu benennen, sobald ein Bezirk frequentiert wird.

Diese kleinen Orientierungspunkte werden auf Karten oft auf sehr irreführende Weise dargestellt. Einer dieser Orte auf der Gubary-Straße ist als Bu el Agul bekannt. Ein weiterer Bu el Agul oder Abu el Agul, wie er manchmal genannt wird, liegt auf der Derb et Tawil oder „langen Straße", die vom Niltal in der Nähe von Assiut durch die Wüste zur Oase Dakhla führt. Ich habe diesen Ort oft auf Karten in einem Atlas eingezeichnet gesehen, wobei der Name in derselben Schriftart gedruckt war wie bei großen Bergen oder Dörfern im Niltal, und die Art und Weise, wie er auf diesen Karten dargestellt wurde, wies überhaupt nicht auf seine Bedeutungslosigkeit hin.

Bu el Agul ist nur ein Grab – und mehr noch, es ist nicht einmal ein richtiges Grab, sondern ein Scheingrab. Die häufigste Form eines einheimischen Spitznamens ist, einen Mann den Vater der Sache zu taufen, für die er unter ihnen am bekanntesten ist. Ich selbst war einst als „Abu Zerzura" bekannt, der „Vater von Zerzura", weil ich angeblich nach dieser Oase suchte, und später als „Abu Ramal", „der Vater des Sandes", weil ich so viel Zeit in den Dünen verbrachte.

Bu el Agul bedeutet „Vater der Fesseln". Eines der größten Risiken für einen unerfahrenen Araber, der allein durch die Wüste reist, ist, dass sein Kamel sich in der Nacht losreißt und entkommt. Wenn er dann nicht in der Nähe eines Brunnens ist und kein Tier hat, das ihm den Wasserschlauch tragen kann, ist sein Schicksal wahrscheinlich besiegelt. Auf diese Weise sind schon viele Menschen ums Leben gekommen.

Da sie Tragödien dieser Art ständig vor Augen haben, haben die Wüstenführer etwa auf halber Strecke jeder Wüstenstraße ein nachgemachtes Grab errichtet, um ihre weniger erfahrenen Brüder daran zu erinnern, ihre Tiere nachts richtig anzubinden. Dieses Grab soll die letzte Ruhestätte des „Vaters der Fußfesseln" darstellen, der sein Leben verlor, weil er sein Kamel nachts nicht richtig angebunden hatte. Es ist Brauch, dass jeder Reisende, der die Straße benutzt, beim Vorbeigehen eine abgenutzte Fußfessel, einen abgenutzten Wasserschlauch oder einen Teil eines kaputten Wassergefäßes auf das „Grab" wirft, mit dem Ergebnis, dass sich mit der Zeit ein beträchtlicher Haufen davon ansammelt.

Es war Ende Juni, als wir wieder Kharga erreichten. Jeder, der nach März in der Wüste und in der Nähe von Wasser arbeiten wollte, war durch die hohen Temperaturen stark beeinträchtigt. Ich hatte diese Bedingungen bereits fast drei Monate lang erlebt, und die Aussicht, während des restlichen heißen Wetters in der Wüste etwas Gutes zu tun, war so gering, dass ich für den Rest des Sommers nach England zurückkehrte.

KAPITEL XII

Meine erste Saison in der Wüste war so erfolgreich gewesen, dass ich einen zweiten Versuch machen musste, da ich eines meiner Ziele erreicht hatte, indem ich das Dünenfeld überquert hatte. Also beschloss ich, eine weitere Reise zu unternehmen. Die Hauptaufgabe, die ich für mein zweites Jahr vorhatte, war, so weit wie möglich auf der alten Straße südwestlich von Dakhla vorzudringen, der wir bereits etwa 150 Meilen gefolgt waren. Bevor ich losfuhr, hörte ich Gerüchte über einen Ort namens Owanat, der bisher nicht erwähnt worden war und an dieser Straße lag und anscheinend der erste Punkt war, zu dem sie führte. Aber ich konnte nur wenige Informationen darüber sammeln. Ich konnte nicht einmal hören, ob er bewohnt oder verlassen war. Ich war mir nicht einmal sicher, ob es dort Wasser gab.

Die Reise bis hierher würde vermutlich sehr lang sein, bevor wir Wasser erreichen würden, und da das endgültige Ziel der Straße völlig ungewiss war und nichts über den Abschnitt bekannt war, in den sie führte, musste die Möglichkeit in Betracht gezogen werden, in ein aktiv feindseliges Gebiet zu geraten, und es mussten Vorkehrungen getroffen werden, um unseren Rückzug nach Ägypten sicherzustellen, für den Fall, dass man uns unsere Kamele wegnahm und wir den Rückweg zu Fuß antreten mussten.

Die Entfernung, die wir von der Oase Dakhla auf der Straße zurücklegen mussten, bevor wir Wasser fanden oder eine Oase erreichten, konnte meiner Ansicht nach höchstens eine fünfzehntägige Reise sein. Ich hoffte, wenn wir diese Entfernung zurücklegten und keine weiteren Schwierigkeiten auftraten, könnten wir noch weiter vordringen und schließlich durch die Wüste in den französischen Sudan gelangen, wo die Behörden gewarnt worden waren, nach mir Ausschau zu halten und mir jede erdenkliche Hilfe zu leisten.

Diese alte Straße war aufgrund ihrer Größe einst offenbar eine der wichtigsten Karawanenrouten durch die Wüste gewesen. Die Senussi, so war bekannt, legten großen Wert auf die Verbesserung der Wüstenstraßen, und wie mir die Eingeborenen erzählten, war die Oase Kufara unter ihrer fähigen Verwaltung zu einem Mittelpunkt geworden, an dem die meisten Karawanenrouten dieses Teils der Wüste zusammenliefen.

Diese Straße muss schon immer schwierig gewesen sein, da man vor Erreichen der ersten Oase eine lange wasserlose Strecke überqueren musste. Daher ist es wahrscheinlich, dass sie aufgegeben wurde, weil eine andere Straße nach Kufara durch das Bohren neuer Brunnen einfacher geworden war.

Mein Hauptziel bei dieser Reise bestand darin, herauszufinden, ob dieser Weg noch für Karawanen befahrbar war und ob dies gegebenenfalls durch den Bau neuer Brunnen oder durch die Verbesserung der Straße an schwierigen Stellen möglich war.

Eine Straße von Wanjunga zur Oase Dakhla hätte alle Karawanenrouten durchschnitten, die vom Bedayat-Land und Ostsudan nach Kufara führten, und hätte so einen Großteil des Verkehrs, der damals nach Kufara und Tripolis führte, nach Ägypten umleiten können. Außerdem hätte ein Teil des Handels, der über die große Nord-Süd-Straße vom Zentralsudan über Tikeru nach Kufara abgewickelt wurde, durch die Wiedereröffnung dieser alten Route nach Dakhla gelangen können. Da die Eisenbahn vom Niltal nach Kharga leicht bis nach Dakhla hätte verlängert werden können, hätte diese Oase Kufara als wichtigstes Karawanenzentrum der libyschen Wüste ablösen können, und dort hätte sich ein verhältnismäßig großer Umschlagplatz entwickelt, dessen Waren über die Eisenbahn nach Ägypten transportiert wurden.

Der Gesamtwert der Waren, die per Karawane durch dieses Gebiet transportiert werden, ist nicht groß; dennoch ist der Handel von ausreichender Bedeutung, um einen Versuch wert zu sein, ihn abzusichern, insbesondere weil man dadurch einen beträchtlichen Einfluss auf die unzugänglichen Stämme im Landesinneren erlangen und gleichzeitig den Senussi, die seit einiger Zeit zu einer ziemlichen Plage zu werden drohten, einen schweren Schlag versetzen würde.

Um die Anforderungen der langen, fünfzehntägigen Reise von Dakhla nach Owanat zu erfüllen oder vielmehr für unsere Rückkehr, falls wir uns zu Fuß in aller Eile zurückziehen mussten, hatte ich dreißig kleine Tanks aus verzinktem Eisen. Diese wurden in Holzkisten gestellt, ein Paar in jeder Kiste, und rundherum mit Stroh gefüllt, um das Wasser kühl zu halten und zu verhindern, dass sie in ihren Kisten herumwackeln.

Jedes Tankpaar enthielt genug Wasser für die Männer und mich für einen Tag, mit etwas Reserve für unvorhergesehene Ereignisse. Während der Reise konnte am Ende jedes Tagesmarsches eine dieser Kisten zurückgelassen werden, mit genügend Nahrung, um uns bis zum nächsten Depot zu bringen, falls wir umkehren mussten. Mit einem Tankpaar in jeder Kiste war ich so sicher wie nur möglich, dass, selbst wenn einer von ihnen lecken und seinen gesamten Inhalt verlieren sollte, im zweiten Tank noch genügend Wasser vorhanden sein würde, um bis zum nächsten Depot durchzuhalten. Selbst wenn all unsere *Zemzemias* und *Gurbas* verloren gegangen wären, hätten diese Tanks, selbst wenn sie voll waren, ein Gewicht erreicht, das ein Mann während des Tagesmarsches leicht hätte tragen können. Wenn sie leer waren, konnten sie weggeworfen werden.

Ich fuhr nach Assiut, um eine Karawane für die Reise zusammenzustellen, engagierte einen Bruder von Abd er Rahman namens Ibrahim und sicherte mir auch Dahab für die Reise. Qway und Abd er Rahman schlossen sich mir in Assiut an und stiegen in einem malerischen alten *Khan* in der Heimatstadt ab, und so war unsere Gruppe komplett. Die Versuche, einen Führer zu finden, der die Teile der Wüste jenseits der Senussi-Grenze kannte, waren erneut erfolglos geblieben.

Ich zögerte zunächst, Ibrahim mit in die Wüste zu nehmen, zum Teil, weil ich ihn – wie viele junge Sudanesen – als ziemlich anstrengend empfand und viel Übung brauchte, aber hauptsächlich, weil er nicht viel Erfahrung mit Kamelen hatte, da er einige Zeit als Hausangestellter in der Oase Kharga gearbeitet hatte. Was mich schließlich dazu bewog, ihn mitzunehmen, war einer jener kleinen Tropfen, die einem im Umgang mit Eingeborenen so oft den Wind verraten.

Als er einmal zum Aufbruch ins Lager ein Kamel belud, begann das Gepäck von seinem Rücken zu rutschen, und Ibrahim rief, wie es bei *Bedawin* unter diesen Umständen üblich ist, sofort seinen Schutzheiligen um Hilfe an, indem er sang: „Ya! Sidi Abd es Salem."

Der Heilige, den ein Einheimischer in diesen Fällen anruft, ist fast immer derjenige, der den Derwisch-Orden gegründet hat, dem er angehört, und dieser Abd es Salem ben Mashish - um seinen vollen Namen zu nennen - war der Gründer der Mashishia-Derwische und ist den Moslems vielleicht noch besser bekannt als der religiöse Lehrer von Scheich Shadhly, einem der berühmtesten mohammedanischen Geistlichen.

ALTER KHAN IN ASSIUT.

Das Hauptprinzip der Mashishia besteht darin, sich völlig von der Politik fernzuhalten – eine äußerst nützliche Eigenschaft für einen Diener, wenn man in das Land der Senussi reist. Dasselbe Prinzip wurde vom Shadhlia-Orden und fast allen seinen zahlreichen Zweigen übernommen, sowie von einer Gruppe von Derwischen, die sich von der Mashishia abgespalten hat und als Madania bekannt ist – die alte Madania, nicht die neue Madania, die einen ganz anderen Charakter hat.

Ibrahims Bruder, Abd er Rahman, pflegte Abd el Qader el Jilany zu beschwören, den Gründer des großen Derwisch-Ordens von Qadria, dessen Anhänger in der Regel zu den am wenigsten fanatischen Moslems zählen.

Obwohl Qway große Beteuerungen seiner Scharfsinnigkeit machte, stellte ich bald fest, dass er meine Vorbereitungen behinderte, und er zeigte Anzeichen von Unehrlichkeit, die ich vorher bei ihm nicht bemerkt hatte. Schlimmer noch, ich fand ihn in heimlicher Kommunikation mit einem Mitglied der Senussi *Zawia* in Qasr Dakhla, das aus unerklärlichen Gründen nach Assiut gekommen war und anscheinend häufig mit ihm kommunizierte. Dies alles deutete auf hinterhältige Absprachen mit den Senussi hin, die sich, bis sie durch eine schwere Niederlage im großen Krieg zur Besinnung gebracht wurden, immer jedem Versuch widersetzten, in ihr Land einzureisen – normalerweise, indem sie Reiseführer manipulierten.

Ich kam zu dem Schluss, dass ich das Verhalten meines Führers besser genauer beobachten sollte als zuvor.

Nachdem ich alle Vorbereitungen in Assiut abgeschlossen und die Karawane auf dem Landweg nach Kharga geschickt hatte, machte ich mich selbst mit dem Zug auf den Weg.

An der Qara-Station der Western Oasis Line traf ich Nimr, den Bruder von Sheykh Suleyman. Er brachte mir einen pechschwarzen Sudani mit, der etwa 1,90 Meter groß war und so extrem leicht gebaut war, dass er kaum mehr als 50 Kilo wiegen konnte. Er hörte auf den Namen „Abdullah abu Reesha" – „Abdulla, der Vater der Federn", ein Spitzname, den man ihm aufgrund seiner extremen Dünnheit gegeben hatte. Er hatte jedoch den Ruf, einer der besten Führer in der Wüste zu sein, und war immer gefragt, wenn eine Karawane hinunterging, um Natron aus Bir Natrun zu holen, wo immer eine sehr gute Chance auf eine Auseinandersetzung mit den Bedayat bestand. Nimr schlug vor, dass ich ihn als Führer nehmen sollte, und schien sehr enttäuscht zu sein, als ich ihm sagte, dass ich bereits Qway engagiert hatte. Ich versprach jedoch, an ihn zu denken und, falls ich irgendwann einen anderen Führer bräuchte, Sheykh Suleyman zu schreiben und ihn zu bitten, ihn zu schicken.

Nimr teilte mir die eher unwillkommene Nachricht mit, dass die *Bedawin* , die ihre Kamele in der Oase Dakhla weiden ließen, mit ihren Tieren in die Sicherheit des Niltals zurückkehrten, da es ein Gerücht gab, dass ein berühmter Haschischschmuggler und Räuber namens 'Abdul 'Ati die Oase überfallen wollte. Da ich damit gerechnet hatte, bei diesen Arabern in der Oase ein paar Kamele mieten zu können, um meine eigene Karawane zu ergänzen, wenn wir unsere fünfzehntägige Reise antraten, war dieser drohende Überfall eher ein Ärgernis und schien meine Pläne etwas durchkreuzen zu können.

Dieser 'Abdul 'Ati war in der Wüste eine bekannte Persönlichkeit, und wenn die Hälfte der Berichte über ihn stimmte, musste er eine äußerst furchterregende Persönlichkeit gewesen sein. Er wurde von der Grenzwache (Kamelkorps) dringend gesucht, da eine seiner Hauptbeschäftigungen der Haschischschmuggel (indischer Hanf) war, bei dem er sich als äußerst erfolgreich erwiesen hatte. Wenn das Geschäft dieser Art schlecht lief, gab er sich gelegentlich einem kleinen Banditentum hin, vermutlich nur, um sich am Ball zu halten.

Ibrahim hegte die übliche Bewunderung für einen Gesetzlosen, die Jugendliche seines Alters auf der ganzen Welt empfanden, und 'Abdul 'Ati war sein Idol und er war ein geborener Heldenverehrer. Er erklärte, er sei ein todsicherer Schütze und besitze ein Gewehr, mit dem man eine Karawane zwei Stunden weit tragen könne, also etwa fünf Meilen, und er fürchte niemanden – nicht einmal das Kamelkorps.

Als ich das nächste Mal von 'Abdul 'Ati hörte, war er in Tripolis sehr damit beschäftigt, gegen die Italiener zu kämpfen, und machte dabei offenbar wirklich gute Fortschritte. Das Camel Corps erschoss ihn schließlich.

Meine Karawane erreichte Kharga ein oder zwei Tage nach meiner Ankunft, nachdem sie die Wüste von Assiut aus auf einer Straße durchquert hatte, die an ihrem nördlichen Ende in die Oase eintritt.

In Kharga traf ich Scheich Suleyman, und da ich nicht weit von seinem Zelt entfernt lagerte, ritt ich hinüber und verbrachte einen Abend mit ihm. Qway begleitete mich natürlich in der Hoffnung auf eine kostenlose Mahlzeit, wurde aber vom Scheich sehr kühl empfangen und behandelte ihn auf die verächtlichste Weise. Wir aßen zu Abend, bestehend aus Brot und Melasse und hartgekochten Eiern, gefolgt von Kaffee und Zigaretten. Danach saßen wir eine Weile zusammen und unterhielten uns.

„Nehmen Sie lieber mich als Führer und nicht Qway", schlug Scheich Suleyman plötzlich vor.

Qway blickte schnell auf, offensichtlich äußerst verärgert, und die Atmosphäre wurde ausgesprochen elektrisierend.

Ich erklärte, dass ich das nicht gut machen könne, da ich Qway im Jahr zuvor als ausgezeichneten Fremdenführer kennengelernt und bereits einen Vertrag unterzeichnet habe, ihn für die Saison wieder zu engagieren. Qway fügte ziemlich hitzig einige Vorwürfe hinzu, die ich nicht ganz verstand; der Kern der Aussage war jedoch offenbar, dass Scheich Suleyman das Spiel nicht ganz mitspielte.

Der Scheich lachte. „ *Maleysh* " (egal), sagte er, „wenn Sie einen anderen Führer brauchen, schreiben Sie mir einen Brief, und ich schicke Ihnen Abdulla abu Reesha. Er ist ein guter Mann – besser als Qway."

Qway begann eine hitzige Antwort, wurde jedoch von Scheich Suleyman ausgelacht. Da das Gespräch stürmisch zu werden drohte, nutzte ich die frühestmögliche Gelegenheit, um ins Lager zurückzukehren.

Der Scheich bestand darauf, mir am nächsten Morgen das Frühstück zu bringen. Qway machte sich ausnahmsweise einmal zurück, während das Frühstück und der anschließende Tee im Gange waren. Er schien im Moment so viel von Scheich Suleyman gesehen zu haben, wie er wollte.

Wir brachen gegen zehn Uhr morgens auf und schlugen nach einem kurzen Marsch früh am Tag unser Lager in Qasr Lebakha auf, einem kleinen, quadratischen Bergfried aus Lehm auf einem Steinfundament mit runden Türmen an den vier Ecken, die alle in einem ziemlich guten Zustand waren. Die Mauern an der Spitze des Turms waren doppelt gebaut, mit einer Art Wehrgang um die Spitze, der ursprünglich ein Mauergang gewesen sein könnte, dessen Dach eingestürzt war.

Von Qasr Lebakha aus fuhren wir weiter nach 'Ain Um Debadib. Unsere Straße verlief fast genau nach Westen, parallel zur Klippe des Plateaus zu unserer Rechten, und erwies sich als alles andere als gut, denn sie war hügelig und aufgrund des Flugsandes sehr beschwerlich. Auch die Kamele machten viel Ärger.

Die Karawane als Ganzes erwies sich als die schlimmste, die ich je besessen habe. Es gab jedoch eine Ausnahme. Er war ein enorm kräftiges Tier aus dem Sudan, das man kaum überladen konnte. Der sprichwörtliche „letzte Tropfen", der das Fass zum Überlaufen gebracht hätte, konnte meines Erachtens nicht wachsen. Aber wie andere kräftige Kamele versuchte er immer, die anderen Tiere zu beißen, und war ein ausgesprochener „Menschenfresser".

'Ain Um Debadib ist ein wesentlich größerer Ort als Qasr Lebakha. Zur Zeit meines Besuchs wurde er von zwei Männern und ihren Familien bewohnt, die aus dem Dorf Kharga stammten und gelegentlich dorthin zurückkehrten und diese kleine Oase sich selbst überließen. Wie Qasr Lebakha wurde der Ort ursprünglich von einer Burg verteidigt, die offenbar ebenfalls aus römischer Zeit stammt. Eine alte Straße verläuft nordwestlich von 'Ain Um Debadib und führt über die Klippe im Norden der Oase, was von unten betrachtet ein schwieriger Pass zu sein scheint. Ich hatte vor, zu einem späteren Zeitpunkt zurückzukehren und zu versuchen, diesen Ort zu finden, aber leider ergab sich die Gelegenheit nicht. Die Spanier haben ein Sprichwort, das besagt, dass die Hölle nicht nur mit guten Vorsätzen gepflastert, sondern auch mit verpassten Gelegenheiten überdacht ist. Wahrscheinlich habe ich, weil ich nicht herausgefunden habe, was sich hinter dieser Klippe befindet, den höllischen Regionen eine weitere Tafel hinzugefügt. Denn ich halte es für äußerst wahrscheinlich, dass sich auf der anderen Seite eine Senke befand, die den Brunnen von 'Ain Hamur – nicht zu verwechseln mit 'Ain Amur – oder möglicherweise einen Ort namens 'Ain Embarres enthielt.

KAPITEL XIII

Wir erreichten die Oase Dakhla am 23. Januar und blieben einen Tag in dem mit Buschwerk bedeckten Gebiet, durch das die Straße führt, bevor sie in den bewohnten Teil der Oase eintritt, in der Hoffnung, eine Gazelle zu erlegen. Während wir hier lagerten, schickte der *Omda* von Tenida, dem nächstgelegenen Dorf, der in der ganzen Oase für seine Gemeinheit berüchtigt war, nach Einbruch der Dunkelheit einen *Gaffir* (Nachtwächter) hinunter, um auszukundschaften, wer wir waren. Nachdem er sich unserer Identität versichert hatte, ging er vorsichtig aus dem Weg, um uns nicht zu einer Mahlzeit einladen zu müssen, wie es der gastfreundliche Brauch der Oase vorsieht!

Da mir die Gazellenjagd aufgrund einiger verwirrter *Bedawin* , die in der Nachbarschaft kampierten und überall herumstreunten, wahrscheinlich als reine Energieverschwendung erschien, zog ich am nächsten Tag weiter in das Dorf Belat.

Über den Eigenbedarf der Einwohner hinaus wird in der Oase nur sehr wenig Gerste angebaut. Als ich jedoch hörte, dass der *Omda* einen großen Vorrat davon besaß und vergeblich versucht hatte, ihn zu verkaufen, bemühte ich mich, ihm etwas davon abzukaufen.

Doch unglücklicherweise „folgte er dem Skeykh", und Qway setzte seine Obstruktionstaktik in Assiut fort und gelang es ihm heimlich, ihn zu fassen. Als ich ihn darauf ansprach, erklärte der *Omda* , dass im Dorf kein einziges Korn mehr übrig sei – „nicht ein einziges".

Es folgte eine ausgesprochen stürmische Szene, die damit endete, dass die *Omda* einstürzte und etwa eine Vierteltonne des fehlenden Getreides freigab, das ich ihm zu einem exorbitanten Preis abkaufte.

Danach erteilte ich ihm eine gründliche Standpauke, vergab ihm dann gnädig und wir ertränkten unsere Feindseligkeit im üblichen Tee. Ich war mit der Transaktion nicht ganz unzufrieden, denn ich hatte das Gefühl, dem *'omda* eine Lektion erteilt zu haben, die er so schnell nicht vergessen würde. Doch wie sich herausstellte, wurde ich hierin bitter enttäuscht – meine Probleme mit dem Futter für die Kamele hatten gerade erst begonnen.

Als wir in Mut ankamen, ging ich sofort zum Postamt, um Briefe abzuholen. Als ich feststellte, dass das obere Stockwerk des Gebäudes leer stand, mietete ich es für die Dauer meines Aufenthalts in der Oase. Es erwies sich als weitaus besseres Quartier als der alte düstere, von Skorpionen heimgesuchte Laden, und ich hatte keinen Grund, den Wechsel zu bereuen.

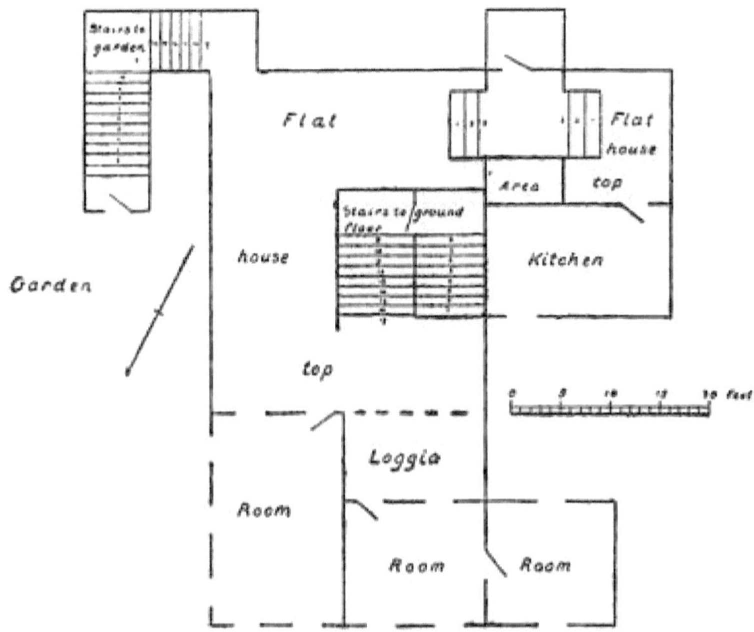

OBERGESCHOSS DES POSTAMTS.

Der Mann, der den Garten des Postamts pflegte, war eine ziemliche Berühmtheit in der Gegend. Er war kein anderer als der blinde Trommler, der in der Kapelle spielte, wenn im Viertel eine Hochzeit stattfand. Er war auch der Ausrufer, und ich traf ihn häufig auf der Straße, wo er, nachdem er einen Wirbel auf seiner Trommel geschlagen hatte, um Aufmerksamkeit zu erregen, die Neuigkeiten ausrief, die er verbreiten sollte.

Merkwürdigerweise hatte er, obwohl er völlig blind war, den Ruf, der beste Gemüsebauer der Gegend zu sein, und seine Dienste als Gärtner waren deshalb sehr gefragt. Er war ein leidenschaftlicher Blumenliebhaber und wurde fast immer mit einer Rose oder einem Zweig Obstblüte in der Hand gesehen, an dem er ständig roch, wenn er durch die Straßen ging. Als ich ihn einmal zufällig traf, musste der Blumenvorrat knapp geworden sein, denn er sog mit offensichtlichem Genuss den köstlichen Duft einer Zwiebel ein!

Sein Ortssinn muss wunderbar gewesen sein, denn er bewegte sich fast so leicht durch die Straßen, als ob er über perfektes Sehvermögen verfügte. Pflanzen aller Art schienen eine Obsession für ihn zu sein. Er hockte sich neben ein Beet mit jungem Gemüse, das er gepflanzt hatte, tastete die Pflanzen ab, indem er mit seinen Händen schnell über die Erde fuhr, und wenn er eine gefunden hatte, betastete er sie zärtlich, um zu sehen, wie sie wuchs. Auf diese Weise untersuchte er schnell jede einzelne Pflanze im Beet und kommentierte gelegentlich das Wachstum einer bestimmten Pflanze, seit er sie zum letzten Mal berührt hatte. Der Verlust seines Sehvermögens hatte offensichtlich seine anderen Fähigkeiten stark geschärft, denn er konnte jede gewünschte Pflanze ohne Schwierigkeiten finden und schien sich perfekt an den Zustand zu erinnern, in dem er sie zuletzt zurückgelassen hatte, und machte, wie mir gesagt wurde, nie einen Fehler bei ihrer Identität. Das zufriedene Lächeln, das sein blindes, geduldiges Gesicht erhellte, wenn es seinen Schützlingen gut ging, war geradezu ergreifend.

Während meines Aufenthalts im Postamt wurden meine Kamele etwa hundert Meter entfernt auf einem freien Platz unter der hohen Lehmmauer untergebracht, die die Stadt umgibt, in der Nähe der Stelle, wo man eine Lücke in der Mauer gemacht hatte, um freien Durchgang zu den Anbauflächen dahinter zu ermöglichen. Die Wahl dieses Ortes als Lagerplatz für die Kamele erwies sich als unglücklich, denn der Ort war verwunschen. Es hieß, ein Mann sei in der Nähe beim Fällen eines Baumes getötet worden, und sein Geist – oder wie manche sagten, ein *Ghul* – erschien dort häufig.

Ein oder zwei Nächte nach unserer Ankunft kam Ibrahim, der dort allein mit den Kamelen schlief, in mein Zimmer, als ich gerade zu Bett ging, und verkündete, er habe keine Angst – und er schien auch nicht im Geringsten beunruhigt –, aber ein *Afrit* werfe ständig Erdklumpen nach den Kamelen, wodurch sie nicht schlafen könnten, und deshalb dächte er, es sei besser, vorbeizukommen und mir davon zu erzählen.

Die Schollen kamen von jenseits der Mauer, und er war mehrere Male um die Ecke und durch die Lücke gerannt, um zu versuchen, den *Afrit zu sehen*, der sie warf, aber es war ihm nicht gelungen, und deshalb wollte er, dass ich herunterkäme und mich um ihn kümmerte.

BLIND TOWN CRIER, MUT.

Es kommt nicht oft vor, dass man die Chance bekommt, einen echten Geist zu interviewen, also nahm ich eine Kerze und meinen Revolver und ging zum Kamelhof hinunter . Ibrahim zeigte mir einen Haufen Erdklumpen, die er aufgelesen hatte – es mussten mindestens ein Dutzend gewesen sein – und zeigte mir die Richtung, aus der sie gekommen waren.

Es war wirklich ziemlich unheimlich. Auf der anderen Seite der Mauer war ein flacher, offener Platz, und im Umkreis von einem Steinwurf gab es keinen Ort, an dem sich ein Mensch hätte verstecken können. Ich wartete eine Weile, um zu sehen, ob noch mehr Erdklumpen geworfen würden; als aber keiner kam, forderte ich Ibrahim mit lauter Stimme auf, auf jeden *Afrit zu schießen* , den er sähe, und gab ihm meinen Revolver. Dann sagte ich ihm mit leiserer Stimme, dass er auf keinen Fall schießen dürfe, aber wenn jemand käme, könnte er damit drohen.

Ibrahim war vollkommen zufrieden. Es war nicht so sehr der Besitz des Revolvers, der ihn beruhigte, sondern die Tatsache, dass er aus Eisen war, und *Afriten* haben bekanntlich Angst vor Eisen!

In dieser Nacht wurden keine Erdklumpen mehr geworfen, aber am nächsten Abend fing es wieder an, und noch immer konnte Ibrahim den Schuldigen nicht sehen. Die Sache wurde zu einer Plage und musste gestoppt werden. Es hatte keinen Sinn, zu den einheimischen Beamten zu gehen; sie wären genauso bereit gewesen, die *Afrit-* oder *Ghul-* Geschichte zu glauben wie jeder der Einheimischen der Oase, also beschloss ich, die Frage selbst anzugehen.

Dahab, der einen Topf mit Kalkfarbe und einen Pinsel trug, und ich, mit einem Sextanten und dem nautischen Almanach, begaben uns am Nachmittag zum Schauplatz der Heimsuchung. Ich schrieb „Salomon" und „Eisen" auf Arabisch an die Wand, zeichnete zwei menschliche Augen, die teuflisch blinzeln, einen kleinen Teufel und das Diagramm der Konfiguration der Jupitermonde, das ich dem nautischen Almanach entnommen hatte – ein äußerst kabbalistisch anmutendes Design. Dann schwenkte ich den Sextanten herum und berührte schließlich nacheinander alle Markierungen, die ich an die Wand gezeichnet hatte.

Inzwischen hatte sich eine kleine Menschenmenge versammelt, die das Geschehen mit großem Interesse verfolgte. Ein sechs Zoll großer Sextant, ausgestattet mit Reeves künstlichem Horizont, ist ein so furchteinflößendes Instrument, wie es kein Zauberer vorführen kann.

Ich sagte Dahab, er solle der Menge erklären, dass ich gerade einen *Tulsim* (Talisman) an die Wand gehängt hätte und dass, wenn es ein *Afrit gewesen wäre* , der die Erdklumpen geworfen hätte, die Worte „Salomon" und „Eisen" in Verbindung mit Jupiters Satelliten ihn ganz sicher völlig erledigen würden. Aber wenn es ein Mensch gewesen wäre, der die Erdklumpen geworfen hätte, würden der kleine Teufel und die Augen sofort über ihn herfallen.

Der Teufel, erklärte ich, war ein besonders bösartiger kleiner englischer Kobold, den ich unter meiner Kontrolle hatte, und wenn jemand noch mehr Erdklumpen auf meine Kamele warf, hatte ich es so eingerichtet, dass der Teufel in Form dieses winzigen kleinen schwarzen Kobolds ihm im Schlaf in die Nase kroch und das gegabelte Ende seines Schwanzes in sein Gehirn steckte und es ständig hin und her schüttelte, was ihm das größte Leid zufügte, bis er nach ein paar Jahren verrückt wurde. Dann stampfte er mit glühenden Füßen auf die Rückseite seiner Augäpfel, bis sie herausfielen; danach würde der Täter unter schrecklichen Qualen sterben.

Dahab sagte auf dem Rückweg, dass mein *Tulsim seiner Meinung nach* sehr gut aussah, er jedoch überhaupt nicht an die *Afrit-* Theorie glaubte.

„ *Afrit* ", sagte er in seinem komischen Englisch. „Niemals. Ibrahim ist ein sehr feiner Mann und die Frauen in Dakhla sind alle schlecht, sehr schlecht, wie Pech. Eine Frau will er sprechen, Ibrahim." Das war wahrscheinlich die Größe davon.

Aber ich habe den Geist trotzdem abgelegt. Es wurden keine Erdklumpen mehr auf meine Kamele geworfen.

KAPITEL XIV

Seit unserem letzten Besuch hatte es in der Oase einen kompletten Wechsel im Amt gegeben. Der neue Arzt – Wissa mit Namen – kam am Tag nach meiner Ankunft vorbei. Er war Kopte.

Er gehörte einer reichen Familie an und besaß große Ländereien in der Umgebung von Assiut.

Er sprach fast perfekt Englisch, denn wie so viele Ägypter war er ein geborener Sprachwissenschaftler. Ich glaube, Französisch und Deutsch waren ihm fast gleich vertraut. Da sein Volk sehr wohlhabend war, hatte er eine ausgezeichnete Ausbildung erhalten, die er zum Teil in England und anderen europäischen Ländern erhalten hatte.

Wie alle Ägypter, die in Europa erzogen wurden, war er eine interessante Mischung aus Ost und West – und es war eine sehr merkwürdige Mischung. Er sprach sehr gelehrt über das Thema Medizin und schien sich besonders mit lokalen Krankheiten wie „Denguefieber" und „Bilharsia" beschäftigt zu haben. Wann immer ich ihm die Gelegenheit dazu gab, erzählte er mir sehr gewagte Berichte über sein Leben als Medizinstudent in Europa.

Aber er war ein leidenschaftlicher Schatzsucher, und sein Lieblingsgesprächsthema waren Okkultismus und Magie, an die er wie ein gebürtiger Ägypter zutiefst glaubte. Er, der Senussi-Scheich Ahmed el Mawhub und der *Omda* von Rashida hatten eine Art Partnerschaft zur Schatzsuche geschlossen und vereinbart, alles, was sie fanden, gleichmäßig unter sich aufzuteilen.

Er erzählte mir viel über die Familie Mawhub aus der Senussi- *Zawia* in Qasr Dakhl. Er sagte, sie hätten ihre religiöse Arbeit völlig vernachlässigt, um Geld zu verdienen, und hätten nur noch fünf Schüler in der *Zawia* in Qasr Dakhl, wo sie früher sehr zahlreich gewesen seien. Der alte Scheich Mohammed el Mawhub, der weit über siebzig war, sei gerade mit einem Diener und drei Männern, die aus dieser Oase geschickt worden waren, um ihn abzuholen, nach Kufara aufgebrochen.

Wissa behauptete, Informationen über einen unbekannten Schatz gesammelt zu haben, der an vielen Orten in oder in der Nähe der Oase versteckt war. Einer der Orte, an denen er zu finden sein soll, war ein Steintempel, achtzehn Stunden Reise westlich des Dorfes Gedida. Später traf ich einen Eingeborenen, der sagte, er sei dorthin geritten und habe diesen Ort gefunden, also existiert er wahrscheinlich – der Tempel, nicht der Schatz. Er war offensichtlich schwer von der Schatzsuchmanie gepackt.

Natürlich war er im Besitz eines „Schatzbuchs". Im Dreieck zwischen Mut, Masara und Ezbet Sheykh Mufta stehe, so sagte er, ein altes

Backsteingebäude auf einem weißen Steinfundament, das von einer Kuppel bedeckt sei und als Der el Arais bekannt sei – diesen Ort habe ich später gesehen. Darin, unter der Kuppel, so hieß es in dem Buch, befinde sich eine Treppe mit sieben Stufen, an deren Fuß sich ein sieben Ellen langer Gang befinde. Am Ende des Ganges steht ein Mönch – an die Wand gemalt, dachte Wissa. In dem Buch stand, dass in der Nähe seiner Füße ein Eisenring in den Boden eingelassen sei und dass, wenn man an dem Ring ziehe, eine Tür zum Vorschein käme – Wissa schloss daraus, dass es sich um eine Falltür handele. Darunter sei eine Treppe, die man laut dem Buch ohne Furcht hinabsteigen müsse. Am Fuß der Treppe befindet sich eine kleine Kammer, in der ein König begraben ist.

Der König trägt einen goldenen Ring mit einem Stein darin am Finger. Dies ist ein magischer Ring, und wenn man ihn in Wasser taucht und es dann einem Kranken gibt, wird dieser sofort geheilt, ganz gleich, was für eine Krankheit er hat. In der Kammer gibt es auch eine Uhr, die ewig läuft, und außerdem eine *Sagia* (Wasserrad), die das Geheimnis von Zerzura enthält.

Nachdem ich ihn besser kennengelernt hatte, schlug er eines Tages vor, dass wir uns zusammentun sollten, um nach Der el Arais zu suchen, „da ich nach Zerzura suche". Er bot mir an, mir die wunderbare Uhr und die *Sagia* sowie alle Schätze, die wir finden könnten, zu überlassen, wenn ich ihm nur den Ring überließe. Er war überzeugt, dass er mit Hilfe dieses magischen Rings der größte Arzt der Welt werden würde – und doch war dies ein Mann, der sein Diplom am Qasr el 'Aini Hospital gemacht hatte, ein Jahr in St. Thomas verbracht hatte, sechs Monate in der Rotunda und weitere sechs Monate, um zwischen Paris und Genf Medizin zu studieren – und er wollte seine Patienten mit einem magischen Ring heilen!

Als er Dakhla verließ, wurde er, da er ein ungewöhnlich fähiger einheimischer Arzt war, nach Luxor versetzt. Hier geriet er in Schwierigkeiten. Seine Schwester erkrankte an der Pest, und Wissa nahm sie, ohne die Behörden zu benachrichtigen, wie er es hätte tun sollen, in sein Haus auf, wo er anscheinend die elementarsten Hygienevorkehrungen vernachlässigte. Das letzte, was ich von ihm hörte, war, dass er, vielleicht natürlich, wieder in Ungnade gefallen war und auf dem Weg war, eine Stelle in Sollum anzutreten, wohin Delinquenten seiner Art geschickt werden, wenn in den Oasen kein Platz für sie ist.

All dies zeigt nur, welch unschätzbaren Nutzen ein ungewöhnlich intelligenter Einheimischer aus einer äußerst teuren europäischen Ausbildung zieht!

Ich hatte in Mut mehrmals einen Mann bemerkt, der wie ein tripolitanischer Araber in einer langen Wolldecke gekleidet war, aber ich hatte ihn nie richtig sehen können, da er es immer vermied, mich zu treffen. Einmal, als er mich kommen sah, drehte er sich sogar um und schlich um eine Ecke, um mir aus dem Weg zu gehen.

Als ich Wissa eines Tages traf, fragte ich ihn, ob er diesen Maghreb-Araber kenne. Er antwortete, dass er eigentlich gar kein Araber sei, sondern aus Smint in Dakhla stamme und ein einheimischer Zauberer sei, von dem er mir schon oft erzählt habe. Er trage die tripolitanische Kleidung nur aus Effekthascherei, da die westlichen Araber als die besten Zauberer gelten.

Dieser Mann war ein Mitglied der Senussi – oder wie es normalerweise ausgedrückt wurde: „Er folgte dem Scheich." Ich fand heraus, dass er bei Shekyh Senussi, dem Schreiber in Mut, wohnte, und durch einen merkwürdigen Zufall lebte auch Qway im selben Haus.

Ich nahm an, dass Qway in der Position eines Ehrengastes war, denn fast jedes Mal, wenn ich ihn sah, schwärmte er von der Freundlichkeit, die Scheich Senussi ihm gegenüber gezeigt hatte. Manchmal wurde er bei diesem Thema fast sentimental und erklärte, er sei wie ein Bruder für ihn. Der Grund für Qways Zuneigung lag offensichtlich darin, dass sein Kamel, auf das er so stolz war, mit dem Fett des Landes gefüttert wurde und er anscheinend unbegrenzt Tee bekam. Diese Annäherung zwischen Qway und dem Senussi, zusammen mit der eher geheimnisvollen Art, in der sie vor sich ging, ließ mich vermuten, dass diese großzügige Gastfreundschaft einen Hintergedanken hatte, obwohl es schwer zu erkennen war, was sie vorhatten.

Es gab auch Anzeichen dafür, dass die Senussi versuchten, meine anderen Männer zu überholen, denn als ich eines Morgens nach den Kamelen sah, sah ich einen unangenehm aussehenden, pockennarbigen Araber in dem Hof herumschleichen, in den Abd er Rahman sie gebracht hatte, um sie vor dem Wind – oder dem *Afrit – zu schützen*. Er wich immer wieder hinter den Tieren aus und steuerte auf den Eingang des Hofes zu, wobei er offensichtlich versuchte, nicht gesehen zu werden. Als ich ihn anrief und mit ihm sprach, sagte er mir, er sei aus „dem Norden" gekommen, und versuchte den Eindruck zu erwecken, er habe Assiut erst kürzlich verlassen.

Als ich Abd er Rahman später nach ihm fragte, erfuhr ich, dass er einer von Scheich Ahmeds Männern war, der von seiner *Ezba herabgekommen war*, um zwei Kamele zu besorgen und einen geheimnisvollen Auftrag zu erledigen, dessen Natur nicht ganz klar war. Als ich Abd er Rahman sagte, dass er wie ein verrufener Schurke aussehe, lobte er ihn lautstark.

Es gelang mir, ihm eine nützliche Information zu entlocken. Er erzählte mir, dass die meisten Kamele der Senussi den alten Mawhub auf seiner Reise nach Kufara begleitet hatten und deshalb nur noch drei in der Oase übrig waren. Das war eine recht willkommene Nachricht, da ich befürchtete, dass sie die Depots, die ich in der Wüste anlegen wollte, beschädigen könnten.

KAPITEL XV

Sobald die Kamele in einen guten Zustand gebracht waren, schickte ich Qway, Abd er Rahman und Ibrahim mit der mit Getreide beladenen Karawane los, die die beiden Sudanesen am Jebel el Bayed abladen sollten, dem Hügel, den wir am Ende unserer letzten Reise in der vorherigen Saison erreicht hatten.

Ibrahim war in der letzten Saison überhaupt nicht bei mir gewesen, und da Abd er Rahman den Hügel nie auch nur in Sichtweite gehabt hatte, da ich ihn auf der Reise, auf der ich ihn erreichte, nach Mut zurückgeschickt hatte, um mehr Wasser zu holen, arrangierte ich, dass Qway mit ihnen bis zum Rand des Plateaus reiten sollte, wo er Abd er Rahman Anweisungen geben sollte, wie er ihn nach Jebel el Bayed bringen sollte. Hier sollte er jedoch die Karawane verlassen und nach Westen entlang des Hochplateaus reiten und zurückkommen und berichten, was er gesehen hatte.

Abd er Rahman folgte den Anweisungen von Qway und fand problemlos Jebel el Bayed. Dort ließ er das Getreide in einem Depot zurück. Qway selbst schloss sich der Karawane auf dem Rückweg kurz vor Mut wieder an, sodass sie alle gemeinsam zurückkehrten.

Qway hatte natürlich praktisch nichts getan. Es war schwer zu erkennen, wie man am besten mit ihm umgehen sollte. Ich hätte ihn natürlich entlassen können, aber drastische Maßnahmen sind selten die besten, und dies hätte nur zur Folge gehabt, dass ich den Senussi direkt in die Hände gespielt hätte, da er ein großartiger Führer war und sie ihn sofort als treuen Rekruten gewonnen hätten. Da er leider alle meine Pläne kannte, schien es der bessere Plan zu sein, ihn bei mir zu behalten und ihn so zu fesseln, dass er keinen Schaden anrichten konnte. Unter diesen Umständen hielt ich es für das Beste, Scheich Suleyman einen Brief zu schicken und ihn zu bitten, mir Abdulla und den besten *Hagin zu überlassen*, den er finden konnte. Dies würde mir auf jeden Fall einen Führer sichern, falls Qway etwas falsch machte; und ich hoffte, durch ein wenig Reibereien zwischen ihm und Abdulla letzteren dazu zu bringen, seine Handlungen im Auge zu behalten.

Bald nach der Rückkehr der Karawane reiste der *Mamur* ab, und ich ging hin, um ihn zu verabschieden. Unterwegs schaute ich in das Gehege, in dem die Kamele untergebracht waren, und sah erneut Scheich Ahmeds pockennarbigen Kameltreiber, der mit meinen Männern verkehrte, und sah, dass er seine beiden Kamele im Nachbarhof unterbrachte.

des Mamur erreichte, fand ich ihn in großer Aufregung. Der Postbote , mit dem er reisen wollte, hatte vergessen, Kamele als Gepäck mitzunehmen. Der *Mamur* war deswegen in einer schrecklichen Aufregung und sagte, er müsse vielleicht aus dem Niltal Tiere holen, bevor er abreisen könne, und er selbst werde in sechs Tagen dort erwartet.

Diese Gelegenheit durfte man sich nicht entgehen lassen. Ich sagte ihm, dass im Hof neben meinem Wohnwagen zwei ungewöhnlich schöne Kamele standen, und schlug vor, dass er als Regierungsbeamter, der zum Dienst an den Nil zurückkehrte, die Befugnis habe, sie und ihre Treiber zu requirieren, und schlug vor, dass er dies tun sollte. Kein kleiner einheimischer Beamter kann der Versuchung widerstehen, in seinem Bezirk irgendetwas zu requirieren, worauf er ein Recht hat – es ist ein Relikt der alten korrupten türkischen Herrschaft. Der *Mamur* war sofort begeistert und reiste kurz darauf mit einem sehr mürrischen Kameltreiber und zwei der schönsten Kamele ab, die den Senussi gehörten. Ich war sehr erleichtert, als ich dieses pockennarbige Tier und seine Tiere zum letzten Mal sah, denn nach ihrer Abreise blieb den Senussi nur ein Kamel, bis in etwa einem Monat der alte Mawhub aus Kufara zurückkehren sollte. Ich ging mit dem Gefühl zurück in meine Räume, dass ich einen guten Morgen geleistet und die Senussi erfolgreich daran gehindert hatte, an das Depot zu gelangen, das ich in der Nähe von Jebel el Bayed errichtete.

Abdulla, den ich Scheich Süleyman gebeten hatte zu schicken, erschien nicht an dem erwarteten Tag; doch ein oder zwei Tage später traf Nimr, der Bruder von Scheich Süleyman, geschäftlich in Mut ein und besuchte mich. In seiner prächtigen Kleidung mit Revolver und silberbeschlagenem Schwert sah er aus wie ein typischer *Bedawi* – und benahm sich auch so. Er trank etwa einen Liter Tee, aß ein halbes Pfund türkischen Honig und den besten Teil eines Kuchens, den Dahab gebacken hatte, und als ich ihm eine Zigarettenschachtel reichte, nahm er noch eine Handvoll. Dann ging er und erklärte, er sei sehr *mabsut* (zufrieden) mit mir, und versprach, Abdulla so schnell wie möglich nachzuschicken und dafür zu sorgen, dass er einen guten *Hagin habe* . Als er die Treppe hinunterging, drehte er sich mit amüsiertem Gesichtsausdruck um und fragte, wie ich mit Qway zurechtkäme!

Als ich mich eines Morgens anzog, hörte ich, wie Qway unten einen alten Freund auf die herzlichste und liebevollste Art begrüßte; dann hörte ich, wie er ihn nach oben führte, und als ich durch das Fenster sah, sah ich, dass Abdulla endlich angekommen war. Qway klopfte an die Tür, wartete kaum auf meine Antwort und trat ein, strahlend vor Zufriedenheit und anscheinend hocherfreut über den Neuankömmling – er war ein bewundernswerter Schauspieler.

Abdulla sah größer und „federleichter" aus als je zuvor. Mit einem einheimischen Strohhut auf dem Hinterkopf und seiner schmalen Taille, die eng mit einem Lederriemen geschnallt war, sah er in seiner Schlankheit fast mädchenhaft aus. Aber Abdulla hatte nichts sehr Weibliches an sich – er war durch und durch drahtig.

Er trug ein ausgezeichnetes doppelläufiges Hammer-Ejektorgewehr, das zwar im unteren Teil des Schaftes kaputt war, dessen Bruch jedoch rundherum mit Blechplatten umwickelt und mit Draht festgebunden war. Sein Sattelzeug war tadellos und mit den üblichen Tongefäßen und Lederbeuteln für seine Lebensmittelvorräte behängt.

Sein *Hagin* war ein kräftiger alter Rüde, der zu jeder noch so harten Arbeit fähig war. Ich sagte ihm, er solle auf sein Kamel steigen und mir seine Gangart zeigen. Abdulla schwang eines seiner Beine, das etwa vier Fuß lang aussah, über den Hinterzwiesel seines Sattels und setzte sich sofort aufrecht in den Sattel. Er trat seinem Kamel in die Rippen und brachte es sofort in Trab. Das Tempo, mit dem er das Tier bewegte, war eine Art Offenbarung und verhieß Gutes für seine Fähigkeiten als Pfadfinder. Er war sicherlich ein sehr guter Reiter.

Doch als ich ihn dazu brachte, den Sattel abzunehmen, stellte ich fest, dass das Tier Rückenschmerzen hatte, wie das bei *Bedawin- Kamelen so häufig der Fall ist. Unter dem Sattel befand sich auf beiden Seiten der Wirbelsäule eine wunde, eiternde Stelle.*

Da Abdulla eine schwere Aufgabe vor sich hatte, musste ich sehen, wie sein Kamel wieder in Ordnung gebracht wurde, bevor er losfuhr. Also gingen wir zu einem neuen Arzt, der Wissas Platz eingenommen hatte, um Jodoform und Watte zu kaufen, und begannen mit der Behandlung des *Hagin* . Aber es war klar, dass die Heilung einige Tage dauern würde.

Es machte jedoch keinen Unterschied, wie sich herausstellte. Denn die Karawane konnte nicht losfahren, da die vier *Ardebs* [3] Gerste, die ich in Belat bestellt hatte, nie ankamen. Die Gerstenfrage wurde immer ernster; aber indem ich die Männer von Haus zu Haus in Mut schickte, gelang es mir, in kleinen Mengen, jeweils ein paar Pfund, eine Menge zu kaufen, die zusammen etwa drei *Ardebs* ergab , mit denen ich mich für den Moment zufrieden geben musste.

die Wunden an Abdullas *Hagin* ausreichend verheilt waren, schickte ich die ganze Karawane wieder in die Wüste. Abd er Rahman und Ibrahim sollten wie zuvor Vorräte zum Depot in Jebel el Bayed bringen. Abdullas Aufgabe war es, der Karawane vorauszugehen und dabei den Anweisungen von Abd er Rahman zu folgen, da ich befürchtete, Qway könnte ihn irreführen, bis er Jebel el Bayed erreichte. Dort sollte er auf die Spitze des Hügels klettern, von wo aus er den Hügel sehen konnte, den ich in der Saison zuvor in der Ferne gesichtet hatte. Dieser lag praktisch in derselben Richtung von Mut wie Jebel el Bayed selbst. Nachdem er auf diese Weise seine Richtung ermittelt hatte, sollte er zu dem entfernteren Hügel weitergehen, den er ebenfalls besteigen und sich alles merken sollte, was er vom Gipfel aus sehen konnte. Dann sollte er – vorausgesetzt, das Land vor ihm war nicht bewohnt – so weit wie möglich in derselben Richtung weitergehen, bevor er nach Dakhla zurückkehrte.

Ich fragte Abdulla, wie weit er seiner Meinung nach kommen würde. In sachlichem Ton sagte er, er glaube, er könne vier oder vielleicht viereinhalb Tagesreisen über Jebel el Bayed hinauskommen, bevor er umkehren müsse. Da er allein in einer fremden Wüste sein würde, bezweifelte ich ein wenig, ob er Jebel el Bayed überhaupt erreichen würde. Aber ich kannte Abdulla damals noch nicht.

Für Qway gab es eigentlich nicht viel zu tun, aber da ich es für besser hielt, ihn in die Wüste zu schicken, um ihn davon abzuhalten, Unfug zu treiben, sagte ich ihm, er solle wieder Richtung Westen entlang des Plateaus reiten.

Qway war ziemlich niedergeschlagen. Abdullas Ankunft hatte ihn trotz seiner Bemühungen, dies zu vertuschen, ziemlich aufgeregt. Er hatte starke Einwände dagegen, dass er der Karawane vorausging, um auf Erkundungstour zu gehen, aber ich lehnte es ab, die Abmachung zu ändern. Um Abdulla in seine Schranken zu weisen, schnappte sich Qway, in der üblichen anmaßenden Art der Araber im Umgang mit Sudanesen, einen Wasserkanister von ihm für seinen eigenen Gebrauch. Als ich davon hörte, ging ich zum Kamelhof, gab Abdulla seinen Kanister zurück und stürzte mich vor allen Männern auf Qway. Nachdem ich so ein wenig Zwietracht in der Karawane gesät hatte, sagte ich ihnen, sie müssten am Morgen aufbrechen.

Später am Tag ging ich noch einmal herum und sah, wie sich alle Sudanesen vom Dorffriseur die Köpfe rasierten und ihnen zur Vorbereitung auf ihre Reise eine Schröpfbehandlung im Nacken verabreicht wurde. Sie erklärten, das Schröpfbehandlung halte das Blut aus ihren Köpfen fern und mache sie stark!

Diese Operation wurde vom Barbier durchgeführt, der an der Schädelbasis auf beiden Seiten der Wirbelsäule drei oder vier Schnitte machte, an denen er das breite Ende eines ausgehöhlten Kuhhorns ansetzte, es in das Fleisch drückte und dann kräftig an einem kleinen Loch in der Spitze des Horns saugte und anschließend das so gewonnene Blut ausspuckte. Es schien eine unhygienische Methode zu sein.

Die Sudanesen waren alle sehr dunkel. Abd er Rahman und Ibrahim hatten sogar schwarze, oder eher dunkelbraune Flecken auf dem Zahnfleisch. Ihre Zungen und Handflächen waren jedoch rosa. Abdulla war noch dunkler. Er kam am Abend nach seiner Schröpfbehandlung in mein Zimmer und erklärte, er sei krank. Ihm fehlte überhaupt nichts, außer dass er Tabletten und Augentropfen wollte, weil es die umsonst gab. Aber ich tat so, als würde ich ihn untersuchen, maß seine Temperatur, fühlte seinen Puls und sagte ihm dann, er solle mir seine Zunge zeigen.

Das Ergebnis meiner bescheidenen Bitte war ziemlich verblüffend. Er schoss etwa sechs Zoll schwarzes Leder hervor, und ich sah, dass nicht nur seine Zunge fast schwarz war, sondern auch sein Zahnfleisch und seine Handflächen. Er war der ausgeprägteste Fall von Melanismus, den ich je gesehen habe.

Sofut.

Durch Sanderosion entstehen scharfe Felsklingen, die den weichen Füßen der Kamele großen Schaden zufügen können (S. 87).

Der Abstieg in die Oase Dakhla.

Die Klippe war mehrere hundert Fuß hoch, aber der Sand trieb dagegen und erleichterte den Abstieg. (S. 36).

Eine gemachte Straße.

Gepflasterte Straßen sind in der Wüste praktisch unbekannt. Diese hier war in den Hang gegraben und führte zu einer unbekannten Oase, in der angeblich ein Schatz versteckt war. (S. 205).

KAPITEL XVI

Die Karawane mit Abd er Rahman und Ibrahim kehrte zwar erschöpft, aber unversehrt zurück. Nicht weniger als vier der mit Wasser gefüllten Tanks, die sie herausgebracht hatten, waren undicht und mussten zurückgebracht werden. Sie mussten den ganzen Weg in Tag- und Nachtmärschen nach Hause eilen. Aber sie waren unversehrt angekommen – wir hatten in dieser Hinsicht außerordentliches Glück gehabt.

Da Abdulla erst zwei Tage später eintraf, begann ich zu befürchten, dass ihm etwas zugestoßen war. Er kam mit seinem Kamel in einem schrecklichen Zustand an. Die Wunden auf seinem Rücken, die bei seiner Abreise verheilt zu sein schienen, waren wieder aufgebrochen und waren viel schlimmer als bei seiner Ankunft in Mut.

Sein Kamel sei so schlecht gelaufen, sagte er, dass er nicht halb so viel hätte tun können, wie er hätte tun können, wenn sein Reittier in gutem Zustand gewesen wäre, und er war wirklich sehr verärgert darüber. Er war Abd er Rahmans Anweisungen gefolgt und hatte Jebel el Bayed ohne Schwierigkeiten gefunden. Er war auf den Gipfel geklettert und hatte den zweiten Hügel dahinter gesehen. Dann war er – seinem Kamel wirklich sehr schlecht gelaufen – anderthalb Tage lang durch eine einfache Wüste weitergegangen, wonach er einen Dünengürtel überquert hatte, dessen Bewältigung etwa eine Stunde dauerte. Dann, nach einem weiteren halben Tag, gelang es ihm, den zweiten Hügel zu erreichen und war auf dessen Gipfel geklettert. Im Süden und Südwesten lag offene Wüste ohne Dünen, die nach Westen abfiel, mit Hügeln übersät war und sich so weit erstreckte, wie er sehen konnte. Im Norden hatte er die Klippe im Süden des Plateaus sehen können – der Pass, über den wir ins „Tal des Nebels" hinabgestiegen waren, war deutlich sichtbar, obwohl er gut hundertzwanzig Meilen entfernt gewesen sein musste. Danach sagte er, er könne mit so einem elenden Kamel nichts mehr anfangen und müsse deshalb umkehren. Er entschuldigte sich aufrichtig dafür, so wenig getan zu haben.

Diesem einfachen Sudani schien es nie in den Sinn zu kommen, dass er eine höchst bemerkenswerte Reise gemacht hatte. Nur auf Anweisung von Abd er Rahman war er ganz allein in eine absolut wasserlose und öde Wüste aufgebrochen, die er überhaupt nicht kannte, mit einem Kamel mit sehr wundem Rücken und nur auf einem Gepäcksattel – sein Reitsattel war schon vor der Abreise kaputtgegangen –, aber er hatte in dreizehn Tagen eine Entfernung von fast 640 Kilometern (Luftlinie) zurückgelegt und, was noch bemerkenswerter war, sich dafür entschuldigt, nicht mehr tun zu können! Er bekam etwas *Bakhshish*, das ihn überraschte – und Qway, der keins bekam, sehr angewidert war.

Die Tatsache, dass Abdulla den Pass ins „Tal des Nebels" von der Spitze des Hügels aus sah, den er erreichte – Jebel Abdulla, wie ihn die Männer nannten – zeigt, dass der Hügel eine beträchtliche Höhe hatte, denn er, Jebel el Bayed und der Pass lagen praktisch in einer geraden Linie, und die Wüste dort war sehr eben. Die Passhöhe war etwa 1700 Fuß hoch – die Klippe selbst etwa 250 Fuß. Aber sie war von der Spitze des Jebel el Bayed, die 2150 Fuß hoch war, aufgrund einer dazwischen liegenden niedrigen Anhöhe im Boden nicht zu sehen. Ein einfaches Diagramm zeigt, dass der Hügel, da er über diesen Grat von der Spitze des Jebel Abdulla aus sichtbar war, mindestens 2700 Fuß hoch gewesen sein muss.

Qway hatte natürlich, obwohl er hervorragend beritten war, praktisch nichts getan. Es konnte kaum Zweifel daran geben, dass er und die Senussi Hand in Hand gingen. Er bat ständig um Erlaubnis, an Orte wie Hindaw, Smint und Qalamun zu gehen, wo die Senussi, wie ich wusste, *Zawias hatten* , und der Scheich el Afrit in Smint und Scheich Senussi, der Dichter in Mut, waren seine beiden engen Freunde und beide Mitglieder der Senussia.

Die Senussi waren Reisenden, die in ihr Land wollten, immer lästig gewesen. Es war jedoch schwer zu erkennen, was sie tun könnten. Ich dachte, sie würden es nicht wagen, in der Oase offen etwas zu unternehmen, und indem ich zwei ihrer drei Kamele tötete, hatte ich sie für den Moment, soweit es die Wüste betraf, gewissermaßen an ihre Grenzen gebracht. So machte ich mit ziemlich gelassener Miene meine Vorbereitungen für unsere letzte Reise fort und machte den fatalen Fehler, meine Gegner zu unterschätzen.

Zuerst beauftragte ich den örtlichen Blechschmied damit, sechs Tanks zu reparieren, die Lecks hatten. Dann schickte ich Ibrahim durch die Stadt, um zu sehen, ob er noch mehr Waffen finden konnte. Er kam mit einer hübschen kleinen Streitaxt, einem Speer und einem sechs Fuß langen Gasrohrgewehr mit Steinschloss zurück. All das kaufte ich als Kuriositäten.

Dann gingen wir hinaus und probierten das Gewehr aus. Es schoss zwar ein paar Meter zur Seite, aber solche Kleinigkeiten sind für einen *Bedawi nichts* . Die Männer waren allgemein der Meinung, dass es wirklich ein sehr gutes Gewehr war. Abdulla sagte, er sei beim Kamelkorps gewesen und kenne sich mit Gewehren aus, und er übernahm es, es in Ordnung zu bringen. Er schloss ein Auge und schaute den Lauf entlang, dann legte er die Mündung auf den Boden und stampfte etwa auf halber Höhe des Laufs, um ihn zu biegen. Er wiederholte diesen Vorgang mehrere Male und gab dann Ibrahim das Gewehr zurück und sagte, er glaube, er habe es gerade bekommen.

Um dies zu testen, veranstaltete ich einen Schießwettbewerb zwischen den drei Sudanesen. Das Ziel war eine Dose mit verdorbenem Fleisch in 80 Metern Entfernung, und Ibrahim mit seinem Steinschlossgewehr traf mit seinem zweiten Schuss die Dose und gewann die zehn Piaster, die ich als

Preis ausgesetzt hatte. Er besiegte damit Abd er Rahman und Abdulla, die mit Martinis bewaffnet waren.

Dann machte ich mich daran, noch mehr Gerste für unsere Reise zu kaufen, und sofort traten Schwierigkeiten auf. Ich schickte Abd er Rahman und Abdulla mit einigen Kamelen nach Belat, aber der *Omda* sagte ihnen, er habe sein gesamtes Getreide verkauft. In der Oase erfuhren sie jedoch, dass er nichts verkaufen konnte und noch immer große Vorräte davon übrig hatte.

Abd er Rahman begann, bedeutungsvolle Andeutungen über Qway, die Senussi, „Vereinbarungen" und „Intrigen" zu machen, wollte aber wie üblich nicht näher darauf eingehen. Als ich Qway von den Schwierigkeiten bei der Getreidebeschaffung erzählte , zeigte er Verständnis, aber ergab sich fromm. Es war Allahs Wille. Der *Omda* von Belat hatte ganz sicher keins mehr – das wusste er genau. Es sei völlig unmöglich, sagte er, meine fünfzehntägige Reise mit so einer kleinen Menge Getreide zu bewältigen, und er dachte, das Einzige, was ich tun könne, sei, den Gedanken daran ganz aufzugeben.

Ich sagte ihm, ich hätte nicht die Absicht, die Reise aufzugeben. Der einzige andere Plan, der ihm einfiel, war, das Getreide von den Senussi in Qasr Dakhl zu kaufen. Sie hatten viel davon – ausgezeichnete Gerste. Ich erwähnte dies gegenüber Dahab, der äußerst verächtlich reagierte und erklärte, sie würden mir keins verkaufen, und wenn doch, dann wäre es vergiftet, denn er sagte, es sei allgemein bekannt, dass die Mawhubs sich sehr gut mit Medizin auskannten.

Der neue *Mamur* traf zu gegebener Zeit ein. Der vorherige, Omar Wahaby, hatte versucht, mich zu *überreden,* indem er erst anrief, als ich ihn bedrohte. Der Neue ging noch einen Schritt weiter – er ließ mich holen – und musste deshalb übel abgeblitzt werden.

Die Eingeborenen Ägyptens legen großen Wert auf derartige Dinge und ich war froh zu sehen, dass meine Behandlung des *Mamur* eine deutliche Verbesserung der Haltung der Einwohner von Mut mir gegenüber bewirkte, die vorher alles andere als freundlich gewesen war.

Der *Mamur* selbst muss sehr beeindruckt gewesen sein. Er rief an und erkundigte sich nach meinen Männern und ob ich irgendwelche Beschwerden gegen sie hätte. Ich sagte ihm, Qway arbeite sehr schlecht und sei sehr faul geworden; also meinte er, er dächte, bevor ich losfahre, er solle lieber privat mit ihnen sprechen. Ich wusste, ich würde von meinen Männern erfahren, was passiert war, und da ich dachte, es könnte eine gute Wirkung auf Qway haben, schickte ich sie am Nachmittag zum *Merkaz* .

Sie kamen mit sehr ernster Miene zurück – besonders Abd er Rahman schien fast ehrfürchtig. Ich fragte ihn, was der *Mamur* gesagt hatte. Er sagte mir, er habe alle ihre Namen und Adressen aufgeschrieben und ihnen dann gesagt, sie müssten ihr Bestes für mich tun, denn obwohl er nicht genau wusste, wer ich war, war ich offensichtlich eine sehr wichtige Person – was alles zeigt, wie leicht ein *Fellache* von einer kleinen Seite beeindruckt werden kann! – *il faut se faire valoir* im Umgang mit einem Einheimischen.

Der *Mamur* teilte mir anschließend seine Meinung über meine Männer mit. Seine Ansichten über Dahab sind es wert, wiederholt zu werden. Er erzählte mir, er habe ihn befragt und sei zu dem Schluss gekommen, dass er ehrlich, *sehr* ehrlich sei. „Eigentlich", sagte er, „ist er fast dumm!"

Der Gerstenboykott nahm besorgniserregende Ausmaße an. Die Männer hörten von keinem Getreide in der Oase außer in Belat, Tenida und Mawhubs, und es sah wirklich so aus, als müsste ich meine Reise aufgeben.

Ich hätte natürlich versuchen können, etwas Getreide aus Kharga zu holen, aber das hätte über eine Woche gedauert. Es war auch fraglich, ob ich so viel hätte bekommen können, wie ich wollte, ohne dafür ins Niltal zu gehen, und das hätte mindestens zwei Wochen gekostet. Ich wusste nicht, was ich tun sollte.

Der *Deus ex machina* erschien in Gestalt eines Polizeibeamten – eine für Oasen eher ungewöhnliche Gestalt. Eines Nachmittags kam er vorbei. Seine Unterhaltung langweilte mich bereits, als er mein Interesse weckte, als er sagte, er schicke ein paar Männer los, um bei den Senussi in Qasr Dakhl Gerste für die Regierung zu holen. An der Art, wie er immer über Geld redete und die „geizigen" *Omdas beschimpfte, war ich mir ziemlich sicher, dass er keine Chance ausließ, einen ehrlichen Piaster zu verdienen; als ich also erfuhr, dass er nur siebzig Piaster pro Ardeb* zahlen wollte , sagte ich ihm, dass ich hundertzwanzig bezahle und dass ich ihm, wenn er vier *Ardeb extra kaufte* , sie zu diesem Preis abnehmen würde – und ich unterließ es, Vorschläge zu machen, was mit dem Rest des Kaufpreises geschehen sollte.

Da der Handel mit staatlichen Vorräten eine Straftat darstellt, war ich ziemlich sicher, dass er den Senussi nicht sagen würde, zu welchem Zweck die zusätzlichen vier *Ardebs* gekauft wurden.

Das Ergebnis dieser Transaktion war, dass ich trotz des Gerstenboykotts, den die Senussi gegen mich verhängt hatten, schließlich wieder aufbrechen konnte, um die Wüste zu erkunden, deren Geheimnisse sie so eifersüchtig hüteten, während meine Kamele buchstäblich unter der Last eines wirklich herrlichen Getreides taumelten, das ich – wenn sie es nur gewusst hätten – von den Senussi selbst gekauft hatte!

Der Reiseplan sah folgendermaßen aus: Wir sollten Dakhla verlassen und jedes Kamel der Karawane, einschließlich der *Hagins* , bis zur maximalen Tragfähigkeit mit Wassertanks und Getreide beladen. Am Ende jedes Tagesmarsches sollte ein kleines Depot zurückgelassen werden, bestehend aus einem Paar der kleinen Tanks, die ich für die Reise hatte anfertigen lassen, und ausreichend Gerste für die Kamele und Nahrung für die Männer für einen Tag. Die Gewichtsreduzierung des Gepäcks, die durch die Einrichtung dieser Depots zustande kam, zusammen mit dem Wasser- und Getreideverbrauch der Karawane während der Reise, würde meiner Berechnung zufolge zwei Kamele frei lassen, wenn wir die fünf Büsche erreichten.

Qway und Abdulla, die die Karawane bis zu diesem Punkt begleiten sollten, sollten dann mit ihren *Hagins* , die nur mit so viel Wasser und Getreide beladen waren, dass sie bis zum Hauptdepot in Jebel el Bayed reichten, vor der Karawane weiterziehen. Hier sollten sie ihre Vorräte auffüllen, einen weiteren Tag zusammen weiterziehen und sich dann trennen. Qway sollte Abdullas Spuren bis zum zweiten Hügel folgen – Jebel Abdulla, wie ihn die Männer nannten –, den der Sudani allein auf seiner Erkundungsreise erreicht hatte, und sollte in derselben Richtung so weit weitergehen, wie er es für sicher hielt, und dann auf demselben Weg zurückkehren, bis er auf die Karawane traf, die auf derselben Route kam und Wasser und Vorräte für seine Ablösung brachte. Abdullas Anweisungen lauteten, genau nach Süden zu gehen, wenn er sich für zwei oder, wenn möglich, drei Tage von Qway trennte. Dann sollte er nach Westen aufbrechen, bis er auf Qways Spur kreuzte, der wir folgen sollten, und auf dieser zurückkehren, bis er auf die Karawane traf. Diese sollte dann auf der alten Straße, die wir gefunden hatten, weiterziehen, um unsere fünfzehntägige Reise zu beenden und, wenn möglich, weiterzuziehen, bis wir die Wüste durchquert und den französischen Sudan erreicht hatten.

Ich erwartete keine großen Erfolge von Qways Reise, aber er wusste zu viel über unsere Pläne und war in der Wüste ein zu nützlicher Mann, als dass es ratsam gewesen wäre, ihn in Dakhla zurückzulassen, wo die Senussi ihn gut hätten gebrauchen können. Abdulla war gut bewaffnet, ein erfahrener Wüstenkämpfer und trotz seines „federleichten" Aussehens ein Mann, mit dem man sich nicht anlegen konnte. Da es aufgrund der anmaßenden Haltung der Araber gegenüber den Sudanesen im Allgemeinen erhebliche Reibereien zwischen ihm und Qway gab, hatte ich wenig Angst vor einer Verbindung zwischen ihnen.

Auch Abdulla hatte die besondere Anweisung, ein Auge auf Qway zu haben, und da zwischen ihnen nicht viel Liebe herrschte, war ich sicher, dass er das tun würde. Während Abdulla ihn auf der Reise zum Depot begleitete und noch einen Tag darüber hinaus, war Qway meiner Meinung nach machtlos; und wenn er nach der Trennung von ihm nach Jebel el Bayed zurückkehrte, um zu versuchen, zum Depot zu gelangen, würde er uns auf den Fersen haben, da wir vor ihm dort ankommen würden. Sobald die Karawane das

Depot erreicht hatte, sollten wir alles Wasser und Getreide, das sie enthielt, mitnehmen und seinen Spuren folgen.

Ich hatte ihn von der Karawane abhängig gemacht, indem ich ihm nur Wasser für etwa fünf Tage für seinen eigenen Bedarf gab und gar keins für sein Kamel. Solange er sich an sein Programm hielt, war er ziemlich sicher, da wir sein Kamel tränken konnten, sobald er wieder zu uns kam. Aber wenn er versuchte, einen eigenen Plan zu verfolgen, würde ihm sofort das Wasser ausgehen und er würde in Schwierigkeiten geraten.

Ich war überzeugt, dass die von mir getroffenen Vorsichtsmaßnahmen jeden Versuch eines Verbrechens seinerseits wirksam verhindern würden. Mein gesamter Plan war sehr sorgfältig durchdacht und hatte, so dachte ich, für jede mögliche Eventualität vorgesorgt, aber „die besten Pläne von Mäusen und Menschen gehen oft schief" – besonders, wenn man es mit einem Senussi-Führer zu tun hatte.

KAPITEL XVII

Am Anfang lief alles gut. Qway war zwar, obwohl er sein Bestes tat, es zu verheimlichen, offensichtlich sehr verärgert, dass ich so viel Gerste produzieren konnte. Aber die übrigen Männer waren bester Laune. Vor allem Ibrahim, der sein Steinschlossgewehr über den Rücken geschlungen hatte, war so zufrieden mit sich selbst, wie jeder Junge, der sein erstes Gewehr trägt. Die Kamele liefen trotz ihrer schweren Lasten so gut, dass wir am Abend des zweiten Tages die Büsche erreichten.

Ich stellte fest, dass ein Brunnen, den ich im Jahr zuvor bis zu einer Tiefe von neun Metern gegraben hatte, ohne eine Spur von Wasser zu finden, bis zu mehr als der Hälfte seiner Tiefe mit Sand verlandet war. Hier schlugen wir so viel Brennholz, wie wir brauchten, und am nächsten Morgen verließen Abdulla und Qway die Karawane und zogen weiter in Richtung Jebel el Bayed.

Ich begleitete sie ein Stück, als sie aufbrachen, um ihnen letzte Anweisungen zu geben. Ich sagte ihnen, wir sollten ihren Spuren genau folgen. Da ich Qways schlendernde Art kannte, wenn er allein auf Entdeckungsreise war, sagte ich ihm, er müsse sein Kamel dazu bringen, sein bestes Bein nach vorne zu stellen, und wenn er das täte, würde ich ihm am Ende der Reise ein großes *Bakhshish geben* .

Er verlor sofort die Fassung. Das Kamel gehöre ihm, sagte er, und er werde es nicht übergehen, sondern in dem Tempo reiten, das er wolle. Er arbeite überhaupt nicht für mich, sondern für Allah. Meine offensichtliche Erwiderung, dass es in diesem Fall nicht notwendig sei, dass ich seinen Lohn bezahle, änderte die Sache nicht im Geringsten, und er ging in rasender Wut davon. Die Senussi lehren ihre Anhänger, dass jeder Augenblick des Lebens eines Menschen dem Dienst an seinem Schöpfer gewidmet sein sollte; folglich muss er, auch wenn er für einen irdischen Herrn arbeitet, zuerst seine Pflicht gegenüber Allah bedenken, da dieser den ersten Anspruch auf dessen Dienste hat – ein jesuitisches Argument, das den Senussi-Scheichs, die behaupten, die Interpreten des Willens Allahs zu sein, offensichtlich große Macht verleiht.

Abd er Rahman, der diese kleine Szene aus der Ferne beobachtet hatte, sah sehr beunruhigt aus, als ich zur Karawane zurückkam. Qway, sagte er, fühlte sich *marbut* (gebunden) und das war sehr schlecht, denn er war sehr schlau, und er prophezeite, dass uns eine sehr schwierige Reise bevorstünde.

Die Araber sind von Natur aus ein äußerst undiszipliniertes Volk, das jede Art von Einschränkung sofort ablehnt. Sie neigen dazu, beim Thema Unabhängigkeit ziemlich hochtrabend zu werden und werden Ihnen sagen, dass sie wie die Gazelle sein wollen, die die Freiheit haben, umherzuwandern, wo immer sie wollen, und so frei sein wollen wie der Wind, der durch ihre Wüsten weht, und all das, was sie zu ziemlich kitzeligem Vieh macht.

Abd er Rahman hatte recht. Fast sofort begannen die Dinge schief zu laufen. Die ersten beiden Tage nach unserer Abreise aus Mut waren kühl gewesen, aber als wir die Büsche verließen, brach ein *Simum* aus, und der Tag wurde drückend heiß. Gegen Mittag ließ der Innendruck, der durch die Ausdehnung von Wasser und Luft in einem der Tanks verursacht wurde, ein geflicktes Leck wieder auflodern, und das Wasser begann aus dem Loch zu tropfen. Wir luden das Camel ab und drehten den Tank um, so dass das Leck oben war und das Tropfen aufhörte. Doch bald begann ein weiteres Leck in einem der geflickten Tanks, und am Abend sickerte das Wasser aus den meisten Tanks, die ich dabei hatte, an mindestens einer Stelle heraus, und mehrere von ihnen hatten an zwei oder mehr Stellen ein Leck.

Wenn ein Tank nur ein Leck hatte, konnten wir die Wasserverschwendung stoppen, indem wir ihn mit dem Riss nach oben aufhängten; wenn aber mehrere vorhanden waren, war dies selten möglich. Einer der Tanks leckte so stark, dass wir abwechselnd eine Dose darunter hielten und auf diese Weise eine beträchtliche Menge Wasser sparen konnten, die wir in eine *Gurba* *gossen* .

Als ich im Lager ankam, kümmerte ich mich um die undichten Stellen und dichtete sie mit Siegellack ab. Dieser Wasserverlust war eine ernste Angelegenheit. Jeden Morgen maß ich mit einer kleinen Dose die Tagesration für jeden Mann ab. Angesichts der undichten Stellen in den Tanks hielt ich es für ratsam, die Ration erheblich zu kürzen.

Dies rief lautstarke Proteste von Abd er Rahman hervor, der erklärte, es sei für ihn völlig unmöglich, bei solch einer Hitze mit solch geringen Vorräten zu arbeiten.

Ich versuchte ihn zu beruhigen, indem ich ihm sagte, dass ich nichts von ihm verlange, was ich nicht selbst tun würde, und dass er als Sudani einer Rasse angehöre, die stolz darauf sei, die Strapazen einer Wüstenwanderung ertragen zu können. Aber er wurde nur noch aufgeregter und sagte, dass er und Ibrahim mehr Arbeit hätten als ich, da sie die Kamele be- und entladen und den ganzen Tag zu Fuß gehen müssten, während ich gelegentlich reiten würde. Dahab, fügte er hinzu, sei in der Wüste nutzlos, da er nur Koch sei und ich ohne ihn auskomme, und da wir nicht genug Wasser hätten, sollten wir ihn besser loswerden. Am Ende schrie er mich regelrecht wütend an, und da er nicht in der Verfassung war, Argumente anzuhören, ging ich vom Lager weg in die Wüste, um ihm Zeit zu geben, sich zu beruhigen.

Ein Sudani ist im Herzen ein Wilder, und wenn ein Wilder glaubt, dass ihm die Notwendigkeiten des Lebens fehlen, greift er sehr leicht auf primitive Methoden zurück und ist durchaus in der Lage, jeden „loszuwerden", der zwischen ihm und seiner Wasserversorgung steht. Visionen der grausigen Szenen, die sich unter den Überlebenden der Schiffbrüchigen „Medusa" und „Mignonette" abspielten, als ihnen das Wasser ausging, und des schrecklichen Schicksals, das die Überlebenden der verheerenden Flatters-Expedition während ihres Rückzugs aus der zentralen Sahara nach Algerien ereilte, tauchten vor meinen Augen auf, und als ich sah, wie Abd er Rahman und Ibrahim sich ernsthaft berieten, spürte ich, dass man mit der Situation nicht leichtfertig umgehen konnte.

Ich kehrte ins Lager zurück und rechnete fest damit, mit so etwas wie einer Meuterei konfrontiert zu werden. Ich rief Abd er Rahman an und sagte ihm, er dürfe nie wieder so mit mir reden, und wenn er das täte, würde ich ihn mit einer hohen Geldstrafe belegen. Ich sagte, wir würden im Depot in Jebel el Bayed reichlich Wasser finden und es bestehe kein Grund zur Sorge, aber aufgrund der Lecks in den Tanks müssten wir vorsichtig sein, bis wir dort ankämen. Ich sagte ihm, ich würde beim Ein- und Ausladen des Gepäcks helfen und den ganzen Tag laufen, um zu zeigen, dass die Wassermenge ausreichte. Was Dahab betraf, wies ich ihn darauf hin, dass er zwei Saisons lang in der Wüste mit ihm gearbeitet hatte und dass es sehr gefährlich wäre, wenn er sich sofort umdrehen und ihn „loswerden" wollte, wenn es einen leichten Wassermangel gäbe.

Zu meiner großen Überraschung fand ich ihn äußerst reumütig. Er sagte, ich könne seinen gesamten Wasservorrat und auch den von Ibrahim trinken, wenn ich wollte; natürlich könne er mit einer kleinen Wassermenge besser auskommen als ich, er sei sehr stark; und was Dahab betreffe, so sei er ein ausgezeichneter Kerl und ein Freund von ihm; er sei nur wütend gewesen, weil er durstig gewesen sei. Ich sagte ihm, dass er sehr leicht reden könne, aber dass ich gerne sehen würde, wie viel hinter dem steckt, was er sagt, also forderte ich ihn heraus, um zu sehen, ob er mit weniger Wasser auskomme als ich. Ein sportliches Angebot dieser Art spricht normalerweise einen Sudani oder einen Araber an. Er nahm meine Herausforderung mit einem Grinsen an.

Ibrahim entschuldigte sich später für seinen Bruder und sagte, er habe sich wie eine Frau verhalten.

Der Siegellack, den ich auf die undichten Stellen aufgetragen hatte, dichtete sie wirksam ab; doch gegen Mittag schmolz die zunehmende Hitze den Wachs und bald waren die undichten Stellen wieder so stark wie vorher; auch die anderen Tanks, die bis dahin durchgehalten hatten, rissen in der Hitze ihre Nähte auf und am Ende des Tages tropfte aus *jedem einzelnen Tank*, den ich hatte, sein kostbarer Inhalt auf den Boden. Nur die kleinen Tanks, die ich für die Depots hergestellt hatte, blieben wasserdicht.

Da sich das Siegelwachs als wirkungslos erwies, kratzte ich es am Abend ab, und da die Löcher alle in den Nähten der Tanks waren, verstopfte ich sie mit etwas Guttapercha-Zahnspachtelung, die ich glücklicherweise mitgebracht hatte, und klemmte sie mit der Klinge eines Messers in die Nähte, wo sie leckten. Diese ließ sich von der Hitze anscheinend nicht beeinflussen, und obwohl sie sich bei grober Behandlung lösen konnte, war sie eine große Verbesserung gegenüber dem Wachs. Aber die Löcher wurden zu spät gestopft. Während der zwei Tage, in denen sie offen waren, war ein Tank fast völlig leer geworden, und die anderen hatten alle einen beträchtlichen Teil ihres Inhalts verloren. Glücklicherweise hatte ich einen ausreichenden Wasservorrat mitgenommen, von dem sich das meiste im Depot in Jebel el Bayed befand, sodass wir mit den kleinen Tanks, auf die wir im Bedarfsfall zurückgreifen konnten, damit rechnen konnten, etwa zwölf Tage unterwegs zu sein statt der fünfzehn, die ich eingeplant hatte und die uns meiner Erwartung nach mehr als bis Owanat bringen würden.

Wir setzten unseren Marsch fort und hinterließen in jedem Lager ein kleines Depot, bis wir das Hauptlager erreichten. Dieses befand sich, wie ich feststellte, nicht wie beabsichtigt am Fuße des Jebel el Bayed, sondern eine gute halbe Tagesreise weiter nördlich.

Zu meiner großen Erleichterung sah ich, dass im Depot alles in Ordnung zu sein schien. Doch Abd er Rahman war offensichtlich misstrauisch, denn er überließ das Ausladen der Kamele Ibrahim und Dahab. Er ging zum Depot und begann, sich in der Umgebung umzusehen und nach Spuren zu suchen.

Fast sofort kam er mit einem sehr langen Gesicht zurück und verkündete, dass viel Wasser weggeschüttet worden sei. Ich eilte zum Depot, und er zeigte auf zwei große Sandflecken, die dick verkrustet waren und zeigten, dass sehr viel Wasser verschüttet worden war. Wir untersuchten das Depot selbst. Die Getreidesäcke waren völlig unberührt, aber jeder der großen Eisentanks war praktisch leer, mit Ausnahme eines, der etwa halb voll war. Die kleinen Tanks, die für die kleinen Depots bestimmt waren, schienen nicht manipuliert worden zu sein, vielleicht weil es einige Zeit gedauert hätte, sie zu leeren.

In der Umgebung der Stelle, wo das Wasser ausgegossen worden war, waren die großen, quadratischen Fußabdrücke von Qways Ledersandalen zu sehen, die deutlich machten, dass er es war, der die Tanks geleert hatte. Von den runderen Sandalen, die Abdulla auf dieser Seite des Depots trug, fehlte jede Spur.

Wir folgten Qways Fußspuren ein kurzes Stück. Etwa zweihundert Meter vom Depot entfernt trafen sie auf Abdullas. Die kleinen, sauberen Spuren von Qways Kamel überlagerten die größeren Abdrücke von Abdullas *Hagin* und zeigten deutlich, dass Qway als Letzter aufgebrochen war. Dann kehrte ich mit Abd er Rahman zum Lager zurück, um zu entscheiden, was am besten zu tun sei.

Das starke Leck in den Tanks, die wir mitgebracht hatten, und die große Wassermenge, die Qway verschwendete, machten deutlich, dass es völlig unmöglich war, den Plan, an dem ich zwei Saisons lang gearbeitet hatte, auszuführen, durch die Wüste in den Sudan zu gelangen oder auch nur bis nach Owanat zu kommen. Es war ein übler Stoß, aber es hatte keinen Sinn, Zeit mit Meckern darüber zu verschwenden.

Unsere eigene Lage gab Anlass zu einiger Besorgnis. Für mich und meine Männer waren wir natürlich überhaupt nicht in Gefahr. Mut mit seinen Wasservorräten hätte man in etwa einer Woche leicht erreichen können – es war nur etwa 200 Kilometer entfernt – und wir hatten genügend Wasser bei uns und in den Depots, um dorthin zurückzukehren.

Was Qway anging, hatte ich das Gefühl, dass er durchaus in der Lage war, auf sich selbst aufzupassen, und ich hatte keine große Lust, mich um ihn zu kümmern. Das Problem war Abdulla. Aus seinen Spuren ging klar hervor, dass er nichts mit dem Leeren der Tanks zu tun hatte, und ich bezweifelte sehr, dass er überhaupt etwas davon wusste. Abd er Rahmans Erklärung für das, was geschehen war, war, da war ich mir sicher, die richtige. Seiner Ansicht nach war Abdulla zwar „sehr stark im Fleisch, aber ziemlich schwach im Kopf", und Qway hatte es unter irgendeinem Vorwand geschafft, ihn loszuwerden, und war zurückgeblieben, um die Tanks zu leeren, die er dann wieder an ihren Platz gestellt hatte, vielleicht in der Hoffnung, dass wir nicht bemerken würden, dass etwas nicht stimmte.

Abdulla hatte sich auf eine sechstägige Reise begeben und hoffte, uns am Ende dieser Zeit wieder zu treffen. Nachdem er so weit wie möglich nach Süden gekommen war, sollte er auf Qways Weg abbiegen und dann auf diesem zurückreiten, um uns zu treffen. Der Mann hatte mir gute Dienste geleistet, und ich hatte jedenfalls keine Lust, ihn verdursten zu lassen, was er sicherlich tun würde, wenn wir ihm nicht entgegengingen. Offensichtlich mussten wir Qways Spur folgen, um ihn abzulösen – ein Weg, der auch die verlockende Aussicht bot, Qway selbst zu erreichen.

Aber unser Wasser reichte nicht aus, um die ganze Karawane zusammen weiterziehen zu lassen, und es war dringend notwendig, nach Dakhla zurückzuschicken, um weiteren Nachschub zu holen. Die Schwierigkeit bestand darin, zu wissen, wen man schicken sollte. Es bestand immer das Risiko, dass Qway sich umdrehen und versuchen könnte, an unsere Depots heranzukommen; und unglücklicherweise hatte er ein Martini-Henri-Gewehr dabei, das ich ihm geliehen hatte. Meine erste Idee war, selbst mit Dahab zurückzukehren, da ich den Weg nach Mut ohne große Schwierigkeiten hätte finden können, wenn ich notfalls meinen Kompass benutzt hätte – die Straße war leicht zu verfolgen – und die beiden Sudanesen weiterziehen zu lassen, um ihren Stammesgenossen Abdulla abzulösen; aber dieser Plan schien eher so, als würde er ihnen die meiste Arbeit aufbürden – außerdem wollte ich vorausgehen, um die Vermessung durchzuführen.

Abd er Rahman hätte natürlich ganz leicht den Weg zurück finden können, doch obwohl er ein Martini-Henri-Karabiner bei sich trug, war er selbst auf kurze Distanz ein furchtbarer Schütze, da er den Rückstoß verfehlte. Darüber hinaus hatte er eine solche Ehrfurcht vor Qway, dass ich befürchtete, dass er im Falle eines Aufeinandertreffens im Falle eines Streits den Kürzeren ziehen würde, selbst mit Dahab als Rückendeckung.

Ibrahim jedoch kümmerte sich um Qway genauso wenig wie um einen *Afrit* , der Erdklumpen warf, oder um irgendjemand anderen. Mit seinem Steinschlossgewehr – das Abdulla gerade gebogen hatte – war er ein sehr guter Schütze; aber er war jung und hatte wenig Erfahrung mit Wüstenwanderungen, und ich hatte große Zweifel, ob er seinen Weg finden würde. Als ich ihn jedoch zu diesem Thema befragte, erklärte er sich nach kurzem Zögern und einer langen Beratung mit Abd er Rahman bereit, es zu versuchen, und sein Bruder sagte, er glaube, dass er es schaffen würde.

Am nächsten Morgen brach er mit Dahab und den beiden schlimmsten Kamelen auf und trug alle leeren Tanks. Seine Anweisungen waren, so schnell wie möglich nach Mut zurückzukehren, die Tanks aufzufüllen und so schnell wie möglich mit einer größeren Karawane wieder herauszukommen, wenn er eine auftreiben konnte, und alle Tanks und Wasserschläuche, die er in der Oase ergattern konnte, zu erbetteln, zu leihen oder zu stehlen und sie alle mit Wasser gefüllt zurückzubringen. Ich gab ihm eine Nachricht an den Polizeibeamten, in der ich ihm erzählte, was geschehen war, und ihn bat, ihm so gut er konnte zu helfen. Ich gab ihm meinen zweiten Revolver und Dahab mein Gewehr, falls sie unterwegs mit Qway in Konflikt geraten sollten, und schickte sie dann los, allerdings mit erheblichen Bedenken hinsichtlich des Ergebnisses.

Es war merkwürdig zu sehen, wie die Männer aufmuntert wurden, als wir entdeckten, dass unsere Tanks im Depot geleert worden waren, trotz der Schwierigkeiten, die dies mit sich brachte. Die Spannung war vorbei. Wir wussten ziemlich genau, was uns bevorstand, und ich glaube, jeder fühlte sich durch die Krise gestärkt. Dahab sah ein wenig ernst aus, aber Ibrahim, mit einem Gewehr über der Schulter und plötzlich zum wichtigen Führer einer Karawane befördert, obwohl diese nur aus zwei Kamelen und einem alten

Berberin-Koch bestand, war in bester Stimmung. Ich hatte ihm klargemacht, dass die Sicherheit seines Bruders, seines Stammesgenossen Abdulla und mir ganz auf seinen muskulösen Schultern ruhte und dass er die Chance seines Lebens hatte, sich den begehrten Ruf eines Gada (Sportlers) unter den Bedawin zu *verdienen* – und ein *Gada wollte* Ibrahim sein oder sterben. Ich zweifelte nicht im Geringsten an seiner Absicht, die Sache durchzuziehen, wenn es ihm möglich war. Ich hoffte nur, dass er nicht vom Weg abkam.

Nachdem ich ihn auf dem Rückweg nach Mut vom Depot verabschiedet hatte, wurde ich Kameltreiber und machte mich mit den restlichen Kamelen und allem Wasser, das wir tragen konnten, mit Abd er Rahman auf den Weg, um Qways Spuren zu folgen und Abdulla abzulösen. Auch Abd er Rahman war der Situation gewachsen und begann in bester Stimmung fröhlich zu singen. Ich hatte ihm gesagt, dass ich sehen wollte, ob er oder Qway der bessere Mann in der Wüste sei, und der kleine Sudani war fest entschlossen, dass er als Sieger hervorgehen würde.

KAPITEL XVIII

ABD ER RAHMAN war ein ausgezeichneter Fährtenleser.

Seit Qway das Depot verlassen hatte, war kein nennenswerter Wind zu spüren, und die Fußabdrücke auf dem Sandboden waren noch genauso scharf und deutlich zu erkennen wie damals, als sie entstanden waren. Indem wir Qways Spuren folgten, konnten wir die Geschichte seiner Reise zweifelsfrei rekonstruieren; und es war eine sehr interessante Aufgabe.

Wir folgten seinen Fußspuren drei Tage lang, und es gab kaum etwas, das er in dieser Zeit getan hatte, was nicht durch seine Spuren verraten worden wäre – Abd er Rahman zeigte uns sogar eine Stelle, wo Qway auf den Boden gespuckt hatte, als er auf seinem Kamel ritt!

Wir konnten sehen, wo er gegangen war und sein Pferd geführt hatte, und wo er wieder aufgestiegen und geritten war. Wir konnten sehen, wo er sie geführt hatte und wo er getrabt war; wo er sich neben ihr auf dem Boden zusammengerollt und nachts geschlafen hatte, und entlang seines ganzen Weges waren in Abständen die Stellen, an denen er angehalten hatte, um zu beten – die Abdrücke seiner offenen Hände, wo er sich zur Erde verneigte, und sogar die Stelle, wo er seine Stirn in Niederwerfung in den Sand gedrückt hatte, waren deutlich zu erkennen. Die moslemischen Gebete werden zu festgelegten Zeiten gesprochen, und Qway war in seinen Andachten immer äußerst regelmäßig. Diese Gebetsgewohnheit war uns eine große Hilfe, da sie uns die Zeit verriet, zu der er jeden Punkt passiert hatte.

Als er das Depot verließ, hatte er zu Fuß sein Kamel hinter sich hergeführt, bis er Abdullas Spur erreichte. Dann war er aufgestiegen und in langsamem, schlurfendem Trab weitergegangen. Auch Abdulla hatte das Depot zu Fuß verlassen und führte seinen *Hagin* , und die Spuren von Qways Kamel kreuzten gelegentlich seine Spur und überlagerten sie, was zeigte, dass Abdulla und sein *Hagin* vorne waren.

Abdulla war im Schritt weitergegangen, bis Qway ihn überholte – wie seine Spuren über denen von Qway zeigten. Da wir wussten, in welchem Tempo Qway getrabt sein musste und in welchem Tempo Abdulla gegangen sein musste, und die Zeit maßen, die wir brauchten, um vom Depot zu der Stelle zu laufen, wo Qway Abdulla einholte, konnten wir schätzen, dass Qway das Depot erst verlassen haben konnte, als Abdulla fast anderthalb Meilen entfernt war und folglich zu weit weg, um zu sehen, was er tat.

Nachdem Qway sich Abdulla angeschlossen hatte, waren die beiden Männer zusammen weitergeritten, bis sie Jebel el Bayed erreichten. Hier hatten sie jedoch angehalten und sich offenbar eine Zeit lang beraten, bevor sie sich trennten, da der Boden an dieser Stelle auf einer kleinen Fläche überall festgetrampelt war. Als sie sich trennten, war Abdulla wie vereinbart im Trab Richtung Süden losgeritten, während Qway gemächlich zum zweiten Hügel geschlendert war, der zwei Tagesetappen südwestlich lag oder Jebel Abdulla, wie die Männer ihn nannten.

Aus Qways Spuren, die sich anhand seiner Gebetsstätten datieren ließen, schlossen wir, dass er mehr als eine lange Tagesreise vor uns sein musste.

Wir folgten seiner Spur weiter, bis die Sonne unterging. Da wir im Dunkeln keine Spur übersehen wollten, machten wir dann Halt für die Nacht. Zu diesem Zeitpunkt befanden wir uns in ziemlich unebenem Gelände, das in etwa sechs Meter hohe Kämme und Hügel zerschnitten war. Am Fuße eines dieser Hügel schlugen wir unser Lager auf.

Trotz Abd er Rahmans empörten Protesten bestand ich darauf, meinen Teil der Arbeit in der Karawane zu erledigen. Ich half ihm, die Kamele auszuladen, und während er die Tiere fütterte, machte ich das Feuer an und bereitete Tee zu.

Abd er Rahman kam zurück und backte Brot, und ich öffnete eine kleine Dose Marmelade, die wir uns teilten. Dann kochte Abd er Rahman Kaffee, und das machte er sehr gut; und nachdem ich ein paar Datteln gegessen hatte, holte ich eine Zigarettenetui hervor, und wir setzten uns und rauchten über dem Feuer. Das Ergebnis dieser ungezwungenen Behandlung meinerseits war, dass Abd er Rahman mitteilsamer wurde.

Seine Ansichten waren die eines typischen *Bedawi* . *Er missbilligte Qways Verhalten sehr. Wären wir eine Karawane von Fellachen* gewesen , sagte er, wäre es nicht so schlimm gewesen, aber dass sich ein Führer uns gegenüber, der den *Nijem kannte, so verhielt, war seiner Ansicht nach der Gipfel des Verrats.* „Den *Nijem* " *(die Sterne)* zu kennen, nach denen sich die Araber nachts orientieren, bedeutet, Kenntnisse in der Wüstenschifffahrt zu besitzen, eine Fähigkeit, die vielleicht die stärkste Empfehlung für einen wahren *Bedawin* darstellt .

Er erzählte mir, dass er, als der *Mamur sie alle zum Merkaz* geführt hatte und Qway - der Mann, über den ich mich beschwert hatte - an der Reihe war, verhört zu werden. Als er seinen Namen hörte, sagte er ihm, dass er ihm keine weiteren Einzelheiten nennen müsse, da er alles über ihn wisse und man sich darauf verlassen könne, dass er seine Pflicht erfülle. Aber er versäumte es anscheinend, näher zu erläutern, worin diese Pflicht bestand - der *Mamur* war ein Nationalist.

Als ich ihn fragte, ob er Angst hätte, mit mir nach Qway weiterzugehen, lachte er und sagte, er sei genauso schlau wie in der Wüste, da er fast sein ganzes Leben dort verbracht und oft lange Strecken allein zurückgelegt habe. Solange er genug Wasser hatte, war es ihm egal, wie weit er ging, vorausgesetzt, ich wollte ihn nicht zu den Bedayat bringen. Er bot mir sogar an, mit mir bis in Sichtweite ihres Landes zu gehen, damit ich ihre Position bestimmen könnte, vorausgesetzt, er sah keine Spuren von ihnen, bevor er dort ankam. Er war hocherfreut, Qway gefunden zu haben, und sehr zuversichtlich in seine eigenen Fähigkeiten.

Dann begann er mir einige seiner Erlebnisse zu erzählen. Einmal war er mit einem einzigen Kamel in der Wüste unterwegs, als es weit weg vom Wasser zusammenbrach. Er hatte das Kamel festgebunden, eine *Gurba* auf seinen Rücken geschlungen und war, sein Tier zurücklassend, ins Niltal gewandert. Er kam mit seiner *Gurba an* leer und halb verdurstet, aber es gelang ihm, zu einem Wasserlauf zu kriechen, wo er so viel trank, dass er alles sofort wieder erbrach. Es gelang ihm, ein anderes Kamel zu leihen, mit dem er Wasser zu dem Kamel brachte, das er in der Wüste zurückgelassen hatte. Letzteres war bei seiner Ankunft fast tot; aber nachdem es einen Tag lang getrunken und ausgeruht hatte, konnte es in Sicherheit zurückkehren.

Wenn den Arabern das Wasser ausgeht, ihre Kamele aber noch marschfähig sind, so sagte er, werfen sie ihr gesamtes Gepäck in die Wüste, wo es niemand außer den schlimmsten *Haramin* (Räubern) anrühren würde, füllen all ihr Wasser auf die Kamele und marschieren die ganze Nacht hindurch und den kühlen Teil des Tages, ruhen sich während der heißen Stunden im Schatten aus, wenn es welchen gibt, und setzen ihren Marsch fort, sobald es abends wieder kühl wird. Auf diese Weise können sie, indem sie ihre Tiere gelegentlich zur Ruhe reiten, mehrere Tage hintereinander ganz leicht sechzig Kilometer pro Tag zurücklegen.

Ich fragte ihn, ob er je von einem Mann gehört habe, der in Not sein Kamel aufschnitt, um Wasser aus seinem Magen zu trinken, wie es in den kleinen Geschichten meiner Kindheit zu lesen sei. Dies amüsierte Abd er Rahman sehr. Er wies darauf hin, dass, wenn eine Karawane vor Durst in großer Not wäre, kein Wasser im Magen der Kamele wäre. Aber er sagte, er habe von mehreren Fällen gehört, in denen ein Mann, der am Ende seiner Kräfte war, sein Kamel getötet, es aufgeschnitten und an die halbverdaute Nahrung in seinem Inneren gelangt sei, den Magensaft herausgepresst und getrunken habe. Diese Flüssigkeit, sagte er, sei so unbeschreiblich eklig, dass sie kaum trinkbar sei, aber obwohl sie den Mann noch durstiger mache, könne er dadurch noch etwa einen weiteren Tag ohne Wasser auskommen.

Während ich mit Abd er Rahman am Feuer saß, hörte ich ein schwaches Geräusch aus dem Westen, das sich anhörte, als würde in der Ferne ein Stein getreten. Abd er Rahman, der, wie ich glaube, leicht taub war, konnte nichts hören. Ich legte mein Ohr auf den Boden und lauschte eine Weile, bis ich das Geräusch schließlich wieder hörte, aber offenbar aus größerer Entfernung als zuvor.

Ich ließ Abd er Rahman mit der Aufsicht über die Kamele zurück, nahm mein Gewehr und ging los, um nachzusehen, ob etwas zu sehen war. Der Mond stand zu schwach und stand zu tief, als dass irgendwelche Spuren zu sehen gewesen wären. Die ganze Wüste war in ein schwaches und gespenstisches Licht getaucht, das es unmöglich machte, weit zu sehen. Nachdem ich also eine Weile gewartet hatte und keine weiteren Geräusche hörte, kehrte ich zurück und legte mich etwa hundert Meter von Abd er Rahman und seinen Kamelen entfernt für die Nacht hin.

Es ist merkwürdig, wie leicht man in der absoluten Stille einer Wüstennacht das leiseste Geräusch wahrnimmt und wie schnell man beim leisesten ungewöhnlichen Geräusch aufwacht. Gegen Mitternacht machte ich mich auf den Weg. Das ferne Geräusch eines trabenden Kamels, das sich dem Lager näherte, war deutlich zu hören, und das Kamel wurde sehr schnell geritten. Zu dieser Zeit stand der Mond hoch am Himmel, so dass die umgebende Wüste über eine beträchtliche Entfernung sichtbar war, und bald darauf sah ich einen einsamen Reiter um die Schulter des Bergrückens herumkommen, in dessen Nähe wir lagerten, und sein Kamel in rasendem Tempo vorantreiben.

Sofort hörte ich Abd er Rahmans scharfe, drohende Herausforderung und sah, wie er sein Karabinergewehr nach vorn schwang, bereit zum Angriff. Die Antwort kam mit heiserer, erschöpfter Stimme zurück und war anscheinend zufriedenstellend, denn der Kameltreiber ritt ins Lager, sein Kamel fiel auf die Knie und der Treiber stürzte – oder besser gesagt, fiel – auf den Boden.

Ich rief Abd er Rahman zu, wer es sei. Er rief zurück, es sei Abdulla, und beugte sich kurz über seinen ausgestreckten Körper und rannte dann zu mir herüber. Abdulla und sein *Hagin* seien, sagte er, äußerst erschöpft; aber er habe ihm gesagt, es bestehe keine Gefahr und wir könnten vor Tagesanbruch nichts tun, und habe eine lange Rede über Qways Umkehr begonnen, in deren Mitte er eingeschlafen sei. Ich ging zum Lager, um ihn mir anzusehen. Sein langer, abgemagerter Körper lag ausgestreckt auf dem Boden, fast dort, wo er abgestiegen war, und war in tiefsten Schlaf versunken. Da ich keinen Grund sah, ihn zu stören, und wollte, dass er am nächsten Tag so frisch wie möglich war, ging ich zurück in mein Bett und folgte seinem Beispiel. Abd er Rahman blieb Wache, bis er mich weckte, damit ich später in der Nacht an der Reihe war, Wache zu halten.

Am nächsten Morgen sah Abdulla hohläugig aus und hatte, wenn möglich, ein dünneres Gesicht als je zuvor; aber abgesehen davon, dass er offensichtlich einen schweren Schrecken erlitten hatte, schien er nach seinem Ritt kaum schlechter dran zu sein; die Sudanesen haben wunderbare Regenerationskräfte. Sein *Hagin* war jedoch furchtbar eingezogen und er hatte ihn offensichtlich extrem hart reiten müssen; aber er war ein prächtiges Tier und schien ansonsten nicht viel unter seinen Anstrengungen gelitten zu haben, denn er bereitete ein äußerst herzhaftes Frühstück zu.

Abdullas Nerven schienen jedoch schwer angeschlagen zu sein. Er sprach in einer wilden, unzusammenhängenden Art, ganz anders als seine übliche langsame, eher gedehnte Sprache. Er redete so viel in seinem Bericht über das Geschehene und benutzte so viele beleidigende Beinamen gegen Qway, dass es manchmal ziemlich schwierig war, ihm zu folgen, und Abd er Rahman musste mir gelegentlich helfen, indem er erklärte, was er meinte.

Qway hatte im Depot so lange mit seinen Vorbereitungen für den Aufbruch aus dem Lager getrödelt, dass Abdulla, der wahrscheinlich das *Bakhshish im Auge* hatte, das ich ihm versprochen hatte, wegen der Verzögerung ungeduldig wurde. Im letzten Moment, kurz bevor er aufbrechen wollte, setzte sich Qway ruhig hin, zündete ein Feuer an und begann, Tee zu kochen. Abdulla protestierte gegen diese Verzögerung, aber Qway versicherte ihm, dass es keine unmittelbare Eile gebe, sagte ihm, dass er aufbrechen würde, sobald er seinen Tee ausgetrunken und seine *Gurba* gefüllt hätte, und schlug vor, dass er besser vor ihm losgehen sollte und dass er ihm folgen und ihn einholen würde.

Nachdem er eine Strecke zurückgelegt hatte, sah Abdulla zurück und sah, wie Qway die Tanks herumschleppte, was ihm damals als ziemlich unnötige Leistung erschien; aber als Qway ihn einholte, erklärte, er habe nur das Depot umgeräumt und die Gerstensäcke so platziert, dass die Tanks besser beschattet würden, waren seine Zweifel zerstreut. Kurz bevor sie sich trennten, hatte Qway ihm gesagt, er wolle so weit wie möglich hinauskommen, um einen sehr großen *Bakhshish zu verdienen* , und er hoffe, noch dreieinhalb Tage weiterzukommen, bevor er umkehren müsse. Er riet Abdulla, dasselbe zu tun.

Den größten Teil des ersten Tages nach seiner Abreise aus Qway dachte Abdulla in seinem „schwachen Kopf" nur langsam über die Dinge nach, und gegen Ende des zweiten Tages kam ihm der Gedanke, dass Qways lange Verzögerung im Depot ziemlich verdächtig war. Bevor er seine Route fortsetzte, hielt er es daher für ratsam, hinüberzureiten und sich den alten Weg anzusehen, den er auf seiner vorherigen Reise selbst angelegt hatte, um sicherzugehen, dass Qway seinen Teil der Abmachung einhielt, indem er ihm in Richtung Jebel Abdulla folgte.

Als er seinen Weg wieder erreichte, sah er keine Spur von Qway, der hier vorbeigekommen war. Er wurde ernsthaft unruhig und ritt den Weg zurück in der Hoffnung, ihn zu treffen. Nur etwa einen Tag von Jebel el Bayed entfernt fand er die Stelle, an der Qway umgekehrt war. Da er ihm gesagt hatte, er wolle noch zweieinhalb Tage weiterfahren, war er überzeugt, dass etwas ganz und gar nicht in Ordnung war. Dann geriet er offenbar in Panik und rannte den Weg zurück, um sich zu vergewissern, dass wir ihm entgegenkamen und dass das Depot nicht gestört worden war.

Qway, sagte er, sei ein Stück auf derselben Spur zurückgekehrt, bis er in Sichtweite von Jebel el Bayed gekommen sei. Dann sei er in Richtung der Westseite des Hügels abgebogen, anscheinend um der Karawane auszuweichen, die, wie er gemäß der Absprache wusste, Abdullas Spur auf der Ostseite folgen würde.

Da Qways Spur westlich unseres Lagers verlief, kam mir der Gedanke, dass die Geräusche, die ich am Abend zuvor aus dieser Richtung gehört hatte, wahrscheinlich von ihm selbst verursacht worden waren, als er im Dunkeln an uns vorbeiritt. Daher schickte ich Abd er Rahman los, um nachzusehen, ob er etwas finden konnte, während Abdulla und ich unsere Sachen packten und die Kamele beluden.

Abd er Rahman kam voller Freude zurück und verkündete, dass meine Vermutung richtig gewesen sei und er Qways Spur gefunden habe. Also machten wir uns auf, ihr zu folgen. Westlich des Lagers befand sich ein Erdhügel, der zwischen unserer Position und Qways Fußspuren lag. Vielleicht hatte ich ihn deshalb nicht gesehen, und für ihn war es ganz sicher unmöglich, uns oder unser Feuer zu sehen.

Qway war in beträchtlichem Abstand an uns vorbeigekommen, denn wir brauchten einundzwanzig Minuten, um seine Spur zu finden, was zeigt, auf welch außergewöhnliche Weise selbst die leisesten Geräusche in einer stillen Nacht durch die Wüste getragen werden.

Während wir seiner Spur folgten, besprachen wir die Lage. Es war klar, dass Qway, als er das Depot verließ, nur Wasser für fünf Tage in den zwei kleinen Tanks hatte, die ich ihm gegeben hatte. Er würde also bald gezwungen sein, seinen Vorrat aus unseren Tanks aufzufüllen, da er bereits drei Tage vom Depot entfernt war.

Abd er Rahman hatte unser Depot nicht am Jebel el Bayed angefahren, wie ich es ihm gesagt hatte, da es ein so auffälliger Orientierungspunkt war, sondern war glücklicherweise, wie sich herausstellte, etwa einen halben Tag weiter nördlich des Hügels angekommen, mitten in einer sehr flachen Wüste, in deren Umgebung es keinerlei Orientierungspunkte gab. Als die Tanks und Getreidesäcke, aus denen das Depot bestand, alle aufeinandergestapelt waren, bildeten sie einen nur etwa drei Fuß hohen Haufen, und da die Säcke, die man zum Schutz vor der Sonne auf die Tanks gelegt hatte, fast die Farbe der sandigen Umgebung hatten, war unser kleiner Vorrat an Wasser und Getreide für jeden, der nicht mit perfekter Sehkraft gesegnet war, völlig unsichtbar, außer aus sehr kurzer Entfernung, und Qway war in dieser

Hinsicht ziemlich unzulänglich. Er würde daher große Schwierigkeiten haben, dieses Depot zu finden, es sei denn, er lief auf unsere Spur.

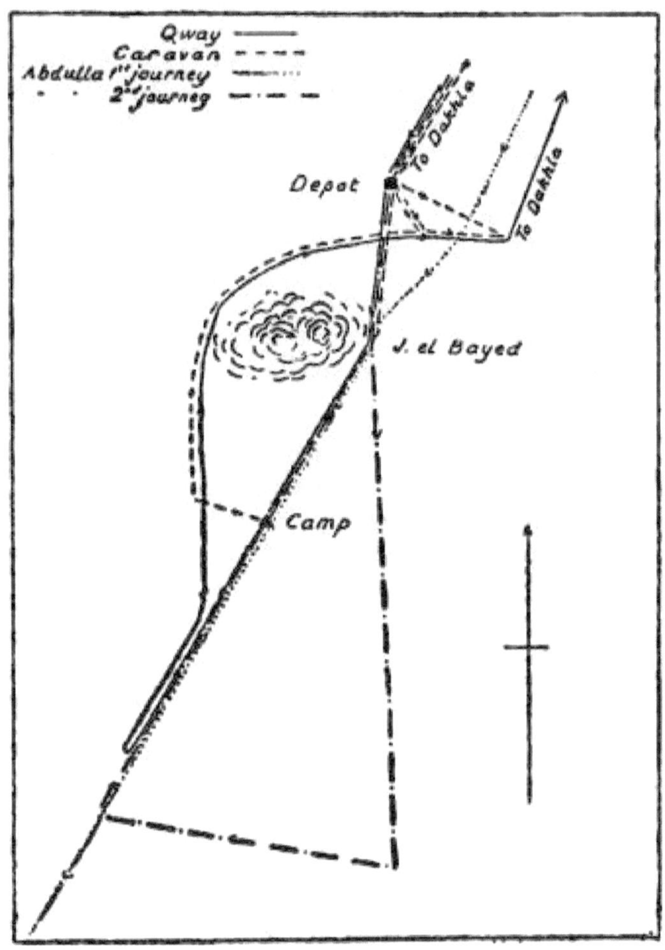

SKIZZE DER STRECKE RUND UM JEBEL EL BAYED.

Als wir seinen Fußspuren weiter folgten, wurde klar, dass er genau das vorhatte, denn seine Route, die zunächst fast genau nach Norden verlief, führte allmählich um Jebel el Bayed herum, bis sie fast nach Osten verlief, offensichtlich mit der Absicht, die Spuren zu durchtrennen, die wir am Tag zuvor hinterlassen hatten. Seine Spur ging stetig weiter und umrundete den großen schwarzen Hügel hinter uns, ohne auch nur einmal anzuhalten, um die Monotonie der Reise zu unterbrechen.

Wir waren seiner Spur etwa dreieinhalb Stunden lang gefolgt, als wir den Punkt erreichten, an dem seine Spur auf unsere eigene traf und sie kreuzte.

Und da Qway keinen Moment gezögert hatte, war klar, dass er sie im unruhigen Mondlicht unbemerkt passiert hatte.

Als wir seinen Spuren weiter folgten, wurde uns bald klar, dass er ziemlich verwirrt war. Mehrmals hatte er angehalten, um sich von einer kleinen Anhöhe aus umzusehen, und war dann in derselben östlichen Richtung weitergeritten und hatte den Vorgang wiederholt.

Als Abd er Rahman diese Spuren sah, war er außer sich vor Freude. Er schlug sich auf die Schenkel und brach in lautes Gelächter aus. Er rief, Qway sei verloren und „Allah sei gepriesen" habe nur noch Wasser für fünf Tage. Abdulla schien sogar noch erfreuter zu sein.

Nach einiger Zeit kam Qway offenbar zu dem Schluss, dass er bis zum Tagesanbruch warten würde, bevor er weiterging, denn wir fanden die Stelle, an der er sich zum Schlafen hingelegt hatte. Dass er vor Tagesanbruch wieder aufgebrochen war, war daran zu erkennen, dass er nicht an seinem Schlafplatz gebetet hatte, sondern fast eine Stunde weiter.

Wir folgten ihm noch ein Stück weiter, aber da der Nachmittag schon weit fortgeschritten war, hielt ich es für das Beste, für die Nacht zum Depot zurückzukehren, für den Fall, dass Qway vor uns dort ankommen sollte.

Wenn ich in der Wüste unterwegs war, musste ich Qway oder einen der Männer oft von der Karawane wegschicken, um einen Hügel zu erklimmen und zu sehen, ob vom Gipfel aus etwas zu sehen war, um die Karawane zu erkunden oder aus anderen Gründen. Da immer die Gefahr bestand, dass der Abwesende bei Einbruch der Dunkelheit nicht zur Karawane zurückkehrte, hatte ich eine feste Vereinbarung getroffen, dass ich, wenn sich jemand aus diesem Grund verirrte, eine halbe Stunde nach Sonnenuntergang eine Rakete und eine zweite eine Viertelstunde später abfeuerte, damit er das Lager finden konnte. Diese beiden Raketen wurden dementsprechend vom Depot abgefeuert, und da es außerdem eine absolut windstille Nacht war, wurde eine Kerze angezündet und auf einem Steinhaufen brennen gelassen, um seine Aufmerksamkeit im Dunkeln zu erregen, falls er sich irgendwo in der Nähe aufhielt. Auf diese Weise hoffte ich, ihn dazu zu bewegen, hereinzukommen und sich zu stellen, anstatt einen möglichen Tod durch Verdursten zu riskieren – aber er kam nie.

Am Morgen machten wir uns wieder auf den Weg, um seiner Spur zu folgen. Ich konnte ihn nicht einfach verdursten lassen, wenn er sich wirklich verirrt hatte, und ich wollte auch wissen, was er tat. Da die Kamele aufgrund der harten Arbeit und der geringen Wassermenge, die ich ihnen gegeben hatte, in einen sehr schlechten Zustand gerieten, ließen wir das gesamte Gepäck im Depot und nahmen es mit, wobei wir nur so viel Wasser mitnahmen, wie wir für den Tag brauchten.

Wir nahmen Qways Spur dort wieder auf, wo wir sie hinterlassen hatten, und nachdem wir ihr ein Stück weit gefolgt waren, fanden wir die Stelle, an der er die alten, schwachen Fußspuren gefunden hatte, die Abdulla auf seiner ersten Reise hinterlassen hatte, als er allein nach Jebel Abdulla geritten war. Sie hatten ihm offensichtlich große Rätsel aufgegeben. Er stieg ab und blieb eine Weile stehen, um die Spur zu untersuchen und die umliegende Wüste abzusuchen, was an der Zahl der Fußspuren, die er an dieser Stelle hinterlassen hatte, und der Zahl der Richtungen, in die sie zeigten, deutlich wurde.

Nach einigem Zögern machte er sich wieder auf den Weg, in die gleiche östliche Richtung, der er zuvor gefolgt war, wahrscheinlich immer noch in der Hoffnung, die Spuren der Karawane zu finden, die er im Mondlicht übersehen hatte.

Ich wollte, dass Abdulla auf seinen *Hagin stieg* und seinen Spuren im Trab folgte, in der Hoffnung, dass er ihn in diesem ebenen Land, da Qway nur im Schritt ritt, so weit einholen könnte, dass er ihn aus der Ferne sehen könnte. Aber er hatte seine Nerven nach dem Schrecken, den er erlebt hatte, noch nicht wiedergefunden und weigerte sich strikt, uns zu verlassen, also folgten wir gemeinsam weiter den Spuren.

Nachdem Qway noch eine Strecke weitergeritten war, war er wieder auf den Kamm eines niedrigen Bergrückens gestiegen. Hier hatte er eine Weile gestanden, und seine Fußspuren zeigten in alle Richtungen. Er versuchte, die Richtung des Depots und die Route wiederzufinden, der er gefolgt war, als er es verlassen hatte.

Aber dieses Stück Wüste war vielleicht speziell zu dem Zweck angelegt worden, einen irrenden Führer zu verwirren. So weit das Auge reichte, erstreckte sich in alle Richtungen eine praktisch ebene Fläche aus Sandboden, auf der sich keine Orientierungspunkte befanden, außer dort, wo sich die große schwarze Masse des Jebel el Bayed aus der eintönigen Oberfläche erhob. An seinen Spuren konnten wir erkennen, dass er diesen Punkt kurz vor Mittag erreicht hatte, wenn zu dieser Jahreszeit die Sonne fast senkrecht über ihm stand und daher kaum dazu nützte, die Himmelsrichtungen anzuzeigen. Von dort, wo er gestanden hatte, hätte ihm der Jebel el Bayed selbst kaum als Orientierungspunkt gedient, denn obwohl der Hügel zwei Gipfel hatte, die ungefähr östlich und westlich voneinander lagen, war der westliche von diesem Punkt aus durch den östlichen verdeckt, der so abgerundet war, dass er von seiner Ostseite aus von allen Winkeln aus fast genau dieselbe Form hatte.

Qway hatte das Problem offenbar schließlich aufgegeben. Er war wieder auf sein Kamel gestiegen, hatte in einem letzten Versuch, sich zu orientieren, einen Kreis von etwa hundert Metern Durchmesser umrundet und war dann in zügigem Trab Richtung Norden davongerannt. Abd er Rahman war in Ekstase.

„Qway hat sich verirrt. Qway hat sich verirrt." Er drehte sich mit einem entzückten Grinsen zu mir um. „Ich habe dir doch gesagt, dass ich ein besserer Führer bin als Qway." Dann wurde er plötzlich ernst. So sehr er den anmaßenden Araber auch hasste, hatte er doch zwei Saisons lang mit ihm gearbeitet, und wie er gesagt hatte, besteht ein Band der Verbundenheit zwischen denen, die „den *Nijem kennen*". „Er wird sterben. Es ist sicher, dass er sterben wird. Er hatte nur Wasser für fünf Tage, und es ist vier Tage her, seit er das Depot verlassen hat. Er geht nicht dorthin, wo es Wasser gibt, sondern er macht sich auf ins ‚Tal der Ratte'. Es ist sicher, dass er verdursten wird. Sein Kamel hat seit vier Tagen kein Wasser."

Abdulla sah das hartherziger, und nach der Art, wie Qway ihn behandelt hatte, konnte man ihm das kaum verdenken. „Lasst den verfluchten Araber sterben", sagte der Sudani. „Der Sohn eines Hundes ist nur ein Verräter."

Wir folgten Qways Fußspuren ein kurzes Stück. Aber er war sehr schnell gereist, und es war offensichtlich, dass wir ihn nie einholen würden. Er war auf einem Nonstop-Lauf nach Mut unterwegs, und da unsere eigenen Wasservorräte keineswegs allzu reichlich waren, dachte ich, wir sollten seinem Beispiel folgen; also sagte ich Abdulla, er solle uns zum Depot zurückbringen. Es war inzwischen etwa Mittag.

Abdulla blickte auf Jebel el Bayed, blickte zur Sonne und zum Horizont, kratzte sich verwirrt die Wange und sagte, er wisse nicht, wo das Depot sei, aber er glaube, es müsse *dort sein* – er zeigte irgendwo in Richtung Nordwesten. Abd er Rahman betonte jedoch nachdrücklich, dass dies nicht die richtige Richtung sei, und zeigte einen Punkt etwa im Westen als dessen Position an.

Nach einiger Diskussion, da sie sich nicht einigen konnten, wandte sich Abd er Rahman an mich und bat mich, auf meinen Kompass zu schauen, um die Richtung zu bestimmen, in die wir gehen sollten. Leider hatte ich den Kompass im Lager gelassen und war nicht Qways Spuren gefolgt, wie ich es am Vortag getan hatte. Wir waren alle zu sehr darauf versessen gewesen, Qways Spuren zu lesen, als dass wir den Richtungsänderungen viel Aufmerksamkeit schenken konnten, und befanden uns daher im selben Dilemma wie Qway.

Es war ein glühend heißer, windstiller Tag, und die Sonne stand fast senkrecht auf uns herab, sodass am ganzen Horizont eine Fata Morgana tanzte und wir den Eindruck hatten, wir stünden auf einer niedrigen Sandbank in einer riesigen Wasserfläche, deren entfernte Ufer ständig im

Hitzeflimmern flackerten — ein wahres „Teufelsmeer", wie die Einheimischen es nennen.

Ich hatte nur eine vage Vorstellung davon, wo das Depot lag, aber als ich mich entscheiden musste, in welche Richtung ich gehen sollte, sagte ich ihnen, ich sei mir ziemlich sicher, dass es in Westnordwestrichtung lag — ungefähr auf halbem Weg zwischen den beiden von den Männern angegebenen Richtungen. Es war eine bloße Vermutung, die auf der Annahme basierte, dass keiner von ihnen sehr weit daneben lag, sondern dass ihre Fehler auf beiden Seiten der wahren Richtung lagen. Wie es der Zufall wollte, lag ich viel näher an der Wahrheit als die anderen, eine Tatsache, die ihren Respekt vor meiner Kenntnis des *Nijem erheblich steigerte*!

Nachdem wir etwa ein paar Stunden marschiert waren, spähte Abd er Rahman einen Moment in die Ferne und verkündete, er sähe das Depot vor uns. Weder Abdulla noch ich konnten etwas sehen. Nach einiger Mühe gelang es mir jedoch, das Objekt zu identifizieren, auf das Abd er Rahman zeigte, aber ich konnte nur einen undeutlichen und formlosen Fleck erkennen, der in der Fata Morgana tanzte und ständig seine Form änderte. Abd er Rahman war sich jedoch absolut sicher, dass dies das Ziel war, auf das wir zusteuerten, und da ich seine außergewöhnliche Fähigkeit kannte, Objekte in ähnlichen Situationen zu identifizieren, machten wir uns auf den Weg dorthin und stellten fest, dass er recht gehabt hatte.

Wir ruhten uns bis zum Sonnenuntergang im Depot aus. Kurz vor der Abfahrt fiel uns ein, dass wir möglicherweise Ibrahim und Dahab auf der Straße begegnen würden. Ich hatte mit ihnen vereinbart, dass sie, falls sie uns vor Erreichen des Depots nicht sehen würden, so viel Wasser wie möglich dort lassen und sofort nach Mut zurückkehren sollten. Aber ich wollte eine Möglichkeit organisieren, wie sie wissen sollten, wohin wir gegangen waren, falls sie das Depot erreichten. Ein Brief war die naheliegende Methode, aber Dahab war der einzige Mann in der Karawane, der lesen oder schreiben konnte, und ich bezweifelte, ob er wiederkommen würde, da ich ihm gesagt hatte, er solle es nicht tun, falls er auf der Rückreise nach Mut schwanger würde. Ibrahim war natürlich völlig ungebildet, wie die beiden anderen Sudanesen, also war es schwer vorstellbar, wie ich mit ihm kommunizieren sollte, wenn er allein herauskam. Abd er Rahman jedoch war der Notlage durchaus gewachsen. Er sagte mir, er würde Ibrahim einen „Brief" schreiben, den dieser verstehen würde. Er nahm einen Stock und ritzte sein *Wasm* (Stammeszeichen) tief in die Erde und zog dann eine Linie in Richtung Dakhla. Der „Buchstabe" lautete am Ende: ⚶, wobei das Zeichen ⚷ sein *Wasm war*. Dieser Buchstabe, sagte Abd er Rahman, bedeutet: „Ich, der ich zu dem Stamm gehöre, der dieses *Wasm verwendet*, bin in Richtung der Linie gegangen, die ich von ihm gezogen habe." Nachdem wir diese wichtige Mitteilung versandt hatten, machten wir uns auf den Rückweg.

KAPITEL XIX

Wir reisten auf die Art und Weise, die Abd er Rahman als die der Araber beschrieb, wenn sie in der Wüste in Schwierigkeiten gerieten. Wir ruhten uns mitten am Tag aus, marschierten den ganzen Morgen und fast die ganze Nacht hindurch.

Bei unserem letzten Mittagsstopp, bevor wir die Büsche erreichten, überholte ich die Karawane. Mit Ausnahme des einen großen Kamels waren alle Tiere zu diesem Zeitpunkt in einem beklagenswerten Zustand. Mein *Hagin war so schwach, dass er nicht einmal meinen Hurj* tragen konnte . Ein anderes Tier, das Abd er Rahman das „ziemlich schwächliche" Kamel nannte , *war sehr abgemagert; während eines, das er das schwächste Tier par excellence* nannte , so extrem abgemagert war, dass auf dem Foto, das ich von ihm machte, nur die Wüste zu sehen war!

Es war das große Kamel, das uns durchzog. Die Lasten der *Meskin-* und der „eher *Meskin* "-Kamele wurden beide auf seinen Rücken geladen, zusätzlich zu seiner normalen Last, und mein *Hurj* kam noch dazu. Außerdem ritten wir auf ihm, wann immer einer von uns mitfahren wollte – und es schien ihm zu gefallen!

Ibrahim war zwei Tage überfällig, und da wir ihn nicht gesehen hatten, wurde ich langsam etwas unruhig und fürchtete, er wäre im Dunkeln an uns vorbeigegangen, ohne dass wir ihn gesehen hätten. Während eines Mittagsstopps schlug Abdulla, der immer noch ziemlich nervös war, jedoch Alarm wegen *Haramin* (Räubern). Wir sammelten sofort unsere Eisenwaren ein und machten uns auf den Weg, um sie abzuholen. Doch zu unserer großen Erleichterung stellten wir fest, dass es nur Ibrahim war, der mit drei Kamelen und einem weiteren Mann näher kam.

Dahab und eines meiner Kamele, so erfuhren wir, waren auf der Reise nach Mut schwanger geworden und mussten zurückgelassen werden. Ibrahim hatte zwei Tage gebraucht, um weitere Tiere und jemanden zu besorgen, der Dahabs Platz einnahm. Der Neuankömmling war ein älterer Sudani, der bei Ibrahims Ankunft in Mut mit zwei Kamelen in Qasr Dakhl gewesen war. Sein Name war Abeh Abdulla.

Ich war erheblich voreingenommen zu seinen Gunsten, als ich hörte, wie er die Hilfe eines gewissen „Sidi Mahmed" oder Mahmed ben Abd er Rahman Bu Zian anrief, um seinen vollen Namen zu nennen, des Gründers der Ziania-Derwische, eines Zweigs des großen Shadhlia-Ordens, der die Rolle des Beschützers der Reisenden spielt. Er ist, glaube ich, in Nordwestafrika bekannter als auf der ägyptischen Seite. In der Westsahara kann man „Sidi

Bu Zian", wie er manchmal genannt wird, fast als Schutzpatron der Reisenden in der Wüste bezeichnen.

Wenn Abdulla in Schwierigkeiten geriet, pflegte er einen gewissen „Sidi Abd el Jaud" anzurufen, dessen Identität ich nie herausfinden konnte.

Ibrahim hatte seine Arbeit hervorragend gemacht. Während der zwei Tage in Mut hatte er die undichten Tanks reparieren lassen und sich von den einheimischen Beamten noch ein paar andere geliehen. Er hatte sie alle bis zum Rand gefüllt herausgebracht. Wir tränkten alle Kamele und machten uns, nachdem wir ihnen Zeit gegeben hatten, ihr Wasser aufzunehmen, von neuem auf den Weg zu den Büschen.

Als wir Mut erreichten, war es Abend, und ich ging durch die malerische Altstadt zu meiner Unterkunft, stolperte über den unebenen Boden der tunnelartigen Straße, deren Dunkelheit in der hereinbrechenden Dämmerung nur hier und da durch den Schimmer eines Feuers durch eine halb geöffnete Tür unterbrochen wurde. Der vertraute Geruch von Holzfeuern, deren Rauch schwer in den Straßen hing, das scharrende Brummen der kleinen Handmühlen, mit denen die Frauen ihr Mehl mahlten, und das monotone Klopfen, wenn sie in ihren Häusern ihren Reis stampften, gaben mir ein wunderbares Gefühl, zu Hause zu sein.

Bald nach meiner Ankunft erschien die übliche langweilige Abordnung der Regierungsbeamten, um mir in konventioneller Weise zu meiner sicheren Rückkehr zu gratulieren. Nachdem ich ihnen für die geliehenen Tanks gedankt hatte, fragte ich den *Mamur*, ob man etwas von Qway gehört habe. Er gab vor, in dieser Angelegenheit völlig unwissend zu sein, und wollte alle Einzelheiten darüber erfahren, was er getan hatte. Ich schilderte ihm Qways Verhalten, wie es seine Spuren und die leeren Tanks zeigten, und forderte, wie er es beinahe bei Abdulla getan hätte, dass er sofort verhaftet werden solle.

Der *Mamur* zögerte einen Moment, dann platzte er mit einem leidenschaftlichen „Niemals! Qway ist ein *Gada*" (Sportler) heraus. Ich wies darauf hin, dass der *Gada* jedenfalls mit einem meiner Gewehre und Teleskope weggegangen war und dass ich mir sicher war, dass er in die Oase gekommen war und sich dort versteckte. Der *Mamur* glaubte nicht, dass er sich versteckte, sondern dass er auftauchen würde, sobald er hörte, dass ich zurückgekommen war – und er lehnte es jedenfalls ab, Männer auszusenden, um nach ihm zu suchen oder ihn verhaften zu lassen. Ich bestand darauf, dass es seine Pflicht sei, ihn zu finden und zu verhaften, und nach einigem Drängen gab er schließlich so weit nach, dass er versprach, wenn Qway nicht auftauchen würde, „übermorgen" *einen Mann auszusenden, um nach ihm zu suchen.*

Dies muss für einen Oasenbeamten ein Rekord an Energie gewesen sein und schien seine Kräfte völlig erschöpft zu haben. Er weigerte sich, den *Omdas eine Nachricht zu schicken* , dass er ihn festnehmen sollte, falls er auftauchte, und sagte kurz darauf etwas über das Abendessen und ging.

Ich musste mir nicht allzu angenehme Gedanken machen. Es bestand kein Zweifel, dass ich einen großen Fehler gemacht hatte, als ich Qway verhaften ließ, denn selbst wenn ich ihn für das Verbrechen vor Gericht bringen konnte, musste ich ein Motiv für seine Taten finden, und ich konnte mir nicht vorstellen, wie das möglich sein sollte, ohne die Senussi-Frage in einer Oase aufzuwerfen, wo sie zwar nur wenige waren, aber enormen Einfluss besaßen. Ich beschloss, dass es das Beste wäre, meine Anklage gegen ihn auf den Diebstahl des Gewehrs und des Teleskops zu beschränken.

Die Möglichkeit, dass ich ihn festnehmen könnte, schien äußerst gering. Die Haltung der Eingeborenen der Oase mir gegenüber ließ keinen Zweifel daran, dass sie ihn alle schützen würden. Die Regierungsbeamten waren offensichtlich derselben Meinung, und obwohl sie vielleicht so tun würden, als versuchten sie, ihn festzunehmen, war ich mir sicher, dass sie ihm heimlich bei seiner Flucht helfen würden. Im Hintergrund, das wusste ich, würden die Senussi stehen und all ihren großen Einfluss in der Oase nutzen, um ihre Marionette Qway zu schützen und seine Gefangennahme zu verhindern.

Mit nur drei Sudanesen und einem alten Berberin-Koch im Rücken war es schwer zu sagen, was ich tun sollte. Da ich jedoch dummerweise darauf bestanden hatte, dass er vor Gericht gestellt würde, musste ich dafür sorgen, dass es geschah. Die Aufgabe war nicht ganz aussichtslos, denn in Fällen dieser Art ist ein Sudani tausend *Fellachen wert* . Aber unter diesen Umständen konnte ich vorerst nur unauffällig bleiben und die Entwicklung abwarten.

Sie kamen bald. Wie das oft der Fall ist, wenn man mit Einheimischen zu tun hat, waren sie eher vom Typ der komischen Oper. Ich fand Qway zunächst in der Zawia der Senussi *in* Smint. Aber der Schreiber des *Qadi* in Mut, Sheykh Senussi, von dem Qway mir gesagt hatte, er sei „wie ein Bruder für ihn", als er merkte, dass ich ihm dicht auf den Fersen war, und aus Angst, die Senussia könnte darin verwickelt werden, schickte er ihn weiter nach Rashida und kam dann, wie der gemeine Schleicher, der er war, vorbei und erzählte mir, um sich bei mir einzuschmeicheln, wo er war.

Ich machte mich sofort auf den Weg und traf den *Mamur* . Ich sagte ihm, ich hätte gehört, Qway sei in Rashida, erinnerte ihn daran, dass dies „übermorgen" sei und er versprochen habe, „ *einen* Mann" zu schicken, um nach ihm zu suchen, und forderte ihn auf, sein Versprechen einzulösen.

Der *Mamur* versuchte dies zu verhindern, doch nach einigen Schwierigkeiten gelang es mir schließlich, ihn dazu zu bewegen, sofort einen Mann zu schicken.

Ich war am nächsten Tag im *Merkaz* , als er zurückkam. Er ritt tapsend auf einem Esel heran, stieg ab, schlurfte in den Raum, salutierte unbeholfen und erstattete Bericht. Gemäß den Anweisungen war er zu Rashida gegangen und hatte Qway aufgesucht und ihm die Nachricht *des Mamur überbracht* , dass er nach Mut kommen sollte. Aber Qway hatte gesagt, dass er nicht kommen wolle. Der Mann hatte mit ihm gestritten und sein Bestes getan, um ihn zum Kommen zu überreden; aber Qway hatte darauf beharrt, dass er wirklich nicht wollte, also war er wieder auf seinen Esel gestiegen und nach Mut zurückgeritten, um über den Fortschritt zu berichten.

Der *Mamur* war sehr erleichtert. Er hatte alles getan, was ich von ihm verlangt hatte. Er hatte einen Mann auf einem Regierungsesel losgeschickt, um Qway abzuholen, aber Qway wollte nicht mitkommen. Was konnte er sonst noch tun? Es hatte keinen Sinn, Qway zu bitten, mitzukommen, wenn er es nicht wollte. Es tat ihm sehr leid, aber er hatte getan, was er konnte.

Ich schlug vor, er könnte vielleicht einen Polizisten schicken – einen echten Polizisten in Uniform mit einem Gewehr, keinen *Gaffir* – und ihm die Anweisung geben, Qway mitzubringen, falls er sich erneut weigere zu kommen. Aber der *Mamur* sah keine Möglichkeit, das zu tun. Warum sollte er Qway verhaften? Was hatte er getan? Hatte er ein Gewehr gestohlen? Hatte er Patronen? Hatte er noch zwanzig Patronen und ein Gewehr? Nein, er konnte ihn unmöglich verhaften. Qway mochte alt sein, aber die Araber waren sehr wilde Kerle, und er hatte keine Truppen – nur ein paar bewaffnete Polizisten.

Es folgte eine lange Diskussion, und schließlich fiel dem *Mamur eine Lösung des Problems ein* . Er sagte, er könne Qway nicht verhaften, aber er würde einen Polizisten schicken, um das Gewehr und die Patronen zurückzuholen. War ich damit zufrieden? Nein, nein. Ich sagte, ich müsse auch Qway haben. Nach einer langen Diskussion willigte er schließlich ein, ihn abholen zu lassen, wenn ich ihm durch den Polizisten eine Nachricht schicken würde, in der er Qway ausrichten würde, er dürfe ihn nicht erschießen!

Am nächsten Tag kam der *Mamur* vorbei und sah ungemein erleichtert aus. Er sagte, der Polizist sei nach Rashida gefahren, um Qway abzuholen, habe aber festgestellt, dass er das Dorf verlassen habe, sodass nun nichts mehr zu tun sei. Offenbar hatte er das Gefühl, dass er nun von jeglicher Verantwortung in dieser Angelegenheit frei sei.

So hatte ich Qway aus den Augen verloren und begann zu verzweifeln, ob ich ihn je wieder erreichen könnte. Doch am nächsten Tag erzählte mir Abd er Rahman, der die ganze Zeit unermüdlich versucht hatte, Informationen über seinen Aufenthaltsort in Erfahrung zu bringen, dass Qway in der Nähe von Tenida als *Fellache verkleidet gesehen worden war* [4] – eine Tatsache, die den kleinen Sudani zu größter Belustigung brachte.

Also schickte ich Abdulla auf seine *Hagin* nach Tenida, unter dem Vorwand, Gerste zu kaufen. Er sollte versuchen, Qway zu finden und ihm, falls er Erfolg hätte, ausrichten, er solle in meinem Namen sofort nach Mut kommen.

Am nächsten Tag ging ich zum *Merkaz* , um mich zu erkundigen, ob es Neuigkeiten gab. Ich traf den Polizeibeamten, der mir erzählte, er habe gerade die Nachricht erhalten, dass Qway die Oase verlassen und sich auf den Weg ins Niltal gemacht habe. Da er nun außerhalb seines Zuständigkeitsbereichs war – was ihn offenbar sehr erleichterte –, konnte er nun das *Protokoll* über das Teleskop und die Waffe aufsetzen, die er gestohlen hatte, eine Information, die ausgesprochen deprimierend war. Ich begann mich zu fragen, was ich als Nächstes tun sollte.

Dieses Problem löste sich jedoch von selbst. Ich war gerade mit dem Mittagessen fertig, als es leise an der Tür klopfte und Qway hereinkam!

Der alte Kerl hatte es offensichtlich furchtbar krachen lassen. Er hatte sich zum Werkzeug der Senussi machen lassen, aber seine Pläne waren gescheitert, er hatte sich verirrt und wäre in der Wüste beinahe verdurstet. Wie ich später herausfand, war er fast zwei Tage ohne Wasser gewesen – und es waren zwei sehr heiße Tage – und nur die Vortrefflichkeit seines Kamels hatte ihn durchgebracht.

Er sah zehn Jahre älter aus. Seine Augen waren trüb und blutunterlaufen, seine Wangen eingefallen, seine Lippen trocken und rissig, sein Bart ungetrimmt und er sah ungepflegt, fast schmutzig aus.

Er legte Gewehr und Fernrohr auf mein Bett, kramte in seiner voluminösen Kleidung und holte eine Handvoll Patronen hervor, holte noch ein paar aus seiner Tasche, aus der er auch einen Rosenkranz hervorholte – die Senussi tragen ihre Perlen meist so und nicht um den Hals wie die meisten Moslems. Dann entknotete er eine Ecke seines Taschentuchs, nahm zwei oder drei weitere Patronen heraus und legte sie alle auf den Tisch.

„Zählen Sie sie, Exzellenz", sagte er. „Sie sind alle da." Damit war die Geschichte abgeschlossen.

Er blickte traurig zu Boden und seufzte tief. „Ich habe sehr schlecht gearbeitet", sagte er, „wirklich sehr schlecht. Ich bin ein kaputtes Ding. Ich bin das Fleisch und du bist das Messer." Es sah wirklich bemerkenswert danach aus.

Ich fragte ihn, welche Entschuldigung er für sein Verhalten vorbringen könne. Er sah mich einen Moment an, um zu sehen, welche Antwort er geben sollte, und die Antwort, die er gab, war nicht gerade schmeichelhaft für meine Intelligenz.

„Es war sehr heiß, Exzellenz – wirklich sehr heiß. Und ich war allein, und ein *Afrit* ist auf mein Kamel geklettert."

An diesem Punkt dachte ich, dass es ratsam wäre, einen Zeugen zu haben, und rief daher für Dahab.

„Nein, Effendim, nicht Dahab. Ruf nicht Dahab an", sagte Qway mit sehr beunruhigter Stimme. Vermutlich dachte er, Dahab würde sich von seiner Geschichte weniger überzeugen lassen als ich. Dahab betrat den Raum überraschend schnell – die Türen in der Oase sind nicht schalldicht.

Afrit weitermachen , die versprach, gut zu werden.

„Es gab einen *Afrit* , Eure Exzellenz, der sich hinter mir auf meinem Kamel anschloss und mir immer wieder sagte, ich solle dorthin gehen und dies tun, und ich musste es tun. Es war nicht meine Schuld, dass das Wasser aufgewühlt war. Es war der *Afrit* . *Ich musste tun, was er mir sagte.*" *Dann hörte er ein Schnauben aus Dahab und fügte hinzu, dass es nicht nur einen Afrit* gab , sondern viele, und dass dieser Teil der Wüste voll davon war.

Merkaz kommen . Das regte ihn furchtbar auf.

„Nein, nicht zum *Merkaz* , Eure Exzellenz. Nicht zum *Merkaz* . Im Namen Allahs, bringen Sie mich nicht zum *Merkaz* . Nehmen Sie alles, was ich habe, aber bringen Sie mich nicht zum *Merkaz* ."

Aber er musste zum *Merkaz* . Wir machten einen Abstecher zum Kamelhof, um die anderen Männer abzuholen, da sie als Zeugen gebraucht werden könnten, und gingen dann in einer Gruppe zum Regierungsbüro. Qway versuchte die ganze Zeit, mich zu bestechen, damit ich ihn freiließe, indem er mir seine Sachen anbot, darunter, mit offensichtlichem Schmerz, ausdrücklich sein Kamel.

Wir trafen den *Mamur* an der Tür des *Merkaz* , und Qway eilte sofort nach vorne, um ihm die Hand zu küssen. Der *Mamur* wollte jedoch nichts mit ihm zu tun haben. Wie fast alle *Fellachen* setzte er auf den Sieger, und ich hatte für den Moment die Oberhand.

„Dieser Mann ist ein Verräter, ein echter Verräter", sagte der Richter, der ihn noch nicht vor Gericht gestellt hatte und mir zuvor gesagt hatte, er sei ein Sportler. Aber ich hatte den besseren Deal bekommen und würde außerdem bald nach Ägypten zurückkehren und könnte einem der Inspektoren über ihn berichten. Also beschloss er, mir zu zeigen, wie ein ägyptischer Beamter

Gerechtigkeit walten lassen kann, wenn er für diesen Job seinen Mantel auszieht. Er eilte ins Büro und begann, die Papiere auf seinem Tisch sorgfältig zu ordnen. Der Polizeibeamte kam ebenfalls herein und bereitete sich darauf vor, die Zeugenaussagen aufzunehmen.

Nachdem alles zu seiner Zufriedenheit abgelaufen war, befahl der *Mamur*, den Gefangenen hereinzubringen. Er kam zwischen zwei hölzern wirkenden Polizisten an.

„Nun, Verräter, was hast du dazu zu sagen?" Dann, als ihm einfiel, dass er eine der Formalitäten übersehen hatte, fragte er Qway nach seinem Namen.

„Qway, Effendim."

„Qway was?", fragte der *Mamur* gereizt.

„Qway Hassan Qway, Euer Erscheinen. Mein Großvater war ein Bey."

„Ein Bey?", schnaubte der *Mamur*.

„Ja, Exzellenz."

"Wo hat er gelebt?"

„In der Nähe von Assiut, Exzellenz. Vielleicht war er kein Bey. Ich weiß es nicht. Vielleicht war er ein *Mamur* oder ein Polizist. Ich weiß nicht genau, was er war, aber er arbeitete für die Regierung."

„Bey!", wiederholte der *Mamur* verächtlich. „Mr. Harden Keen sagt, Sie hätten Wasser verschüttet. Was sagen Sie dazu?"

„Ja, ich habe das Wasser aufgewühlt. Aber ich konnte nichts dagegen tun. Es war ein sehr heißer Tag …"

„Lügner!", sagte der *Mamur*.

„ *Na'am?* ", sagte Qway ziemlich verblüfft.

„Ich habe gesagt, Lügner", rief der *Mamur* und schlug auf den Tisch. Qway, ein übermütiger alter Kerl, konnte das nicht ertragen und begann sich zu ärgern. Es war ganz typisch für unsere damalige Situation in Ägypten, dass sich Qway, der Angeklagte, in diesem Moment an mich, den Ankläger, wandte, um Schutz vor dem Richter zu suchen.

„Es *war* ein heißer Tag, Effendim, nicht wahr?"

So schlecht er sich auch benommen hatte, er tat mir langsam sehr leid, und ich hatte eine starke Abneigung gegen diesen *Mamur entwickelt* . Also antwortete ich, dass es einer der heißesten Tage war, an die ich mich erinnern konnte.

Der *Mamur* konnte mir nicht widersprechen, wirkte aber sichtlich unbehaglich und rutschte unruhig auf seinem Stuhl hin und her. Er forderte Qway auf, weiterzumachen. Qway, der langsam seine Fassung wiedererlangte, machte das Beste aus dem Sieg, den er über ihn errungen hatte.

„Wie gesagt, Effendim, es war ein heißer Tag – *sehr* heiß, und ich bin ein alter Mann, und vielleicht lag es an der Sonne. Ich weiß nicht, was es war, aber ein *Afrit* –"

„Allah!", sagte der *Mamur* und breitete die Hände aus, „an *afrit*?" Qway geriet allmählich etwas in Aufregung.

„Ja, Effendim, ein *Afrit*."

„Lügner", wiederholte der *Mamur*. „Ich *habe gesagt*, du bist ein Lügner."

Qway sah sich noch einmal hilfesuchend um, aber ich wollte diese Aussage nicht bekräftigen. Der *Mamur* begann ihn nach der genauen Natur dieses *Afrits zu fragen*. Qway brach zusammen, stammelte und geriet insgesamt in eine schreckliche Lage. Schließlich ging der *Mamur*, nachdem er ihm nacheinander die Tatsache entlockt hatte, dass es einen *Afrit gab*, dass es zwei waren, dass es viele davon gegeben hatte und schließlich, dass es überhaupt keinen gab, zum nächsten Schritt über und fragte, was danach geschehen sei.

Qway erklärte, dass er nach dem Verlassen des Depots zwei Tage lang nach Südwesten geritten sei, dann umgekehrt sei, Jebel el Bayed umrundet habe und schließlich nach Osten weitergeritten sei.

„Im Osten?", sagte der *Mamur*. „Ich dachte, Dakhla läge im Norden."

„Der Nordosten, Effendim", korrigierte Qway. „Eher nördlich von Nordosten."

„Warum bist du dann nach Osten gegangen? Hast du dich verlaufen?"

Qway stammelte schlimmer als je zuvor. Der *Mamur* wiederholte seine Frage. Zwei Tränen begannen über Qways Wangen zu rollen und er hob seine große, knorrige Hand, um seine zuckenden Lippen zu verbergen.

„Ja", sagte er mit großer Anstrengung. „Ich hatte mich verlaufen." Als Araber log er nicht – zumindest nicht oft.

„Aber Sie sind ein Reiseführer. Und Sie haben sich verlaufen!"

Fellachen gegenüber gestehen zu müssen, dass er, der große Wüstenführer, seinen Weg verloren hatte, muss äußerst demütigend gewesen sein; denn der Lieblingsspruch der *Bedawin* gegenüber den *Fellachen* ist, dass sie „wie Frauen" seien und sich verirrten, sobald sie in die Wüste gingen.

Kein Ägypter hätte einer solchen Chance widerstehen können. Der *Mamur* begann Qway eingehend darüber zu befragen, wo, wie und wann er sich verlaufen hatte und wie genau er sich in jeder Phase des Vorgangs verlaufen hatte. Und Qway, das muss man ihm zugutehalten, antwortete vollkommen wahrheitsgemäß.

Als er es nicht weiter reizen konnte, begann der *Mamur*, ihn über den Rest seiner Reise zu befragen. Qway beschrieb, wie er zwei Tage ohne Wasser auskommen musste und sein Kamel fast zu Tode geritten hätte, um wieder auf unsere Spuren zu gelangen, und wie er und sein Kamel es schließlich geschafft hatten, mehr tot als lebendig nach Dakhla zurückzukehren.

„Du hast dich versteckt, als du zurückgekommen bist. Wo hast du dich versteckt?"

Qway zögerte einen Moment und fragte ihn dann leise, ob er eine Antwort brauche. Der *Mamur* beharrte nicht auf dieser Frage. Es war eindeutig eine unkluge. Qway war in der Senussi *Zawia* in Smint gewesen. Er stellte ihm noch ein paar Fragen, sagte ihm dann erneut, dass er ein Verräter sei und dass seine Arbeit „wie Pech" gewesen sei, und fragte mich, was ich als nächstes tun wollte. Ich schlug vor, dass er vielleicht ein paar Zeugen aufrufen könnte, also wurde Abdulla hereingebracht.

Abdulla hatte sich vollständig von dem Schrecken erholt, den er in der Wüste erlitten hatte, und obwohl Qway versucht hatte, ihn im Stich zu lassen, schien die Behandlung durch *den Mamur* seine Ansichten ihm gegenüber gemildert zu haben. Es *besteht* ein Band der Einheit zwischen denen, die „den *Nijem kennen* ", und auch Qway war in Schwierigkeiten, und Mohammedaner sind in solchen Situationen normalerweise mitfühlend miteinander, also versuchte Abdulla, Qway davon abzubringen.

Der *Mamur* fragte ihn, was er über den Fall wisse.

„Effendim", sagte er, „ich glaube, Qway ist verrückt geworden."

Der *Mamur* warf sich in seinem Stuhl zurück und breitete die Hände aus.

„Allah!", rief er. „Sind Sie Arzt?"

Diese kleine Pantomime war für den sturköpfigen Abdulla völlig umsonst. Er betrachtete den *Mamur* mit der belustigten Neugier, die er einem dressierten Affen entgegengebracht hätte.

„Nein", sagte er in seiner langsamen, dummen Art. „Ich bin natürlich kein Arzt – aber ich erkenne einen Idioten, wenn ich einen sehe!"

Der *Mamur* kam zu dem Schluss, dass er genug von Abdullas Aussage gehört hatte. Ich begann mich zu fragen, ob der Sudani wirklich so „schwach im Kopf" war, wie er dargestellt wurde!

„Ich finde, Qway ist ein Verräter. Seine Arbeit war pechschwarz. Was soll ich mit ihm machen?", fragte der Richter.

Ich wies so vorsichtig wie möglich darauf hin, dass diese Frage vom Gericht und nicht vom Ankläger entschieden werden müsse. Nach einem geflüsterten Gespräch mit dem Polizisten am anderen Ende des Tisches verkündete der *Mamur*, dass er vorhabe, ihn ins Gefängnis zu werfen und ihn, wenn der Kamelpostbote in etwa einer Woche nach Assiut fahre, zu einem Prozess zu schicken.

Die Haltung der Männer gegenüber Qway änderte sich nach seinem Prozess völlig. Sie brauchten sich nicht länger vor ihm zu fürchten. Ihr Groll über sein Verhalten in der Wüste hatte Zeit gehabt, sich abzukühlen. Er war von einem *Fellachen, einem Mamur*, tyrannisiert worden, hatte öffentlich gestehen müssen, dass er sich blamiert hatte, indem er sich in der Wüste verirrt hatte, war von einem Sudaner verhaftet und als *Fellach verkleidet öffentlich durch die Oase geführt worden*. Seine Demütigung war vollkommen und hätte kaum gründlicher sein können. Der Racheinstinkt der *Bedawin* war reichlich befriedigt worden. Hass besteht im Allgemeinen größtenteils aus Angst oder Eifersucht, und für beides war bei Qway sicherlich kein Platz. Darüber hinaus hatten die Männer das übliche Mitgefühl für Menschen in Not, das einen der schönsten Züge des mohammedanischen Charakters darstellt.

Was mich betraf, tat mir mein irrender Führer, den ich von Anfang an sehr mochte, ziemlich leid, denn er war nur von den Senussi, die die wahren Schuldigen waren, zum Werkzeug gemacht worden. Nachdem ich ihn also verurteilt hatte, sagte ich dem *Mamur,* ich wolle ihn nicht streng bestrafen, vorausgesetzt, „die Qualität der Barmherzigkeit würde nicht überstrapaziert".

Dahab erzählte mir, dass Qway in Ketten gelegt sei und nur Brot und Wasser zu sich nehme. Also schickte ich ihm etwas Tee und Zucker und ließ der Polizei ausrichten, dass sie ihm die Ketten abnehmen könnten und dass ich sie „sehen" würde, bevor ich die Oase verließe. Dahab bat um Geld, um eine völlig unnötige Menge Eier für meinen Verzehr zu kaufen. Ich fragte nie, was aus ihnen allen geworden war; doch am selben Abend bat er um Erlaubnis, zum Haus des Arztes gehen zu dürfen, und machte sich mit prall gefüllten Taschen auf den Weg zum *Merkaz*. Kurz darauf kam er mit leeren Taschen zurück und sagte, man habe ihm gesagt, dass Qway resigniert und sehr betete. Die Sudanesen, wie ich später hörte, schickten ihm etwas Käse und Linsen, denen Abdulla eine Handvoll Zwiebeln beifügte, also muss Qway seinen Aufenthalt im Gefängnis insgesamt ziemlich genossen haben.

KAPITEL XX

Nachdem ich die Frage von Qway geklärt hatte, ging ich nach Rashida zum Fest von Shem en Nessim (dem Riechen der Brise). Die Beamten der Oase waren auch dort und wir feierten den Tag auf die übliche Weise. Am Morgen zogen wir saubere Kleidung an und frühstückten im Freien, um „die Brise zu riechen". Dann gingen wir zwischen den Palmenplantagen hinauf zu einem primitiven Schwimmbecken, das der *Omda* gebaut hatte, indem er einen Bach aus einem seiner Brunnen aufstaute. Die Eingeborenen zogen sich aus und vergnügten sich im Wasser, schwammen herum, bespritzten sich gegenseitig und hatten riesigen Spaß.

Nach dem Bad zogen sie sich wieder an und wir lagen unter den Palmen, bis uns das Mittagessen gebracht wurde. Wir lungerten auf dem Boden herum, schliefen und unterhielten uns bis spät in den Nachmittag, als eine Frau aus dem Dorf erschien, die von der *'omda* zum Tanzen engagiert worden war. Ein Teppich wurde ausgebreitet, damit sie darauf auftreten konnte, und wir lagen um sie herum und sahen ihr zu. Sie sah aus wie eine recht anständige Frau, und es war sicherlich ein recht anständiger Tanz, der eine Ergänzung zu „Chu-Chin-Chow" gewesen wäre, aber der *Mamur* war schockiert darüber. Er saß mit dem Rücken zur Hälfte der Frau, beobachtete sie jedoch aus den Augenwinkeln und genoss die Vorstellung offensichtlich. Obwohl ich nicht das Geringste an dem Tanz erkennen konnte, war die zarte Empfindsamkeit des *Mamur so empört, dass er – da er nicht gut mit der 'omda von Rashida* auskam – es für seine Pflicht hielt, ihn dem Inspektor in Assiut zu melden, weil er auf seinem Privatgrundstück eine unmoralische Vorstellung abgehalten hatte. Die Regierung unter den ägyptischen *Mamurs* ist eine wunderbare Institution!

Am nächsten Tag kehrte ich nach Mut zurück, um meine Sachen zu packen. Während der kurzen Zeit, die mir noch in der Stadt blieb, kamen mehrere Besucher vorbei, um mich zu besuchen. Denn seit ich als Sieger hervorgegangen war, war die ganze Oase wunderbar freundlich geworden.

Unter ihnen war der Scheich el Afrit aus Smint. Er war äußerst ölig in seinem Auftreten und sprach mich ständig mit „Euer Herr Bey!" an. Er gab mir viele Informationen über *Afrits*. Er sprach im Ton eines Mannes, der sein Leben lang Erfahrung in dieser Angelegenheit hatte. Es sei äußerst wichtig, sagte er, beim Anrufen die richtige Art von Weihrauch zu verwenden, denn wenn die falsche Sorte verwendet würde, würde der *Afrit* immer sehr wütend und tötete den Zauberer – es schien ein gefährliches Geschäft zu sein.

Er erzählte mir viele Informationen dieser Art und nannte mir mehrere Beispiele von Begegnungen mit *Afrits* , um seine Bemerkungen zu illustrieren. Unter anderem erwähnte er – ganz beiläufig –, dass es ein *Afrit gewesen sei* , der Qway in die Irre geführt habe. Der Zweck seines Besuchs war offenbar gewesen, mir als erfahrener Zauberer diese Meinung mitzuteilen, denn er reiste fast unmittelbar danach ab.

Unter meinen anderen Besuchern war der *'omda* von Rashida, der sagte, er sei nach Mut gekommen, weil er vor dem *Mamur einen Fall* gegen seinen Cousin Haggi Smain vorbringen müsse. Auch er setzte sich für Qway ein. Er war der einzige Einheimische der Oase, der das Rückgrat hatte, seine Sache offen zu vertreten.

Einige Zeit nachdem er gegangen war, musste ich zum *Merkaz gehen* . Als ich näher kam, hörte ich drinnen einen gewaltigen Krawall. Jemand klopfte unentwegt auf einen Tisch und zwei oder drei Männer schrien und brüllten einander an, und den Geräuschen nach zu urteilen, die aus dem Saal drangen, war dort wohl das ganze Chaos ausgebrochen.

Doch ich fand heraus, dass es nur der *Mamur war* , der unter den Rashida „Frieden stiftete". Der *'omda* von Rashida und zwei seiner Brüder hatten Klage gegen ihren Vetter Haggi Smain erhoben, dem ein Teil desselben Dorfes gehörte. Als ich hereinkam, legte sich der Streit für eine Weile, und die Verhandlung verlief einige Minuten lang in geordneten Bahnen. Dann gingen sie wieder los, mit Hammer und Zange, brüllten und schrien einander und den *Mamur* aus vollem Hals an, der sich um eine Versöhnung bemühte. Der *Mamur* sprach zunächst in ruhigem, überredendem Ton, doch bald verlor er die Fassung und war genauso schlimm wie sie. Er schlug mit der Faust auf den Tisch und brüllte sie an, sie sollten still sein und ihm zuhören. Der *'Omda* schrie zurück, dass nicht er, sondern Haggi Smain die Veranstaltung unterbreche, während Haggi Smain selbst mit Schaum vor dem Mund und zeitweise kaum artikulierter Wut zurückschrie, dass der *'Omda* den ganzen Lärm mache.

Der Grund für diesen ganzen Wirbel war folgender: Auf Haggi Smains Grundstück wuchs ein Orangenbaum, dessen Ast über seine Grundstücksgrenze hinausragte und über ein Stück Land ragte, das der *'omda gehörte* . Drei Orangen waren von diesem Ast auf das Territorium der *'omda gefallen* , und es wurde ein Fall eröffnet, um zu entscheiden, wem diese drei Orangen gehörten. Ihr Gesamtwert betrug höchstens einen Farthing.

Am nächsten Tag brach ich nach Ägypten auf. Als ich auf mein Kamel stieg, um aufzubrechen, verkündeten mir die *Mamur* und ihre Gefährten, dass sie vorhätten, mich ein Stück des Weges zu begleiten. Da dies mein Ansehen bei den anderen Eingeborenen steigern sollte, beschloss ich, sie eine Zeit lang bei mir zu behalten.

Ich ritt – und der *Mamur* ging – was auch ganz in Ordnung war, denn diese kleinen Unterschiede haben bei diesen einfachen Eingeborenen großes Gewicht. Ich war froh, dass der *Mamur* ein Paar neue braune Stiefel trug, die mit einer Metallschnalle über dem Spann befestigt waren und deren Sohlen etwa so dünn waren wie Tanzschuhe. Die Straße war holprig und an den Stellen, wo sie nicht sumpfig war, von der Sonne sehr hart gebacken. Ich glaube, der *Mamur* war nicht an viel Bewegung zu Fuß gewöhnt und bekam bald ganz offensichtlich Fußschmerzen.

Ich sah, wie er sehnsüchtig auf ein abgeladenes Kamel blickte, und sagte Dahab, er solle aufsteigen und reiten. Er deutete mehrmals an, dass er weit genug gekommen sei, aber ich musste nur überrascht und missmutig dreinschauen, damit er noch eine weitere Meile neben mir hertrab. Er hatte sich nicht gut geschlagen, als ich in der Oase war, und er wusste, dass ich in ein paar Tagen einen der Inspektoren wegen Qway treffen würde, und war daher verzweifelt darauf bedacht, nichts zu tun, was mich missfiel.

Schließlich beschloss ich, eine Abkürzung zu nehmen. Wir verließen die Straße, so wie sie war, und fuhren querfeldein durch eine sehr unwegsame Wüstengegend. Ich rief Abdulla zu, er solle die Kamele antreiben, denn sie kamen zu langsam voran, was zur Folge hatte, dass der hinkende *Mamur* und der dicke alte *Qadi* zurückzufallen begannen. Die Farce wurde so offensichtlich, dass alle meine Männer sie angrinsten und Abd er Rahman mir sarkastisch zuflüsterte, dass der *Mamur seiner Meinung nach* müde werden müsse.

Als ich sie weit genug von der Straße weggebracht hatte und zwei oder drei Meilen von jeder Siedlung entfernt war, sah ich mich um und entdeckte plötzlich, dass der *Mamur* hinkte. Ich fragte ihn, warum um Himmels Willen er mir nicht früher gesagt hatte, dass seine Füße voller Blasen waren. Ich bestand darauf, dass er sofort nach Mut zurückkehren sollte.

Auf dem Weg nach Assiut sah ich im Zug den alten Scheich Mawhub, den Senussi, der, wie er sagte, nach Kairo fuhr. Aber ich war nicht im Geringsten überrascht, als ich erfuhr, dass er seine Reise in Assiut unterbrach, wo er in der Heimatstadt lag und in der *Mudiria seine Fäden zog*, um seinen Handlanger Qway aus seinen Schwierigkeiten zu befreien – leider mit beträchtlichem Erfolg.

Ich ging sofort zur *Mudiria* , als ich in die Stadt kam, musste jedoch feststellen, dass der englische Inspektor nicht da war. Also bat ich darum, den *Mudir* (einheimischen Gouverneur der Provinz) zu sprechen. Der *Mudir* glaubte nicht, dass Qway vor Gericht stand, aber ob ich nicht in die Stadt gehen und im Büro *des Mamur nachfragen* sollte? Dort bat man mich zu warten, während sie Ermittlungen anstellten. Sie stellten diese etwa eine Dreiviertelstunde lang an, und dann kam ein Mann mit einem kaum verhohlenen Grinsen herein und verkündete, dass Qway gerade vor Gericht stand und freigesprochen worden sei!

Ich ging noch einmal hin, um den *Mudir zu befragen* – diesmal ziemlich empört. Er war höflich und höflich – aber bestimmt. Er sei freigesprochen worden, sagte er, weil ich gesagt hätte, ich wolle nicht, dass er streng bestraft werde, und weil ich ihm im Jahr zuvor ein gutes Zeugnis ausgestellt hätte. Der Lauf des wahren Rechts verlief in Ägypten nie reibungslos!

Ich versuchte, diese Entscheidung rückgängig zu machen, indem ich mich an eine sehr hohe Persönlichkeit wandte. Er teilte mir jedoch mit, dass die Regierung die Senussi-Frage nicht zur Sprache bringen wolle und darauf bedacht sei, einen Zwischenfall an der Grenze zu vermeiden, und dass er befürchtete, die Angelegenheit nicht zur Sprache bringen zu können.

Ich musste Qway irgendwie überlisten, und da die üblichen Methoden, mit ihm umzugehen, mich im Stich gelassen hatten, nahm ich das Gesetz selbst in die Hand – was in Ägypten der beste Ort ist, um es aufzubewahren – und verurteilte ihn zu einer Geldstrafe in Höhe seines Restsolds, was sich auf etwa zwanzig Pfund belief. Später hörte ich, dass die Senussi, um zu verhindern, dass Qway eine Beschwerde gegen sie hatte, ihm Baumwolle im Wert von 42 Pfund zugesteckt hatten; so kam ich schließlich an die wahren Schuldigen; aber es war ein Umweg.

Dank Qway und den Senussi entsprachen die Ergebnisse meines zweiten Jahres nicht meinen Erwartungen, denn die Hauptarbeit, die ich für die Saison geplant hatte, war natürlich die fünfzehntägige Reise in den Südwesten von Dakhla, von der ich hoffte, dass sie mich nach Owanat führen würde. Stattdessen waren wir nicht weiter als bis zum Zentrum der Wüste gekommen, soweit wir schätzen konnten, wo sich die Mitte befand.

KAPITEL XXI

WÄHREND meiner ersten beiden Saisons war es mir gelungen, bis in die Mitte der Wüste vorzudringen und einen großen Teil davon zu kartieren; doch das Hauptziel, dem ich diese beiden Jahre gewidmet hatte – die Durchquerung der Wüste von Nordosten nach Südwesten – war nicht erreicht worden; es schien keine Aussicht zu bestehen, dass ich es schaffen würde, denn Owanat, die erste Etappe der Reise, lag offenbar so weit entfernt, dass es nur durch den Einsatz eines ausgeklügelten Systems von Depots oder Relais erreicht werden konnte, das sich nach Qways Eskapade als zu gefährlich erwiesen hatte. Die Senussi hatten zweifellos den ersten Stich des Spiels gemacht; doch ich war überhaupt nicht geneigt, ihnen alles ihren Willen zu lassen.

Man machte mich jedoch darauf aufmerksam, dass die Vorzeichen für weitere Reisen im Moment keineswegs günstig stünden, da die Einheimischen wegen der italienischen Invasion in Tripolis sehr aufgeregt waren und die Senussi zudem offensichtlich bereit waren, aktiv in das Spiel einzusteigen und bereits damals offensichtlich eine Invasion Ägyptens in Erwägung zogen, sollte sich eine passende Gelegenheit ergeben.

Letztere Tatsache schien mir allerdings ein zweischneidiges Schwert zu sein, denn die Senussi waren hellwach genug, um zu erkennen, dass, wenn ihnen ein Europäer in die Quere kam, höchstwahrscheinlich eine Strafexpedition folgen würde, die sie zu einem ungünstigen Zeitpunkt in Feindseligkeiten zwingen könnte. Daher schloss ich, dass sie ebenso ungern in einen Kampf verwickelt würden wie ich – und das wollte etwas heißen.

Da mir die Durchquerung der Wüste zu diesem Zeitpunkt undurchführbar erschien, gab ich diesen Teil meines Programms auf. Da es noch viele andere große Gebiete gab, die darauf warteten, erkundet zu werden, beschloss ich, es in einem anderen Gebiet zu versuchen. Ich machte mich auf, möglichst viele der unbekannten Teile der Ost- und Westseite der riesigen Senke zu erkunden, in der die Oase Farafra liegt.

Ich hatte auch vor, die kleine Oase Iddaila zu besuchen, die nicht weit westlich von Farafra liegt, und hoffte, den Senussia einen Streich zu spielen, indem ich einen Vorstoß in die Dünen südwestlich von Farafra machte und die Oase Dendura ausfindig machte, die von ihnen manchmal als Zwischenstation auf der Reise von Ägypten nach Kufara genutzt wurde.

Unglücklicherweise – obwohl ich das erst später erfuhr – meldete vor meiner Abreise eine kleine einheimische Zeitung in Kairo, ich sei wieder nach Ägypten gekommen und wolle verkleidet nach Kufara reisen, und eine Kopie der Zeitung sei in die Oase selbst geschickt worden. Das war eine reine

Erfindung dieser Zeitung, die zu ziemlich unangenehmen Konsequenzen führte.

Mir wurde geraten, einen Mann als Führer zu nehmen, der offenbar Mitglied der Senussia und Kameltreiber derselben Überzeugung war. Der Ratschlag gefiel mir nicht sehr; aber aus Respekt vor den Ansichten derjenigen, von denen ich annahm, dass sie das Land viel besser kennen als ich, akzeptierte ich ihn insoweit, dass ich beschloss, einen Senussi-Führer und einen oder zwei seiner Kameltreiber mitzunehmen und der Karawane auch Abd er Rahman, Ibrahim und Dahab hinzuzufügen – Abdulla war leider nicht verfügbar.

Schließlich engagierte ich einen Mann namens Qwaytin, der als zuverlässig galt. Haggi Qwaytin Mohammed Said – so sein voller Name – stammte zwar aus Surk in der Oase Kufara, lebte aber zu dieser Zeit im Niltal im Bezirk Manfalut in der Nähe von Assiut. Er hatte eine Zeit lang als Steuereintreiber für 'Ali Dinar, den Sultan von Darfur, unter den Bedayat gearbeitet und konnte, wenn er mitteilsam war, eine Menge Informationen über unbekannte Teile der Wüste weitergeben. Er schien ein ziemliches Wanderleben geführt zu haben und in den meisten Teilen Nord- und Zentralafrikas zu Hause zu sein; jedenfalls hatte er eine Bedayat-Frau in Darfur, eine Tawarek-Frau irgendwo in der Nähe von Timbuktu und eine – wenn nicht zwei – weitere in der Nähe von Manfalut.

Er war ein merkwürdiger Kerl, und ich war nicht gerade begeistert von ihm. Als ich ihm sagte, dass ich bereits zwei Kameltreiber hatte und keine weiteren wollte, war er sehr verärgert und erklärte, dass er seine Kamele nicht Fremden anvertrauen könne. Schließlich einigten wir uns darauf, dass er drei Männer mitnehmen sollte und ich zusätzlich Abd er Rahman, Ibrahim und Dahab mitbringen sollte.

Ich bat darum, die Männer zu sehen, die er mitbringen würde. Die drei, die er vorstellte – Mohanny, Mansur und 'Abd el Atif – waren noch weniger einnehmend als Qwaytin selbst. Sie waren typische Exemplare der niederen *Bedawin-* Kameltreiber, die die Kamelbesitzer für einen symbolischen Lohn anheuern, um ihre Tiere zu hüten, wenn sie sie vermieten. Sie erwiesen sich als höchst gleichgültige Treiber. Aber Qwaytin und seine Männer waren offensichtlich ein so schwacher Haufen, dass ich mit meinen drei Männern als Unterstützung keine Zweifel hatte, ob ich mit ihnen fertig werden würde, wenn sie Ärger machten.

Ich hatte vor, Qwaytin so viele Informationen wie möglich über die unbekannten Teile der Wüste auszupressen, die er mir geben konnte, und ihn, wenn nötig mit Gewalt, mit Hilfe meiner eigenen Männer dazu zu zwingen, mich in Sichtweite von Dendura zu bringen, nachdem wir Farafra verlassen hatten.

Nachdem diese Vorbereitungen getroffen waren, ließ ich Abd er Rahman und Ibrahim kommen und mich in Assiut treffen – Dahab war bereits bei mir. Während ich in dem kleinen griechischen Pub, wo ich auf die Ankunft meiner Männer wartete, lernte ich einen gebildeten Ägypter kennen, der sich mit einer Art literarischer Arbeit beschäftigte, deren genaue Natur ich nicht herausfinden konnte. Sein Englisch war ausgezeichnet und er war offensichtlich bestrebt, es zu üben, denn er klebte an mir wie ein Blutegel.

Er wurde nie müde, die Schönheiten des Arabischen als literarische Sprache zu schildern. In der arabischen Literatur, sagte er, sei es wichtig, so viele Metaphern wie möglich zu verwenden, und die besten Metaphern seien jene, die am dunkelsten seien oder, wie er es ausdrückte, die den Leser am meisten „sein Gehirn anstrengen" ließen. Einige der Beispiele, die er anführte, ließen in dieser Hinsicht sicherlich keine Wünsche offen.

Er ließ es sich nicht nehmen, mich am Bahnhof zu verabschieden und erklärte mir, dass er einen beträchtlichen Teil der Nacht wach gelegen habe, um sich zum Abschied eine wirklich gute Metapher für mich ausdenken zu können.

Das war ganz sicher eine knifflige Frage. Wenn er, so sagte er, einen Mann als einen sehr feigen Hund beschrieb, was sollte er dann wohl damit meinen? Ich schlug verschiedene mögliche Antworten vor: dass er ein brutaler Mann war, der seinen Hund gnadenlos verprügelte; dass er ein sehr armer Mann war, der sich keinen guten Hund leisten konnte; oder ein sehr gemeiner Mann, der das Tier fast verhungern ließ. Da keine dieser Antworten zutraf, bat ich ihn um eine Erklärung. Aber er zog es vor, mich auf die Folter zu spannen und lehnte dies ab, während er vor Vergnügen darüber kicherte, wie er mich dazu brachte, „mein Gehirn zu trainieren".

SCHEICH SENUSSI . – Angestellter des Qadi in Mut und Dorfdichter. (S. 44).

HAGGI QWAYTIN . – Mein Führer während meines letzten Jahres in der Wüste. (S. 199)

SCHEICH IBN ED DRIS . – Einer der Senussi-Scheichs in der *Zawia* in Farafra. (S. 228).

Links: HAGGI QWAYTIN . Rechts: HAGGI QWAY . – Qway war während meiner ersten beiden Jahre in der Wüste mein Führer. (S. 26).

Erst als der Zug losfuhr, ließ er sich herab, das Problem zu lösen. Als er sagte, dass ein Mann einen feigen Hund hatte, meinte er damit, dass er so gastfreundlich war, dass sein Hund es satt hatte, die unzähligen Gäste anzubellen, die kamen zu seinem Haus! Als Literatursprache dürfte Arabisch kaum zu schlagen sein.

In der Nähe von Nazali Genub, wo ich während des Kamelkaufs kampierte, traf ich einen Bekannten, dessen Aufgabe darin bestand, die Gräber zu vermessen und Hieroglyphen darauf zu zeichnen. Um in die Metapher zurückzufallen, hieß es dort in einfachem Englisch:

„Die lange gespenstische Linie

Von göttlich gekrönten Pharaonen

Sind Staub unter dem Staub, der ihnen einst gehorchte."

Während der Zeit, die ich dort verbrachte, teilte ich mit ihm ein sehr komfortables Grab.

Nach etwa einer Woche, in der Qwaytin mit Abd er Rahman die umliegenden Dörfer und Märkte auf der Suche nach den Kamelen besuchte, die er zur Vervollständigung der Karawane benötigte, zogen wir zu Qwaytins Haus, das etwa sieben Meilen entfernt lag, und brachen am nächsten Morgen, dem 24. März, zu unserer Reise in die Wüste auf. Ibrahim war wie üblich am Anfang und knallte nach arabischem Brauch mit seinem Gewehr, um während unserer Reise böse Geister zu vertreiben.

Ich beschloss, zunächst eine unbewohnte Oase namens Bu Gerara aufzusuchen, die bisher noch nicht gemeldet worden war und von der Qwaytin sagte, er kenne sie, und sie liege etwas abseits von Derb et Tawil und nicht weit nordöstlich von Dakhla. Diese Oase, sagte er, enthalte Palmen, Brunnen und einige alte Gebäude, sei aber seit vielen Jahren verlassen.

Derb ed Deri – die Klosterstraße – der wir folgten, beginnt in der Nähe eines alten *Der* oder Klosters namens Der Muharug, von dem er seinen Namen hat, und ist ein Zweig des großen Derb et Tawil – „der langen Straße" – die vom Niltal bei Manfalut aus quer über das Wüstenplateau zur Oase Dakhla führt.

Als er das Plateau erreichte, zeigte Qwaytin in der Ferne im Westen auf einen niedrigen Hügel, der Jebel Jebaïl hieß und auf dem sich seiner Aussage nach zahlreiche Gräber befänden.

Das Plateau war eben und ebenso eintönig wie das Plateau zwischen dem Niltal und der Oase Kharga, mit der es große Ähnlichkeit hatte. Es gab dieselben Flecken aus Sand und Kieselsteinen, unterbrochen von

Kalksteinflächen, die alle dieselben Arten der Sanderosion aufwiesen – *Kharashef*, *Kharafish*, *Battikh* und *Rusuf*.

An vielen Stellen sah der Kalkstein wie Marmor aus, manchmal durch Sandstrahlen poliert. Im Stein waren verschiedene Kombinationen von Weiß, Schwarz, Grau, Gelb und wunderschönem Rosa zu sehen. Vieles wies große Risse auf der Oberfläche auf, aber es gab beträchtliche Steinflächen, insbesondere aus grauem Marmor mit dunkleren grauen Linien, die ziemlich solide zu sein schienen. Der Stein war stellenweise durchscheinend und schien Alabaster zu sein, aber von sehr minderer Qualität. Einige der rosa Marmorarten schienen eine schöne Farbe und Struktur zu haben; aber es ist fraglich, ob sich die Bearbeitung an einer so unzugänglichen Stelle jemals lohnen würde.

Früh am zweiten Tag unseres Aufenthalts in der Wüste erreichten wir die Hauptstraße, den Derb et Tawil oder „lange Straße“. Östlich der Stelle, an der die beiden Straßen zusammentrafen, befand sich einer der niedrigen felsigen Hügel, mit denen das Plateau übersät war. Von seinem Fuße aus führte eine wenig benutzte Straße nach Ain Amur über Ain Embares, einen unentdeckten Brunnen, den ich über die kleinen Senken zu erreichen versucht hatte, die aus dem Wady von Ain Amur herausführten. Es wurde berichtet, dass er fast versandet war und nur sehr wenig Wasser lieferte.

Am nächsten Tag passierten wir die Stelle, an der eine Straße vom Derb et Tawil nach Westen abzweigt und direkt nach Qasr Dakhl führt. Diese Straße, die anscheinend nicht viel benutzt wird, ist als „Derb el Khashabi“ oder „Waldstraße“ bekannt, da sich etwa zwei Tagesreisen von der Stelle , an der sie den Derb et Tawil verlässt, ein Feld mit toten Bäumen befindet, die etwa zehn Fuß hoch sind. Die Straße soll leicht zu befahren sein.

Am nächsten Tag erreichten wir den Dünengürtel von Abu Moharik, den wir in drei Stunden und zwanzig Minuten durchquerten. Bei einer Geschwindigkeit von zweieinhalb Meilen pro Stunde entspricht dies einer Entfernung von achteinhalb Meilen. Die Dünen, aus denen er bestand, waren, soweit wir sehen konnten, alle halbmondförmig und wahrscheinlich alle deutlich unter fünfzehn Fuß hoch. Wo die Straße den Gürtel kreuzte, gab es eine sandfreie Lücke. Die Dünen in diesem Teil waren ziemlich dünn verteilt, obwohl sie weiter nördlich viel dichter beieinander zu liegen schienen. Die gesamte Straße, wo sie durch den Gürtel führte, war völlig frei von Treibsand. Wir schlugen diese Nacht mitten in den Dünen unser Lager auf.

Als wir die Dünen in Richtung Bu Gerara verließen, schickte ich Qwaytin und Abd er Rahman los, um nach einer anderen Oase zu suchen, von der der Erstere gehört hatte und die angeblich etwas westlich unserer Straße lag, die er jedoch nicht finden konnte. Am Abend vor seiner Abreise kam er in mein Zelt und verkündete, dass „in seinem Buch steht", dass wir am nächsten Tag Gara bu Gerara erreichen würden. Dort, sagte er, gabelte sich die Straße, und ein Zweig, der von der üblichen Straße abwich, die von Karawanen nach Dakhla benutzt wurde, und weiter westlich blieb, führte nach Bu Gerara – der Oase, die wir suchten.

Das war das erste Mal, dass er ein „Buch" erwähnte, also fragte ich ihn, welches Buch er meinte. Qwaytin schien ziemlich überrascht, dass ich noch nie davon gehört hatte, und sagte, es sei sein „Schatzbuch"!

Auf vorsichtiges Nachfragen erfuhr ich, dass er noch nie zuvor in Bu Gerara gewesen war, sich aber ganz auf die Anweisungen in diesem wertvollen Band verließ, um mich dorthin zu bringen. Offenbar erwartete er, dass wir alle, wenn wir den Ort erreichten, anfangen würden zu graben und nach den vergrabenen Reichtümern zu suchen, die laut dem Buch dort zu finden seien, statt weiterzugehen und die Wüste zu kartieren.

Er war offensichtlich der Meinung, er täte mir einen großen Gefallen, indem er mich in das Geheimnis des riesigen Schatzes einweihte, den er zu finden hoffte. Die Glaubwürdigkeit seines wunderbaren Buches anzuzweifeln, hätte ihn tödlich beleidigt, da die Eingeborenen in diesen Fragen sehr empfindlich sind. Da ich aber seinen Anweisungen nicht weit von dem Ort wegzukommen schien, den ich erreichen wollte, und mich auf neues Terrain führen würde, hielt ich es für das Beste, ihm nachzugeben, im Vertrauen darauf, dass er, wenn er den Ort nicht finden konnte, bereit sein würde, sich der profaneren Beschäftigung zuzuwenden, die Wüste zu kartieren. So begab ich mich, sehr gegen meine Neigung, endlich auf eine Schatzsuche!

PINNACLE ROCK BEIM ABSTIEG INS BU GERARA VALLEY.

Bald nach unserer Abreise am nächsten Morgen erkrankte eines der Kamele. Welche Krankheit es genau war, konnte ich nicht herausfinden; aber das Heilmittel, das Mohanny anwandte, bestand darin, sie an der Schwanzspitze zur Ader zu lassen – eine Operation, die offenbar etwas Linderung verschaffte. Die tierärztlichen Methoden der *Bedawin* sind einfach, aber im Großen und Ganzen wirksam. Man kann sie mit drei Worten zusammenfassen: „Ader lassen, Butter einreiben oder verbrennen."

Nach einem Marsch von elf Meilen von unserem Lager erreichten wir Gara bu Gerara, einen langen, niedrigen Hügel mit einer flachen Spitze an seinem östlichen Ende. Dort zweigt laut Qwaytins Schatzbuch die Straße nach Bu Gerara vom Derb et Tawil ab.

Qwaytin hatte Mohanny genaue Anweisungen gegeben, wie er den Ort finden sollte. Als wir den Hügel erreichten, kam er auf mich zu und teilte mir mit, dass es nun notwendig sei, den Derb et Tawil zu verlassen, der nach Osten abzweigte, und einer Straße zu folgen, die geradeaus weiterführte.

Unsere Abreise nach Gara bu Gerara musste jedoch für kurze Zeit verschoben werden, da das Kamel einen erneuten Anfall der Krankheit bekam, an der es litt, was auch immer es war, und es erneut zur Ader ließ – dieses Mal aus der Nase. Nachdem die Operation erfolgreich durchgeführt worden war, machten wir uns auf die Suche nach unserem Schatz.

Zu meiner großen Überraschung fanden wir eine sehr gut markierte Straße, die vom Derb et Tawil abzweigte, obwohl sie ihrem Aussehen nach schon sehr lange nicht mehr benutzt wurde. Weit östlich unserer Route – neben dem Derb et Tawil – befand sich ein kleiner, aber sehr auffälliger Hügel aus leuchtend gelber Erde – wahrscheinlich ockerfarben –, von dem man mir sagte, dass es sich um Garet ed Dahab (goldener Hügel) handele.

Kurz darauf passierten wir ein Wüstengebiet, das dicht mit Steinen übersät war. Durch dieses steinige Gebiet führte eine befestigte Straße. Die Steine waren alle von der Oberfläche entfernt worden, und die Straße war dann mit einer Gründlichkeit geglättet worden, die es äußerst unwahrscheinlich machte, dass die Arbeit jemals von den *Bedawin ausgeführt worden war*, deren Verachtung für jede Form von Handarbeit sie immer dazu veranlasst, einen schlechten Teil einer Straße in Kauf zu nehmen, wenn sie ihn nicht durch einen kleinen Umweg umgehen können.

Nachdem wir diesen steinigen Teil der Wüste durchquert hatten, erreichten wir den Gipfel eines steilen Abhangs, wo wieder einmal klar war, dass eine zivilisiertere Rasse als die Wüsten- *Bedawin* am Werk gewesen war, denn die Straße hinunter in die untere Ebene war auf eine Weise aus der Seite des Abhangs herausgeschnitten worden, die einem modernen Ingenieur keine Schande gemacht hätte. Danach fühlte ich mich auf alle Entwicklungen vorbereitet.

Nachdem wir den Negeb Shushina durchquert hatten, wie der Abstieg vom Plateau zur Senke genannt wird, gelangten wir auf eine ebene Sandebene, wo sich Mohanny, der uns als Führer diente und den Anweisungen von Qwaytin aus seinem wunderbaren Buch folgte, eine Zeit lang völlig verirrte. Nachdem wir eine Zeit lang umhergeirrt waren und die Marmorpaläste und vergoldeten Kuppeln von Bu Gerara gesucht hatten, erblickten wir schließlich in der Ferne zwei Gestalten, die sich, als wir sie durch das Glas betrachteten, als Qwaytin und Abd er Rahman herausstellten.

KAPITEL XXII

Wir fanden Abd er Rahman und Qwaytin, die eifrig im Boden wühlten. Auf meine Frage, ob sie etwas von Bu Gerara gesehen hätten, wurde mir gesagt, dass wir dort stünden. Qwaytin zeigte auf die Fundamente mehrerer Mauern, die gerade noch über der sandigen Oberfläche des Bodens zu sehen waren, und auf eine Menge zerbrochener Töpferwaren, die in der Wüste herumlagen. Dann führte er mich ein paar Meter weiter, wo ein kreisförmiger Fleck ungewöhnlich sandigen Bodens mit einem Durchmesser von einigen Fuß zu sehen war, von dem er sagte, es sei die Mündung eines Brunnens, und als ersten Teil des zu findenden „Schatzes" brachte er ein Stück zerbrochenes violettes Glas zum Vorschein, das offenbar einmal Teil einer Tasse oder Schüssel gewesen war, und eine Kupfermünze aus der ptolemäischen Zeit, die er ausgegraben hatte.

Der Anblick dieser Münze war zu viel für meine Männer. Ich konnte sie nur noch dazu bringen, die Kamele abzuladen und mein Zelt aufzustellen, bevor sie alle loszogen und um ihr Leben kämpften, um den Boden zu graben, in der Erwartung, jeden Moment den unermesslichen Reichtum zu finden, den das Buch beschrieben hatte. Sie machten weiter, bis es zu dunkel war, um etwas sehen zu können. Dann machten sie sich an die Arbeit, ihr Abendessen zu kochen.

Qwaytins Männer waren in ihrer Kochkunst sogar noch primitiver als Abd er Rahman und Ibrahim. Ihr Nahrungsvorrat bestand aus dem üblichen Ledersack mit Mehl, einem mit roher Haut bedeckten Tonkrug, der geklärte Butter enthielt und den sie auf ein Kamel schleuderten, und mehreren Blechbüchsen mit einem sehr anämisch aussehenden Käse. Sie mischten Mehl, Wasser, Salz und Butter zu einem Teig, den sie mit einem Stock von etwa dreiviertel Zoll Durchmesser auf einer meiner Proviantkisten zu dicken Platten ausrollten. Dann entzündeten sie im umliegenden Gestrüpp ein großes Lagerfeuer, und als der Sand ausreichend erhitzt und das Holz zu glühender Asche vertrocknet war, kratzten sie das Feuer weg, legten die Teigplatte auf den erhitzten Sand und bedeckten sie wieder mit der Asche. Nach etwa einer Viertelstunde Backzeit war das Brot essfertig. Meine Männer backten ihren Teig auf einer leicht gewölbten Eisenplatte, einem sogenannten *Saj*.

Qwaytin kam abends in mein Zelt, hocherfreut, Bu Gerara gefunden zu haben. Zu meinem Entsetzen stellte ich fest, dass er gar nicht vorhatte, nach Farafra weiterzugehen, sondern vielmehr auf Schatzsuche war und sich offenbar einbildete, er wolle mich auf der Suche nach vergrabenen Reichtümern durch die ganze Wüste mitschleifen. In seinem Buch, erklärte er, beschreibe er nicht nur die Straße bis nach Bu Gerara, sondern sage auch, dass es in der Nähe im Westen einen Hügel gebe, der im selben Tal liege – Qwaytin zeigte auf einen Hügel, der im Westen allein stehe, als schlüssigen Beweis dafür, dass sein Buch recht habe – und dass eine Straße am Fuß des Hügels vorbeiführe, die, wenn man ihr folgte, zu einem großen Hügel führe, auf dessen Spitze ein Brunnen sei, in dem die Schätze von drei Sultanen vergraben seien. Er sagte, er habe die Straße am Fuß des Hügels am Morgen gesehen. Er sei ihr nie gefolgt, um zu sehen, wohin sie führte; aber er hatte vor einigen Jahren in der Richtung, in die die Straße führte, einen Hügel gesehen und bemerkt, dass viele Tauben auf der Spitze des Hügels gelandet waren, und dachte, dass dies vielleicht der Hügel war, auf den sich das Buch bezog, und dass sie dorthin geflogen waren, um aus dem Brunnen zu trinken.

Sein Geist war geradezu von der Vorstellung eines Schatzes besessen, und ich konnte ihn dazu bringen, von nichts anderem zu reden.

Ich versuchte, ihm Informationen über Farafra und Iddaila zu entlocken – aber es war nutzlos; er machte sich sofort wieder auf den Weg zum Schatz. Als er das letzte Mal in Farafra war, sagte er, war er auf dem Rückweg von Tibesti, wo er eine Diamantader gefunden hatte, die zwei Fuß über dem Boden ragte wie eine Wand und sich über eine lange Strecke erstreckte. Er hatte einige Diamantklumpen abgehackt und sie schnitten Glas. Aber die Senussi-Scheichs hatten sie zum Wohle der Senussia angeeignet. Er war offensichtlich sehr verärgert über das Thema.

Ich versuchte, ihn auf das Land der Bedayat aufmerksam zu machen, aber auch das war fast nutzlos. Er sagte, er kenne dort mehrere Orte, an denen es Ruinen gebe, in denen sich wahrscheinlich Schätze befänden, und bat darum, mir meine Karte zu zeigen.

Er studierte es eine Weile, bat mich, die Namen vorzulesen, erklärte dann, dass alles falsch sei, und bat um einen Bleistift und ein Stück Papier, mit der Begründung, dass er mir ein besseres zeichnen würde. Er legte das Papier auf den Boden, saugte am Ende des Bleistifts und begann, die Straßen zu zeichnen, die die Orte verbanden, über die er berichten wollte, wobei er ab und zu einen billigen Zirkel zu Rate zog, um sicherzugehen, dass sie in die richtige Richtung verliefen. Dieses Gerüst sah, als es fertig war, eher wie ein zerrissenes Spinnennetz aus als sonst etwas.

Als nächstes setzte er auf seine „Karte" eine Reihe riesiger Punkte, um die Positionen der Orte darzustellen, die er eintragen wollte, und begann, eine Menge Namen aufzuzählen, die auf keiner gedruckten Karte zu finden sind. Das Gespräch wurde interessant und lag mir viel mehr als Fabeln über vergrabene Schätze.

Aber die Namen, die Araber, Tibbus und Sudanesen den Orten gaben, kann man sich nicht so leicht merken oder gar begreifen, wenn man sie zum ersten

Mal hört. Ich ließ ihn weiterreden, bis er seine Liste beendet hatte, nahm ihm dann den Bleistift ab und begann, gegenüber seinen Punkten die Namen der Orte aufzuschreiben, für die sie standen, sowie ihre Entfernungen und Richtungen voneinander. Qwaytin wurde sofort ungeduldig, wie ich es immer tat, wenn ich ihn zu seinen Aussagen befragte oder er sah, wie ich sie aufschrieb, und ich konnte nicht mehr als zwei oder drei der Namen aufschreiben, bevor er verärgert davonging.

Es war äußerst schwierig, von ihm Informationen zu bekommen. Wenn ich ihn über einen Teil der Welt befragte, den er besucht hatte, gab er mir sehr oft überhaupt keine Auskunft. Manchmal brachte ihn ein Hinweis meinerseits, dass er vielleicht nichts darüber wisse, auf die Palme und veranlasste ihn, etwas von seinem Wissen preiszugeben; aber meistens hatte dies nur den Effekt, dass er eine Menge Lügen von sich gab, die seinem bäuerlichen Verstand wahrscheinlich als scherzhaft erschienen, die sich aber bei späterer Befragung als falsch herausstellten – jede seiner Aussagen musste ich überprüfen, um mich vor seinem eigenartigen Sinn für Humor zu schützen.

Normalerweise überprüfte ich seine Angaben, indem ich ihn nach einer Woche oder länger dazu brachte, seine Aussage zu wiederholen. Wenn er gelogen hatte, rechnete ich damit, dass er bis dahin vergessen haben würde, was er gesagt hatte.

Als ich ihn das erste Mal dabei ertappte, mich in die Irre zu führen, machte ich ihm Vorwürfe. Aber das erwies sich als völlig falscher Ansatz und hätte beinahe dazu geführt, dass er mir seine Informationen ganz verschwieg. Er war sehr wütend und erzählte mir viele Tage lang überhaupt nichts. Dann, eines Nachts, als ich auf dem Boden saß und darauf wartete, dass ein Stern den Meridian erreichte, um die Breite zu bestimmen, kam Qwaytin leise auf mich zu und sagte, er würde mir etwas über das Land der Bedayat erzählen. Ich musste die Beobachtung aufgeben und mich ins Zelt setzen, wo ich unter einem Mantel, den ich über die Knie geworfen hatte, unter dem Vorwand, mir sei kalt, damit er mich nicht sehen konnte, alles, was er sagte, schriftlich aufschrieb.

Die Informationen, die er mir auf diese Weise zukommen ließ, waren meiner Erfahrung nach fast immer zuverlässig – aber er kam normalerweise zu einer Zeit, wenn ich zu Bett ging oder mitten in einer anderen Arbeit war, und teilte mir sein Wissen mit. Wenn er sah, dass ich es aufschrieb, hörte er sofort auf. Auch während des Tagesmarsches brachte ich ihn manchmal in eine mitteilsame Stimmung und er beschrieb mir die Route, die zwei Orte verband. Die Schwierigkeit, alles, was er sagte, aufzuschreiben, bevor ich es vergaß, ließ sich in diesem Fall leicht lösen, indem ich anhielt, um eine Kompasspeilung vorzunehmen, wie er es mich schon oft hatte tun sehen, und dann die Informationen, die er mir unter dem Vorwand, die Vermessung aufrechtzuerhalten, preisgegeben hatte, in mein Routenbuch schrieb.

Das Sammeln von Daten von Eingeborenen als Grundlage für eine Karte ist nicht ganz so einfach, wie es klingt. Die Gewohnheit vieler *Bedawin* , einen absichtlich in die Irre zu führen, macht es notwendig, die beschriebenen Routen sehr sorgfältig zu überprüfen. Aber selbst auf diese Weise gesammelte, authentische Informationen ergeben eine äußerst ungenaue Karte, wenn keine Möglichkeit zur Korrektur gefunden wird.

Mein Plan bestand darin, die Daten, wann immer möglich, in Form von Durchgangsrouten zu erhalten, die zwei Orte verbinden, deren Position bereits festgelegt wurde. Die so beschriebenen Straßen können dann auf der Karte aufgezeichnet, ihre Genauigkeit geprüft und die Route als Ganzes angepasst werden, um den Positionen der bereits bekannten Orte zu entsprechen. Auf diese Weise können die Fehler so weit wie möglich minimiert werden.

Doch diese Informationen von Qwaytin zu erhalten, war alles andere als einfach. Wie fast alle *Bedawin* war er völlig ungebildet und konnte mir daher die Schreibweise der Namen der Orte, die er mir in der Libyschen Wüste, im Sudan, in Tibesti und Endi nannte, nicht erklären, und diese waren auf keiner Karte verzeichnet. Viele von ihnen waren fast unaussprechlich und enthielten in einigen Fällen Laute, die nicht einmal mit dem arabischen Alphabet wiedergegeben werden konnten. Es handelte sich vermutlich um die Sprachen Tibbu oder Bedayat – letztere war eine Sprache, die Qway mir gegenüber als „das Geplapper von Affen" beschrieben hatte.

Man kann sich leicht vorstellen, dass es ziemlich schwierig war, eine so lange Reihe neuer Namen aufzuschreiben, wenn man sie schnell herunterspulte.

Aber es schien mir die Mühe wert, sie zu bekommen. Ich war gebeten worden, alle möglichen Informationen über die unbekannten Teile der Wüste zu beschaffen, denn die Senussi-Frage lag in der Luft – die Regierung schlief keineswegs so fest, wie man annehmen wollte – und außerdem wurde zu dieser Zeit ein harter Kampf um 'Ali Dinar, den Sultan von Darfur, geführt, dessen Aktivitäten bei den Behörden nicht immer auf Zustimmung stießen; Informationen über diese unbekannten Teile waren also wahrscheinlich von praktischem Nutzen, abgesehen davon, dass sie die jungfräuliche Weiße dieses Teils der Landkarte Afrikas zerstörten.

Qwaytins Wissen über die am wenigsten bekannten Teile Nord- und Zentralafrikas war tiefgreifend, und er hatte aus meiner Sicht die große Tugend, so stumpfsinnig zu sein, dass er den Wert all dessen, was er preisgab, nicht erkennen konnte. Bevor ich mit ihm fertig war, gab er mir genügend Daten, um eine ziemlich vollständige Karte der unbekannten Teile der

Libyschen Wüste zu erstellen, mit einem großen Teil des Bedayat-Landes und Endis. Darüber hinaus erfuhr ich von ihm viel über die Orographie der Wüste und die Verteilung der Sanddünen. Die Karte enthielt nach ihrer Fertigstellung die Namen von etwa siebzig Orten, die meines Wissens zuvor nicht verzeichnet waren; viele von ihnen wurden später gefunden, ungefähr an der Stelle, an der sie gezeigt wurden. Karten dieser Art sind natürlich nicht zu genau, aber sie haben ihren Nutzen – vor allem, um zukünftigen Reisenden das klare Ziel zu geben, nach dem sie suchen können, das ich so dringend gebraucht hatte, als ich mit der Arbeit in dieser Wüste begann. Wenn ich im ersten Jahr die Informationen hätte sammeln können, die ich dann im letzten Jahr hauptsächlich von Qwaytin erhielt, hätte ich die Aufgabe sicherlich ganz anders angegangen.

Am Morgen nach unserer Ankunft in Bu Gerara machten sich die Männer ernsthaft an die Arbeit und gruben auf dem Gelände herum. Bis zum Mittag wurden einige Scherben zerbrochener Töpferwaren und Glas und zwei oder drei weitere kleine Kupfermünzen ausgegraben. Da ich feststellen wollte, ob sich im Brunnen Wasser befand, ließ ich die Männer am Nachmittag, sehr zu ihrem Missfallen, den Brunnen ausräumen.

Qwaytins Männer legten nach kurzer Arbeit die Arbeit nieder und erklärten, diese Art von Arbeit sei nur etwas für Fellachen *und* unter der Würde der Araber. Erst als ich ihnen sagte, dass der Brunnen der wahrscheinlichste Ort sei, um nach Schätzen zu suchen, und sie daran erinnerte, dass die drei Sultane ihre Schätze angeblich in dem Brunnen auf dem Hügel vergraben hatten, der in Qwaytins Buch beschrieben wird, konnten sie dazu bewegt werden, ihre Arbeit wieder aufzunehmen. Dann machten sie sich mit aller Kraft an die Arbeit und hatten den Brunnen bald bis auf den Grund leergeräumt.

Er hatte einen Durchmesser von etwa neun Fuß und war acht Fuß tief. Auf der Seite, die der Stätte von Bu Gerara zugewandt war, führte eine Rampe nach unten. Der Teil der Wüste, in den er gegraben worden war, war mit einer dünnen Felsschicht bedeckt, unter der sich eine Lehmschicht befand, die sich bis zu einer weiteren Felsschicht erstreckte, die den Boden des Brunnens bildete. Bevor wir mit dem Graben begannen, war der Brunnen vollständig mit hineingewehtem Sand gefüllt. Ungefähr auf halber Höhe wurden unsere Erwartungen geweckt, als der Sand feucht wurde; aber obwohl der Brunnen bis zum Grund ausgeräumt war und der Sand beim Abstieg erheblich feuchter wurde, war kein Wasser zu sehen. Das war eine ziemliche Enttäuschung, da ein Brunnen an dieser Stelle des langen Derb et Tawil für die Reisenden, die die Straße benutzten, von größtem Wert gewesen wäre.

Die Nuss einer Dompalme, die ich ausgegraben habe, und die Stämme einiger Palmen, die in die Mauern eingebaut worden waren, zeigten, dass es in der Gegend einst reichlich Wasser gegeben haben muss. Der Ort war wahrscheinlich eine kleine befestigte Station, die in ptolemäischer Zeit zum Schutz des Brunnens gebaut oder zumindest bewohnt wurde, der aufgrund seiner Lage an der „langen Straße" einst von erheblicher Bedeutung gewesen sein muss.

Die Existenz versteinerter Baumstämme und alter Flussbetten in der Libyschen Wüste zeigt eindeutig, dass dieser Teil der Welt in ferner Vergangenheit ein gut bewässertes Land gewesen sein muss. Ob diese Austrocknung jedoch schon vor historischen Zeiten ihren Höhepunkt erreichte oder ob sie noch immer anhält, ist einer der umstrittensten Punkte in Bezug auf dieses Gebiet. Das Versagen des Brunnens in Bu Gerara kann natürlich eine rein lokale Ursache gehabt haben, die nicht ersichtlich war. Da jedoch keine Erklärung für die Ursache vorliegt, liefert diese kleine verlassene Siedlung ein sehr starkes Argument für die Ansicht, dass die Wasserversorgung – abgesehen von der aus den artesischen Brunnen – in vergleichsweise jüngster Zeit erheblich versagt hat, wahrscheinlich aufgrund eines Rückgangs der Niederschläge. Aus dieser Sicht war unsere Entdeckung von einiger Bedeutung, obwohl der Ort selbst überhaupt keine Bedeutung hatte.

Aber es wurde gefunden, indem ich den Anweisungen in Qwaytins Schatzbuch folgte. Werke dieser Art werden in Ägypten, gelinde gesagt, mit beträchtlicher Skepsis betrachtet . Ich muss zugeben, dass ich diese Skepsis voll und ganz teilte – bis ich Bu Gerara entdeckte.

Seitdem sehe ich die Sache jedoch anders und bin der Meinung, dass das fast allgemeine Misstrauen, das diesen Büchern entgegengebracht wird, letzten Endes vielleicht doch nicht ganz gerechtfertigt ist und dass es zumindest teilweise auf die starken Vorurteile zurückzuführen ist, die so oft gegenüber einheimischen Glaubensvorstellungen oder Bräuchen bestehen, die sich nicht ohne weiteres erklären lassen oder in irgendeiner Weise nach Okkultismus oder vergrabenen Reichtümern schmecken.

Diese Schatzbücher werden allerdings zumeist von Eingeborenen aus der Klasse der Astrologen geschrieben, die offensichtlich erwarten, dass ihre Leser sich weitgehend auf Zaubersprüche und verschiedene okkulte Mittel verlassen, um die verborgenen Reichtümer zu entdecken, zu denen sie angeblich den Schlüssel liefern. Viele von ihnen lebten im Mittelalter, aber das Geschlecht ist nicht ausgestorben. Es gibt noch Hunderte von Männern derselben Klasse, die ihre Künste an den leichtgläubigen Eingeborenen Ägyptens praktizieren, und eines der Hauptthemen, zu denen sie auch heute noch konsultiert werden, ist die Bergung vergrabener Schätze. In fast jedem

Dorf gibt es einen *Scheich el Afrit* (Herrscher der Geister), an den sich die Einwohner wenden, um ihn mithilfe des Tintenbeckens oder einer ähnlichen Methode dazu zu bringen, die Zukunft vorherzusagen oder sie zu vergrabenen Schätzen zu führen. Einige von ihnen glauben vielleicht an ihre eigenen Kräfte, aber die Mehrheit sind wahrscheinlich kaum mehr als Betrüger. So weit, so schlecht.

Doch unter all der Spreu in diesen Büchern scheint sich auch eine ganze Menge Korn zu befinden, denn in vielen Fällen beziehen sie sich nicht nur auf Orte wie Esna, die durchaus bekannt sind, sondern beschreiben auch die Straßen, die dorthin führen, sofern diese Straßen noch benutzt werden.

Aus diesem Grund halte ich sie für eine sorgfältige – oder vielleicht sollte man besser sagen vorsichtige – Betrachtung wert. Es stimmt, dass sie in vielen Fällen Orte erwähnen und Straßen beschreiben, die vielleicht zur Zeit der Abfassung der Bücher vollkommen bekannt waren, heute aber nicht mehr identifiziert werden können; aber das beweist nichts. Es gibt viele alte, versandete Brunnen, kleine verlassene Oasen und kleine Außenposten aus der Römerzeit und anderen Epochen, wie zum Beispiel Bu Gerara, die in der Wüste verstreut liegen, und die Überreste vieler alter Straßen sind noch zu sehen, deren endgültiges Ziel heute unbekannt ist, die aber, wie ich glaube, zu diesen verlassenen Oasen führen, die im 15. Jahrhundert, als das bereits erwähnte Buch von Johnson Pasha geschrieben wurde, höchstwahrscheinlich bevölkerungsreiche Dörfer und Oasen waren, die aber aufgrund von Wassermangel, dem Eindringen des Sandes oder aus anderen Gründen längst verlassen sind.

Aus diesen Gründen glaube ich, dass diese Bücher - neben einer Menge nutzloser Informationen, die nur als Kuriosität dienen können - auch wertvolle Informationen geographischer Art über alte Orte in der Wüste enthalten, die seit langem aus dem Blickfeld verloren gegangen sind und deren Namen inzwischen möglicherweise in Vergessenheit geraten sind.

Warum nicht? Ist es das Alter des Buches oder die Tatsache, dass die Beschreibungen darin mit Magie und verborgenen Schätzen in Verbindung stehen, die das Problem darstellen? Wenn Ersteres der Fall ist, fragen Sie jeden Archäologen, ob er zögern würde, nach dem Standort einer antiken Stadt zu suchen, weil die einzigen Hinweise darauf in alten Papyrus- oder Tempelhieroglyphen zu finden sind; außerdem: Hat die Royal Geographical Society nicht einen Aufsatz über die Identität des Garten Eden mit Mesopotamien gelesen? Die Beschreibung, die zu dieser Identifizierung führte, stammt aus dem Buch Genesis, das lange vor der Erfindung dieser Bücher geschrieben wurde.

Wenn der Schatz das Problem darstellt, gab es unter Geographen nicht endlose Diskussionen über die Identität der Wakwak-Inseln und anderer

Orte, die in Tausendundeine Nacht erwähnt werden? Viele der Geschichten erheben nicht den Anspruch, mehr als Märchen zu sein – und sicherlich werden darin genug vergrabene Schätze erwähnt, um selbst den eifrigsten Glücksritter Ägyptens zufriedenzustellen.

Machen sich gebildete Europäer nicht auch heute noch immer auf die Suche nach den sagenhaften Reichtümern, die vor hundert oder zwei Jahren von einem alten Piraten oder Freibeuter versteckt wurden, meist auf einer Insel – sagen wir, in Westindien? Über die Identität der Insel besteht im Allgemeinen kein Zweifel – aber der Schatz scheint nicht oft gefunden zu werden!

Wir blieben noch ein oder zwei Tage in Bu Gerara. Während dieser Zeit fanden die Männer einen kleinen Tontopf, einige Glas- und Tonscherben und ein oder zwei weitere Kupfermünzen – und das war alles! Da wir dann in Bu Gerara nichts gefunden hatten, was die Schätze betraf, wollten alle Männer so schnell wie möglich zu dem Hügel gebracht werden, wo die Reichtümer der drei Sultane vergraben waren. Qwaytin war der hartnäckigste von allen und nahm offensichtlich an, dass ich meinen Plan, nach Farafra zu gehen, aufgegeben und mich stattdessen auf eine ganze Saison der Schatzsuche eingelassen hatte.

Der Hügel, auf dem die mystischen Sultane ihre Reichtümer vergraben hatten, war nicht weit entfernt, lag allerdings nicht in der Richtung, in die ich gehen wollte. Da er sich in einem Teil der Wüste befand, der noch nie kartografiert worden war, hielt ich es für das Beste, ihm noch einmal den Gefallen zu tun und mich von ihm dorthin führen zu lassen.

Am nächsten Morgen brachen wir früh auf. Qwaytin führte uns direkt auf den Hügel im Wady zu, an dessen Fuß wir die versprochene Straße fanden.

Je weiter wir uns von der Klippe nördlich von Bu Gerara entfernten, desto besser konnte man die Umgebung des Ortes sehen. Die Sicht nach Norden wurde natürlich durch die Klippe versperrt, die sich, sobald wir etwas Abstand davon gewonnen hatten, viele Meilen weit nach Osten erstreckte und die Fortsetzung des Steilhangs bildete, der die Kharga-Senke auf ihrer Nordseite begrenzte.

Im Südosten befand sich eine beträchtliche Fläche erhöhten Geländes, offensichtlich das Plateau, in dem einige kleine Senken lagen, die ich nördlich von 'Ain Amur gefunden hatte. Soweit ich sehen konnte, gab es auf der Nordseite dieses Hochplateaus keine Klippe, da der Boden nur von der unteren Ebene zu ihr hin anstieg. Ein Brunnen – 'Ain Embares –, den ich über die Kette kleiner Senken zu erreichen versucht hatte, befand sich zweifellos zwischen dem Fuß des Abhangs des Hauptplateaus und dieser Anhöhe, die südlich davon lag.

Im Westen war die Böschung des Plateaus weithin sichtbar. Qwaytins alte Straße führte uns in südlicher Richtung, ungefähr parallel zur Klippe eines freistehenden Plateaus. Sie fiel vor allem durch die große Zahl kleiner Buschflächen, sogenannter *Roadhs* , auf, die verstreut entlang der Straße lagen. Diese schienen ein beliebter Futterplatz für Gazellen zu sein, nach der Anzahl der Spuren zu urteilen, die wir sahen, von denen die meisten allerdings ziemlich alt waren. An einer Stelle waren statt der üblichen kleinen Büsche ein paar kleine Akazienbäume (*Sunt*) zu sehen.

Wir erblickten den Hügel, den wir am Nachmittag suchten, und erreichten eine Stunde vor dem Aufschlagen unseres Lagers den Gipfel eines steilen Abstiegs auf tiefer gelegenes Gelände, etwa 60 Meter unter uns, das Qwaytin in seinem Buch „Negeb er Rumi" (Abstieg des Europäers) nannte. Die Straße hinunter ins Tal war offensichtlich zu einem gewissen Grad künstlich angelegt und war, obwohl extrem steil, ohne Schwierigkeiten zu bewältigen. Wir schlugen unser Lager unterhalb auf.

Dieser tiefer gelegene Boden war so mit Sand und Kieselsteinen bedeckt, dass ich nicht erkennen konnte, ob wir uns noch auf dem Kalkstein befanden. Als wir uns dem Hügel näherten, stieg der Boden jedoch wieder beträchtlich an, und auf dem letzten Stück des Weges war der Kalkstein wieder an der Oberfläche zu sehen. Möglicherweise gibt es in der Umgebung eine Verwerfung.

Wir erreichten den Hügel gegen Mittag und schlugen unser Lager auf der Südseite auf. Es war ein kleiner Hügel mit einer Kalksteinkuppe, der vor allem dadurch auffiel, wie stark der Kalkstein vom windgetriebenen Sand durchlöchert war. Am Fuße des Hügels, in der Nähe des Lagers, lag ein Felsbrocken, der offensichtlich von der Spitze heruntergerollt war. Er hatte einen Durchmesser von fast vier Fuß und war buchstäblich mit Löchern durchsetzt wie ein Schwamm.

Sobald das Lager aufgeschlagen war, stürmten die Männer den Hügel hinauf und begannen, jeden Winkel und jede Ecke nach dem Brunnen abzusuchen, während Qwaytin trostlos an seinem Fuß entlangwanderte und vergeblich nach dem zerbrochenen Glas suchte, das er laut seinem Buch dort finden würde. Er dachte, er habe sich vielleicht in dem Hügel geirrt, und sagte, wenn wir weder den Brunnen noch das Glas finden könnten, sollten wir der Straße besser weiter folgen, um zu sehen, ob es dort nicht noch einen anderen Hügel gäbe, der der in seinem Buch erwähnte sein könnte; aber noch mehr Zeit mit der Suche nach diesem Hügel zu verschwenden, war das Letzte, was ich tun wollte.

Bis zum Sonnenuntergang war der Brunnen noch immer nicht gefunden, obwohl jeder Zentimeter des Hügels mehrere Male und mit größter Sorgfalt untersucht worden sein muss.

Dies war ein schwerer Schlag für Qwaytins Hoffnungen und ein deutlicher Dämpfer für die gesamte Karawane mit Ausnahme von Ibrahim, der, wie er mir erklärte, gegen ein wenig *Bakschisch nichts einzuwenden gehabt hätte* , jedoch nicht im Geringsten wüsste, was er mit Säcken voller Gold oder Diamanten anfangen sollte, selbst wenn er sie fände.

Am Abend berieten Qwaytin, Abd er Rahman, Dahab und ich uns eingehend. Die Lage des Hügels stimmte so gut mit der Beschreibung in Qwaytins Buch überein, dass er sich sicher war, es sei die richtige Lage. Aber er war furchtbar beunruhigt, weil er den Brunnen nicht finden konnte.

Dahab meinte, dass es wahrscheinlich tatsächlich dort sei, aber durch einen Zauber verborgen sei und dass wir etwas Weihrauch verbrennen müssten, bevor es sichtbar würde.

Qwaytin war von dieser Idee ziemlich angetan, sagte aber, dass wir kein Räucherwerk dabei hätten, und fügte hinzu, dass es ein unangenehmes Zeug zum Spielen sei, da es äußerst wichtig sei, dass wir die richtige Sorte hätten und ganz sicher seien, dass wir wüssten, wie man es benutzt.

Abd er Rahman stimmte dem zu und betonte nachdrücklich, dass wir ganz sicher sein sollten, dass wir genug davon hätten, da er die Geschichte eines Maghrabi-Arabers gehört hatte, der sich mit zwei *Fellachen* auf die Suche nach einem Schatz gemacht hatte, der in einigen Gräbern an einem Hügel vergraben war, der mit einem Zauber belegt war und deshalb nicht ohne die erforderlichen Formalitäten geöffnet werden konnte. Sie fanden den Ort, an dem die Gräber versteckt waren, führten dann die erforderlichen Beschwörungen durch und verbrannten etwas Weihrauch, woraufhin sich die Gräber sofort öffneten. Die beiden *Fellachen* gingen dann hinein, um den Schatz zu holen, während der Maghrabi draußen geblieben war, um sich um ihre Kamele zu kümmern und den Weihrauch am Brennen zu halten. Leider ging der Weihrauch zur Neige, und sobald der letzte davon verbrannt war, schlossen sich die Gräber mit einem Knall wieder und begruben die beiden unglücklichen *Fellachen* lebendig. Der Maghrabi ging dann mit seinen Kamelen nach Hause, und Abd er Rahman war eindeutig der Meinung, dass dieser Araber etwas ganz außergewöhnlich Geschicktes getan hatte.

Er schlug vor, dass wir zur Sicherheit lieber Scheich Ibrahim, den *Scheich el Afrit* aus Dakhla, holen sollten, damit er die nötigen Beschwörungen vortrug. Aber das gefiel Qwaytin überhaupt nicht. Scheich Ibrahim, sagte er, sei ein Mitglied der Senussia und er wisse alles über ihn. Er habe die richtigen Bücher und das richtige Räucherwerk und sei sehr geschickt in seiner Arbeit. Aber er sei ein so schlechter Mensch, dass die Geister ihm manchmal nicht gehorchten; und er wies darauf hin, dass wir ziemlich in Schwierigkeiten geraten könnten, wenn ein *Afrit* mitten in der Vorstellung streiken würde.

Nach vielen ernsthaften Diskussionen kamen wir zu dem Schluss, dass es unter diesen Umständen keinen Sinn hatte, noch mehr Zeit mit der Untersuchung des Hügels zu verschwenden, sondern dass wir am Ende der Reise einen wirklich erstklassigen, hochqualifizierten Zauberer aus Kairo oder einer anderen großen Stadt holen und ihn die Arbeit erledigen lassen würden. In der Zwischenzeit, da Qwaytin mir erzählt hatte, dass es in der Kairowin *Hattia einige Hügel gab* , sollten wir durch den östlichen Teil der Farafra-Senke dorthin gehen und nachsehen, ob sie nicht Schätze enthielten. Qwaytin hatte gehört, dass sie Gebäude enthielten, und dachte daher, dass dies ein wahrscheinlicher Ort für vergrabene Reichtümer wäre, obwohl er, wie er schwermütig sagte, nicht erwartete, dass wir etwas finden würden, das dem ähnelte, was wir gefunden hätten, wenn wir den Schatz dieser drei Sultane entdeckt hätten. Am nächsten Morgen machte sich eine ziemlich niedergeschlagene Karawane auf den Weg zur Ostseite von Farafra.

KAPITEL XXIII

Als wir den Hügel verließen, nahmen wir eine Straße, die uns nach Norden führte. Wir umrundeten zuerst das westliche Ende der Böschung des abgetrennten Plateaus, parallel zu dem wir von Bu Gerara her marschiert waren, und erklommen etwa zwei Stunden nach unserem Aufbruch eine steile Böschung auf die Spitze des Plateaus, die hier nur etwa fünfzehn Meter hoch war.

Von der Spitze eines kleinen Hügels in der Nähe konnte man weit im Osten eine gewaltige Klippe erkennen, die sich, soweit das Auge reichte, nach Norden und Süden erstreckte. Dies war offensichtlich die östliche Grenze der Farafra-Senke und, wie ich später herausfand, die Fortsetzung der Klippe nördlich von Bu Gerara.

Bei dem Licht dahinter war die Böschung zu weit entfernt, als dass ich irgendwelche Einzelheiten ihrer Oberfläche hätte erkennen können, und da die Spitze der Böschung nur als gerade Linie zu erkennen war, gab es darauf auch keine Punkte, zu denen ich mich hätte orientieren können.

Unter diesen Umständen war es unmöglich, seine Position zu bestimmen oder seine Richtung abzuschätzen. Ich hatte mehrere Male mit dieser Schwierigkeit zu kämpfen, fand aber heraus, dass ich, wenn eine Klippe nach Süden zeigte, nur warten musste, bis die Sonne weit genug stand, um ihre Oberfläche zu beleuchten, und dann konnte ich eine grobe Schätzung ihrer Verlaufsrichtung erhalten, indem ich mich an der Sonne selbst ausrichtete. Dieser Trick war besonders nützlich, wenn es darum ging, die Fortsetzung einer Klippe zu kartieren, von der ein Teil bereits vermessen worden war und der Rest nur von einem Punkt aus gesehen werden konnte, beispielsweise von der Spitze eines hohen Hügels.

Der Teil der Farafra-Senke, in dem wir uns befanden, war eine absolut eintönige Ebene aus hartem, ebenem Sand, die leicht zum Fuß der Böschung im Osten abfiel. Hier und da stießen wir auf Flecken aus grünlichem Lehm, durch den weiße Linien liefen und über der Oberfläche des Sandes hervorschauten.

Der persische König Kambyses schickte während seiner Besetzung Ägyptens eine große Armee durch die Wüste, um das Orakel des Jupiter Ammon in der Oase Siwa zu zerstören. Die Armee erreichte Siwa nie, sondern ging in der Wüste verloren. Ihr letzter Ruheort ist unbekannt, aber einheimischen Berichten zufolge verdurstete das gesamte Heer in dieser riesigen Senke, in der die Oase Farafra liegt.

Ich erwähnte Qwaytin gegenüber zufällig das Thema singender Sand und fragte ihn, ob er jemals welchen gehört habe. Er erzählte mir, dass es irgendwo im Norden der Farafra-Senke einen Felsen gab, der angeblich die „Kirche" der Geister der verlorenen persischen Armee war. Er wurde der „ungläubige Felsen" genannt, weil er „sonntags sang". Es schien eine Art musikalischer Sand zu sein.

Erst am dritten Tag nach unserer Abreise vom Schatzhügel erblickten wir im Westen das Dünenfeld, das die Mitte des Farafra-Wadys einnimmt. Es schien fast weiß zu sein und lag weit entfernt.

Qwaytin sagte mir, dass wir am dritten Tag nach Verlassen seines Hügels die Kairowin- *Hattia erreichen sollten* . Seine völlige Unfähigkeit als Führer lässt sich nur erahnen, wenn ich sage, dass wir tatsächlich erst zwei Tage später dort ankamen.

Er kam am ersten Abend in mein Zelt und begann, ziellos zu plappern, wie er es gewöhnlich als Vorbereitung für ernste Geschäfte tat, und ich bemühte mich, ihm einige Informationen über die Topographie des Bedayat-Landes zu entlocken, mit der er gut vertraut war.

Aber er wurde sofort ungeduldig und wechselte das Thema zu seinem verdammten Hügel. Er endete mit der Bitte – fast fordernd –, dass wir dorthin zurückkehren sollten, um ihn uns noch einmal anzusehen und sicherzustellen, dass es in der Nähe keinen anderen Hügel gab, der der in seinem Buch angegebene sein könnte. Als ich dies ablehnte, stolzierte er aus dem Zelt – er war wirklich ein seltsamer Kunde.

Wann immer ich am nächsten Tag mit ihm sprach, fing er an, über seinen elenden Hügel zu schimpfen und zu sagen, dass er dorthin zurückkehren wolle. Gegen Abend hatte er sich jedoch einigermaßen erholt, und als er zu meinem Zelt kam, streckte ich erneut meine Fühler nach dem Land der Bedayat aus. Er weigerte sich zwar, mir etwas über die Gegend zu erzählen, begann aber, mir eine Menge über die Bedayat selbst zu erzählen, was sich als äußerst interessant erwies, da es sich bei ihnen um ein nahezu unbekanntes Volk handelt.

Afrit abzustammen , den entweder David oder Salomon wegen eines Verbrechens in eine Kiste sperrten, bis er so groß geworden war, dass er sie aufsprengen konnte. Es gibt anscheinend immer noch einen Mischling aus dem Stamm der Bedayat und Tibbu, bekannt als M'Khiat er Rih, der die wundersame Fähigkeit besitzt, über Sand laufen zu können, ohne Spuren zu hinterlassen – eine äußerst nützliche Fähigkeit in der Wüste für eine Rasse geborener Freibeuter. Diese Besonderheit verdanken sie der Tatsache, dass ihnen überall, wo sie hingehen, ein Wind folgt, der ihre Fußspuren sofort verwischt!

An unserem vierten Tag, nachdem wir den Schatzhügel verlassen hatten, führte unsere Straße zu den Dünen im Westen, und da Qwaytin hoffnungslos verloren schien, kletterte ich mit ihm auf eine der größten Dünen, um zu versuchen, unsere Position auszumachen.

Von oben konnte man in weiter Ferne die Ost-West-Böschung mit einer Unterbrechung erkennen, die zur Baharia-Oase führt, die im Norden von Farafra liegt. Von der *Hattia* Kairowin war jedoch nichts zu sehen. Vor uns lag jedoch eine hohe dreiköpfige *Sif* oder längliche Sanddüne, die Qwaytin zum Orientierungspunkt der *Hattia* von Süden aus erklärte.

Da wir immer weniger Wasser hatten, löste die Nachricht, dass die *Hattia* nicht in Sicht war, bei meinen Männern so etwas wie Bestürzung aus. Sie fingen alle an, über Qwaytins Unkenntnis der Straße zu murren, und Ibrahim ging so weit, ihn direkt zu fragen, warum er sich selbst als Führer bezeichnete, wenn er so wenig über die Wüste wusste.

Dass ein junger Sudani, kaum aus den Teenagerjahren heraus, so etwas zu einem älteren arabischen Führer sagte, der zudem ein Scheich seines Stammes war, war ein großes *Manko* , und Qwaytin war zutiefst verärgert. Unter diesen Umständen hätte Qway mit einigen beißenden Bemerkungen über die Minderwertigkeit von „Sklaven" und den Respekt, den ein Junge seinen Älteren und Vorgesetzten schuldet, geantwortet; aber Qwaytin fehlte seine Fähigkeit, Beschimpfungen auszusprechen. Er war ein begriffsstutziger alter Geizhals und schaffte es nicht, Ibrahim in die Schranken zu weisen. Seine eigenen Männer verteidigten ihn auf schwache Weise. Aber sie waren Ibrahim nicht gewachsen und gaben schließlich jeden Versuch auf, ihren Scheich zu verteidigen, da sie wahrscheinlich selbst das Gefühl hatten, dass es zu seiner Verteidigung nicht viel zu sagen gab. Da ich eher eine gewisse Reibung zwischen meinen und Qwaytins Männern fördern wollte, überließ ich es ihnen, ihre Differenzen so gut wie möglich beizulegen, mit dem Ergebnis, dass Qwaytin und seine Männer bei dem Streit den Großteil des Schadens davontrugen.

Kairowin *Hattia* misst von Norden nach Süden etwa achtzehn Meilen und von Osten nach Westen sieben Meilen. Es besteht aus einem ebenen, mit Buschland bewachsenen Gebiet, in dem hier und da ein paar vernachlässigt wirkende Palmen zu sehen sind. Zu verschiedenen Zeiten wurden hier mehrere Brunnen gegraben; einer am äußersten östlichen Rand der *Hattia* , wo die Straße von Assiut zuerst ins Buschland eintritt, ist als Bir Murr bekannt. Dieser Brunnen, den ich nicht besucht habe, soll versandet sein. Ein anderer Brunnen irgendwo im Norden ist, glaube ich, als Bir Abd el Qadr bekannt. Es gibt auch mehrere andere, die alle unparteiisch Bir Kairowin genannt zu sein scheinen. Wahrscheinlich kann man unter allen tiefer gelegenen Teilen der *Hattia Wasser finden* , indem man einige Fuß tief in den Boden gräbt, der in diesem gesamten Bezirk aus Kreide besteht.

Die Brunnen liefern in jedem Fall Wasser, das anscheinend so stark von Kreidepartikeln durchsetzt ist, dass es beim ersten Entnehmen fast so milchig ist wie Kalktünche. Versuche, das Wasser durch einen Berkefeld-Filter zu reinigen, schlugen fehl, da die Kreide den Filter nach wenigen Hüben verstopfte. Aber nachdem man das Wasser einige Stunden stehen gelassen hatte, setzte sich der Großteil der Kreide am Boden ab, und das abgegossene Wasser floss ganz leicht durch den Filter und erwies sich danach als von recht guter Qualität.

Leider vergaß ich in der ersten Nacht in *Hattia* , meine Uhren aufzuziehen, und ließ so den Halbchronometer, den ich für meine Beobachtungen verwendet hatte, ablaufen. Da ich mich bei der Bestimmung meiner Längengrade auf ihn verließ, war ein zwei- oder dreitägiger Aufenthalt im Lager erforderlich, um den neuen Gang nach dem Aufziehen festzustellen.

Diese Uhren sind aus irgendeinem Grund nur für eine Laufzeit von einem Tag ausgelegt . Da solche Versehen bei Reisenden häufig vorkommen müssen, wäre es wünschenswert, wenn sie eine Laufzeit von zwei Tagen hätten und mit einer Auf- und Ab-Anzeige ausgestattet wären, die anzeigt, wie viel Zeit seit dem letzten Aufziehen vergangen ist.

Ich verbrachte einen beträchtlichen Teil meiner Zeit in *Hattia damit* , erfolglos zu versuchen, eine Gazelle zu erlegen. Es schien in der Gegend nur sehr wenige zu geben, obwohl eine beträchtliche Anzahl alter Spuren zu sehen waren, wo sie sich im Gestrüpp ernährt hatten.

Dieser Wildmangel war vielleicht darauf zurückzuführen, dass zu dieser Zeit einige *Bedawin* dort lebten, die einige Kamele der Senussi *Zawia* in Qasr Farafra hüteten. Diese Männer hielten sich vom Lager fern, aber ich sah sie und ihre Kamele mehrere Male im Busch umherirren und fand zweimal kleine Hütten aus Reisig, in denen sie gelebt hatten – sie hatten, soweit ich sehen konnte, keine Zelte.

Meine Männer verbrachten die meiste Zeit damit, in einigen großen Hügeln herumzuwühlen. Auf einem dieser Hügel, etwa neun Meter hoch, fand Ibrahim einige gebrannte Ziegel. Der ganze Hügel war von dichtem *Terfa*-Gebüsch bedeckt, in dem sich der Sand angesammelt hatte, so dass jedes Gebäude, das sich darunter befunden haben könnte, vollständig verborgen war.

Ursprünglich muss es ein Gebäude von einiger Größe und beträchtlicher Höhe gewesen sein, vielleicht war es ein Turm. Die Männer haben am Fuß des Hügels einen Teil eines kleinen Raums freigelegt. Er war gut gebaut, aus den gleichen gebrannten Ziegeln, und das Innere war mit Gips verkleidet. Es wurden einige Scherben zerbrochener Keramik gefunden, eine davon mit einer grünen Glasur überzogen. In der Umgebung gab es vier oder fünf weitere Hügel ähnlicher Art, aber wir hatten weder Zeit noch Werkzeuge, um sie gründlich zu untersuchen.

Als Gesamtergebnis ihrer Schatzsuche in Kairowin gruben die Männer nur eine Leiche und ein paar Scherben zerbrochener Töpferwaren aus, ohne auch nur eine einzige Kupfermünze zu finden, um ihre Habgier zu befriedigen. Sie waren daher von ihrer Arbeit ziemlich desillusioniert, und ich hatte keine Schwierigkeiten, sie dazu zu bewegen, nach Qasr Farafra aufzubrechen.

Ich machte mich zuerst auf den Weg zum Hauptbrunnen, der als Bir Kairowin bekannt ist, um meine Überquerung abzuschließen. Das Wasser lag etwa acht Fuß unter der Oberfläche; der Zugang erfolgte über den üblichen abschüssigen Pfad, der in eine seiner Seiten gehauen war. Oben am Brunnen befand sich ein aus Lehm gemauerter Trog zum Tränken der Kamele, daneben lag eine leere Paraffindose, die als Eimer diente.

Unmittelbar nachdem wir die *Hattia verlassen hatten* , gelangten wir in die Dünen, die ein großes Gebiet im Zentrum der Farafra-Senke bedecken. Die ersten zwei oder drei Dünen bereiteten uns etwas Schwierigkeiten, aber die übrigen konnten wir recht leicht überqueren. Sie waren alle, soweit ich sehen konnte, sehr langgestreckt und walrückenartig und verliefen ungefähr von Norden nach Süden, in Richtung des vorherrschenden Windes.

Qasr Farafra lag fast genau westlich von unserem Lager. Bald nachdem wir in den Sand eingedrungen waren, wurde klar, dass Qwaytin sich wieder hoffnungslos verirrt hatte, da ich feststellte, dass wir fast genau nach Süden marschierten. Ich war gezwungen, meinem Führer so harmlos wie möglich zu erklären, dass wir vielleicht unser Ziel erreichen könnten, wenn er die Richtung, in die er uns führte, nur um einen rechten Winkel änderte, anstatt weiter zur Oase Dakhla zu gehen, wie es den Anschein machte. Qwaytin hatte sich so hoffnungslos verirrt, dass er meinen Vorschlag ohne den geringsten Widerspruch akzeptierte.

Bald darauf verließen wir den Sand und betraten eine ebene Wüste, auf deren Oberfläche eine große Anzahl schwarzer Pyritknollen zu sehen waren. Weiter hinten stießen wir auf einige schöne Beispiele der Sanderosion in Form von Kreidepilzen und Tafelsteinen. Ansonsten war dieser Teil der Wüste recht eintönig. Die Straße führte vollständig über weiße Kreide, die im gleißenden Sonnenlicht ziemlich grell leuchtete.

Wir erblickten Qasr Farafra am Abend des zweiten Tages, nachdem wir Kairowin *Hattia verlassen hatten* ; aber da es dunkel wurde, bevor wir es erreichen konnten, schlugen wir unser Lager ein paar Meilen vom Dorf entfernt auf. Am nächsten Morgen erreichten wir nach zwei Stunden Marsch die Oase. Am Rande passierten wir ein Stück Land, auf das der Sand vordrang, und einige Palmen, die nördlich davon lagen, waren fast vollständig unter Wasser.

Wir schlugen unser Lager auf der Nordseite des Dorfes auf. Eine große Menge Eingeborener kam heraus und schaute uns zu, während das Zelt aufgebaut wurde. Unter ihnen war ein schmollend aussehender Kerl, von dem man mir sagte, er sei der *'omda* . Sobald das Zelt aufgebaut war, lud ich ihn und einige der anderen Männer, die dort standen, ein, hereinzukommen.

Wir hatten dummerweise zu nahe am Dorf gezeltet, was zur Folge hatte, dass das Lager den größten Teil des Tages von einer Menge Männer und Kinder umringt war, die uns bei allem, was wir taten, beobachteten, ins Zelt spähten, sich um den Theodolit drängten, als ich mit meinen Beobachtungen begann, und allgemein eine unhöfliche Neugier an den Tag legten, die in krassem Gegensatz zum Verhalten der Eingeborenen der anderen Oasen stand, in denen wir wohnten. Da Farafra die am wenigsten bekannte ägyptische Oase ist, war die Ankunft eines Europäers ein so seltenes Ereignis, dass die Eingeborenen offensichtlich beschlossen hatten, das Beste daraus zu machen.

Die Eingeborenen der Oase Farafra, die als Farfaroni oder manchmal auch als Farafaroni bekannt sind, sind ein weitaus energischerer Haufen als die aus Kharga und Dakhla. Sie waren ein mürrisch und unangenehm wirkender Haufen.

Am Tag nach unserer Ankunft ging ich mit der *'omda* und Qwaytin hinaus, um das Dorf und die Plantagen zu besichtigen. Mit Ausnahme einer *Ezba* in 'Ain Sheykh Murzuk, wo es ein paar Häuser, eine Senussi *Zawia* und ein oder zwei Familien gibt, die ständig dort wohnen, um die Felder in der Nähe des Brunnens zu bewirtschaften, ist Qasr Farafra der einzige dauerhaft bewohnte Ort in der gesamten Farafra-Senke. Es ist ein armer kleiner Ort mit einer Gesamtbevölkerung von etwa fünfhundertfünfzig Einwohnern. Die Häuser sind vom üblichen Lehmbautyp und in den meisten Fällen kaum besser als Hütten; fast die einzige Ausnahme ist ein quadratischer Turm, der stellenweise Reste von Zinnen aufweist und von den Einheimischen, vielleicht zu Recht, den Römern zugeschrieben wird, die ihn als Bergfried zum Schutz des Dorfes errichtet haben sollen.

Dies erwies sich als ein ziemlich interessanter Ort. Er ist nicht bewohnt, aber die Tür ist verschlossen und wird ständig von einem Wächter bewacht. Das Gebäude wird ausschließlich als Lagerhaus genutzt, wobei jede Familie im Dorf das Recht hat, einen der darin enthaltenen Räume zu nutzen – es soll nicht weniger als einhundertfünfundzwanzig Kammern in dem Gebäude geben.

Der *Omda* zeigte uns den Turm. Der Eingang führte durch eine starke Holztür am Ende einer Treppe in einen Gang in der Mitte einer der Außenmauern, deren Wände auf beiden Seiten mit Öffnungen versehen waren, die offenbar als Schießscharten dienten. Der Gang erstreckte sich über die gesamte Höhe des Gebäudes und war nicht überdacht, damit von oben Steine auf jeden Angreifer fallen konnten, der versuchte, die Tür anzugreifen.

JUNGE MIT ARMBRUST, FARAFRA.

Das Innere des Turms war ein wahres Labyrinth aus halsbrecherischen Treppen und kleinen Räumen, die in enge, dunkle Gänge führten. Nachdem wir mehrere Stufen hinaufgeklettert waren und mir im Dunkeln immer wieder den Kopf an die niedrige Decke gestoßen hatten, gelangten wir schließlich in eine Art Innenhof im oberen Stockwerk, der von zwei Reihen kleiner Kammern umgeben war, die jeweils mit einer eigenen verschlossenen Tür versehen waren. Nach einigem weiteren Klettern gelangten wir auf das Dach, das die Räume überdeckte und eine Art Plattform bildete, die den Innenhof umgab. Von hier aus hatte man einen weiten Blick über die Oase und die Senke.

Es gab nicht viel von Bedeutung zu sehen. Unten lag das Dorf, das von oben betrachtet noch schäbiger aussah als von unten. Um es herum, in einem Umkreis von einigen Meilen, verstreut lagen eine Reihe kleiner Felder, die die Lage der verschiedenen Brunnen und Quellen zeigten. Sieben oder acht Meilen entfernt im Westen befand sich eine Klippe von beträchtlicher Höhe, die den Abhang des Guss Abu Said bildete – ein isoliertes Plateau, hinter dem, obwohl vom Turm aus nicht sichtbar, ein Brunnen, „Bir Labayat", und die kleinen Oasen von Iddaila und Nesla in einer weiteren großen Senke lagen, deren Ausmaße unbekannt waren. Hier und da auf dem Boden der Senke ragten ein paar isolierte Hügel auf, um die ebene Monotonie zu unterbrechen, der auffälligste unter ihnen war Jebel Gunna el Bahari, etwa fünfzehn Meilen nordöstlich. Ansonsten war der Blick über die Senke merkwürdig eintönig. Die einzigen anderen bemerkenswerten Merkmale waren die Klippen in der Ferne im Norden und Osten, die die Grenzen des höheren Plateaus markierten.

Als ich vom Turm herunterstieg, führte mich die *Omda* durch das Dorf. Abgesehen von seinem ärmlichen Aussehen unterschied es sich kaum von den Häusern in den Oasen Dakhla und Kharga. Es schien nur wenige Häuser mit einem zweiten Stock zu geben, und die Palmblatthecken, die in den anderen Oasen normalerweise die Mauern um die Flachdächer krönten, waren selten zu sehen.

Nachdem wir das Dorf erkundet hatten, brachte uns der *Omda* zu seinem Haus. Für einen Mann seiner Stellung im Dorf war es eine sehr armselige Unterkunft, und es wimmelte von Hühnern, Ziegen und schmutzigen kleinen Kindern, die meisten von ihnen litten an Ringelflechte. Er gab uns ein paar Datteln und sehr schlechten Tee, aber keine Zigaretten, wahrscheinlich weil er, wie die meisten Einwohner des Ortes, „dem Scheich folgte".

Am Nachmittag ging ich mit Abd er Rahman und dem *'omda*, um mir die Winde einer Bohrmaschine anzusehen, die der *Zawia* von einem reichen Ägypter in Kairo geschenkt worden war, damit sie einen neuen Brunnen bohren konnten. Sie wollten meine Meinung dazu hören, da zwei der Zahnräder gebrochen waren und die Arbeiten am Bohren des Brunnens deshalb eingestellt werden mussten. Es war offensichtlich, dass nichts getan werden konnte, außer die Räder zu ersetzen. Ich nahm Maß an den gebrochenen Teilen und versprach, nach meiner Rückkehr in Kairo Duplikate davon anfertigen zu lassen und sie in die Oase zu schicken.

Ich war gerade damit beschäftigt, ihre Größe zu notieren, als Abd er Rahman mir mitteilte, dass die Senussi-Scheichs aus der *Zawia* kämen, und ich erblickte zwei Männer, die mit Qwaytin im Gefolge auf mich zukamen.

Die *Zawia* wurde von drei Scheichs geführt, die Brüder waren; der älteste war allerdings zu dieser Zeit in Kairo. Die anderen beiden waren kein sympathisches Paar. Scheich Ibn ed Dris, der Ältere, war ein gutaussehender Araber und wäre sogar noch schöner gewesen, wenn sein Gesicht nicht von seinem mürrischen, trotzigen Ausdruck entstellt worden wäre. Sein jüngster Bruder, Scheich Mohammed, war anscheinend kaum aus den Teenagerjahren heraus und schien eine Art Null zu sein, da er von der aggressiven Persönlichkeit des älteren Scheichs völlig überwältigt wurde. Er machte lediglich einen extrem schmollenden Eindruck. Qwaytin erzählte mir, dass sie gekommen waren, um mit mir einen Spaziergang durch die Plantagen zu machen, die das Dorf umgaben, und fügte hinzu, da ich ein Fremder in der Oase sei, hätten sie das Gefühl, sie müssten mich unterhalten.

Sie schienen an dieser Aufgabe nicht viel Freude zu haben. Scheich Ibn ed Dris war äußerst schweigsam, und sein Bruder machte während unseres gesamten Inspektionsrundgangs keinen einzigen Mund auf.

Im Vergleich zu den anderen ägyptischen Oasen enthielten die Plantagen in Farafra verhältnismäßig wenige Palmen und einen viel größeren Anteil anderer Obstbäume – Oliven, Weinreben, Aprikosen, weiße Maulbeeren, Feigen, Granatäpfel, Limetten, süße Zitronen, ein paar Orangenbäume und einen kleinen Apfel, der als Rarität galt und sehr geschätzt wurde. Früher gab es einen beträchtlichen Export von Olivenöl ins Niltal, aber aus irgendeinem Grund, vielleicht weil die Bäume zu alt wurden, soll die Ernte erheblich zurückgegangen sein und kaum noch für den Bedarf der Oase ausreichen.

Die Felder rund um die Plantagen waren, soweit ich sehen konnte, nur mit Weizen, Gerste und Zwiebeln bepflanzt, aber in der Oase sollen auch Durra und Reis angebaut werden. Die Anbauflächen schienen klein, aber die Pflanzen sahen alle gesund und sogar üppig aus. Ich sah keine Flecken salzigen Bodens, wie man sie oft in Dakhla sieht.

Eine Braut und ihre Töpferwaren.

Eine Braut aus den ärmeren Schichten kann nur eine kleine Menge Tonwaren zur Einrichtung ihres neuen Heims beitragen. Bei ihrem Hochzeitszug trägt sie diese auf einem Stuhl auf dem Kopf. Beachten Sie die Pailletten auf der Vorderseite ihres Kleides. (S. 253).

Farafra ist ein so kleiner Ort, dass er verwaltungsmäßig zu Baharia gehört, der nächstgelegenen Oase, die etwa drei Tagesreisen nordöstlich liegt. In der gesamten Oase Farafra gibt es nur etwa zwanzig Brunnen. Die beiden wichtigsten sollen 'Ain Ebsay sein, der vier bis fünf Meilen südlich des Dorfes liegt, das ich nicht besucht habe, und 'Ain el Belad (der Stadtbrunnen). Beide sollen römischen Ursprungs sein und denen der Oase Dakhla ähneln.

Einige der Brunnen sollen mit langen unterirdischen Sickerkanälen verbunden sein, die in einiger Tiefe horizontal verlaufen, ähnlich denen in 'Ain Um Debadib, aber ich hatte keine Gelegenheit, einen davon zu untersuchen. Der 'Ain el Belad, der das Dorf versorgt, floss in einen großen Teich, der mit grünem Unkraut bedeckt und teilweise von Palmenhainen umgeben war, die im Schein der untergehenden Sonne ein wunderschönes Bild abgaben.

Wir beendeten unseren Spaziergang vor der Tür von Scheich Ibn ed Dris' Haus in der *Zawia* . Es war ein düsteres Lehmgebäude ohne jede Spur der europäischen Möbel, die die *Zawia* und die Häuser der Familie Mawhub in Dakhla kennzeichneten. Hier verabschiedete ich mich von meinen unangenehmen Begleitern, sehr, wie ich glaube, zu unserer beiderseitigen Erleichterung. Da die Scheiche während unseres Spaziergangs ein wenig aufgetaut waren, bat ich Ibn ed Dris, mich fotografieren zu lassen, was er zu meiner Überraschung widerwillig zustimmte. Er gab kein schönes Bild ab. Er hatte seinen üblichen Gesichtsausdruck auf, ein finsteres Gesicht, das „niemals verschwand", und nichts, was ich sagte, konnte ihn angenehm aussehen lassen.

Vorräte aller Art waren in der Oase sehr knapp. Obst und Gemüse waren nicht erhältlich, und die einzigen Lebensmittel, die man kaufen konnte, waren Geflügel, Eier und Zwiebeln. Da fast alle Einwohner Mitglieder der Senussia waren, war auch Tabak sehr schwer zu bekommen, da den Mitgliedern der Sekte das Rauchen verboten ist. Den Männern waren alle Zigaretten ausgegangen und sie waren sehr verärgert, dass sie ihre Vorräte nicht auffüllen konnten.

Am Morgen nach meinem Spaziergang mit den Scheichs erzählte mir Ibrahim, der immer für jede Art von Sport begeistert war, dass die ersten Wachteln in der Oase ankamen. Also ging ich mit ihm hinaus, um zu versuchen, welche zu schießen. Ich sah jedoch nur zwei – eine davon verfehlte ich zweimal.

Die Einheimischen von Qasr Farafra waren so unfreundlich, dass ich nicht so viel von dem Ort sehen konnte, wie ich gerne gewollt hätte, und nur wenige Fotos machen konnte.

Am nächsten Morgen packten wir zusammen und machten uns auf den Weg nach Bu Mungar. Nach einer ereignislosen Reise von etwa acht Stunden Richtung Südwesten durch eine eintönige, ebene Wüste erreichten wir die kleine Oase 'Ain Sheykh Murzuk – neben Qasr Farafra der einzige dauerhaft bewohnte Ort in der gesamten Senke.

Als wir uns der Plantage näherten, kamen uns drei oder vier Männer entgegen und begrüßten Qwaytin begeistert. Die Oase war sehr klein und erstreckte sich nur über wenige Morgen. Die Anbaufläche bestand nur aus ein paar Palmen und Obstbäumen und ein oder zwei Getreidefeldern. Zwischen den Palmen waren zwei oder drei Häuser versteckt, die ich jedoch nur aus der

Ferne inspizierte. Eines davon, so wurde mir gesagt, war eine Senussi *Zawia*
.

KAPITEL XXIV

Wir brachen am nächsten Morgen im Morgengrauen auf. Kurz nachdem wir
'Ain Sheykh Murzuk verlassen hatten, zeigte mir Qwaytin einen Pass, der den
Abhang eines kleinen Plateaus hinaufführt, dem Guss abu Said, zu unserer
Rechten, über den, wie er sagte, eine Straße nach Iddaila führe. Von Iddaila,
sagte er, führe eine Straße direkt über Nesla und Bu Mungar zur Oase
Dakhla.

Zwei Stunden nach unserer Abreise erreichten wir eine sehr kleine Oase, nur
ein oder zwei Morgen groß, bekannt als 'Ain el Agwa. Sie enthielt ein paar
Palmen und offensichtlich einen Brunnen, obwohl der Ort so mit Flugsand
bedeckt war, dass die Palmen in einigen Fällen fast bis zu ihren Kronen
begraben waren und der Brunnen völlig unsichtbar war.

Etwa eine Stunde weiter erreichten wir eine ähnliche Oase namens 'Ain
Khalif. An keinem dieser Orte waren Spuren von Bewohnern zu sehen; die
toten Blätter, die an den Palmen hingen, zeigten, dass sie völlig unbebaut
waren, und in 'Ain el Agwa schienen die Bäume selbst abzusterben.

Diese kleinen Orte scheinen vorher nicht gemeldet worden zu sein, obwohl
Rohlfs' Route ziemlich nahe an ihrem Standort vorbeigeführt haben muss.
Der Größe der Palmen nach zu urteilen, scheinen sie erst etwa zwanzig Jahre
alt zu sein, also sind die Brunnen möglicherweise erst seit seinem Besuch
gegraben worden.

Zwar war der Sand bis zu einem gewissen Grad in die Oase von Ain el-Agwa
eingedrungen, aber nicht annähernd in dem Ausmaß wie in Ain Khalif, und
der schwache Brunnen, der in einen winzigen Teich von wenigen Metern
Durchmesser mündete, war noch immer völlig frei von Sand.

Da sich das Wasser als gut erwies, hielten wir hier für eine halbe Stunde an,
während wir die *Gurba auffüllten* und die Oase untersuchten.

Kurz vor Sonnenuntergang erreichten wir eine Stelle, an der sich die Straße
gabelte. Eine Reihe kleiner Steine war quer über den rechten Weg gelegt
worden – ein bei den Arabern übliches Zeichen, dass dieser Weg nicht
befolgt werden durfte. Qwaytin nahm den linken Abzweig und bald darauf
erreichten wir den höchsten Punkt des Abstiegs nach Bu Mungar. Der Pfad
war an dieser Stelle eine schmale Spalte, ein paar Meter lang und nicht mehr
als einen halben Meter breit, und er erwies sich als ebenso schwierig zu
bewältigen wie der sehr ähnliche Pfad, der vom Ain-Amur-Plateau hinunter
nach Dakhla führte. Darunter lag ein Sandhang, der sich bis zum Fuß der
Klippe erstreckte und keine großen Schwierigkeiten bereitete.

Als wir den Fuß des Abhangs erreichten, machten wir uns auf den Weg nach
Bu Mungar, das ein kurzes Stück vor uns lag. Aber als wir die *Hattia erreichten*

, verirrte sich Qwaytin wie üblich, und es dauerte eine Weile, bis wir den Brunnen fanden.

Es war ein drückend heißer Tag gewesen und wir waren über dreizehn Stunden marschiert, mit nur einem kurzen Halt in 'Ain Khalif. Ich hatte die ganze Strecke zu Fuß zurückgelegt, war also hundemüde und extrem durstig. Da es am Abend unserer Ankunft bewölkt war und ich wahrscheinlich mehrere Stunden hätte warten müssen, bis die Wolken sich verzogen hätten, um eine Reihe von Beobachtungen durchführen zu können, verschob ich die Arbeit auf den nächsten Tag und wollte den Ort am Nachmittag verlassen.

Mein Zelt stand am äußersten östlichen Ende der *Hattia* . Die Klippe des Plateaus bildete im Osten eine riesige halbkreisförmige Bucht, deren südliche Spitze etwa 40 Kilometer südöstlich vom Lager zu sehen war. In der Mitte dieser Bucht lag ein zweites großes, abgetrenntes, mit Buschwerk bedecktes Gebiet.

In Bu Mungar gibt es mindestens zwei Brunnen. Zusätzlich zu dem Brunnen, in dessen Nähe wir lagerten, fanden die Männer etwa eine Viertelmeile südwestlich davon einen zweiten. Dessen Position war durch eine Gruppe von Bäumen markiert – soweit ich mich erinnern kann, Akazien und Palmen.

Der andere Brunnen, der etwa zweihundert Meter nordwestlich des Lagers lag, schien ein artesischer Brunnen zu sein, ähnlich denen in den ägyptischen Oasen. Ein kleiner Bach floss ein kurzes Stück von ihm ab, bis er sich im Sandboden verlor. Soweit ich sehen konnte, waren die Bäume größer und die Vegetation üppiger als in der Kairowin- *Hattia* .

Im Süden war ein riesiges Gebiet sichtbar, das bis zum Horizont mit Sanddünen bedeckt war. Eine große Düne überragte das Lager auf seiner Ostseite, und an vielen Stellen schien Treibsand in die Vegetation einzudringen. In der Nähe des Lagers befand sich ein Gebetsplatz oder eine „Wüstenmoschee", die laut Qwaytin nach einem der Senussi-Modelle gebaut wurde. Sie bestand aus einer Reihe von Steinen, die auf dem Boden ausgelegt waren und ungefähr die Form eines Knopfhakens hatten, wobei der gerade Teil in Richtung Mekka zeigte, um die Richtung anzuzeigen, in die die Gläubigen bei ihren Andachten blicken sollten. Es war der einzige Gebetsplatz dieser Form, den ich je gesehen habe.

SENUSSI-GEBETSPLATZ, BU MUNGAR.

Die Brunnen der *Hattia* stammen möglicherweise aus der Römerzeit, da sich in kurzer Entfernung südlich des Lagers ein kleines Lehmgebäude (*der*) befand, das die Einheimischen dieser Zeit zuschrieben. Die Überreste der gewölbten Dächer und die gewölbten Oberseiten der Öffnungen in den Wänden deuten darauf hin, dass diese Annahme bestätigt wird.

Am nächsten Tag gelang es mir, die notwendigen astronomischen Beobachtungen durchzuführen, um die Position des Ortes zu bestimmen, aber ich war nicht in der Lage, ihn gründlich zu untersuchen, da Komplikationen mit der Senussia, die ich aufgrund zahlreicher Hinweise, die ich seit meiner Abreise aus Assiut gesehen hatte, schon seit einiger Zeit erwartet hatte, plötzlich einen ziemlich unangenehmen Höhepunkt erreichten.

Erst als ich Bu Mungar erreichte, erfuhr ich, dass alle Männer in meiner Karawane den Senussia angehörten. Qwaytin und seine drei Männer, das wusste ich, waren schon immer dieser Überzeugung gewesen, und während ihres Aufenthalts in Farafra waren Abd er Rahman, Ibrahim und Dahab alle so sehr von Scheich Ibn ed Dris beeinflusst worden, dass sie kurz bevor wir die Oase verließen, ebenfalls dem Orden beigetreten waren und dabei den Fanatismus an den Tag legten, der von Neubekehrten zu erwarten war.

Eine Gruppe von dreißig Tibbus, die Scheich Ahmed Esh Sherif, damals Oberhaupt der Senussia, zu meiner Unterhaltung aus Kufara geschickt hatte, hielt sich irgendwo in der Gegend von Bu Mungar auf, nahe genug, dass Qwaytin ihnen Signale geben konnte, indem er auf imaginäre Tauben schoss und in der Abenddämmerung ein riesiges und völlig unnötiges Freudenfeuer anzündete - ein wohlbekanntes arabisches Signal.

Zwanzig weitere Männer waren aus Kufara geschickt worden, um die Mawhubs in ihrer *Ezba* im Nordwesten von Dakhla zu verstärken, die ich passieren musste, um auf meinem Weg nach Ägypten die Oase zu erreichen; während die Einwohner von Farafra – der einzigen anderen Oase, in die ich mit meiner kleinen Karawane zurückkehren konnte – fast bis auf den letzten Mann Mitglieder des Ordens waren und nach mir Ausschau hielten, falls ich auf diesem Weg zurückkehrte. Man erklärte mir, dass sie mir erlaubt hatten, nach Bu Munga r statt nach Iddaila zu gehen – was meine ursprüngliche Absicht war –, damit ich Ägypten verlassen konnte und dann, da ich meine Pläne geändert hatte, niemand wüsste, „wo es passiert ist!"

Es war eine nette kleine Falle, in die ich dummerweise hineingerannt war; aber sie hatte ihre Schwachstellen. Es war schon fast dunkel, als Qwaytin seine Signalschüsse abfeuerte, die zu meinen Nachforschungen führten, und, was noch besser war, es tobte ein heulender Sandsturm. Wenn wir unter diesen Umständen erst einmal in die Wüste gelangten, war ich zuversichtlich, ohne Schwierigkeiten davonzukommen. Aber die Aussicht, dass das Lager geplündert werden würde, bevor wir loskamen, bescherte mir so schlimme kalte Füße, dass ich beschloss, so schnell wie möglich loszurennen, um sie warm zu bekommen.

Hattia zu verlassen, als sie dazu aufgefordert wurden . Aber er und seine Leute waren so schwach, dass ich keine Schwierigkeiten hatte, sie zur Ordnung zu rufen. Wir verloren so wenig Zeit, dass ich die Tanks füllen und die Karawane kurz nach Sonnenuntergang losfahren konnte.

Bevor ich losfuhr, kam mir die Idee, mir einen Trick von Abd er Rahman anzueignen. Ich fand also eine sandfreie Stelle in der Nähe des Brunnens und kratzte das Senussi- *Wasm* mit einem Stock tief in den Boden. Um die Senussi, wenn sie kamen, über die Richtung, in die wir gegangen waren, in die Irre zu führen, zog ich von dort aus eine Linie nach Westen – die Richtung, in die sie, wie ich wusste, fürchteten, ich könnte gehen – und machte mich dann nach Südosten auf den Weg nach Dakhla.

Fast unmittelbar nachdem wir das Lager verlassen hatten, erreichten wir die Sandhügel. Ich verließ dann die Straße und machte mich, zu Qwaytins großem Ekel, auf den Weg in die Dünen im Süden, wo der heftige Sturm, der wehte, unsere Spuren sehr schnell verwischte.

Nach einem Marsch von zweieinhalb Stunden wurden die Dünen erheblich größer, und da der Mond untergegangen war, war das Vorankommen so beschwerlich, dass wir bis zum Tagesanbruch Halt machten.

Aber nachdem wir Bu Mungar verlassen hatten, wurde unsere Reise nach Mut zu sehr zu einem „Abenteuer", als dass wir sie im Detail beschreiben könnten. Ich musste alles aufbringen, was ich in sieben Saisons in der Wüste gelernt hatte, um meine Karawane nach Dakhla zu bringen, ohne den

Zwischenfall zu verursachen, vor dem ich gewarnt worden war und der leicht zu einem Aufstand der Eingeborenen hätte führen können.

Außer Qwaytin war niemand aus der Karawane zuvor auf dieser Straße gewesen, und er hatte sich natürlich hoffnungslos verirrt und war außerdem nicht zuverlässig, sodass ich seine Aufgabe übernehmen und mein Bestes als Führer geben musste.

Nachdem wir Bu Mungar verlassen hatten, führte unser Weg den ersten Tag lang durch die Dünen. Am späten Nachmittag stießen wir auf drei *Sifs* – Dünen mit einem A-förmigen Abschnitt, der gegen den Wind verläuft –, die uns einige Schwierigkeiten bereiteten, da sie sich quer über unseren Weg erstreckten. Sie waren alle weniger als sechs Meter hoch, aber ihre Flanken waren so steil, dass die Kamele sie überhaupt nicht erklimmen konnten, und die Männer mussten Pfade schräg die Dünenwand hinauf und auf der anderen Seite wieder hinunter graben, über die die Kamele mühsam eines nach dem anderen gezwungen wurden. So klein diese *Sifs* auch waren, sie verursachten eine beträchtliche Verzögerung. Aber diese drei Grate erwiesen sich als die letzten des Dünengürtels, und der Rest unseres Weges, bis wir die Dünen in der Nähe von Dakhla erreichten, war für uns leicht zu bewältigen.

Eine lange Klippe erstreckt sich von Bu Mungar zur Oase Dakhla; die Straße zwischen beiden verläuft an ihrem Fuß.

Die Sanddünen, die einen langen Nord-Süd-Gürtel südlich des großen Hügels Jebel Edmondstone bilden, der etwa 24 Kilometer westlich von Qasr Dakhl liegt, bereiteten uns erhebliche Schwierigkeiten, nicht nur wegen ihrer Höhe, sondern auch wegen ihrer extremen Weichheit. Die Kamele sanken stellenweise buchstäblich bis zu den Sprunggelenken in sie ein.

Auf den weichsten Stellen kam die Karawane völlig zum Stehen, da sie ohne Hilfe nicht vorankam. Ich musste auf jeder Seite eines Kamels einen Mann ansetzen und sie das Gewicht der Lasten auf ihren Rücken tragen lassen und sie bei jedem Schritt, den die Kamele machten, hochheben, um sie überhaupt vorwärts zu bringen. Nachdem ich dann ein Tier durch die weichen Stellen gebracht hatte, musste ich die anderen auf die gleiche Weise eins nach dem anderen hinüberbringen. Unsere Geschwindigkeit sank folglich auf etwa eine halbe Meile pro Stunde.

Am Abend des fünften Tages nach unserer Abreise aus Bu Mungar kamen wir in Mut an. Dabei hatten wir einen Teil unseres Gepäcks verloren, zwei Männer und zwei unserer sieben Kamele, und der Rest der Karawane war durch die Überschreitung des zulässigen Höchstwertes ziemlich zusammengebrochen.

Während der Reise von Bu Mungar kamen meine Männer, wie erwartet, allmählich wieder zu sich und erholten sich von ihrem Anfall von

Senussismus, nachdem sie als Mitglieder der Senussia das Rauchen aufgeben mussten. Bevor wir Mut erreichten, machten wir also Halt, außer Sichtweite der Stadt, und ich setzte Abd er Rahman auf ein Kamel und schickte ihn los, um herauszufinden, wie das Land in der Oase lag.

Er kehrte äußerst zufrieden mit sich selbst zurück. Er hatte sein Kamel zwischen den Dünen angebunden zurückgelassen und war dann „wie ein Dieb", wie er es ausdrückte, nach Mut gegangen, damit ihn niemand sehen konnte, und war zum Haus eines Freundes gegangen, der ihm erzählte, dass einige Tibbus mehrere Male in Mut gewesen waren, dort aber in letzter Zeit nicht mehr gesehen worden waren. Sie waren zur *Zawia* in Qasr Dakhl zurückgekehrt. Hier, wie ich später hörte, wurden sie von einem Eingeborenen gesehen und fotografiert, der zufällig aus dem Niltal in die Oase gekommen war. Sein Freund meinte, es wäre für uns völlig sicher, in die Oase zu kommen, denn wenn wir erst einmal dort gesehen worden wären , würden die Senussi es nicht wagen, uns zu belästigen. Also packten wir unsere Sachen wieder zusammen und machten uns auf den Weg.

Als ich Mut erreichte, übernachtete ich wieder im alten Laden. Nachdem ich mein Gepäck dort sicher untergebracht hatte, ging ich zur Post, um meine Post zu holen.

Ich fand heraus, dass es Scheich Senussi, dem poetischen Schreiber des *Kadi* , gelungen war, seinen Sohn zum Postmeister in der Oase zu ernennen. Diese Position musste für die Senussi von erheblichem Nutzen gewesen sein, da die von den Eingeborenen verwendeten sehr dünne Umschläge waren.

Obwohl die Bürozeiten, soweit man sie in Dakhla überhaupt nennen kann, schon lange vorbei waren, stand die Tür des Büros offen und ich trat ein, ohne gehört zu werden. Ich fand die Geheimdienstabteilung des Senussi in der Oase, bestehend aus Scheich Senussi und seinem Sohn, bei der Durchsicht der Post. Sie hielten jeden Brief nacheinander gegen das Licht und lasen ihn, wenn der Inhalt von Interesse war, durch den Umschlag. Ein Brief, der auf einer Schüssel mit heißem Wasser lag, war auf diese Weise vermutlich nicht zu entziffern, und so musste die Klappe des Umschlags mit Dampf geöffnet werden. Ein Stück Wachs und eine Flasche Kaugummi, die auf dem Tresen lagen, schienen darauf hinzudeuten, dass sie manchmal Schwierigkeiten hatten, die gelesene Korrespondenz wieder zu verschließen.

Ich ging leise von der Tür weg, kam dann laut räuspernd und mit so viel Lärm wie möglich zurück und fragte nach meiner Post. Scheich Senussi hieß mich sehr herzlich willkommen. Die Schüssel mit Wasser, der Kaugummi und das Siegelwachs waren alle verschwunden. Der Postmeister war eifrig damit beschäftigt, die Briefe zu sortieren. Aber ich glaube, ich hatte gerade eine der vielen Möglichkeiten gesehen, wie in Ägypten Informationen bekannt werden!

Die Dinge in Mut waren, wie ich feststellte, sehr merkwürdig. Ein neuer *Mamur* war auf der Bildfläche erschienen, der Berichten zufolge so viel trank und *Haschisch konsumierte*, dass er praktisch verrückt geworden war. Er hatte sich so heftig mit dem Polizisten, seinem Stellvertreter, gestritten, dass er eines Tages, als er den Platz bei der Moschee überquerte, aus einem Fenster seines Hauses drei Revolverschüsse auf ihn abfeuerte. Man zeigte mir die Stellen, wo die Kugeln den Boden aufgewühlt hatten, also war wahrscheinlich etwas in dieser Art passiert.

Der *Mamur* schloss sich nach dieser Vorführung in seinem Haus ein und ging nicht einmal zum *Merkaz hinaus* und weigerte sich, irgendjemanden zu empfangen. Der Polizist tat sein schwaches Bestes, um die Dinge am Laufen zu halten; da er sich aber nicht zum *Merkaz begab*, der in der Nähe des Hauses *des Mamur lag*, aus Angst, dass wieder auf ihn geschossen werden könnte, war er in seiner Arbeit etwas behindert.

Ich ging einmal über den Platz vor der Moschee und erhaschte einen flüchtigen Blick auf den *Mamur*, der mich durch den Spalt neben dem Scharnier seiner halb geöffneten Tür anstarrte, aber das war die einzige Sicht, die ich von ihm hatte.

Er schickte mir jedoch eine indirekte Nachricht, dass er mich an seinem Haus vorbeigehen sah und es für ein „*Ayb*" hielt, dass ich ihn nicht besucht hatte, da er das Oberhaupt der Regierung in der Oase und eine viel wichtigere Person als ich selbst war. Er fügte hinzu, dass er von mir erwarte, dies sofort zu tun. Da meine Ansichten über unsere relative Bedeutung von seinen abwichen, fuhr ich fort, ihn auf die gleiche Weise zu *besuchen*, bis ich die Oase verließ.

Am Tag nach unserer Ankunft bat Qwaytin um Erlaubnis, einen Tag in das Dorf Hindau zu gehen. Ich wusste, dass es dort eine kleine Senussi-*Zawia* gab, aber es wäre sinnlos gewesen, ihm die Erlaubnis zu verweigern, solange er auf freiem Fuß war, und angesichts der aktuellen Lage in der Oase kam es überhaupt nicht in Frage, ihn verhaften zu lassen. Also dachte ich, es sei das Beste, so zu tun, als wüsste ich nicht, worauf er hinauswollte, und ließ ihn gehen.

Später am Tag war ich in meinem Zimmer im oberen Stockwerk des Ladens, als ich zu meiner großen Überraschung Qwaytins Stimme im unteren Hof hörte, wie er mit Dahab und Abd er Rahman sprach. Da ich ihn nicht so bald zurückerwartet hatte, vermutete ich, dass er etwas Böses im Schilde führte, und hatte daher keinerlei Hemmungen, dem Gespräch zuzuhören, insbesondere, weil ich genauer wissen wollte, wie er mit meinen Männern umging.

Sie standen direkt unter meinem Fenster. Qwaytin sprach jedoch so leise, dass ich nur hie und da ein Wort von dem verstand, was er sagte. Aber ich verstand genug von der Unterhaltung, um großes Interesse zu wecken.

Er gab ihnen offenbar Anweisungen von einem gewissen Scheich Ahmed, dessen Identität ich nicht feststellen konnte. Wiederholt hörte ich ihn einen gewissen *Kafir* (Ungläubigen) erwähnen und einmal einen „Hund", an dessen Identität ich überhaupt nicht zweifelte – Zuhörer hören sprichwörtlich nichts Gutes über sich selbst. Mehrere Male hörte ich ihn sagen „Scheich Ahmed sagt –", etwas, das völlig unhörbar war, gefolgt von Protesten von Dahab und Abd er Rahman, und dann wurde ihnen wieder gesagt, dass „Scheich Ahmed sagt –", etwas anderes, was der *Kafir* viel dafür gegeben hätte, gehört zu haben.

Schließlich hörte ich, wie Qwaytin sich davonmachte, und kurz darauf kam Dahab mit einem furchtbar verängstigten Gesichtsausdruck ins Zimmer und verkündete, dass Dakhla tatsächlich ein sehr schlimmer Ort sei und dass wir ihn so schnell wie möglich verlassen müssten.

Als nächstes platzte Abd er Rahman kurzerhand herein und fragte mich unvermittelt, wann ich losfahren wolle. Ich sagte ihm, ich wolle so schnell wie möglich los. Er sah ungemein erleichtert aus und meinte, je früher wir losfahren, desto besser.

Ich versuchte, von ihnen herauszufinden, was genau im Gange war, aber wie ein Einheimischer gelang es mir nicht, ihnen auch nur die geringste Deutlichkeit zu entlocken.

Ich ging hinaus und sprach mit Qwaytin und sagte ihm, dass ich am nächsten Tag aufbrechen wollte. Er grinste und weigerte sich kategorisch, mir die Kamele zu überlassen. Ich war geneigt, sie zu nehmen, aber im Laufe des Tages war eine große Handelskarawane mit mehreren *Bedawin* eingetroffen, und diese Männer hingen alle herum und hörten unserem Gespräch zu, und das in einer alles andere als freundlichen Stimmung, und ich hielt es für das Beste, den Versuch nicht zu unternehmen. Ich sprach ein oder zwei der Händler an, um ihre Kamele zu mieten, aber ich wurde mürrisch abgewiesen. Ich hätte natürlich versuchen können, die Regierungsbehörden in der Oase dazu zu bringen, Qwaytin zu zwingen, seine Vereinbarung mit mir einzuhalten; aber in einem Fall dieser Art ist es für einen Weißen nicht angebracht, einen einheimischen Beamten um Hilfe zu bitten, also musste ich mich nach einer anderen Möglichkeit umsehen, unsere Reise fortzusetzen.

Nach einigen Schwierigkeiten gelang es mir, drei weitere Kamele zu mieten, die sich in der Oase befanden. Dann arrangierte ich, einen Teil meines Gepäcks, für den ich nicht sofort Verwendung hatte, in Mut in sicherer

Verwahrung zu lassen, bis ich es abholen lassen konnte, und bereitete mich auf die Abreise am nächsten Morgen vor.

Ich sagte Abd er Rahman, er solle seinen Freund ins Dorf schicken, um Informationen über die Senussia einzuholen. Während unserer Besuche in Mut erwies sich dieser Mann bei mehreren Gelegenheiten als äußerst nützlich für uns. Da er jedoch befürchtete, offen als uns wohlgesonnen zu erscheinen, führte er seine Operationen stets im Verborgenen durch.

Abd er Rahman, der bei allem, was auch nur annähernd eine Intrige war, immer in seinem Element war, führte ihn mitten in der Nacht heimlich in den Laden und brachte ihn hinauf in mein Zimmer. Seine Informationen waren völlig zufriedenstellend. Ich konnte ihm nicht genau entlocken, welchen Plan die Senussi zu unserem Vorteil ausgeheckt hatten, aber er erklärte, dass unsere Absicht, früher abzureisen, sie völlig schachmatt gesetzt hätte und dass sie deshalb rasend wütend seien.

Aber die Mawhubs, sagte er, seien äußerst schlau, und da wir sie nun besiegt hätten, sei ihr einziger Wunsch, die ganze Episode zu vergessen und sie nun als unsere besten Freunde erscheinen zu lassen. Er sagte, wenn wir schnell wegkämen, hätten wir nichts von ihnen zu befürchten; aber er betonte, wie wichtig es sei, keine Zeit zu verlieren. Ich verabschiedete ihn mit einem ohrenbetäubenden *Bakhshish* .

KAPITEL XXV

Der Polizeibeamte und der Regierungsarzt – diesmal ein Moslem – bestanden darauf, mich durch die Oase zu begleiten. Sie erzählten mir, sie hätten einen Boten nach Tenida geschickt, um ihm mitzuteilen, dass wir dort übernachten wollten, um der *Omda* Zeit zu geben, sich auf uns vorzubereiten.

Meine kleine Karawane aus drei Kamelen und drei Männern kam mir im Vergleich zu der, an die wir gewöhnt waren, äußerst klein vor. Doch die Männer waren bei der Aussicht, bald nach Hause zurückkehren zu können, guter Dinge, und die Kamele waren brav und kamen gut aus dem Sattel.

Als wir Smint verließen, rannte Scheich Senussi, der Dichter aus Mut, in äußerster Aufregung an uns vorbei, fuchtelte wild mit den Armen in der Luft herum und rief dem Polizisten etwas zu, das ich nicht verstehen konnte.

Als wir Tenida erreichten, gingen wir zum Haus *des Omda* , das ein oder zwei Meilen nördlich der Stadt liegt, wo wir den üblichen Tee tranken. Danach lud uns unser Gastgeber ein, in seinen Garten zu kommen und uns dort hinzusetzen.

Es war ein großes Grundstück, das mehrere Morgen umfasste, von einer Mauer umgeben und mit einer Vielzahl von Palmen und Obstbäumen bepflanzt war, die alle äußerst gesund aussahen. Der Größe der Bäume nach zu urteilen, konnten sie nicht älter als zwanzig Jahre sein. Es gab reichlich Wasser, da ein kleiner Bach, der aus einem Brunnen, dem Bir Mansura 'Abdulla, kam, mit einem plätschernden Geräusch durch die Plantage floss, das nach unserer heißen Fahrt durch die Oase sehr angenehm war. Insgesamt war der Garten ein herrlich schattiger Ort.

Der *'omda* ging voran und lenkte meine Aufmerksamkeit auf die verschiedenen Baumarten, an denen wir vorbeikamen. Hinter uns kam eine Menge Beamter und die führenden Männer des Bezirks, die in der üblichen lauten Art der Ägypter lachten und sich gegenseitig neckten. Als wir einen glatten, ebenen Platz unter einer Palme fanden, an dem der Bach dicht vorbeifloss, schlug ich vor, dass wir uns dort hinsetzen könnten; aber der *'omda* erklärte, dass der beste Platz ein wenig weiter entfernt sei, gleich hinter einem Dickicht vor uns, und machte mir auf dem Weg Platz, damit ich vorgehen konnte.

Die anderen Eingeborenen hörten plötzlich auf zu reden und folgten uns in einem höchst unnatürlichen Schweigen. Ich ging voran, bog um das Dickicht herum – und stand Auge in Auge mit dem alten Scheich Mawhub!

Er saß auf einem Teppich im Schatten eines kleinen Feigenbaums und war offenbar in fromme Meditation vertieft. Es war eine idyllische Szene, zu der eine mit Weinreben und Rosen bewachsene Pergola hinter ihm einen wirkungsvollen Hintergrund bildete.

Er war offenbar reisebereit, denn sein Gepäck bestand aus einem kleinen Sack mit nur wenigen Kleidungsstücken und zeigte, dass seine Bedürfnisse leicht zu befriedigen waren. Ein Krug Wasser und eine Handvoll Datteln, die von seiner Mahlzeit übrig geblieben waren, zeigten, dass er den luxuriösen *Fellachen* der Oase das einfache Leben demonstriert hatte , das die Senussia in ihrer *Zawia führten* – mit Hilfe eines türkischen Kochs.

Die Situation war völlig klar. Da die kleine Rampe der Senussia nicht richtig funktioniert hatte, wollten sie unbedingt, dass dies übersehen wurde. Also hatten die Eingeborenen der Oase mit ihrem üblichen freundlichen Instinkt dieses Treffen arrangiert, um „Frieden zu schließen". Ich war durchaus bereit, ihre Ansichten zu teilen – es hatte keinen Sinn, die Senussi-Frage anzusprechen.

Der alte Mawhub begrüßte mich mit einem wohlwollenden Lächeln, das in seiner Freundlichkeit beinahe väterlich war. Er klopfte auf den Teppich neben sich, als wollte er mich einladen, Platz zu nehmen, und wir begannen ein Gespräch.

Er sagte, er freue sich, mich zu sehen, aber ich bemerkte, dass er die Formalitäten ausließ, die man normalerweise bei der Rückkehr von einer Reise an den Tag legt, und Allah nicht für meine Sicherheit lobte. Er erwähnte mit keinem Wort, dass ich in der Wüste gewesen war, außer dass er sagte, sein Sohn, Scheich Ahmed, sei sehr wütend, wirklich sehr wütend, dass ich so nah an seiner *Ezba vorbeigekommen sei* , ohne seine Gastfreundschaft in Anspruch zu nehmen. Ich war mir seines Zorns ganz sicher, aber ich bezweifelte, was der Grund dafür war.

Mawhub erklärte, er sei auf dem Weg nach Kairo, um „einige Pferde zu verkaufen", die er dabei hatte. Die Tatsache, dass einer seiner seltenen Besuche im Niltal wieder einmal mit meiner Rückkehr in die Zivilisation nach einem Zwischenfall im Land der Senussi zusammenfiel, entging mir nicht. Ich schloss daraus, dass er seine Reise nach Kairo in Assiut unterbrechen würde, um Qwaytin bei allen Komplikationen zu unterstützen, die in der *Mudiria auftreten könnten* – und das tat er auch.

Nach zehn Minuten Gespräch, in denen wir beide gefährliche Themen sorgfältig vermieden, teilte mir sein jüngster Sohn, 'Abd el Wahad, der mit ihm reiste und sich als äußerst aufmerksamer und ergebener Diener erwies, flüsternd mit, dass sein Vater müde sei und schlafen wolle, da er ein alter Mann sei und am nächsten Tag eine lange Reise vor sich habe. Also verabschiedete ich mich von ihm und wir kehrten zum Haus *des 'Omda zurück*

, wo eine Mahlzeit serviert wurde, wonach ich zum Lager zurückritt, wo ich die Nacht verbrachte.

Kurz nach Tagesanbruch am nächsten Tag kam Mawhubs Karawane – eine höchst erbärmlich aussehende Ansammlung, bestehend aus ein paar Kamelen und einem elenden Pferd – an unserem Lager vorbei, bewacht von zwei niedergeschlagenen Schwarzen. Ein paar Minuten später ritt der alte Mawhub selbst mit seinem Sohn heran, auf zwei erbärmlich aussehenden Pferderücken, die offenbar die Pferde waren, die er nach Kairo zum Verkauf bringen wollte.

Als sie das Lager erreichten, stiegen sie ab, und der alte Scheich schlug vor, dass wir uns zusammentun und die Reise gemeinsam antreten sollten, da wir beide nach Kharga reisten. Er war ein interessanter alter Kerl, und ich war ziemlich versucht, dies zu tun. Aber obwohl ich bereit war, Vergangenes bis zu einem gewissen Grad vergangen sein zu lassen, war ich nicht bereit, so weit zu gehen, und als ich erfuhr, dass er die untere oder Gubary-Straße nehmen wollte, beschloss ich, den Weg über das Plateau über 'Ain Amur zu nehmen. Mawhub, anscheinend sehr enttäuscht, *sprang* mit einer für einen Mann seines Alters überraschenden Behändigkeit wieder in seinen Sattel und ritt davon, wobei er mir von Herzen eine gute Reise wünschte.

Wir hielten nachts wachsam und gingen während der verbleibenden Zeit in der Wüste keine Risiken ein, aber unsere Vorsichtsmaßnahmen waren wahrscheinlich völlig unnötig. Unsere Reise nach Kharga verlief völlig ereignislos.

Hier fanden wir große Veränderungen vor. Die englische Kompanie, die versucht hatte, die Wüste wie eine Rose zum Blühen zu bringen, hatte nur die Dornen einsammeln können. Ein Wassermangel, der zu Störungen zwischen den Brunnen führte, der salzhaltige Boden, der Flugsand und die heftigen Sandstürme waren ihnen zu viel geworden. Die Kompanie befand sich praktisch in Liquidation. Die meisten europäischen Mitarbeiter waren weggegangen und hatten anderswo Arbeit aufgenommen. Nur ein Mitglied war noch da und er war mit den letzten Vorbereitungen beschäftigt, die notwendig waren, bevor er den Ort in die Obhut eines Einheimischen übergab. Da er seinen Posten verloren hatte, sah er sich nach einem neuen um und hoffte, das alte Amt des Oaseninspektors zu seinen Gunsten wiederbeleben zu können – ich wurde daher mit etwas Argwohn als möglicher Rivale angesehen.

Er hätte sich jedoch deswegen keine Sorgen machen müssen. Man kann eine recht interessante Zeit damit verbringen, die unbekannten Teile der Wüste zu kartieren, Unkraut zu sammeln, das niemand haben will, die Gewohnheiten und Eigenheiten der Eingeborenen zu studieren, ihren Geschichten von vergrabenen Schätzen und verzauberten Städten zu lauschen und Irrlichtern in der ganzen Wüste nachzujagen. Aber mich für den Rest meines Lebens in diesen elenden Oasen niederzulassen, darauf zu achten, dass die einheimischen Beamten den elenden Fellachen, die ihnen unterstanden, nicht mehr als eine angemessene Menge Bakhshish *abpressten*, und Streitigkeiten über Orangen zu schlichten, die auf die falsche Seite einer Mauer gefallen waren, war nicht gerade mein Ding.

Die Nachtruhe, die ich in Kharga bekam, war sehr willkommen; seit meiner Abreise aus Qasr Farafra vor zwei Wochen hatte es keine Nacht gegeben, in der ich mehr als ein wenig Schlaf bekommen hatte.

Ein schlafender Mann ist so schutzlos, dass ich auf der fünftägigen Reise von Bu Mungar nach Dakhla große Anstrengungen unternehmen musste, um überhaupt zur Ruhe zu kommen. Erst als wir in Mut ankamen, hatte ich das Gefühl, meinen Männern genug vertrauen zu können, um das Risiko einzugehen, von ihnen im Schlaf überrascht zu werden. Sogar als wir den alten Laden bewohnten, wechselten Dahab und ich uns ab, nachts Wache zu halten.

Als ich am nächsten Morgen aufwachte, fühlte ich mich lebendiger als seit langem und setzte auch im Zug meine Nachtruhe während der Fahrt in Abständen fort.

Als wir Qara erreichten, die Basis der Eisenbahn am Rande des Niltals, hielt der Zug einige Minuten, und ich stieg aus und ging den Bahnsteig entlang. Ich stellte fest, dass ich mit dem alten Scheich Mawhub im Zug mitgefahren war. Der Zug war voll mit Einheimischen, aber das Abteil, das er und sein Sohn belegten, war ganz ihnen überlassen.

Sie waren ein unauffällig aussehendes Paar. Der alte Mann saß zusammengekauert in der hintersten Ecke des Drittklassewagens auf einem alten, rostig aussehenden Schafspelz, neben ihm auf dem Holzsitz lagen eine *Gula (Wasserflasche) und eine Handvoll Datteln. Sowohl er als auch sein Sohn waren fast schäbig gekleidet wie gewöhnliche Bedawin* – seine „schönen Lumpen" befanden sich wahrscheinlich in dem geflickten und verfallenen *Hurj*, den er bei sich trug. Niemand, der seine Identität nicht kannte, hätte sich die Mühe gemacht, ihn ein zweites Mal anzusehen. Aber trotz allem war er ein Mann, der unter den Mohammedanern in Ägypten wahrscheinlich genauso viel Einfluss hatte wie jeder andere Einheimische.

Er war immer noch in seiner Rolle als Pferdehändler unterwegs und verkaufte eine seiner Schrauben für 5 Pfund an den für die Strecke zuständigen Ingenieur – das schien ein stolzer Preis zu sein.

Kurz darauf wurde Abdulla Kahal, ein alter Dieb und Teppichhändler, der im Eingeborenenviertel von Kairo lebte und als Oberscheich der Senussia in Ägypten fungierte, von ihnen aus seinem Amt entfernt und Scheich Mawhub an seine Stelle berufen. Wenn mit der Stelle irgendwelche Vergütungen verbunden waren, habe ich mich manchmal gefragt, ob ich nicht Anspruch auf eine Art Provision darauf hätte erheben können.

Auf dem Weg nach Assiut blieb ich ein paar Nächte bei einem gastfreundlichen Freund, um Qwaytin Zeit zu geben, von Dakhla aus durchzukommen. Da ich die meiste Zeit schlief, muss ich ein bemerkenswert langweiliger Gast gewesen sein. Dann fuhr ich weiter nach Assiut, um mich mit meinem Führer zu streiten.

Nachdem ich diese Angelegenheit einigermaßen zufriedenstellend geregelt hatte, nahm ich den Zug nach Kairo, überließ die „romantische Wüste" sich selbst und tauschte die hitzige Atmosphäre von „Tausendundeiner Nacht" gegen die vernünftigere Atmosphäre Europas ein.

. . . .

Im Folgenden sind die wichtigsten Ergebnisse meiner Besuche in der libyschen Wüste aufgeführt:

1. Aus den Informationen, die die Einheimischen gesammelt hatten, wurde eine Karte erstellt, die praktisch die gesamte Wüste abdeckte. Diese Karte enthielt die Namen von etwa siebzig neuen Orten, die auf keiner der vorherigen Karten verzeichnet waren. Sie zeigte auch die Verteilung der Sanddünen und vieler unbekannter Hügelformationen. [5]

2. Der südwestlichste Punkt, der von Dakhla aus erreicht wurde, war praktisch das Zentrum der Wüste. Diese Reise zeigte, dass die bisherigen Vorstellungen von diesem Gebiet völlig falsch waren und dass die Hunderttausende von Quadratmeilen, die auf den alten Karten in diesem Teil als mit riesigen Dünen bedeckt eingezeichnet sind, in Wirklichkeit praktisch frei von Flugsand waren und dass das große Dünenfeld westlich der ägyptischen Grenze, das Rohlfs als so unpassierbares Hindernis empfunden hatte, etwa einen Tagesmarsch südlich seiner Route endete, da der Sand vollständig von dem hohen Sandsteinplateau aufgestaut war, das wir im Zentrum der Wüste vorfanden. [6]

3. Die Position von Bu Mungar *Hattia* wurde astronomisch bestimmt und die von dort nach Dakhla verlaufende Klippe wurde zum ersten Mal kartiert. [7]

4. Die Klippe, die die östliche Grenze der Farafra-Senke bildet, wurde kartiert. Dies zeigt, dass die Böschung im Osten und Norden von Kharga eine Fortsetzung der Klippe ist, die westlich von der Iddaila-Oase verläuft. Die gesamte Böschung – mit Ausnahme eines schmalen Abbruchs im Norden von Farafra – ist folglich durchgehend und erstreckt sich über etwa

450 Meilen. Sie bildet die südliche Grenze des Kalksteinplateaus und ist das Haupthügelmerkmal dieses Teils der Wüste. [7]

5. Zwei kleine neue Oasen – 'Ain el Agwa und 'Ain Khalif – wurden im westlichen Teil der Farafra-Senke gefunden. Die Stätte von Bu Gerara wurde ebenfalls entdeckt und der größte Teil des isolierten kleinen Plateaus, das im Südwesten liegt, wurde kartiert. [8]

6. Eine Untersuchung der Wüste nördlich von 'Ain Amur zeigte, dass das Plateau dort von einem merkwürdigen Netzwerk kleiner Vertiefungen durchzogen war. [9]

7. Mehrere Monate wurden damit verbracht, die Sanddünen und ihre Entstehungsweise zu studieren. [10]

8. Es wurde eine beträchtliche Menge an Material über die Sitten, Bräuche, Legenden, Maße und Aberglauben der Eingeborenen gesammelt. [11]

9. Es wurden auch Notizen zu ihren Methoden des Brunnenbaus und der Aufteilung des Wassers aus den Brunnen gemacht. [12]

10. Es wurden über 240 Schriftzeichen und Inschriften des „libyschen" Typs gefunden und kopiert.

11. Eine Reihe von in der Wüste und in Oasen wachsenden Pflanzen wurden gesammelt und ihre geografische Verbreitung ermittelt. [13]

12. Außerdem wurde eine zoologische Sammlung, hauptsächlich von Insekten, angelegt.

KAPITEL XXVI

BRÄUCHE, ABERGLAUBE UND MAGIE

Die Eingeborenen der Oasen in Ägypten sind als Wahatys bekannt und sind im Vergleich zu den Bewohnern des Niltals, mit denen sie rassisch eng verbunden zu sein scheinen, ein schwacher Haufen. Diese Verschlechterung der Rasse ist wahrscheinlich auf ihre Armut, unzureichende Ernährung, schlechtere Wohnverhältnisse und die Verbreitung der schweren Form der Malaria zurückzuführen, die als Oasenfieber bekannt ist.

In ihren Bräuchen ähneln die Bewohner der Oasen stark den Eingeborenen des Niltals; in mancher Hinsicht sind sie jedoch eigenartig. Bis zum Bau der Eisenbahn nach Kharga waren die Oasen viel stärker von der Außenwelt abgeschnitten als heute. Folglich sind die Bewohner in vielerlei Hinsicht viel primitiver als die *Fellachen* des Niltals und befolgen noch immer Bräuche, die in einigen Fällen dort befolgt wurden, die aber längst überholt sind. Viele ihrer Besonderheiten in dieser Hinsicht sind wahrscheinlich auf die Oasen beschränkt und haben möglicherweise anderswo nie existiert.

Als Beispiel für die primitiven Lebensbedingungen in Kharga sei erwähnt, dass einige der älteren Einwohner noch immer die alte Methode anwenden, Feuer zu machen, indem man zwei Holzstücke aneinander reibt, obwohl diese Methode durch die Einführung von Streichhölzern ausstirbt. Feuer wird auf diese Weise auf zwei Arten gemacht. Bei der einen Methode wird ein Stock senkrecht auf einen Holzblock gehalten und schnell zwischen den Handflächen gedreht; bei der anderen wird er in einer Rille des Blocks vor und zurück gerieben, so als ob ein Zimmermann einen Meißel an einem Wetzstein schärfen würde. In beiden Fällen wird manchmal eine Prise feinen Sandes zwischen die beiden Holzstücke gegeben, um die Reibung zu erhöhen.

Hochzeitsprozession in der Oase Dakhla.

Beachten Sie den Clown und die Band vorn, die Freunde der Braut, die Gewehre abfeuern und Fahnen tragen, ihr Teegeschirr und ihr Hochzeitskleid an einem Kreuz über der Prozession dahinter. Sie selbst trägt alte Kleidung. (S. 252)

Vegetation in Hattia Kairowin.

Dies zeigt die vernachlässigten Palmen und das Buschwerk einer *Hattia*, einer unbewohnten Oase. (S. 222).

Die Eltern eines Kindes deuten auf die Zukunft des Kindes hin, indem sie Ereignissen zuordnen, die sich um die Zeit seiner Geburt ereignen. Wenn also sein Vater oder ein anderes Familienmitglied zu dieser Zeit einen Unfall hat oder krank wird, gilt das als Unglücksbringer. Wenn dem Vater jedoch Glück zuteil wird, beispielsweise wenn er ein gutes Geschäft abschließen kann, gilt dies als gutes Omen für die Zukunft des Kindes.

Es heißt, es bringe Unglück, an einem Mittwoch geboren zu sein, denn dieser Wochentag gilt in den Oasen das ganze Jahr über als Unglückstag – wobei der letzte Mittwoch im Monat Safar als der Unglückstag von allen gilt.

Sobald ein Sohn geboren ist, findet in den Oasen von Dakhla oder Kharga eine kleine Zeremonie statt, die hier nicht beschrieben werden kann, die aber dazu dienen soll, dass das Kind, wenn es heranwächst, ein sehr schneller Läufer wird. In beiden Oasen findet am siebten Tag nach seiner Geburt eine sehr merkwürdige Zeremonie statt, die als „Sieben des Babys" bekannt ist. Eine Prise Salz und eine kleine Menge jedes der in den Oasen angebauten Getreide – Weizen, Gerste und Reis – werden in ein rundes Sieb gegeben. In dieses Sieb wird auch das Baby gelegt. Es wird dann geschüttelt, als würde es auf gewöhnliche Weise verwendet, während eine Frau in der Nähe so laut wie möglich mit einem Stößel auf einen Mörser schlägt, als würde sie Reis zerstampfen.

Das Getreide und das Salz, die durch das Sieb fallen, werden dann sorgfältig vom Vater des Kindes gesammelt und an verschiedenen Orten in seinem Dorf in die Luft geworfen, und zwar nach Norden, Süden, Osten und Westen. Die Zeremonie wird dadurch abgeschlossen, dass der Vater das Sieb nimmt und es wie einen Reifen durch die Dorfstraßen rollen lässt.

Die Wirkung dieses kuriosen Verfahrens soll folgende sein: Das in das Sieb gegebene Getreide und Salz soll das Kind vor Not bewahren und ihm sein Leben lang genug zu essen geben. Stößel und Mörser werden in seiner Nähe geschlagen, damit es als Erwachsener nicht durch Geräusche erschreckt wird. Das Korn wird in die vier Himmelsrichtungen seines Dorfes geworfen, um ihm als Zauber zu dienen, damit es in jede Richtung sicher reisen kann, sollte es diese verlassen. Das Rollen des Siebes durch die Straßen ist ein weiterer Zauber, der ihn zu einem schnellen Läufer machen soll.

Diese aufwendigen Vorsichtsmaßnahmen, die getroffen werden, um sicherzustellen, dass das Kind sicher reisen kann und dass es ein schneller Läufer wird, scheinen für eine so ausgesprochen unsportliche und sesshafte Rasse wie die Oasenbewohner völlig untypisch zu sein. Sie scheinen eher dem Charakter der Araber zu entsprechen , von denen diese Zeremonien möglicherweise stammen, oder vielleicht verdanken sie ihren Ursprung einem Stamm im Sudan. Diese Siebzeremonie soll auch gelegentlich im Niltal durchgeführt werden.

Das erste Schneiden der Haare und Fingernägel eines Kindes ist mit einer gewissen Zeremonie verbunden und findet statt, wenn es ein Jahr alt ist. Bei einem Jungen bleibt ein Haarbüschel auf seiner Stirn lang, um seine Eltern daran zu erinnern, dass sie Allah dankbar sein sollten, dass er ihnen einen Sohn geschenkt hat – ein männliches Kind wird immer als viel wertvoller angesehen als ein Mädchen.

Da es aus irgendeinem Grund als Unglück gilt, vor dem Gesicht eines Kindes eine Schere zu öffnen – vielleicht aus Angst vor Unfällen –, werden die Nägel immer zuerst mit der Hand auf dem Rücken geschnitten; in der Regel werden sie jedoch von den Eltern kurz abgebissen. Die Fingerspitzen werden dann in frisch gemahlenes Mehl getaucht, um „ein erneutes Nachwachsen zu verhindern".

Wenn ein Kind als ungewöhnlich schön oder wohlerzogen gilt und die Mutter befürchtet, es könnte den bösen Blick anderer Mütter auf sich ziehen, die weniger begünstigt sind, wird ihm zum Schutz ein schwarzes Kreuz auf die Stirn geschmiert, wenn man sein Gesicht wahrscheinlich beneidet, oder auf den Handrücken, wenn man befürchtet, dass seine Rundlichkeit Herzschmerzen verursacht. Dieser Brauch stammt höchstwahrscheinlich von den Kopten.

Die Angst vor dem bösen Blick ist weit verbreitet, besonders im Osten, und in den Oasen werden viele Vorkehrungen getroffen, um sich davor zu schützen. Um beispielsweise eine gute Ernte einer Palme zu gewährleisten, hängt man einen Tierknochen – häufig einen Schädel – oder ein Stück Mist, in ein Tuch gewickelt, in die Zweige, und manchmal werden kleine puppenartige Figuren auf die gleiche Weise verwendet. Zaubersprüche in Form von Texten oder kabbalistischen Zeichen, die entweder von einem religiösen Scheich oder von bestimmten Männern geschrieben wurden, denen eine besondere Begabung in dieser Hinsicht zugeschrieben wird, werden manchmal in einem kleinen Päckchen, meist aus Leder, verpackt und einem Kind oder einem wertvollen Tier um den Hals gehängt, um es vor dem bösen Blick zu schützen; sie sind jedoch nicht sehr gefragt.

Sie haben auch einen Zauberspruch, den sie aufsagen, bevor sie sich schlafen legen oder sich an einen Ort setzen, von dem sie vermuten, dass er von Skorpionen oder anderen giftigen Kreaturen befallen ist. Nachdem sie ihn aufgesagt haben, spucken sie nach Norden, Süden, Osten und Westen und glauben dann, dass sie vor Angriffen sicher sind. Ich habe versucht, eine Kopie des Zauberspruchs, der mir gegeben wurde, übersetzen zu lassen, konnte aber niemanden finden, der das konnte. Es scheint bloßes Kauderwelsch zu sein.

In den Oasen werden Jungen normalerweise im Alter von drei bis fünf Jahren beschnitten. Sind die Eltern arm, warten sie, bis sie genug gespart haben, um das notwendige Fest zu veranstalten. Außerdem versuchen sie, wenn möglich, die Beschneidung mit einer Hochzeit in ihrem Dorf zusammenfallen zu lassen, damit durch die Kombination von Hochzeit und Beschneidungsprozession für beide Parteien Kosten gespart werden können. Die reicheren Familien schlachten für das Beschneidungsfest ein Schaf oder sogar eine Kuh, aber den ärmeren Klassen genügt eine viel einfachere Mahlzeit.

Mädchen werden sehr früh verheiratet – manchmal schon mit acht Jahren. Aber in diesen Fällen fungiert die Frau wahrscheinlich zunächst nur als Dienerin ihres Mannes. Im Alter zwischen zwölf und vierzehn Jahren beginnen sie jedoch, Kinder zu bekommen, und hören damit zwischen vierzig und fünfundvierzig auf.

Scheidungen sind äußerst häufig. In Dakhla wurde mir ein junges Mädchen gezeigt, das, wie man mir sagte, erst zwölf Jahre alt war (sie sah nicht älter aus), das bereits dreimal geschieden worden war. Der moralische Zustand in diesen Oasen ist in der Tat sehr niedrig, und dies, zusammen mit den sehr frühen Ehen, sagt wahrscheinlich viel über den schwachen Charakter der Einwohner aus.

Hochzeiten werden – vor allem bei den reicheren Einwohnern – mit großem Pomp gefeiert und ihre Zeremonien unterscheiden sich in einigen auffälligen Punkten von denen im Niltal.

Mahr oder Mitgift wird vom Mann an die Familie der Braut bezahlt, außer bei sehr Armen. Nachdem diese Vorstufe geklärt ist, wird die Zeremonie des *Katb el Kitab* oder „Verfassens der Urkunde" durchgeführt, obwohl, wie im Niltal, nur selten ein schriftlicher Ehevertrag aufgesetzt wird. Der Bräutigam geht in Begleitung eines oder zweier Freunde zum Haus seiner zukünftigen Braut, wo er ihren Vertreter trifft, dem er den vereinbarten Teil der Mitgift zahlt. Alle rezitieren die *Fatha* oder das erste Kapitel des Korans – worauf die Zeremonie oft als „Aussprechen der *Fatha*" angespielt wird –, und dann hocken sich der Bräutigam und der Vertreter der Braut einander gegenüber auf den Boden, und, normalerweise auf Aufforderung eines religiösen Scheichs, fassen sich bei den Händen und schwören den Ehevertrag.

Etwa eine Woche später findet kurz nach Mittag der *Zeffet el Arusa* statt, die Prozession der Braut zum Haus des Bräutigams. Eine Prozession dieser Art, die ich in der Oase Dakhla sah, wurde von einem *Sutary* oder Hofnarren angeführt, der das Ende eines langen Palmblattes vorn an seiner Taille festgebunden hatte und das andere Ende durch seine Beine und seinen Rücken führte, so dass es wie ein buschiger Schwanz aussah. Er trug in jeder Hand einen Stab und hüpfte auf diesen auf höchst groteske Weise herum.

Hinter ihm folgte ein Mann, der eine Trommel schlug, wie sie in Ägypten als *Tabl Beladi bekannt ist* , neben ihm ging ein blinder Mann, der mit Zimbeln (*Kas*) trommelte. Dann folgte eine Schar von Freunden und Verwandten der Braut.

Die Braut selbst trägt, anders als im Niltal, kein Hochzeitskleid. Dieses wird hinter ihr hergetragen und über den Köpfen der Prozession gehalten, damit es alle sehen können. Es wird dabei von ein paar Stöcken gestützt, die zu einem Kreuz zusammengebunden sind. Sie selbst trägt ein gewöhnliches Gewand und einen Schal, normalerweise rot oder von einer hellen Farbe, auf dem Kopf.

Das Galakleid, das die Frauen dieser Oasen tragen, unterscheidet sich etwas von dem, das die Frauen in Ägypten normalerweise tragen. Es ist im Allgemeinen entweder schwarz oder sehr dunkelblau und auf der Vorderseite aus farbiger Wolle – normalerweise rot und gelb – in einer Art „Fischgrätenmuster" gearbeitet. Die reicheren Frauen bedecken normalerweise einen großen Teil der Vorderseite ihres Kleides, bis knapp unter die Taille, mit silbernen Pailletten, die dicht aneinander auf den Stoff genäht sind, aus dem das Kleid besteht, wodurch ein Effekt entsteht, der stark an alte Kettenhemden erinnert.

Ihr Haar fällt ihnen meist in drei oder vier langen Zöpfen über den Rücken, die an den Enden häufig mit Perlenketten verziert sind.

Eine weitere Besonderheit der Hochzeitszeremonien in den Oasen besteht darin, dass die *Gahaz der Braut* , also die Gegenstände, die sie zum gemeinsamen Haushalt beisteuert, nicht wie bei den Ägyptern in einer gesonderten Prozession in ihre zukünftige Heimat geschickt, sondern im *Zeffet el Arusa getragen werden* . Bei einer reichen Braut können dies Tee- und Kaffeetassen, eine riesige Art Messingkanne, die dem russischen Samowar nicht unähnlich ist, zum Erhitzen von Wasser beim Teekochen und ein Messingtablett sein. Diese werden von einem ihrer männlichen Freunde auf dem Tablett in der Prozession getragen.

das Gahaz der Braut bei diesen verarmten Menschen nur aus ein paar Schalen und Wasserflaschen aus der örtlichen Terrakotta, und in diesem Fall werden sie auf einem Hocker getragen, den die Braut selbst auf ihren Kopf stellt, wenn sie in der Prozession zum Haus ihres zukünftigen Ehemannes schreitet. Dieser Hocker entspricht vielleicht dem Baldachin, unter dem die Braut in den ägyptischen Dörfern schreitet, oder möglicherweise ist es die

Darstellung des Stuhls, auf den der Bräutigam seinen Turban setzt, den Lane als einen der Bestandteile des *Gahaz der Braut erwähnt* .

Normalerweise werden in der Prozession zwei große Flaggen getragen, die normalerweise grün sind und mit passenden Texten bedeckt sind. Außerdem sind einige männliche Verwandte der Braut mit Gewehren bewaffnet, die sie in regelmäßigen Abständen abfeuern, während die Prozession voranschreitet. Am Ende der *Zaffeh* befindet sich häufig ein Mann, der ein *Tar* oder Tamburin schlägt, und ein Junge, ganz in Weiß gekleidet und auf einem Pferd reitend. Er wurde in die *Zaffeh eingeführt* , um die Kosten einer separaten Beschneidungsprozession für ihn allein zu sparen.

Auf das *Zaffeh* folgt ein Fest im Haus des Bräutigams, nach dem alle Gäste der Braut Geschenke, meist in Form von Geld, überreichen. Während dieser Unterhaltung spielt die übliche einheimische Band und manchmal tritt eine Tänzerin auf – dies ist jedoch nur bei den reicheren Einheimischen der Fall. Bei den ärmeren, das heißt in den meisten Fällen, gibt es weder Musik noch Tanz und manchmal sogar kein Fest oder keine Geschenke.

Der Trauerzug zum Grab weist einige Besonderheiten auf, die meines Wissens im Niltal nicht zu sehen sind. Während meines Aufenthalts in der Oase Dakhla erregte der Tod des Wächters des Grabes eines Scheichs in dem Bezirk großes Aufsehen, und ich sah anschließend seinen Trauerzug, der dem einer Braut auf dem Weg in ihre zukünftige Heimat sehr ähnelte. Der Clown an der Spitze *fehlte* natürlich, aber statt der üblichen Gruppe singender Männer, die man in Ägypten sieht, waren da dieselben Männer wie bei einer Hochzeit, die Trommeln und Zimbeln schlugen. Ihnen folgten männliche Freunde des Verstorbenen und dieselben Fahnen, die im Brautzug zu sehen waren. Hinter ihnen kam die Bahre, die mit einem Schal bedeckt war, und danach folgte die übliche Menge wehklagender Frauen. Den Abschluss bildete eine Frau, die ein mit einem Tuch bedecktes Tablett mit Brot und Datteln trug, die nach der Zeremonie an die Armen verteilt werden sollten.

Nach der Beerdigung formierte sich der weibliche Teil der Prozession, begleitet von Trommeln und Becken, erneut und kehrte in einer Art langsamen Tanz zum Haus des verstorbenen Wächters zurück, wobei er gelegentlich kurze, schrille Schreie der üblichen Art ausstieß.

wird im Haus des Verstorbenen das Trauermahl und eine sogenannte *Khatma abgehalten, bei der ein oder mehrere Fikis* – einfache heilige Männer, häufig die Dorfschullehrer – das 67. Kapitel des Korans singen, das als *Surat el Mulk* (das Kapitel des Königreichs) bekannt ist und sich hauptsächlich mit den Strafen beschäftigt, die die Ungläubigen erwarten, wenn sie in die Hölle kommen. Normalerweise wird für alle Anwesenden Essen bereitgestellt. Das Essen, das in der Prozession mitgebracht wird, wird am Grab verteilt.

Die Nacht nach der Beerdigung wird von den Mohammedanern üblicherweise *Leylet el Wahsha oder Nacht der Trostlosigkeit genannt, obwohl sie manchmal auch als Leylet el Wahada oder „Nacht der Einsamkeit"* bekannt ist, weil die Moslems glauben, dass die Seele in dieser ersten Nacht nach der Beerdigung beim Körper bleibt.

Die weiblichen Verwandten des Verstorbenen besuchen das Grab in der Oase fünfzehn Tage lang täglich, bei besonders geliebten Menschen auch länger.

Das Grab, so habe ich gehört – ich habe noch keins gesehen – hat das übliche muslimische Muster, mit dem *Lahd* oder der Vertiefung an der Seite des Bodens, in die der Körper gelegt wird. Sie sind so ausgerichtet, dass die Leiche, wenn sie auf der Seite liegt, nach Mekka blickt. Die Vertiefung wird zugemauert, bevor das Grab aufgefüllt wird.

Die Mohammedaner glauben, dass, sobald die Trauernden den Friedhof verlassen haben, das Grab von zwei kohlschwarzen Engeln mit porzellanblauen Augen besucht wird, *die Munkar* (der „Unbekannte") und *Nakir* (der „Ablehnende") genannt werden und deren Aufgabe es ist, den Toten über seinen Glauben an Mohammed und Allah zu befragen und ihn, wenn nötig, mit der „Strafe des Grabes" zu belegen. Einer von ihnen packt ihn am Haarbüschel, das die meisten Moslems auf dem Kopf haben, und richtet ihn auf, während der andere ihm die Fragen stellt. Wenn seine Antworten zufriedenstellend sind, wird das Grab erheblich vergrößert und mit Licht erfüllt, und der Verstorbene wird in einen tiefen Schlaf versetzt, der bis zur Auferstehung anhält. Wenn sich jedoch herausstellt, dass es sich bei der Leiche um die eines Ungläubigen handelt, wird er mit einer Eisenkeule zu Brei geschlagen.

Im Hinblick auf den Besuch dieser beiden Engel ist es üblich, dass sich ein *Fiki* (Heiliger) davor niederlässt, bevor die Beerdigungstruppe das Grab verlässt, und dann dem Leichnam Anweisungen gibt, welche Antworten er geben soll, wenn die Engel kommen.

Die Trauerzüge, die ich in den Oasen sah, schienen nichts von der Feierlichkeit zu haben, die man mit europäischen Begräbnissen verbindet. Als der Wächter des bereits erwähnten Grabes – obwohl es sich bei der Leiche um einen Mann handelte, der aufgrund seines Berufs einen gewissen Heiligencharakter haben sollte – mich mit einer Kamera da stehen sah und zögerte, ein Foto zu machen, weil ich befürchtete, bei einem so feierlichen Anlass zu stören, kamen sie von selbst auf mich zu, und einer von ihnen teilte mir freiwillig mit, dass ich sie fotografieren könne, wenn ich das wolle. Leider war das Licht zu schlecht, um der Einladung Folge leisten zu können.

Es fällt auf, dass in der Oase Dakhla (in Kharga ist dies offensichtlich nicht der Fall) manchmal sowohl Beerdigungs- als auch Beschneidungsfeste an den Gräbern der örtlichen religiösen Scheichs abgehalten werden.

Die Art und Weise, wie einige religiöse Feste in den Oasen gefeiert werden, unterscheidet sich geringfügig von den Gebräuchen im Niltal. Der zehnte Tag von Muharrem, dem ersten Monat des muslimischen Jahres, ist der Jahrestag mehrerer wichtiger Ereignisse in ihrer Religion und wird in ganz Ägypten als Fest gefeiert. Er ist als *Yum Ashura* „der zehnte Tag" bekannt.

Es soll der Jahrestag des Tages sein, an dem Noah nach der Sintflut zum ersten Mal die Arche verließ; und Adam und Eva – die sich nach Aussage der Moslems bei ihrer Vertreibung aus dem Garten Eden irgendwie aus den Augen verloren – sollen sich an diesem Tag zum ersten Mal wieder begegnet sein. Manche sagen, dass dies der Tag ist, an dem Allah sie erschuf, und auch, dass Himmel, Hölle, Leben und Tod, die Feder, mit der Allah die vorherbestimmten Taten der gesamten Menschheit niederschrieb, und die genaue Zahl aller Dinge, die jemals erschaffen werden sollten, und die Tafel, auf der sie alle aufgezeichnet wurden, alle an diesem Tag erschaffen wurden. Aber insbesondere ist es der Jahrestag des Tages, an dem El Hussein, der Sohn Alis und Enkel des Propheten, in der Schlacht von Kerbela getötet wurde.

Aus diesem Grund wird es vom schiitischen Zweig der Mohammedaner, der in Persien und Indien zu finden ist, als weitaus heiliger angesehen als vom sunnitischen Zweig, dem fast alle ägyptischen Moslems angehören.

Sowohl in der Oase Dakhla als auch in der Oase Kharga ist es Brauch, dass an diesem Tag jeder ein Geschenk bekommt, wie an unserem Weihnachtstag. Ein Junge bekommt ein Huhn, ein Mädchen eine Taube, ein Mann einen Hahn, einen Truthahn, eine Ente oder einen anderen großen Vogel, während eine Frau ein Huhn der gleichen Art bekommt. Alle Eier im Dorf werden für dieses Fest aufbewahrt, und ungefähr eine Woche vorher ist es fast unmöglich, welche zu kaufen. Diese Eier werden hartgekocht und gefärbt und von den Leuten benutzt, um sich gegenseitig damit zu bewerfen – ich glaube, dies wird auch in einigen Teilen des Niltals gemacht, aber nicht anlässlich dieses Festes, sondern an dem von *Shem en Nessim*. Die Männer in den Oasen spielen auch eine Art Spiel, indem sie ihre Eier aneinanderschlagen, und das Ei, das zuerst zerbricht, bekommt der Besitzer des Eis, das es zerbrochen hat.

„Pace"-Eier werden in Cumberland zu Ostern in einem Spiel verwendet, das dem beschriebenen genau ähnelt. „Pace" ist vermutlich eine Verballhornung des französischen „Pasque".

In diesen Oasen glaubt man, wie auch die Bewohner des Niltals, dass in der Nacht nach diesem Fest manchmal ein wohlwollender *Dschinn* (weiblicher Geist oder Fee) in Gestalt eines Maultiers, bekannt als Baghallat el Ashar oder „Maultier des Zehnten", durch die Dörfer wandert und ein Paar Satteltaschen voller Schätze trägt, die einem verdienten Moslem überreicht werden sollen. Damit das Maultier jede Gelegenheit hat, seine Insassen als Empfänger seiner Gaben auszuwählen, bleibt die Tür jedes Hauses im Dorf während der Nacht offen.

Im Niltal glaubt man, dass das Maultier eine Kette mit Glöckchen um den Hals trägt und zwischen den Satteltaschen den Kopf eines Toten auf dem Rücken trägt. Wenn es das Haus des glücklichen Menschen erreicht, den es bereichern will, schüttelt es den Kopf, läutet damit die Glocken an der Tür und bleibt dort, bis der Besitzer herauskommt, die Satteltaschen leert und mit Stroh füllt. Dies wird ihm jedoch nicht gelingen, es sei denn, er bringt den Mut auf, den Kopf des Toten von seinem Rücken zu nehmen. Dies wird dadurch erschwert, dass der Kopf die Augen verdreht und ihn auf eine, wie man mir sagte, höchst furchterregende Weise anstarrt. Ich habe jedoch nicht gehört, dass dieser Glaube in den Oasen gilt.

Zu Beginn des Sommers kommt *Khamasin* – die „fünfzig Tage", an denen der heiße *Simum-* Wind weht. Der erste Tag davon ist als *Shem en Nessim bekannt* – „die Brise riechen". Es ist der Tag nach dem Ostersonntag der koptischen Kirche und wird in ganz Ägypten als Fest gefeiert.

An diesem Tag wird in den Oasen Gerste aus der neuen Ernte über die Außentüren der Häuser gehängt, um im nächsten Jahr reichlich zu bringen. Auch Zwiebeln – die über Nacht unter die Kissen der Hausbewohner gelegt wurden – „um sie energetisch zu machen" – werden mit der Gerste aufgehängt, damit sie der Familie bis zur nächsten Saison „Erfrischung" bringen. Die in den Oasen angebauten Zwiebeln scheinen ungewöhnlich scharf zu riechen, und ich habe mehrmals gesehen, wie sich ein Eingeborener „erfrischte", indem er sich eine kleine Zwiebel in ein Nasenloch stopfte. Vielleicht erzeugt das Einatmen von Luft durch eine dieser duftenden Zwiebeln auf diese Weise ein kühlendes Gefühl in den Atemwegen, ähnlich dem von Pfefferminze.

In manchen Fällen werden Zweige des *Oshar-* Baumes [14] zusammen mit Gerste und Zwiebeln über die Tür gelegt, um Skorpione, Reptilien und giftige Insekten fernzuhalten und die Familie vor Faulheit zu bewahren. Ich glaube, dass dieser Gebrauch des *Oshar-Baumes* nur in den Oasen von Dakhla und Kharga vorkommt.

Es ist auch üblich, dass die Eingeborenen an diesem Tag vor Sonnenaufgang baden, um sich „erfrischt" zu fühlen, bis sie im nächsten Jahr vermutlich ihr nächstes Bad nehmen. Ich habe gehört, dass dieser Brauch auch im Niltal gilt.

der *Oshar*-Baum gefällt wird, sondert er reichlich Saft ab, und dieser Saft wird gelegentlich von Männern, die sich dem Militärdienst entziehen wollen, in die Augen gespritzt. Es heißt, dass er für einige Tage eine heftige Entzündung verursacht, die zu einem mehr oder weniger vollständigen Verlust des Sehvermögens führt. Fasern aus den getrockneten Früchten dieses Baums werden auch zum Füllen von Kissen verwendet; ich konnte jedoch nicht feststellen, ob sie irgendwelche besonderen Eigenschaften haben sollen.

Das interessanteste Fest in Kharga, das meines Wissens nicht in Dakhla stattfindet, ist das *Aid el Mahmal oder Mahmal*-Fest, das am 15. Tag des arabischen Monats *Sha'aban* stattfindet. Dieser Tag ist ein religiöser Jahrestag im Niltal und die Nacht ist als „Nacht der Mitte von *Sha'aban*" bekannt.

Man glaubt, dass es im Paradies einen Lotosbaum gibt, der als „Baum der Extremität" bekannt ist und so viele Blätter trägt, wie es Menschen auf der Welt gibt, und dass auf jedem Blatt der Name des Wesens steht, das es repräsentiert. In der Nacht mitten im Monat *Sha'aban* wird dieser Baum geschüttelt und die Blätter mit den Namen derjenigen, die im Laufe des Jahres sterben werden, fallen ab. Viele fromme Moslems verbringen daher einen großen Teil der Nacht damit, in der Moschee eine besondere Form des Gebets zu sprechen. Aber soweit ich weiß, findet an diesem Tag im Niltal keine andere Zeremonie statt, sodass, obwohl das Datum mit dem des *Aid el Mahmal* in der Oase Kharga identisch ist, zwischen ihnen keine Verbindung zu bestehen scheint.

Dieses Kharga-Fest scheint auch in keiner Weise mit dem *Mahmal verbunden zu sein*, dessen jährliche Abreise von Kairo zur Pilgerfahrt nach Mekka für die Touristen in Ägypten ein so bekannter Anblick ist. Das Kharga *Mahmal* sieht dem in Kairo sehr ähnlich, aber seine rot-grüne Hülle ist nicht so prächtig. Es wird in einer Prozession durch das Dorf Kharga getragen, begleitet von der üblichen Menschenmenge, die Fahnen trägt, Trommeln schlägt, Gewehre abfeuert und die bei zeremoniellen Prozessionen übliche *Fantasie aufführt*.

Es ist keine leere Sänfte wie beim Kairoer *Mahmal*, *sondern ein Mann, der* von den Dorfbewohnern *Bakhshish* einsammelt. Jeder gibt ihm eine oder zwei Handvoll Datteln, Getreide oder die Erträge einer anderen Ernte aus der Nachbarschaft. Diesen *Bakhshish* behält er als Nebenverdienst.

Ich konnte den Ursprung des Brauchs nicht herausfinden. Die Eingeborenen von Kharga behaupten, ihr *Mahmal* sei eine viel ältere Einrichtung als das von Kairo, das ihrer Meinung nach von ihrem kopiert wurde. Sie sagen, es stammt aus der Zeit der Fatimiden-Dynastie, die von 908 bis 1171 n. Chr.

über Ägypten herrschte , während DAS Mahmal von Kairo *erst aus der Zeit um 1265* N . CHR. stammen soll . Das Privileg, im Kharga *Mahmal* mitzufahren, ist vererbbar; die Familie, die dieses Recht genießt, wurde mir als eine Familie von *Fikis beschrieben* .

Als ich in Kharga war, war der Vertreter der Familie der Dorfschulmeister – Khalifa Zenata mit Namen – und möglicherweise der Nachfahre irgendeines kleinen Sultans, der über die Oase herrschte, oder vielleicht eines heiligen Scheichs.

Im letzteren Fall ist das *Aid el Mahmal möglicherweise* eine Art *Mulid* oder Geburtstagsfest; ich konnte aber von keinem anderen *Mulid* für einen der örtlichen Scheichs in Kharga oder Dakhla hören. *Mahmals werden jedoch an einigen Orten im Niltal verwendet, um einen Teppich auf seinem Mulid* zum Grab eines verstorbenen Scheichs zu tragen .

Der *Mahmal* , der auf einem Kamel von Ägypten auf die Pilgerfahrt nach Mekka gebracht wird, besteht aus einer quadratischen, kastenartigen Struktur von etwa fünf Fuß im Quadrat, die von einer pyramidenförmigen Spitze gekrönt wird und ganz mit reich besticktem schwarzem Brokat bedeckt ist. Er ist völlig leer und lediglich ein Symbol der Königlichkeit.

Es hat eine interessante Geschichte. Der Sultan, Es Saleh Nejm ed Din, besaß eine schöne türkische Sklavin – Shagher ed Durr – die schließlich seine Lieblingsfrau wurde. Als sein letzter Sohn starb, endete die Dynastie des Hauses Aiyub, dessen letzter Vertreter er war. Shagher ed Durr schaffte es dann irgendwie, als Königin von Ägypten anerkannt zu werden und unternahm in dieser Funktion die Pilgerfahrt nach Mekka, getragen auf einem Kamelrücken in einer prächtigen, bedeckten Sänfte. Für den Rest ihrer Herrschaft schickte sie diese Sänfte leer auf die Pilgerfahrt, als Zeichen ihrer Souveränität. Dieser Brauch, eine leere Sänfte mit den Pilgern nach Mekka zu schicken, wurde von den Herrschern Ägyptens seitdem beibehalten.

Ein einheimischer Arzt in Mut hat mir freundlicherweise folgende Einzelheiten mitgeteilt. Während der drei Jahre, die er in der Oase verbrachte, von 1906 bis 1908, wurden in Mut 110 männliche und 106 weibliche Kinder geboren, wobei das Verhältnis der männlichen zu 96,36 weiblichen Kindern 100 betrug. Im gleichen Zeitraum starben 76 männliche Kinder gegenüber 70 weiblichen, wobei das Verhältnis der männlichen zu 92,1 weiblichen Kindern 100 betrug.

Die Frauen scheinen sehr nachlässige Mütter zu sein, die die die Kinder weitgehend sich selbst überlassen. Es fällt auf, dass Schaukelwiegen, wie man sie in anderen Teilen Nordafrikas sieht, in der Oase Dakhla völlig unbekannt sind.

Verbrechen in ihren schwerwiegenderen Formen sind in der Tat sehr selten. Die Hauptvergehen sind geringfügige Diebstähle von Nahrungsmitteln, die wahrscheinlich auf extreme Armut zurückzuführen sind. Streitereien um das Bewässerungswasser führen manchmal zu Überfällen, aber Waffen werden kaum jemals eingesetzt. Uneheliche Kinder sind sehr zahlreich und werden gelegentlich getötet. Ein sehr großer Prozentsatz der Frauen ist unmoralisch, aber dies wird in der Regel als selbstverständlich angesehen, und Eifersucht ist in der Folge kaum zu beobachten.

Ein Arzt sagte, Albinos, Epilepsie und Taubheit seien unbekannt; sein Nachfolger wusste jedoch von einem Epilepsiefall in Qasr Dakhl.

In der Oase waren ein oder zwei Fälle von Geisteskrankheit bekannt, außerdem ein Fall des Veitstanzes bei einem geistig Behinderten.

Unter der Bevölkerung von Mut soll es vier oder fünf Fälle von Stummheit gegeben haben.

Es gab nur einen Fall von Schwindsucht – bei einem Mann, der einige Zeit im Niltal verbracht hatte, aber nach seiner Rückkehr nach Dakhla erkrankte.

Die häufigsten Beschwerden waren Malaria, chronische Bronchitis und Emphysem, wobei die letzten beiden laut dem einheimischen Arzt größtenteils auf eine Lungenschwäche zurückzuführen waren, die durch das Rauchen von *Haschisch* und in einigen Fällen Opium verursacht wurde. Bronchitis und Bronchialpneumonie gehörten auch zu den häufigsten Beschwerden bei Kindern. Geschlechtskrankheiten waren, in Anbetracht der Art der Bevölkerung, äußerst selten, da die Eingeborenen anscheinend fast immun dagegen waren. Verdauungsprobleme waren äußerst häufig und größtenteils auf den extrem starken Tee zurückzuführen, den sie bei jeder Gelegenheit tranken.

Wie man es von einem so primitiven Volk wie den Eingeborenen dieser Oasen erwarten kann, sind die im Krankheitsfall verwendeten Heilmittel manchmal recht eigenartig. Wenn ein Mann beispielsweise einen Fieberanfall hat, lädt ihn einer seiner Freunde manchmal zu einem Spaziergang ein, währenddessen er ihn arglos zu einem Wasserbecken lockt und ihn plötzlich hineinstößt. Es wird gesagt, dass der Nervenschock in Verbindung mit dem plötzlichen Eintauchen in kaltes Wasser nicht selten eine Heilung bewirkt – aber es klingt nach einem drastischen Heilmittel.

Augenentzündung – eine recht häufige Beschwerde auf diesen „Inseln der Seligen" – die wahrscheinlich durch Schmutz und die Reizung der Augen durch den Staub während der häufigen Sandstürme verursacht wird, wird mit Umschlägen aus Zwiebeln und Salz oder aus rohen Tomaten behandelt; gelegentlich wird auch ein Gemüse namens *Borselain* verwendet, das ich nicht identifizieren konnte und das auf die gleiche Weise zerstoßen wird.

Eine Pflanze namens Khobbayza [15] wird manchmal zerstoßen und als Umschlag auf den Stich eines Skorpions in Dakhla aufgetragen und soll erhebliche Linderung verschaffen. Interessant ist, dass man in den Oasen sagt, der Stich eines „durstigen" Skorpions, also eines Skorpions, der weit vom Wasser entfernt lebt, sei viel wahrscheinlicher tödlich als der Stich eines Skorpions, der in der Nähe eines Brunnens lebt. Möglicherweise deutet dies auf die Existenz zweier verschiedener Arten hin.

Die Familien in den Oasen sind normalerweise groß, sieben bis acht Kinder sind, wie man mir sagte, ungefähr der Durchschnitt. Eine kinderlose Frau wird, wie es im ganzen Osten üblich ist, von ihren glücklicheren Schwestern sehr verachtet, und es werden viele Hilfsmittel und Zaubersprüche verwendet, um die Schande zu beseitigen. Ich kann nur eines davon erwähnen. In der Nähe von Mut in der Oase Dakhla gibt es einen Brunnen, bekannt als 'Ain el Masim, der in einen kleinen Teich mündet. Eine kinderlose Frau geht am Freitagnachmittag dorthin und nimmt eine *Gula mit* – eine Tonflasche zum Kühlen von Trinkwasser – die mit Wasser aus sieben verschiedenen Brunnen gefüllt ist. Sie wirft kleine Stücke Brot, Getreide usw. in den Teich und badet dann darin. Wenn sie aus dem Bad steigt, zerschlägt eine zweite Frau, die sie begleitet, die *Gula* über ihrem Kopf. Dies soll ein hervorragendes Heilmittel sein.

Manchmal gehen Frauen auch auf einen verlassenen Friedhof, um für ihre Kinder zu beten, oder zum Grab eines örtlichen Scheichs und geloben dem Scheich *Bakhshish für den Fall, dass ihre Gebete erhört werden.*

Bei meinen fünf Besuchen in der westlichen Oase kann ich mich nicht erinnern, einen einzigen Fall von Glatze gesehen zu haben. Vielleicht liegt das daran, dass das häufige Rasieren des Kopfes eine kräftigende Wirkung auf das Haar hat. Aber Fälle von vorzeitigem Ergrauen, vielleicht aufgrund von Schmutz und der extremen Trockenheit und Hitze des Klimas, schienen ungewöhnlich häufig zu sein. Es ist möglich, dass dies rassische Merkmale sind.

Es gibt einige merkwürdige Aberglauben über die Sanddünen in den Oasen. Sowohl in Kharga als auch in Dakhla heißt es, dass es in der Römerzeit keine Sandgürtel in den Oasen gab, sondern dass diese später aus dem Norden herabgekommen seien. Damit haben sie wahrscheinlich recht, denn an mehreren Stellen unterhalb des Dünengürtels westlich von Kharga sind Überreste zu sehen – offenbar römischen Ursprungs. Ein Einheimischer erzählte mir auch, dass er einmal einen langen halben Tag lang auf einem *Hagin* (Reitkamel) von der Oase Dakhla nach Westen geritten sei, als er unterwegs an mehreren Stellen an ausgedehnten Ruinen in den Dünen vorbeikam und einige in den Fels gehauene Gräber fand. Ich habe von mehreren Leuten von Ruinen in dieser Richtung gehört, und obwohl ihre Größe vielleicht übertrieben war, habe ich wenig Zweifel, dass sie existieren.

Auf dem Plateau nördlich von Qasr Dakhl soll es eine Stelle geben, an der der Sand beim Streichen ein lautes „Knirschen" von sich gibt, das man weithin im Süden hören kann. Ich habe auch gehört, dass er beim Streichen ein musikalisches Geräusch von sich gibt. Es handelt sich also offenbar um den üblichen „musikalischen Sand", den man in vielen Teilen der Welt findet.

Tulsim (Talisman) gab, der die Dünen davon abhielt, in die Dakhla-Senke vorzudringen. Der Talisman war wahrscheinlich eine Mauer, die das Sandtreiben aufhalten sollte, denn Überreste einer solchen, aus unvermörteltem Stein gebaut, sollen hier noch sichtbar sein.

In der Oase Kharga heißt es, die Römer hätten auf der Spitze des Abhangs nördlich der Senke einen weiteren Talisman in Form einer Messingkuh gehabt, der – bis er entfernt wurde – den gesamten Sand aufnahm, der in die Oase wehte, und so die Senke von Kharga frei von Dünen hielt.

In der Nähe des Dorfes Rashida in der Oase Dakhla steht ein großer toter Baum – offenbar eine *Sunt* oder Akazie – der als „Baum von Scheich Adam" bekannt ist und angeblich eine Seele besitzt. Das Holz soll nicht brennbar sein.

gibt es noch einen weiteren *Sunt-*Baum, mit dem merkwürdige Eigenschaften verbunden sind, und möglicherweise handelt es sich bei den abergläubischen Ansichten der Einheimischen in Bezug auf diese Bäume um ein Relikt einer sehr alten Form der Baumverehrung, wie sie, glaube ich, heute noch bei den Bedayat im Süden der libyschen Wüste existiert.

Dieser zweite Baum steht in Belat und ist als „Sunt 'Abd en Nebi" bekannt. Wenn ein Mann in der Oase hört, dass einer seiner Feinde gestorben ist, ruft er „ *Kabrit wa Sunt el Belat* " – „ein Streichholz und die Akazie von Belat" – und meint damit, dass er sich wünscht, er hätte ein Streichholz und den *Sunt-*Baum von Belat, um ihn damit zu verbrennen. Manchmal sagt er auch „ *Wa Jerid el Wa* " – „und die Palmblätter der Oase" – und meint damit, dass er sie ebenfalls zum Brennmaterial hinzufügen möchte.

Die in der Oase verwendeten landwirtschaftlichen Geräte sind natürlich sehr primitiver Natur. Die gesamte Feldarbeit wurde, soweit ich sah, mit der gewöhnlichen *Fas* oder Hacke erledigt, die man im Niltal findet. Zum Ernten und Beschneiden wird eine eigenartige gezahnte Sichel verwendet. Die eigentliche Klinge ist spitz und steht fast im rechten Winkel zum Eisenschaft, dessen Ende in einen Holzgriff gesteckt ist. Pflüge werden, soweit ich sah, nie verwendet.

GETREIDEMÜHLE, RASHIDA.

In Rashida zeigte man mir eine Getreidemühle der *'omda* , die von recht interessanter Art war. Die beiden Steine, zwischen denen das Getreide gemahlen wurde, waren unterschiedlich groß – der obere war erheblich kleiner als der untere. Der untere Stein war ausgehöhlt, und der obere, der von einem im Kreis laufenden Ochsen angetrieben wurde, drehte sich in der Vertiefung des unteren Steins, der im Boden befestigt war. Über den Mühlsteinen hing an einem vierbeinigen Holzrahmen eine Kiste, in die das zu mahlende Getreide geschüttet wurde, wobei ein Rohr vom Boden der Kiste das Getreide zur Verbindung zwischen dem oberen und unteren Mühlstein beförderte. Das Mehl wurde durch ein Loch im unteren Stein in einen Korb geleitet, der in einer Bodenmulde stand, in die dieser Stein eingebettet war.

Ein großer Teil des in den Oasen verbrauchten Getreides wird nicht in einer Mühle gemahlen, sondern von den Frauen auf viel primitivere Weise zubereitet - dies gilt insbesondere für Reis, der hauptsächlich von den ärmsten Einwohnern verbraucht wird. In den Fels, häufig am Straßenrand, werden beckenförmige Vertiefungen von etwa einem Fuß Durchmesser grob gegraben, das Getreide wird hineingelegt und mit einem großen, mit beiden Händen geschwungenen Stein zu Pulver zerstoßen.

Rashida ist eines der wenigen Dörfer in der Oase, in dem Oliven angebaut werden. Die Menge ist so groß, dass die Errichtung von Anlagen zur Ölgewinnung gerechtfertigt ist.

Die Oliven werden zunächst in einer Mühle zerkleinert. Dabei handelt es sich um eine eher primitive Vorrichtung, die aus einem enormen Steinrad mit einem Durchmesser von etwa 1,52 m und einer Dicke von 45 cm besteht.

Ein Mann drückt gegen einen Balken und bewegt so den vertikalen Drehpunkt, an dem das Rad befestigt ist, auf seinem Rand im Kreis um eine runde Mulde mit einem Durchmesser von etwa 1,82 m .

Die Masse der zerkleinerten Oliven wird nach dem Herausnehmen aus der Mulde in einen Beutel gegeben und unter einer Schneckenpresse ausgepresst. Auch diese wird von einem Mann bedient, der nach dem Prinzip einer Seilwinde eine Stange vorschiebt. Das austretende Öl wird in Tonpfannen bzw. Becken aufgefangen, die unter der Presse platziert werden.

Butter wird hergestellt, indem man die Sahne in einem Beutel aus Haut schüttelt. Ein etwa drei Meter langer Stock mit einer Gabel an der Spitze wird an eine Wand gelehnt und eine Ziegenhaut voller Sahne wird an einem Seil an der Gabel aufgehängt. Diese wird ruckartig hin und her geschwenkt, bis die Butter entstanden ist.

Im Gegensatz zu den Eingeborenen von Dakhla und Kharga, die keinen sportlichen Charakter haben, sind die Bewohner der Oase Farafra begeisterte Jäger. Während meines Aufenthalts in dieser Oase sah ich mehrere höchst raffinierte Geräte zum Wildfang.

Die interessanteste davon war eine Falle zum Fangen von Gazellen. Sie bestand aus einem Trichter aus Korbgeflecht, der oben und unten offen war. Er war 7 Zoll lang, hatte oben einen Durchmesser von 5½ Zoll und verjüngte sich nach unten auf 2½ Zoll. Die Falle wird am Fuße eines Busches aufgestellt, wo die Gazellen normalerweise fressen. Zuerst wird ein Loch in den Boden gegraben und der Trichter darin vergraben, wobei das breite Ende bündig mit der Erdoberfläche abschließt.

OLIVENMÜHLE, RASHIDA.

In sein offenes Ende ist eine Vorrichtung eingepasst, die einem nabenlosen Rad ähnelt, dessen Rand aus geflochtenem Palmblatt besteht, durch das etwa dreißig starke Dornen einer Dattelpalme, die die Speichen darstellen, geführt werden; die Spitzen dieser Speichen treffen sich in der Mitte. Auf diesem Rad liegt eine Schlinge am Ende einer Schnur, deren anderes Ende an einem kleinen Holzscheit befestigt ist.

Die Falle wird durch Abdecken mit Eselsmist verborgen; das Seil wird mit Sand bedeckt.

Wenn die Gazelle ihren Fuß auf das Rad setzt, geht sie dort hindurch, wo die Nabe sein sollte. Ihr Fuß wird dann von den Dornen festgehalten, bis die Schlinge sich um sie herum festgezogen hat. Normalerweise fällt das Rad dann ab, aber der am Seil befestigte Baumstamm behindert die Bewegung der Gazelle so sehr, dass sie leicht heruntergefahren und gefangen werden kann.

OLIVENPRESSE, RASHIDA.

Es gab mehrere Fallen zum Vogelfang; diese schienen hauptsächlich für Wachteln aufgestellt zu sein. Eine bestand aus einem Loch im Boden mit einer Felsplatte oder einem großen Erdklumpen, das durch eine Reihe von Stöcken in Position gehalten wurde, sodass es eine Art Deckel bildete, ähnlich der bekannten Falle aus vier Ziegelsteinen, die in England verwendet wird. Ein paar Weizenkörner schienen der übliche Köder zu sein.

Es gab auch eine sehr raffinierte Netzfalle. Diese bestand aus zwei halbkreisförmigen Netzen mit einem Durchmesser von etwa 20 cm, A und B, die, wenn die Falle aufgestellt war, im rechten Winkel zueinander standen. Der gebogene Teil der Rahmen dieser Netze bestand aus *Jerid* (Mittelrippen des Palmblatts), während die gerade Seite des Halbkreises aus Palmfaserseil bestand. Das so entstandene Gerüst wurde mit einem Netz aus schmalen Streifen eines Palmblatts ausgefüllt.

Ein langer Stock C hielt die beiden Rahmen zusammen. Er führte unter dem Rahmen A durch die Maschen des Netzes und durch das Seil des Rahmens B, und zwar so, dass sich das Seil, wenn B im rechten Winkel zu A angehoben wurde, so weit verdrehte, dass B beim Loslassen auf A zurückflog und so den Vogel zwischen den beiden Netzen fangen konnte. B wurde senkrecht durch einen Stock D gehalten, dessen unteres Ende spitz zulief und in einen

Ring E passte. Der Köder F – eine große gelbe Made in der Falle, die ich sah – war an den Ring gebunden. Das obere Ende von D war mit einer Schnur G am Ende von C festgebunden. Ein Zug am Köder zog den Ring E nach unten, wodurch D freigegeben wurde und B frei auf A hinunterfliegen konnte.

Ich sah in der Oase viele kleine Jungen, die eine sehr primitive Armbrust benutzten. Der „Schaft" dieser Armbrust war einfach ein kräftiger *Jerid*, in dessen Nähe an einem Ende ein großer Schlitz geschnitten war. Der Bogen, ein weiterer *Jerid*, passte lose in diesen Schlitz und war in keiner Weise am „Schaft" befestigt. Beim Biegen blieb die Sehne des Bogens in einer Kerbe an der Oberseite des „Schafts" hängen, auf deren Oberseite der Pfeil gehalten wurde, indem er zwischen Finger und Daumen der linken Hand gehalten wurde. Die Sehne wurde aus ihrer Kerbe gelöst, indem sie mit dem Zeigefinger der rechten Hand nach oben gedrückt wurde.

Beim Beladen der Kamele stimmten die Männer fast immer ein Seemannslied an. Ich konnte mir den Text einiger davon merken. In manchen Fällen ist es fraglich, ob sie irgendeine Bedeutung hatten, aber wo sie eine Übersetzung zuließen, habe ich eine als Vorschlag eingefügt. Aus irgendeinem Grund mochten es die Männer nicht, darüber befragt zu werden, und ich bin nicht sicher, ob ich den Text immer ganz richtig wiedergegeben habe.

Beim Beladen stand auf jeder Seite des knienden Kamels ein Mann, und normalerweise legten sie abwechselnd einen Teil des Gepäcks auf seinen Rücken und sangen dabei eine Zeile des Gesangs. Der häufigste Gesang war „ *Elli hoa li al li* " (das ist höher als das?). Dies sangen sie immer wieder, bis das Beladen abgeschlossen war.

Ein anderes Lied bestand aus drei Zeilen, die sie abwechselnd *bis ins Unendliche sangen* . Es lautete wie folgt:

Ja, ich bin Techno

Ja, Lobal Li

Ja, Tawal Li

Ein komplizierteres Lied bestand aus fünf Zeilen, die nach Beendigung wiederholt wurden. Die ersten beiden Zeilen wurden von jedem der beiden Männer zweimal gesungen, dann wurde die dritte Zeile auf die gleiche Weise einmal wiederholt, die vierte Zeile wurde von jedem Mann zweimal gesungen. Dann begannen sie wieder mit den ersten beiden Zeilen und wiederholten den gesamten Vorgang. Die letzte Zeile wurde nur einmal gesungen, und zwar von dem Mann, der das letzte Paket zur Ladung hinzufügte. Das ganze Lied lautete wie folgt:

Ana Wahdi (Ich bin allein).
Wird von jedem Mann zweimal wiederholt .

Wa Nawar hade (und ich werde dir etwas beibringen).
Von jedem Mann zweimal wiederholt.

Shufi jebbi di (Schau! Ich bringe dir das).
Nur einmal von jedem Mann.

Ya ho debbi di (Oh! Ho! Ich packe das damit ein).
Zweimal von jedem Mann.

Ma saffi an (Besorge mir nichts mehr).
Nur einmal, wenn das letzte Paket aufgelegt wird.

Während des Marsches brachen die Männer oft in Gesang aus, aber bei diesen Gelegenheiten war es ein schrilles Falsett und ganz anders als die Ladegesänge, die in ihrem normalen Tonfall vorgetragen wurden. Ich konnte nie den Text eines Kamelliedes auf dem Marsch verstehen, und die Melodien waren in einer anderen Tonleiter als die in Europa verwendeten, was mich noch mehr verwirrte. Ein- oder zweimal jedoch hörte ich während eines langen Nachtmarsches, wie Abdulla, von dem die Männer sagten, er käme aus Abessinien, ein Lied vor sich hin trällerte, das wie die europäische Tonleiter klang. Es war ein tiefes, klagendes Liedchen, das eine entfernte Ähnlichkeit mit dem alten britischen Lied „The Bailiff's Daughter of Islington" hatte. Ich versuchte, die Melodie aufzuschnappen, aber da ich, was Musik betrifft, eindeutig „langsam im Begreifen" war, bat ich ihn dummerweise, sie mir noch einmal vorzusingen, damit ich sie aufgreifen konnte. Aber Abdulla war in dieser Hinsicht offensichtlich sehr empfindlich und sang nie wieder. Sogar für meine europäischen Ohren war es ein ausgesprochen schönes Lied, ganz anders als das misstönende Geschrei, das man normalerweise von den Arabern hört.

Kurbaj folgt .

Die Ägypter sind ein abergläubisches Volk, und die Bewohner der Oasen sind wahrscheinlich die leichtgläubigsten aller Ägypter. Von dem bereits erwähnten koptischen Arzt in Dakhla, Wissa, konnte ich viel über die einheimischen Glaubensvorstellungen und okkulten Praktiken lernen.

Eines Tages kam er auf das Thema der koptischen Priester, und da er selbst Kopte war, wusste er wahrscheinlich, wovon er sprach. Er sagte, sie seien alle sehr gute Astrologen, aber sehr schlau und würden nie zugeben, etwas über das Thema zu wissen.

Sie funktionieren mit Hilfe der Tierkreiszeichen in Verbindung mit Tabellen. Er selbst besaß eine dieser Tabellen, konnte sie aber nicht verwenden, da er den Schlüssel nicht hatte. Es gibt eine Reihe dieser Tabellen, jede wurde von einem der großen Philosophen zusammengestellt – Salomon, Sokrates usw., nach denen sie benannt sind.

Die Tabellen und der Schlüssel sind im Allgemeinen in Koptisch verfasst. Mithilfe des Schlüssels kann man aus der Tabelle in Reimform eine Antwort auf eine Frage erhalten, die seiner Aussage nach im Allgemeinen richtig ist. Seine Familie besaß eine für seinen Großvater verfasste Antwort, in der Arabis Rebellion und die britische Besetzung Ägyptens vorhergesagt wurden – vermutlich in sehr vagen Begriffen.

Magie und Hellsehen waren Themen, die ihn sehr interessierten. Er erzählte, dass es in Qasr Dakhl einen Jungen von ungefähr 23 Jahren gab, der von den Eingeborenen der Oase oft konsultiert wurde, wenn sie etwas verloren hatten, Informationen über Schätze wollten oder die Zukunft vorausgesagt haben wollten.

Der Junge hatte einen Vertrauten – eine weibliche *Afrit* (einen Geist) –, die ihm manchmal nachts erschien. Er wusste immer, wann sie kam, da er sich ein oder zwei Tage vorher schläfrig und benommen fühlte. Nach ihrem Besuch blieb er einige Stunden lang in einem hellseherischen Zustand. Er ließ vorher wissen, dass er einen Besuch seiner *Afrita erwartete* , und diejenigen, die Informationen wollten, wandten sich dann an ihn. Wenn sie kam, stellte er ihr Fragen. Manchmal antwortete sie mündlich, aber normalerweise sah oder hörte er die Antwort auf die Frage, während er nach ihrem Besuch im hellseherischen Zustand war. Der Arzt, der das Medium gesehen hatte, sagte, er halte ihn für Epileptiker.

Er erzählte mir die folgende außergewöhnliche Geschichte, an die er bestimmt selbst glaubte. Er wurde einmal zur Frau eines berühmten *Scheichs el-Afrit* (Zauberers) gerufen, der in der Nähe von Kairo - in Zeitun - lebte. Sie beklagte sich bei ihm, dass ihr Mann sie zugunsten seines Hausgeistes, eines männlichen *Afrit* , vernachlässige, mit dem er ständig spreche. Als der Arzt den Mann - einen alten Maghrab-Araber namens 'Abd ul-Atif - sah, begann er ihn deswegen zu necken und bat ihn, etwas vorherzusagen, was er wissen wollte. 'Abd ul-Atif versprach, dies zu tun, wenn er eines Tages vorbeikäme und einen kleinen Jungen mitbrächte. Der Arzt wählte einen Jungen aus, den er kannte, und führte ihn zum Haus des Zauberers. Der *Scheich el-Afrit* setzte ihn auf einen Diwan und den Jungen auf einen anderen, der ihm in einiger Entfernung gegenüberstand. Dann setzte er sich ans andere Ende des Zimmers und begann, mit dem Ende seines Stabes rhythmisch auf den Boden zu schlagen.

Der Junge wurde fast sofort schläfrig, schrie nach etwa zwei Minuten und fiel zu Boden. Der Arzt eilte herbei, um ihn zu untersuchen. Er stellte fest, dass er alle Anzeichen von Erstickung aufwies und dachte, er liege im Sterben. Aber der Zauberer versicherte ihm, dass er nicht in Gefahr sei, und sagte ihm, er könne den Jungen in einer beliebigen Sprache befragen. Der Arzt begann ihn auf Englisch zu befragen, da er mit Sicherheit wusste, dass der Junge nicht sprechen konnte. Der Junge antwortete in derselben Sprache, und die Antworten auf seine Fragen waren bis auf einige Kleinigkeiten richtig. Nach dieser Sitzung war der Junge einen Monat lang krank, und während dieser Zeit pflegte er ihn!

Durch die Vermittlung des Arztes konnte ich eine Vorführung des *Mandals*, einer Hellsichtigkeit mittels einer Tintenlache, durch den bereits erwähnten Zauberer aus Smint beiwohnen. [16] Ich schlug vor, dass wir ihn erreichen und ihn das *Mandal durchführen lassen könnten*, und er erklärte sich bereit, ihn zu interviewen und das zu arrangieren.

Kurz darauf kamen der Zauberer und der Arzt zusammen zu mir nach Hause. Der *Scheich el Afrit* trug einen Stab in der einen und einen Rosenkranz in der anderen Hand. Er kam die Stufen zum Dach hinauf und murmelte dabei etwas, was ich für Beschwörungsformeln hielt. Er war ein stämmiger Mensch mit einem großen, schlaffen Gesicht und kleinen, schlauen Augen. Er ließ sich herab, etwas Tee zu trinken, und dann kamen wir zur Sache, und ich fragte ihn, ob er das *Mandal durchführen würde*.

Er erklärte sich dazu bereit und versprach, die Vorstellung durchzuführen, vorausgesetzt, es scheine strahlender Sonnenschein und es sei kein Wind – Bedingungen, die seiner Meinung nach für eine erfolgreiche Séance unabdingbar seien. Er schlug vor, dass wir ihm einen kleinen Jungen vorbeibringen sollten, der die Rolle des *Tahdir spielen sollte*, also desjenigen, der in den Zauberspiegel blickt.

Der Zauberer bemühte sich nach Kräften, zu erklären, dass er sich überhaupt nicht mit schwarzer Magie befasse, obwohl er meinte, alles darüber zu wissen.

Wir wollten unbedingt, dass er sofort mit seiner Zauberkunst beginnt, aber das sei unmöglich, erklärte er, da er nicht die richtige Art Weihrauch dabei habe, um ihn bei der *Dawa* (Anrufung) zu verwenden. Er sagte uns, dass es von größter Wichtigkeit sei, die richtige Sorte zu verwenden, da die Genien sonst wütend würden und ihn töten oder sogar das ganze Haus zerstören könnten. Er erklärte, dass es viele Arten von Parfümen gebe, die bei der Zauberei verwendet würden, je nach der Art der *Dawa* (Anrufung), für die sie bestimmt seien.

Erster Blick auf das „Tal des Nebels".

Die Oasen der Libyschen Wüste liegen in mehrere hundert Meter tiefen Senken auf dem Hauptplateau. Über diese gewaltige Senke war zuvor noch nie berichtet worden. (S. 95).

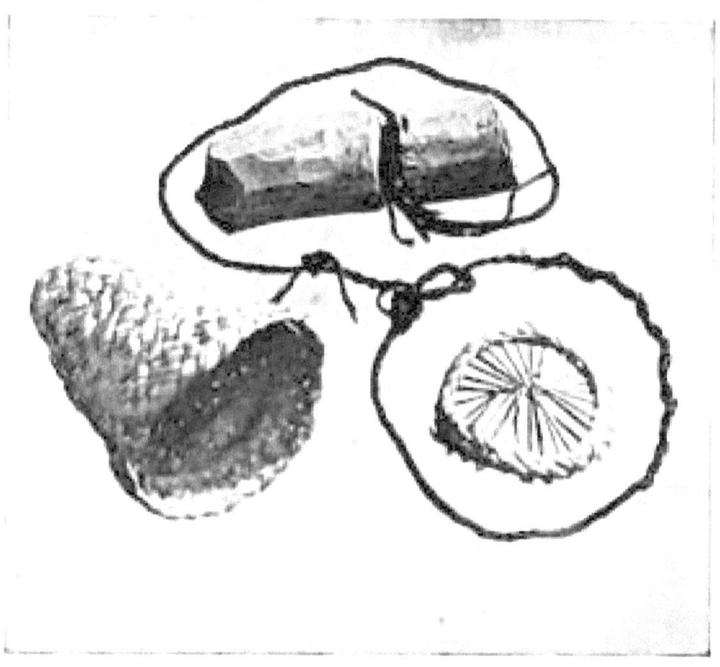

Gazellenfalle. (266)

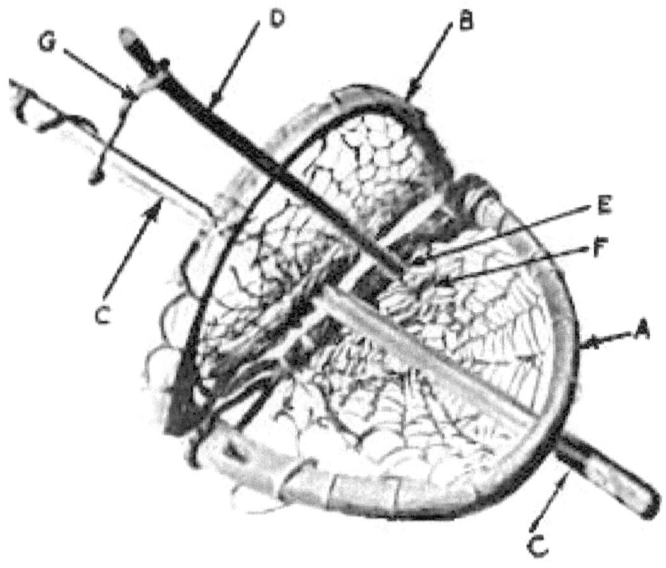

Falle für Wachteln und Kleinvögel. (268)

Diese beiden raffinierten Fallen werden von den Menschen der Farafra-Oase verwendet, von denen viele großartige Jäger sind.

Nach einigen Diskussionen, bei denen er sein großes Wissen in den geheimen Wissenschaften unter Beweis stellte, wurde schließlich vereinbart, dass er am nächsten Tag die Aufführung geben sollte.

Am nächsten Morgen kam er mit seinem Stab und seinem Rosenkranz und kam die Treppe hinauf, während er wie zuvor Gebete oder Beschwörungsformeln murmelte.

Nachdem er den üblichen Tee getrunken und den Jungen, der ihm zur Verfügung gestellt worden war, gutgeheißen hatte, erklärte er sich bereit, mit der Arbeit zu beginnen. Er bat um ein Kohlenfeuer in einem Kohlenbecken, etwas Papier und Tinte. Dann zog er sich in das Zimmer zurück, das für ihn freigeräumt worden war, und nachdem er Tür und Fensterläden geschlossen hatte, um ein beeindruckendes, schwaches religiöses Licht zu erzeugen, setzte er sich in die dunkelste Ecke auf ein schwarzes Schafsfell, mit dem Kohlenbecken neben sich, und bat darum, allein gelassen zu werden, während er die vorbereitenden Zeremonien durchführte. Der Doktor und ich zogen uns dementsprechend in ein anderes Zimmer zurück und nahmen den Jungen mit.

Schon bald verriet uns ein schwacher Weihrauchgeruch, der aus dem Nebenzimmer zu uns drang, sowie viel Gemurmel und gelegentliches Rufen, während der Zauberer die Geister anrief, dass er an die Arbeit gegangen war.

Nachdem sein *Dawa* etwa zehn Minuten gedauert hatte, rief uns der Zauberer zu, dass er bereit sei und wir den Jungen hereinbringen könnten. Er ließ ihn im Schneidersitz auf dem Schafspelz vor ihm Platz nehmen, tätschelte ihn und sagte ihm, dass er nichts zu befürchten habe, wenn er nur tue, was ihm gesagt werde, und beruhigte ihn schließlich so weit, dass die Vorstellung fortgesetzt werden konnte.

Der Zauberer zeichnete zuerst mit Tinte das *Khatim* (Siegel) auf die rechte Handfläche des Jungen. Dann legte er ihm einen beschriebenen Zettel auf die Stirn, leckte ihn, damit er an seiner Haut haften blieb, und schob schließlich, als er dadurch nicht haften blieb, die Oberkante unter den Rand seiner Mütze. Dann vervollständigte er das *Khatim* , indem er einen großen Tintenklecks in die Mitte des Quadrats setzte, das er gezeichnet hatte – das Ganze sah nach der Fertigstellung folgendermaßen aus:

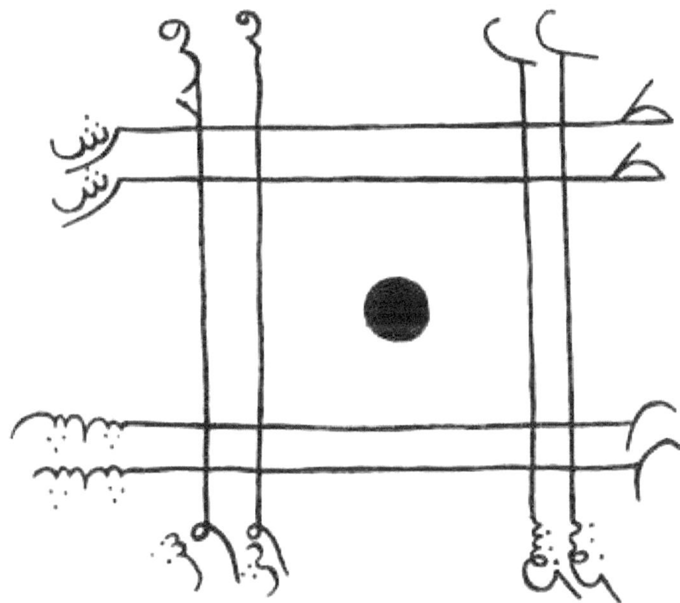

Der Zauberer forderte den Jungen auf, in die Tintenlache in seiner Hand zu blicken und sich vor nichts zu fürchten, und begann erneut mit den Zaubersprüchen.

Bald machte er sich ernsthaft an die Arbeit und wiederholte seine Beschwörungen immer und immer wieder in außergewöhnlich schneller Geschwindigkeit, wobei er sich hin und her wiegte, manchmal seine Stimme zu einem fast unhörbaren Flüstern senkte, sie dann plötzlich zu einem Schrei erhob, wenn er Maimun oder einen anderen *Afrit anrief*. Schließlich steigerte er sich so weit, dass ihm der Schweiß förmlich übers Gesicht strömte. Ab und zu ließ er Weihrauchstücke in die Tonschale fallen, die er als Kohlenbecken benutzte; einmal zog er einen Lederbeutel hervor und holte ein Messer und Stockstücke hervor, von denen er Späne schnitt, um sie ins Feuer zu werfen. Bald war der ganze Raum mit dem süßen, ekelhaften Rauch brennender Parfüme erfüllt.

Ab und zu spähte er durch den Rauch zu dem Jungen, um zu beurteilen, wie weit seine Magie ihn schon beeinflusst hatte. Nach einiger Zeit kam er offenbar zu dem Schluss, dass das Ende der Beschwörungen nahe war. Er verdoppelte seine Anstrengungen, plapperte in einem solchen Tempo, dass er kein einziges Wort verstand, und steigerte sich in eine außergewöhnliche Erregung. Dann senkte er plötzlich seine Stimme, bis sie fast unhörbar wurde, und schrie anschließend etwas, so laut er brüllen konnte. Er hielt abrupt inne, lehnte sich keuchend an die Wand, wischte sich das nässte Gesicht ab und sagte dem Jungen, er solle „ *Ataro* " sagen.

Der Junge wiederholte das Wort nach ihm. Der Zauberer, der seine Arbeit offenbar für beendet hielt, fragte den Jungen dann, was er in der Tinte gesehen hatte.

Das Experiment war jedoch ein voller Misserfolg. Der Junge konnte nichts sehen, und obwohl der Zauberer erneut versuchte, ihn in den Zustand der Hellsichtigkeit zu versetzen, war auch dieser Versuch erfolglos.

Bei einer späteren Gelegenheit, als ich diesen Magier traf, veranlasste ich ihn, die notwendigen Beschwörungsformeln usw. aufzuschreiben, die für die Durchführung des *Mandals erforderlich waren* . Die Übersetzung dessen, was er auf das Papier schrieb, das er auf die Stirn *des Tahdirs legte* , lautete wie folgt:

„Wir haben Ihre Vorschläge dargelegt und gemäß dem Koran bitten wir unseren Propheten Mohammed, unsere Gebete zu erhören."

Er begann die Beschwörungen, indem er die Geister, die er anrief, folgendermaßen anrief:

„ *Tuorsch, Tuorsch, Fibuos, Fibuos, Scheschel, Scheschel, Koftel, Koftel, Kofelscha.* ""

Die ersten vier Namen, die jeweils zweimal wiederholt werden, sind diejenigen, die so geschrieben sind, dass sie den Rahmen des *Khatim bilden* , wobei der erste der oben, der zweite der links, der dritte der unten und der vierte der auf der rechten Seite ist. Das letzte Wort, „ *Kofelsha* ", erscheint nicht im *Khatim* und könnte ein in der Magie verwendetes Wort sein.

Die *Dawa* bzw. die eigentliche Anrufung lautete wie folgt:

„Steigt heute herab, oh! Himmlische Geister, damit er euch hier mit seinen eigenen Augen sehen und mit seinem eigenen Mund zu euch sprechen und euch das vorsetzen kann, was er wünscht. Steigt schnell und ohne Verzögerung herab, noch in dieser Minute. Ich fordere euch im Namen Salomons auf, im Namen Allahs, des Gnädigen und Barmherzigen, meinen Befehlen aus Liebe zu Allah zu gehorchen und euch ihnen zu unterwerfen. *Zaagra zagiran zaafiran hafayan nakeb, Zaagra Zagiran Zaafiran hafayan nakeb, zaagra zagiran zaafiran hafayan nakeb.* “

Dieses *Dawa* wurde immer wieder wiederholt und gelegentlich durch einen lauten Ruf von „ *Maimun* “ unterbrochen, was vermutlich der Name seines eigenen vertrauten Geistes war.

Der letzte Teil der *Dawa* , der aus einer dreimal wiederholten Reihe von Wörtern besteht, ist unübersetzbar. Es handelt sich entweder um die Namen neuer Geister oder, wahrscheinlicher, um magisches Kauderwelsch, das den *Tahdir* und den Zuschauer beeindrucken soll.

Er erzählte mir, wenn die Séance kein Fehlschlag gewesen wäre und es ihm gelungen wäre, die Geister nach der Beschwörung unter seine Kontrolle zu bringen, hätte er sie anschließend durch eine zweite Beschwörung befreien müssen, die er *Saraf* (Veränderung?) nannte und die folgende Form hatte:

„Im Namen Allahs, der euch gesandt hat, gehorsam meinen Befehlen, bitte ich euch, oh Geister, dorthin zurückzukehren, woher ihr gekommen seid. Ich bete zu Allah, dass er euch für immer beschützt, damit ihr Gutes tut und alles erfüllt, was von euch verlangt wird.“

Später, während meines Aufenthaltes in Luxor, unternahm ich einen weiteren Versuch, das *Mandala zu sehen* . Diesmal war ich etwas erfolgreicher.

Die *Dawa* war, soweit ich sehen konnte, praktisch dieselbe wie die Anrufung des Zauberers in Dakhla; aber der *Scheich el Afrit bemühte sich nicht, Eindruck zu machen, und führte die Vorstellung auf die oberflächlichste Art und Weise durch. Der Junge schien sich einfach zu langweilen und wollte nur sein Bakhshish* verdienen und dann wieder weggehen und spielen.

Als er mit den Beschwörungen fertig war, fragte der Zauberer den Jungen, was er in der Tinte gesehen habe. Er antwortete, er habe einen Besen gesehen, der den Boden fegte. Der Zauberer sagte ihm, wenn das Fegen beendet sei, solle er „ihnen“ (vermutlich den Geistern) sagen, sie sollten ein Zelt aufschlagen.

Nach einer kurzen Pause, in der der Junge aufmerksam die Tinte beobachtete, sagte er, das Zelt sei aufgeschlagen. Dann wurde ihm befohlen, ihnen zu befehlen, sieben Stühle hineinzustellen. Als der Junge erklärte, dass dies geschehen sei, wurde ihm gesagt, sie sollten die sieben Könige rufen.

Kurz darauf erklärte der Junge, die Könige seien angekommen und hätten sich auf die Stühle gesetzt.

Scheich *el Afrit,* was ich wissen wollte. Ich sagte ihm, ich wolle, dass der Junge mir erzähle, was ich denke, und stellte mir einen jungen Mann der Tawarek-Rasse vor, den ich einmal in der Wüste getroffen hatte.

Der Junge spähte eine Weile in die Tinte, bevor er antwortete. Dann sagte er mit etwas zögerlicher Stimme, dass er eine Frau gesehen habe.

Ich fragte, ob sie einen Schleier trage. Der Junge bejahte. Ich bat ihn, den Schleier zu beschreiben. Er sagte, er sei schwarz und bestehe aus zwei Teilen, von denen einer den unteren Teil ihres Gesichts bedecke und der andere den oberen.

Das stimmte. Der Mann, den ich gesehen hatte, trug den üblichen *Litham* oder die Maske seiner Rasse, die aus einem langen Streifen schwarzer Baumwolle bestand, der zweimal um seinen Kopf gewickelt war, wobei der untere Streifen sein Gesicht bis zur Augenhöhe bedeckte und der obere seine Stirn verbarg. Zwischen den beiden Streifen blieb eine schmale Öffnung, durch die er sehen konnte.

Als nächstes fragte ich den Jungen, ob er das Haar der Frau sehen könne. Es dauerte lange, bis er auf diese Frage antwortete. Dann sagte er in einem sehr zweifelnden Tonfall, als hätte er das Gefühl, es nicht richtig zu beschreiben, dass er es oben auf ihrem Kopf abstehen sehen könne.

Dies war auch richtig, da der *Litham* , den der Mann getragen hatte, seinen Scheitel nicht bedeckte und daher sein Haar sichtbar war. Dies war bemerkenswert, da muslimische Frauen noch mehr Wert darauf legen, den Scheitel ihres Kopfes zu verbergen als ihr Gesicht. Ihr Scheitel darf nicht von ihrem eigenen Vater gesehen werden, und manche sagen, nicht einmal vom Mond.

Ich sagte dem Jungen dann, dass seine Beschreibung vollkommen zutreffend sei, außer dass er, da die Gestalt, die er sah, verschleiert war, ganz natürlich zu dem Schluss gekommen war, dass es sich um eine Frau und nicht um einen Mann handeln müsse. Ich fragte ihn, ob der Mann irgendwelche Waffen bei sich trug, und stellte mir einen merkwürdigen Dolch vor, den er getragen hatte. Er lag an der Unterseite seines linken Unterarms, war mit einem Band um sein Handgelenk daran befestigt, und der Griff lag in seiner Handfläche.

Der Junge antwortete, dass er ein Schwert trage. Das stimmte, auch wenn ich in diesem Moment nicht daran dachte. Ich bat ihn, mir zu sagen, was er damit mache. Er sagte, er könne ein gezogenes Schwert sehen und der Mann halte es in seiner linken Hand. Er schien auch bei dieser Aussage Zweifel zu haben.

Die linke Hand gilt bei Moslems als unrein, und daher sind Linkshänder unter den Eingeborenen sehr selten. Obwohl seine Aussage, er halte ein gezogenes Schwert in der Hand, falsch war, war der Zusammenhang mit der linken Hand, an der der Mann den Dolch in der Scheide getragen hatte, den ich im Kopf hatte, ziemlich merkwürdig, es sei denn, er sah sein Bild seitenverkehrt, wie es der Fall gewesen wäre, wenn er ihn in einem Spiegel gesehen hätte. Ich fragte ihn, ob er sicher sei, dass er ein Schwert und keinen Dolch gesehen habe, aber er war sich in diesem Punkt ganz sicher und fügte hinzu, dass es ungewöhnlich lang sei. Dies hätte gut zu dem Schwert gepasst, das lang und gerade war, ähnlich dem üblichen Derwischtyp aus dem Sudan. Aber ich hatte an den Dolch und nicht an das Schwert gedacht, also lag er in diesem Punkt falsch.

An diesem Punkt der Veranstaltung mischte sich der elende Dragoman aus dem Hotel, der mich zum Zauberer geführt hatte, ein und stellte dem Jungen irgendeine dumme Frage, woraufhin dieser von der Tinte aufblickte, um zu antworten, und der Zauberer erklärte, es wäre sinnlos, ihm weitere Fragen zu stellen, da der Zauber gebrochen sei.

Diese Methode der Hellsichtigkeit, wenn es sich denn um eine solche handelt, wurde von mehreren zuverlässigen Europäern beobachtet - Lane beispielsweise berichtet davon in seinem Buch „Die Sitten und Gebräuche der modernen Ägypter" - und es kann nicht der geringste Zweifel daran bestehen, dass auf die Fragen des Jungen auf unerklärliche Weise oft die richtigen Antworten gegeben wurden, auch wenn die Möglichkeit einer geheimen Absprache ausgeschlossen war.

Das Phänomen der Gedankenübertragung wurde in den letzten Jahren eingehend untersucht, und viele ernsthafte Wissenschaftler glauben, dass es möglich ist, Ideen auf diese Weise zu kommunizieren, ohne das Medium Sprache oder Gehör zu verwenden. Unter der Annahme, dass dies möglich ist, bietet die Gedankenübertragung eine gute Möglichkeit, das Phänomen des *Derb el Mandal* in einem Fall wie dem, den ich gerade beschrieben habe, zu erklären.

jedoch, dass das *Mandal* auch für andere Zwecke erfolgreich eingesetzt werden kann als nur zum Lesen der Gedanken einer anderen Person. Das Auffinden verborgener Schätze oder verlorener Gegenstände ist ein sehr häufiger Grund für seine Anwendung, und Einheimische haben mir versichert, dass die Ergebnisse oft zufriedenstellend sind; aber zuverlässige Beweise in diesem Punkt sind sicherlich wünschenswert.

Einer der Bahnwärter im Niltal war früher für seine *Mandal- Übungen bekannt* . Einmal wurde er gerufen, um den Zustand der jungen Tochter eines Mannes, den ich kannte, zu diagnostizieren und eine Behandlung zu verschreiben. Wie man mir sagte, war er erfolgreich und das Mädchen erholte sich vollständig. Das ist jedoch nicht weiter bemerkenswert, da die meisten Beschwerden von selbst verschwinden, wenn Ärzte und andere Magier sie nur in Ruhe lassen. Auch der Einfluss von Geistheilung und Suggestion muss in diesem Fall berücksichtigt werden.

Der Eisenbahner benutzte anstelle einer Tintenpfütze einen kleinen Spiegel. Der Junge, der hineinschaute, gab später an, dass der Spiegel, nachdem er eine Weile darauf gestarrt hatte, sehr groß geworden zu sein schien und dass sich ein Raum darin zu spiegeln schien. Er wurde angewiesen, das Ganze auszufegen und dann zu besprenkeln. Ich habe gesehen, dass anstelle einer Tintenpfütze ein Glas Wasser verwendet wurde, und glaube, dass manchmal auch ein Becken mit Öl verwendet wird. Die ganze Frage ist äußerst merkwürdig und könnte möglicherweise Nachforschungen lohnen, da es sich *nicht um* Magie handelt.

KAPITEL XXVII

NATURGESCHICHTE

Die große Hitze und Trockenheit und die daraus resultierende starke Verdunstung, kombiniert mit dem fast völligen Ausbleiben von Regen und der schneidenden Wirkung des Sandes, wenn er von den heftigen Wüstenstürmen weggetrieben wird, machen das Vorhandensein von Vegetation in der Wüste nahezu unmöglich.

Hier und da findet man noch ein paar Grashalme oder sogar ein oder zwei grüne Büsche, doch in jede Richtung kann man mehrere Tagesreisen weit reisen, bevor man andere wachsende Pflanzen sieht.

Die Pflanzen, die in der Wüste wachsen, sind alle von der Natur speziell an Hitze und Dürre angepasst. Die Stängel der Büsche haben eine dichte Außenhülle, um Verdunstung zu verhindern. Aus demselben Grund sind ihre Blätter klein und ledrig. Ihre Haupteigenschaft ist jedoch vielleicht die außergewöhnliche Entwicklung ihrer Wurzeln, die sich auf der Suche nach Wasser über enorme Entfernungen ausdehnen.

Einige der wilden Pflanzen, die ich in der Oase Dakhla gesammelt habe, wuchsen auf sehr salzhaltigem Boden – in einigen Fällen war der Boden um sie herum weiß und das Salz lag auf der Oberfläche. Die Dattelpalme scheint von der Natur speziell dafür geschaffen worden zu sein, unter Wüstenbedingungen zu gedeihen. Eine Palme wächst in Böden, die bis zu vier Prozent Salz enthalten, vorausgesetzt, ihre Wurzeln können eine Schicht erreichen, die weniger als ein Prozent enthält, und wenn sie eine Schicht mit nur einem halben Prozent Salz findet, kann sie eine reiche Ernte bringen.

Nicht weniger interessant als die Pflanzen sind die Tiere der Oase.

Die Nächte in Dakhla – besonders in Rashida und Mut – werden durch das düstere Geheul der Schakale grauenhaft. Der Hundestamm in der Oase ist wahrscheinlich ungewöhnlich interessant. Ich sammelte eine Anzahl Felle, konnte sie aber nicht mitnehmen, als ich in die Wüste ging, und musste sie halb getrocknet in Mut zurücklassen. Bei dem heißen Wetter wimmelt es von Insekten, und wenn ich von meinen verschiedenen Wüstenreisen zurückkkam, stellte ich immer fest, dass sie meine Felle so sehr befallen hatten, dass sie für jedes Museum wertlos waren.

Ein Schakalfell, das ich in gutem Zustand einführen und dem Natural History Museum in Kensington schenken konnte, wurde von Herrn Martin AC Hinton freundlicherweise als identisch mit dem großen ägyptischen Schakal oder „Wolf", *canis lupaster, identifiziert* . Alle Schakale von Dakhla sind ungewöhnlich groß und werden lokal Wölfe genannt. Man sagte mir, dass sie sich frei mit den Dorfhunden vermehren. Außer den Schakalen gibt es auch sehr viele Füchse, von denen einige anscheinend identisch mit dem gewöhnlichen Graufuchs des Niltals sind.

Es gibt in der Oase wahrscheinlich einige neue Arten der Hunderasse. Eines Abends in der Nähe von Mut kehrte ich zufällig gegen Sonnenuntergang in die Stadt zurück und bemerkte einen Fuchs, der mir ungewöhnlich erschien. Kurz nachdem ich ihn zum ersten Mal gesehen hatte, verschwand er auf die andere Seite eines niedrigen Erdhügels. So konnte ich mich ihm ungesehen nähern und kam bis auf etwa zehn Meter an ihn heran, bevor ich seine Aufmerksamkeit erregte. Dann rannte er los, aber nicht bevor ich ihn gut im Blick hatte.

Er war ein ziemlich großer Fuchs von graubrauner Farbe und hatte ein sehr feines Fell. Seine auffälligste Besonderheit war jedoch, dass er mit großen schwarzen Flecken bedeckt war, die etwa anderthalb Zoll im Durchmesser zu sein schienen. Als ich die Bewohner befragte, erfuhr ich, dass in der Oase gelegentlich ein gefleckter Fuchs gesichtet wurde, aber anscheinend nicht sehr häufig vorkam. Markierungen dieser Art sind, glaube ich, bei keinem Fuchs völlig unbekannt, sodass dieser hier wahrscheinlich von besonderem Interesse war. Leider konnte ich kein Exemplar erbeuten.

Außer Schakalen und Füchsen soll in der Oase gelegentlich auch eine Hyäne auftauchen, doch soweit ich gehört habe, wurde während meines Aufenthaltes dort keine gesehen.

Eine merkwürdige Tatsache im Zusammenhang mit den Schakalen in Dakhla ist, dass sie offenbar größtenteils Vegetarier sind und sich größtenteils von den Fallfrüchten der Plantagen ernähren – eine Tatsache, die an die Geschichte vom Fuchs und den Trauben erinnert.

Gazellen gab es früher in den mit Buschland bedeckten Gebieten in und um die Oasen ziemlich viele, aber ich fand sie immer extrem scheu und schwer zu erreichen. Einmal erblickte ich in der Ferne ein Pärchen, das interessant aussah. Eines von ihnen hatte ein extrem helles Fell und war vielleicht eine *Lodergazelle* ; das andere hatte jedoch eine tiefrote – fast kastanienbraune – Farbe, die aus der Ferne keiner bekannten Art ähnelte. Die in diesen Gegenden normalerweise vorkommende Gazelle ist die gewöhnliche Dorcasgazelle; aber diese beiden sahen völlig unterschiedlich aus. Die Einheimischen scheinen nicht zwischen den verschiedenen Arten zu unterscheiden, die alle eine starke Ähnlichkeit miteinander aufweisen, und klassifizieren sie alle zusammen als „Gazellen".

In den älteren Gebäuden der Stadt wimmelt es von Skorpionen, und die Eingeborenen werden häufig gestochen, manchmal, wie man mir sagte, mit tödlichem Ausgang. Die Blätter einer rundblättrigen Pflanze namens *Khobbayza* [17] werden zerstoßen und zu einem Umschlag verarbeitet, der auf die Stiche der Skorpione aufgetragen wird - angeblich mit beträchtlicher Wirkung. Ein einheimischer Quacksalber aus dem Niltal trieb früher viel Handel mit kleinen schwärzlichen Oblaten einer von ihm geheim gehaltenen Zusammensetzung, die nicht nur gegen Skorpionstiche, sondern auch bei Schlangenbissen sehr hilfreich sein sollte. Einer der einheimischen Ärzte, die ich in Mut traf, probierte sie an einigen seiner Patienten aus und erzählte mir, dass er großen Erfolg hatte. Sehr große, haarige, gelbe Spinnen, vielleicht Vogelspinnen, sah ich ein- oder zweimal, und ich stellte fest, dass die Eingeborenen große Angst vor ihnen hatten.

Im Niltal werden eigenartige Lehmtische verwendet, die auf einem einzigen dicken Bein stehen. Auf diese werden kleine Kinder gesetzt, um sie vor den Angriffen von Skorpionen und Vogelspinnen zu schützen, die aufgrund des Überhangs des Tisches nicht auf die Tischplatte klettern können. Die Tischplatte selbst ist von einer niedrigen Mauer umgeben, um zu verhindern, dass die Kinder herunterfallen. Die Spitze der Mauer selbst ist oft phantasievoll verziert.

Ich bin in Dakhla nie auf Schlangen gestoßen, habe aber mehr als einmal die Haut gesehen, die sie abgeworfen hatten. Es soll eine lange schwarze Schlange geben, die man normalerweise in oder in der Nähe der Wasserkanäle findet und deren Biss als äußerst gefährlich gilt. Die gewöhnliche Hornviper Cerastes, die man in der Wüste oft antrifft, scheint in der Oase selten zu sein – und dasselbe gilt für die hornlose Viper, die ihr auf den ersten Blick so sehr ähnelt. Während des heißen Wetters in den Oasen wimmelt es von Insekten. Schmetterlinge sind selten, aber Motten sind ziemlich zahlreich. In Kharga habe ich den Baumwollspinner gefangen, aber in Dakhla habe ich ihn nicht gesehen. Heuschrecken sind, glaube ich, fast unbekannt, aber die Grashüpfer sind in einigen Gegenden – zum Beispiel in Tenida – äußerst zahlreich.

SKORPION-SICHERE PLATTFORM.

Borstenschwänze (Silberfische) waren unangenehm zerstörerisch und Bohrbienen richteten großen Schaden an, indem sie die Palmenstämme und Dachsparren der Häuser durchlöcherten und sie unsicher machten. Stubenfliegen waren weit verbreitet genug, um lästig zu sein, wenn auch nicht in dem Ausmaß, das man normalerweise im Niltal findet. Mücken gab es in Mut nur in geringer Zahl, wahrscheinlich aufgrund des Wassermangels in der Gegend.

Libellen waren auffallend zahlreich – eine dunkelrote, eine grünliche Art und eine schöne stahlblaue Art waren, soweit ich sehen konnte, die häufigsten.

Im Frühjahr gibt es eine große Vogeleinwanderung in die Oase, die aus dem Südwesten kommt. Flughühner – sowohl Spieß- als auch gefleckte Arten – sind am Rande der Oase und in den von den Dörfern entfernten Teilen anzutreffen. Wachteln, Enten, Bekassinen und verschiedene Wasservögel gibt es in der Oase zu bestimmten Jahreszeiten in Hülle und Fülle. Milane habe ich nie gesehen oder gehört, aber Adler wurden mehrmals gesichtet. Auch ein Vogel der Habichtsart. Raben gibt es in geringer Zahl.

Tauben sind recht häufig vertreten, eine große Wildtaube – offenbar die Blaue Felsentaube, die hauptsächlich in den Klippen rund um die Oase lebt – ist weit verbreitet. Diese bieten manchmal sehr viel Spaß; im Freien sind sie viel zu vorsichtig, um sich ihnen auf Schussweite zu nähern. Aber abends kommen sie zum Trinken zu den Brunnen und wählen normalerweise einen, der etwas weiter von den Dörfern entfernt ist.

Diese Tauben erwiesen sich jedoch als sehr dürftig zu fressen, da ihr Fleisch hart und trocken war und sie in puncto Fang nicht mit Flughühnern zu vergleichen waren.

Auch die Flughühner waren außerordentlich schwer zu erlegen. Der einzige Ort, an dem es mir jemals gelang, welche zu erlegen, war die Gubary-Straße zwischen den Oasen Dakhla und Kharga. Dort fand ich sie ziemlich zahlreich vor. Normalerweise sah man sie am frühen Morgen an den Orten, wo die *Bedawin* ihr Nachtlager aufschlugen. Im Laufe des Tages verließen sie die Straße ganz und gar und flogen in die Wüste davon.

Die Vögel, die mich in den Oasen am meisten interessierten, waren die *Kimri* oder Palmtauben. In Dakhla gibt es mindestens zwei Arten, die *Kimri Beladi* oder einheimische Palmtaube und die *Kimri Sifi* oder Sommertaube. Erstere scheint das ganze Jahr über in Dakhla ansässig zu sein; letztere jedoch sind Zugvögel, die im März in die Oase kommen und im Herbst nach der Dattelernte zurückkehren. Sie nehmen in Dakhla in etwa denselben Platz ein wie der Kuckuck in England, denn ihre Ankunft wird als Zeichen dafür angesehen, dass der Winter vorbei und der Sommer nah ist. Bei heißem Wetter wimmelt es in den Palmenhainen der Oase von diesen hübschen kleinen Vögeln, deren sanftes Gurren, während sie schwankend in den Palmenwipfeln sitzen, ein höchst melodischer Klang ist – äußerst angenehm und wohltuend nach einer langen, heißen Reise durch die Wüste.

Die Frage nach dem Tier- und Pflanzenleben in diesen öden Regionen ist äußerst interessant. Trotz der extremen Trockenheit dieser Wüsten ist dort auf wundersame Weise eine beträchtliche Menge an Leben beheimatet.

In der Wüste sah man oft kleine Eidechsen über den Boden huschen. Sie laufen mit außerordentlicher Geschwindigkeit und sind sehr schwer zu fangen. Ich glaube, die übliche Methode ist, ein Taschentuch auf den Boden zu werfen und die Eidechse darauf zu treiben. Sie rennt dann oft unter dem Taschentuch hindurch, um Schutz zu suchen, und kann dann leicht aufgenommen werden. Ich stellte fest, dass sie, obwohl sie eine kurze Strecke sehr schnell laufen konnten, sehr bald müde wurden, und wenn man sie hundert Meter lang verfolgte, ohne ihnen Zeit zum Ausruhen zu geben, waren sie so erschöpft, dass man sie leicht einfangen konnte.

Ich habe in der Wüste nie ein Exemplar des *Warans*, einer großen Eidechse, gesehen, aber einmal sah ich etwas, das wie seine Spur aussah. Es ähnelte der Spur einer großleibigen Eidechse, die langsam über den Sand kroch. Meine Männer erklärten jedoch, es sei die Spur einer *Issulla*, die sie als ein Wesen beschrieben, das von seiner Form her eine Mischung aus Schlange und

Eidechse ist. Wenn es sich nähert, stürzt es sich auf einen Eindringling und erhebt sich nach einem schnellen Lauf auf häutigen Flügeln, die zwischen seinen Beinen ausgestreckt sind, in die Luft – und verhält sich offenbar ein wenig wie ein Flugzeug. Sie sagten, sein Biss sei giftig und im Allgemeinen tödlich, aber wenn er während seines Fluges nicht trifft, fällt er auf den Boden und platzt! Die Existenz eines solchen Reptils ist – wenn wir den Teil mit dem Platzen der Geschichte ausklammern – vielleicht nicht absolut unmöglich. Man muss derartige Aussagen der Eingeborenen mit mehr als der üblichen Skepsis betrachten; aber es hilft nicht, sie völlig zu ignorieren.

Seine Spur stimmte gut mit der Beschreibung des Reptils überein, die mir meine Männer gegeben hatten, denn außerhalb der Spuren, die seine Füße hinterlassen hatten, war eindeutig etwas durch den Sand gezogen worden, das eine Spur hinterlassen hatte, die auf seiner Oberfläche als Kratzer zu sehen war. Was dieses „Etwas" war, ist schwer zu sagen – es sei denn, es war, wie meine Männer erklärten, ein Teil der Membran, auf der die *Issulla* durch die Luft segelt. Es konnte nicht von seinem Schwanz verursacht worden sein, da dieser an beiden Seiten der Spur gleichzeitig auftauchte.

Was die angebliche Fähigkeit angeht, vom Boden in die Luft steigen zu können, so stellt dies meines Erachtens kein großes Problem dar. Aus den Berichten meiner Männer entnahm ich, dass sie fast drei Fuß lang gewesen sein muss. Die zuvor erwähnten kleinen, schnell laufenden Echsen sind meist weniger als sechs Zoll lang und müssen in der Lage sein, fast zehn Meilen pro Stunde zurückzulegen, da ein Mann zu Fuß die ganze Zeit braucht, um sie einzuholen. Da die *Issulla* fünfmal so lang sein muss wie diese kleinen Echsen, ist es nicht unangemessen anzunehmen, dass sie doppelt so schnell laufen kann, also sagen wir zwanzig Meilen pro Stunde, was, wenn sie gegen eine steife Brise liefe, sagen wir fünfzig Meilen pro Stunde durch die Luft entspräche – eine Geschwindigkeit, die sie wahrscheinlich leicht vom Boden abheben lassen würde – aber das ist eine Lügengeschichte.

Schlangen sind in der Wüste sehr verbreitet – die *Lefa'a* oder Hornotter und eine sehr ähnliche Viper ohne Hörner sind stellenweise ziemlich unangenehm zahlreich. Außerdem haben wir eine sehr dünne sandfarbene Schlange getötet, etwa vier Fuß lang, die, soweit ich das anhand ihres Kopfes beurteilen konnte, nicht giftig zu sein schien. Die *Naja* oder Ägyptische Kobra, die manchmal im Niltal zu sehen ist, ist, glaube ich, in der Wüste und den Oasen völlig unbekannt.

Ich habe mehrmals Gerüchte über eine gefiederte Schlange gehört. Zuerst hielt ich das für einen Mythos, aber später fand ich heraus, dass dieses Geschöpf von mindestens einem Europäer gesehen worden war, der lange im Land gelebt hatte. Das Exemplar, das er gesehen hatte, war ein im Niltal getötetes Exemplar. Er beschrieb es als eine kurze, kräftige, sandfarbene

Schlange, die auf ihrem Rücken, ein Stück weit hinter ihrem Kopf, eine Art Kamm aus länglichen Schuppen hatte, die an ihren Enden ziemlich ausgefranst waren.

Die Existenz dieser Kreatur ist keineswegs unmöglich, denn Reptilien und Vögel sind eng verwandt.

Insekten gibt es in der Wüste verhältnismäßig wenige. Einmal habe ich ein paar kleine Ameisen gefunden, rosa und silberfarben. Große, grotesk aussehende Gottesanbeterinnen sah man oft auf den Sandflächen der Wüste umherlaufen. Einige von ihnen waren beträchtlich groß, viele waren gut drei Zoll lang. Es waren merkwürdige Wesen und anscheinend sehr kampflustig, denn wenn man sich mir näherte, drehten sie sich oft um und sahen mich an, wobei sie sich leicht auf ihren gedrungenen, fetten Körpern aufrichteten und mit ihren großen Vorderbeinen in der Luft herumscharrten.

Wenn ich meinen Fuß in ihre Richtung schob, griffen sie ihn häufig an, packten meinen Zeh mit ihren Beinen und versuchten, mich zu beißen. Ich nahm einen der größeren und gab ihm die Spitze meines Daumens zum Beißen – ein ziemlich dummes Vorgehen, wie mir später klar wurde, denn soweit ich wusste, hätte sein Biss giftig sein können. Er biss mit seinen ziemlich furchterregenden Kiefern wütend in die Spitze meines Daumens, schäumte vor dem Mund und tat sein klägliches Bestes, um mir wehzutun. Es gelang ihm, eine kleine Hautfetze zwischen seine Kiefer zu bekommen, die sich in horizontaler Richtung schlossen, und versetzte mir einen Biss, den ich deutlich spüren konnte.

Einmal fand ich in der Wüste westlich von Dakhla eine Mücke, was meine Hoffnung, dass ich vielleicht in die Nähe von Wasser kommen könnte, beträchtlich steigerte. Aber es stellte sich heraus, dass es sich nur um ein vom Wind getragenes Exemplar handelte, das wahrscheinlich aus Nesla oder Bu Mungar stammte. Florfliegen kamen häufig in unser Lager, selbst wenn wir weit draußen in der Wüste waren, und in den meisten Nächten flogen ein paar Motten in mein Zelt und kamen zu meiner Kerze; gelegentlich waren es beträchtliche Mengen.

Die gewöhnlichen Stubenfliegen sind zwar in den Oasen eine Plage, in der Wüste jedoch glücklicherweise unbekannt. Bei Windstille folgen jedoch häufig Schwärme dieser Fliegen einer Karawane, die aus einer Oase aufbricht. Nach ein oder zwei Tagen verschwinden sie jedoch wieder.

Als ich einmal mit meiner Karawane durch eine Wüste ritt und wir am Tag zuvor eine Oase verlassen hatten, wurden wir von diesen Plagegeistern, von denen uns ein Schwarm ständig um den Kopf schwirrte, ziemlich belästigt. Ich wurde auf ziemlich unerwartete Weise von ihnen befreit. Eine Schwalbe – offensichtlich auf der Durchreise – kam von Süden her an die Karawane heran, und da sie vermutlich sehr hungrig war, flog sie immer wieder um unsere Köpfe herum und schnappte sich bei jedem Kreis eine Fliege. Wahrscheinlich aufgrund ihres Hungers war das kleine Geschöpf außerordentlich zahm – seine Flügelspitzen berührten mehrmals fast mein Gesicht. Nachdem sie einige Minuten bei der Karawane geblieben war, umkreiste sie uns ein halbes Dutzend Mal, um sich zu vergewissern, dass sie keine Fliegen übersehen hatte, und flog dann davon und setzte ihren Weg nach Norden fort.

Eine Liste einiger der von mir gesammelten Insekten finden Sie in Anhang II.

Die Straße, der wir von Dakhla nach Südwesten folgten, verlief in der Zugrichtung der Vögel. Deshalb notierte ich nicht nur jedes Exemplar, das wir sahen, sondern trug auch jede Feder, die ich aufhob, und sogar die Spuren im Sand, wo diese Zugvögel gelandet waren, in mein Routenbuch ein. All dies waren wertvolle Hinweise darauf, dass wir noch immer in die richtige Richtung reisten.

Neben Palmtauben und den kleineren Zugvögeln sahen wir mehrmals Störche und Kraniche oder ihre Spuren; aber das geschah natürlich nur während der Zugzeit. Es gab einen großen weißen Vogel, der wie ein Adler aussah und den wir zu allen Jahreszeiten häufig sahen, aber ich konnte nie sehr nahe an ihn herankommen, da er im Gegensatz zu den meisten Wüstentieren extrem wild war.

Der einzige Ort, an dem ich jemals außerhalb der Oasen Flughühner gesehen habe, war die Straße zwischen Kharga und Dakhla. In der Wüste südlich und südwestlich von Dakhla und auch in der Wüste rund um die Oase Farafra schienen sie überhaupt nicht zu finden – der Grund für ihr Fehlen war vermutlich der Mangel an Nahrung.

Nicht nur Insekten, Reptilien und Vögel waren in der Wüste recht gut vertreten, auch Säugetiere waren nicht unbekannt. Außer den Wüstenratten stieß ich etwa 130 Kilometer südlich von Dakhla auf die Überreste einer Gazelle, aber möglicherweise war das arme kleine Tier nur in die Wüste gewandert, um zu sterben. Kleine Füchse, die es in der Oase zwar gab, sah ich in der Wüste nie – die Ratten wären sonst nicht so zahlreich gewesen. Die Spuren eines größeren Fuchses wurden mehrmals gesehen, oft mehrere Tagesreisen von einer Oase entfernt. Die Spuren von Schakalen oder Wölfen – ich konnte nicht sicher sagen, von welchen – wurden noch häufiger angetroffen.

Der Hundestamm konnte sich natürlich von Ratten und Eidechsen ernähren, aber wenn er nicht genügend Feuchtigkeit aus dem Blut seiner Opfer zog, musste er gelegentlich in die Oasen zurückkehren, um zu trinken. Man fragt sich, warum diese Tiere, die auch in den Oasen leben können, lieber in der Wüste leben, wo die Bedingungen, unter denen sie leben müssen, ein Leben fast unmöglich machen müssen.

Das Problem der Existenz der Wüstenratten hat viel Diskussion ausgelöst und kann noch nicht als gelöst gelten. Ich habe sie sicherlich gut 150 Meilen von jeder Oase entfernt gefunden, in einem völlig kargen Gebiet, aber sie waren offensichtlich vollkommen gesund, rundlich und munter.

Ich habe einmal mehrere Wochen im Dünengürtel gezeltet, der durch die Kharga-Oase verläuft. Eines Abends hatte ich mich gerade zum Abendessen hingesetzt, als ich bemerkte, wie eine dieser kleinen Kängururatten im Kerzenlicht direkt vor der Tür meines Zeltes herumhüpfte. Eine plötzliche Bewegung von mir erschreckte sie. Sie sprang etwa einen Meter weit und war blitzschnell verschwunden.

Aber nach ein oder zwei Minuten war er, wahrscheinlich aus Neugier, wieder an seinem alten Platz und schwebte direkt vor dem Zelt herum. In der Hoffnung, ihn besser sehen zu können, drehte ich ein kleines Stück Brot um, so dass es direkt vor ihm herunterfiel. Nach einigem Zögern stürzte er sich darauf, trug es ein paar Meter weit weg und begann, es zu essen.

Dann kam er wieder zurück, stellte sich etwas näher und schnappte sich ein weiteres Stück Brot, das ich ihm zuwarf und das etwa auf halbem Weg zwischen uns fiel. Bald nahm er mir tatsächlich Stücke aus der Hand – er war außerordentlich zahm.

Ich war gerade mit dem Essen fertig und hatte ihn völlig vergessen. Ich las ein Buch, das auf dem Tisch lag, während ich aß, als ich plötzlich einen Schlag auf meinen Oberschenkel spürte. Als ich nach unten schaute, um zu sehen, was es war, stellte ich fest, dass er nicht nur zurückgekommen war, sondern tatsächlich auf mein Bein gesprungen war, als ich am Tisch saß. Einen Moment später war er auf den Tisch selbst gesprungen und aß die Krümel.

Er war so absolut furchtlos, dass er mir sogar erlaubte, mit dem Finger seinen Rücken zu streicheln; doch kaum wollte ich meine Hand um ihn schließen, sprang er erschrocken vom Tisch auf die Erde, wo er jedoch mit seiner außerordentlich federnden Bewegung unruhig herumhüpfend blieb, bis ich ihm ein weiteres Stück Brot zuwarf.

Offenbar hatte er jedoch für den Moment genug, denn anstatt es wie zuvor zu essen, nahm er es auf, hüpfte aus dem Zelt und verschwand für einige Minuten. Bald darauf kam er jedoch wieder zurück. Ich warf ihm ein weiteres Stück zu, das er wieder mitnahm und nach einer Weile zurückkam, um sich mehr zu holen. Auf diese Weise muss er an diesem Abend etwa zehn Stücke weggetragen haben, jedes Stück etwa so groß wie eine Haselnuss. Ich fütterte ihn weiter, solange er immer wieder zurückkam; aber schließlich hörte er auf zu erscheinen, vielleicht weil er müde war, nachdem er so oft eine für ihn schwere Last getragen hatte.

In der folgenden Nacht kam er wieder, und zwar achtmal hintereinander. Jede Nacht gab ich ihm so viel Brot, wie er essen und mitnehmen wollte. Er schien ein sehr kleiner Esser zu sein, aber er muss genug Brot mitgenommen haben, um zwei oder drei Laibe zu backen. Außerdem erhob er Zoll auf das Getreide für die Kamele, das er beschaffte, indem er Löcher in die Säcke nagte.

Letzteres wurde ihm jedoch zum Verhängnis, denn einer meiner Männer erwischte ihn zufällig auf frischer Tat und tötete ihn sofort, sehr zu meinem Ekel. Es war zweifellos dieselbe Ratte, die jede Nacht zu meinem Zelt gekommen war und auch das Getreide weggetragen hatte, denn es bestand keine Möglichkeit, sie zu verwechseln, da sie ein Auge verloren hatte.

Es tat mir sehr leid, das kleine Tier zu verlieren, das zu einem richtigen Haustier geworden war und schließlich so zahm war, dass es sich von mir hochheben und streicheln ließ. Als mein Mann es jedoch in die Hand nahm, biss es ihm prompt in den Daumen.

Diese kleinen Kängururatten sind wunderschön niedliche kleine Wesen, die genau so rot wie der Sand selbst sind, große schwarze Augen und einen sehr langen Schwanz haben. Ihr auffälligstes Merkmal ist die enorme Muskelentwicklung ihrer Hinterbeine, die im Vergleich zu ihrem kleinen Körper unverhältnismäßig massiv erscheinen.

Diese starke Muskelentwicklung ihrer langen Hinterbeine verleiht ihnen solch wunderbare Fortbewegungsfähigkeiten. Als ich einmal mit meinem Wohnwagen über ein großes Gebiet mit ebenem Sand reiste, stieß ich auf die Spur einer dieser Ratten, die auf der glatten Oberfläche ganz deutlich zu erkennen war, und da sie zufällig praktisch in dieselbe Richtung lief wie ich selbst, folgte ich ihr ein langes Stück weit.

Die Spur bestand aus einer Reihe von Doppelpunkten, wo die Hinterfüße im Sand gelandet waren, und zwar in regelmäßigen Abständen von drei bis vier Fuß. Ich folgte diesen Spuren über neun Meilen praktisch in gerader Linie, bis ich sie aufgrund einer Richtungsänderung meiner Route gegenüber der der Ratte verlassen musste.

Während der gesamten Zeit, in der ich ihnen folgte, fand ich nur drei oder vier Stellen, an denen die Ratte von ihrem normalen Tempo abwich und für einen Moment oder zwei anhielt, um sich im Kreis zu drehen, offenbar um mit ihrem Schwanz zu spielen.

Die Geschwindigkeit, mit der diese kleinen Tiere sich fortbewegen können, ist geradezu erstaunlich. Der schnellste Läufer hätte nicht die geringste

Chance, sie einzuholen; wenn sie Angst bekommen, rennen sie mit einer Geschwindigkeit los, die den Eingeborenen zufolge nicht einmal ein Pferd erreichen kann. Die gleichmäßige Geschwindigkeit, die das Tier, dessen Spuren ich über so viele Meilen verfolgt hatte, beibehalten hatte, zeigt, dass sie lange Strecken zurücklegen können, ohne zu ermüden, und dass sie das nicht nur können, sondern auch tun.

Ich glaube, dass ihre Fähigkeit, in diesen Gebieten zu leben, auf diese erstaunliche Fähigkeit zurückzuführen ist, sich über Land fortzubewegen, und auf ihre Angewohnheit, Vorräte zu horten .

So unfruchtbar dieser Bezirk auch zu sein scheint, hier und da gibt es Grasflecken, die allem Anschein nach völlig abgestorben sind, aber wahrscheinlich ihre Samen auf den umliegenden Boden abgeworfen haben. Selbst in diesen trockenen Bezirken ist Regen nicht unbekannt – es gab Geschichten in Dakhla über einen regelmäßigen Regenguss, der vor nicht allzu vielen Jahren stattgefunden haben soll, als der Regen in solchen Mengen fiel, dass viele der Lehmhäuser der Oase vor ihm schmolzen und einstürzten. Ein solcher Regen oder sogar ein heftiger Regenguss könnten die Samen zum Keimen bringen. Das Gras wächst normalerweise auf dem steifsten Lehm, der die Feuchtigkeit des Regens für eine beträchtliche Zeit speichern kann und, unterstützt durch die große Hitze der wärmeren Monate, das Gras extrem schnell wachsen lässt. Von diesem Gras und seinen Samen könnten diese Ratten leicht leben, und davon könnten sie in ihren unterirdischen Höhlen Vorräte anlegen, die sehr lange reichen. Ratten können bekanntlich nur von hartem Getreide leben, das nicht mehr als zehn oder fünfzehn Prozent Feuchtigkeit enthält. [18] Sie kennen wahrscheinlich eine Reihe von Orten, an denen diese Gräser wachsen, und da man weiß, dass sie nie trinken, können sie sich mehrere Dürrejahre lang ernähren, indem sie in der Nähe jedes Ortes einen Vorrat anlegen und von einem Ort zum anderen ziehen, wenn ihre Vorräte erschöpft sind. Die Spuren, die wir sahen, die sich fast ohne Unterbrechung über neun Meilen erstreckten, könnten von einer Ratte stammen, die von einem ihrer Vorräte zum anderen wanderte. Eine solche Reise hätte man kaum ohne ein bestimmtes Ziel unternommen. Ein Lauf von fünfzig Meilen wäre für eines dieser kleinen Geschöpfe nichts, daher könnten sie ihre Vorräte aus Tausenden von Quadratmeilen Land beziehen, in dem sie sogar in dieser trockenen Wüste genug zum Leben finden würden. An einer Stelle fanden wir auch grüne *Terfa*-Büsche, aus denen sie vielleicht etwas Nahrung bezogen und aus den grünen Teilen der Pflanzen möglicherweise genügend Feuchtigkeit erhielten, um ohne Trinken auskommen zu können – obwohl diese außergewöhnlichen kleinen Lebewesen durchaus in der Lage wären, gelegentlich eine Reise von etwa hundert Meilen zu einer Oase zu unternehmen, um Wasser zu holen.

ANHANG I

GEOGRAPHIE UND WINDE DER LIBYSCHEN WÜSTE

Die zum Zeitpunkt meines Besuches in diesem Land gängigen Ansichten über die Geographie der Libyschen Wüste werden von Herrn FR Cana in dem wertvollen Artikel und der Karte zusammengefasst, die er dem „Geographical Journal" beisteuerte. [19] Über diese Wüste sagt er: „Man hat einige Erkenntnisse über ihre Beschaffenheit dort erlangt, wo sie an den Nil grenzt, und im Norden entlang der Kante der Cyrenaika-Hochebene ... Die Wüste besteht im Allgemeinen aus felsigen Einöden im Norden und Osten und einem riesigen Sandmeer in der Mitte."

Die felsigen Wüsten beginnen im Norden, unmittelbar südlich des kultivierbaren Gürtels entlang der Küste Nordägyptens; die Wüste erhebt sich hier zu einem Plateau. Auf dieses Hochplateau folgt eine riesige Senke, von der Teile unter dem Meeresspiegel liegen. Diese Senke verläuft von der Oase Siwa in östlicher Richtung zum Nil. Auf dieses riesige Tal wird später noch eingegangen.

Die Südseite dieser Senke wurde meines Wissens noch nie kartografiert, doch dahinter steigt die Wüste wieder an und erreicht ein mit Kalkstein bedecktes Plateau, das stellenweise über 300 Meter über dem Meeresspiegel liegt. Die westliche Grenze dieses Plateaus wurde meines Wissens im nördlichen Teil noch nicht ermittelt, doch im Osten wird es vom Niltal begrenzt, wo es auf seiner Westseite die hoch aufragende Klippe bildet, die allen Besuchern Ägyptens bekannt ist. Ungefähr auf dem Breitengrad von Qena verengt sich das Plateau auf eine Breite von etwa 160 Kilometern, wobei seine westliche Grenze die große Böschung ist, die die Oase von Kharga auf ihrer Ostseite begrenzt.

Die Geographie dieser Kalksteinhochebene und der dahinter liegenden Wüste bis hin zur ägyptisch-tripolitanischen Grenze war zum Zeitpunkt meiner Ankunft in Ägypten ziemlich gut bekannt. Mit Ausnahme von Kufara und den anderen Oasen derselben Gruppe war jedoch praktisch die gesamte Wüste dahinter eine Terra *incognita*, das Reich der Senussi, und galt, wie in dem Aufsatz von Herrn FR Cana dargelegt, als ein unpassierbares Meer aus riesigen Sanddünen.

Insgesamt habe ich acht Reisen in die Wüste südwestlich von Dakhla unternommen, von denen nur einige beschrieben wurden. Zusätzlich zu diesen und den bereits erwähnten Reisen nach Farafra und an andere Orte habe ich einige nördlich von 'Ain Amur unternommen, wo ich ein vollständiges Netzwerk kleiner Vertiefungen fand.

Diese kleinen Senken, die nur etwa 150 Fuß tief waren, öffneten sich meist voneinander und durchzogen das Kalksteinplateau geradezu wabenförmig. Der Zugang zu ihnen erfolgte über eine Lücke in der Klippe an der Nordseite des Ain-Amur-Tals, von der ein kleiner Gürtel aus Sanddünen ausging. Sie waren meist nur ein oder zwei Meilen breit, obwohl einige von ihnen beträchtlich lang waren; eine erstreckte sich tatsächlich über etwa 34 Meilen von Nordosten nach Südwesten. Es gab eine außergewöhnliche kleine Senke, die wie ein isoliertes, fast kreisförmiges Schlagloch im Kalksteinplateau aussah, etwa 150 Fuß tief mit fast senkrechten Wänden. Es war schwer zu erkennen, wie es entstanden sein konnte. Dem zerklüfteten Horizont nach zu urteilen, den einige der diese Senken umgebenden Klippen aufweisen, gab es wahrscheinlich noch mehrere andere Vertiefungen, die ich aus Zeitmangel nicht erkunden konnte.

Eine merkwürdige Tatsache im Zusammenhang mit diesen kleinen Senken war, dass sie, obwohl viele von ihnen einen Lehmboden hatten, praktisch keine Vegetation enthielten. Auf dem Kalksteinplateau, das sie umgab, sah man jedoch nicht selten Büsche und sogar kleine Buschflächen.

Der Ursprung der Vertiefungen in diesem Kalksteinplateau war Gegenstand einiger Kontroversen. Verschiedene Autoren haben die Einwirkung von Wasser, Sanderosion und Faltung der Schichten als Ursache genannt. In diesem Zusammenhang ist es vielleicht interessant zu erwähnen, dass die südlichste dieser kleinen Vertiefungen im Norden von 'Ain Amur das Bett eines klar erkennbaren Wasserlaufs enthielt, der gut abgerundete Kieselsteine enthielt und zum Eingang des 'Ain Amur-Tals floss.

Zusätzlich zu diesen Reisen unternahm ich eine dreitägige Reise in den Süden von Belat, in die Oase Dakhla. Am Rande der Oase gelangten wir in sehr raues, salzverkrustetes Gelände, das einige Flecken von Steinsalz enthielt.

Dahinter lag ein großes, mit Buschwerk bedecktes Gebiet namens Dhayat en Neml oder manchmal auch El Girgof, das ziemlich dicht mit Büschen bewachsen war.

Als wir diesen verließen, gelangten wir in die offene Wüste, deren Niveau hier ziemlich schnell nach Süden anstieg. Hier fanden wir Spuren einer alten Straße, die wir jedoch am dritten Tag nach Verlassen von Belat verloren. Es handelte sich wahrscheinlich nur um einen Zweig des Derb et Terfawi.

Am frühen Nachmittag führte uns unser Weg auf die Spitze einer etwa 60 Meter hohen Klippe. Nach ein paar Stunden Reise erreichten wir eine zweite, 60 Meter hohe Klippe, hinter der sich eine ebene Sandwüste erstreckte, die hier und da mit einigen felsigen Hügeln übersät war. Diese zweite Böschung war offenbar die östliche Fortsetzung der Klippe, die die südliche Grenze des Sandsteinplateaus südwestlich der Oase von Dakhla bildet, die jedoch südlich der Stadt Mut, auf der Westseite von Dakhla, wo die Straße von Mut zur Oase Selima verläuft, in einen sanften Abhang abfällt.

Ich bemühte mich, die wenigen Gelegenheiten, die sich mir boten, zu nutzen, um so viele Informationen wie möglich über die unbekannten Gebiete jenseits der ägyptischen Grenze zu sammeln. Doch leider gab es nur wenige Gelegenheiten dieser Art. Diese Gebiete galten bei den Senussi als ihr besonderes Reservat, und sie taten ihr Bestes, um sie für Außenstehende geheim zu halten. Folglich waren es nur Mitglieder dieser Sekte und ihre Freunde, die etwas über das Gebiet wussten, und die Senussi waren so außerordentlich geheimnisvoll, was ihr Land betraf, dass es mir nur mit größter Mühe gelang, Informationen darüber zu erhalten. Auch Nachforschungen mussten mit Vorsicht angestellt werden, denn das Sammeln von Daten dieser Art erwies sich als ungesunde Beschäftigung.

Ein Teil der Karte, die ich aus den mir gegebenen Daten zusammenstellen konnte, wurde inzwischen aus anderen Quellen verifiziert. Da sich ein Großteil der Karte als korrekt herausgestellt hat, ist der Rest vermutlich ebenso zuverlässig. Die absoluten Positionen, soweit Längen- und Breitengrade betroffen sind, sind natürlich in den meisten Fällen erheblich fehlerhaft, aber die relativen Richtungen und Entfernungen jedes Ortes zu den ihn umgebenden Orten werden in den meisten Fällen mit angemessener Genauigkeit dargestellt.

Eine Karte, die auf Informationen der Einheimischen basiert, kann natürlich nie an Genauigkeit mit einer Karte mithalten, die mit den Methoden einer modernen Vermessung erstellt wurde; sie muss aber nicht weit hinter den Karten zurückliegen, die mit den groben Methoden der Geographen vor hundert oder sogar fünfzig Jahren erstellt wurden. Ihr Zweck ist es, eine allgemeine Vorstellung des Gebiets zu vermitteln, das sie abdeckt, und insbesondere, zukünftigen Reisenden objektive und ausreichend genaue Informationen über ihre Position zu geben, damit sie sie finden können.

Für meine Karte wurde kein bestimmtes Rechtschreibsystem verwendet. Viele der Namen sind eindeutig nicht arabisch, sondern stammen entweder von den Tibbus oder Bedayat, deren Alphabete – falls sie überhaupt welche haben – meines Wissens nach nicht in ein Transliterationssystem umgesetzt wurden. Es war unmöglich, auch nur die arabischen Namen richtig zu schreiben, da alle meine Informanten Analphabeten der *Bedawin-Sprache waren* , also habe ich sie so gut wie möglich phonetisch geschrieben. Wahrscheinlich unterscheidet sich die Aussprache, die ich gehört habe, von der im Sudan üblichen, sodass der Vergleich hilfreich sein könnte.

Die Informationen wurden so weit wie möglich in Form von Durchgangsrouten gesammelt, die Orte verbanden, die von früheren Reisenden bereits mehr oder weniger genau festgelegt worden waren. Die restlichen Daten wurden dann in diese Routen eingepasst oder von mehr oder weniger zuverlässig festgelegten Punkten auf anderen Karten abgeleitet.

Die drei Hauptrouten, auf denen die Karte basiert, waren wie folgt: [20]

Route I. Von Tollab in der Kufara-Oase nach Bidau.

Drei Tage Richtung Süden bis zur Quelle von Bushara.

Vier Tage Richtung Süden nach Asara oder Sarra (nur ein Brunnen).

Sechs Tage von Asara, SSW, nach Tikeru.

Einen halben Tag westlich von Tikeru nach Erwully, einem Brunnen.

Drei Tage Richtung Westen nach Guru.

Drei Tage südwestlich von Guru nach Ungoury.

Eines Tages SSW zum Dorf Ertha.

Einen Tag Richtung Westen nach Bidau.

Route II. Von Tikeru nach Abesher.

Drei Tage südlich nach Wanjunga Kebir. Ein weiteres Wanjunga, bekannt als Wanjunga Sgheir – kleines Wanjunga – liegt eine Tagesreise östlich. Beide sind bewohnt. Dieser Bezirk wird manchmal Wanjungat genannt.

Drei Tage südlich nach Bedadi, einem Brunnen der Bedayat.

Drei Tage südlich zu einem Brunnen namens Funfun, der dem Stamm der Bedayat gehört.

Eineinhalb (oder zwei) Tage Richtung Süden nach Wayta Sgheir.

Ein kurzer Tag Richtung Süden nach Wayta Kebir.

Fünf Tage Richtung Süden – mir wurde auch gesagt, vier – nach Mushaluba (Um Shaloba), das kürzlich von den Franzosen befestigt wurde. Die Route ging dann weiter über Lughad und Aratha nach Abesher.

Route III. Von Wayta Kebir nach El Fasher.

Einen Tag nach Osten nach Um el Atham, einem Bedayat-Brunnen.

Einen Tag Richtung Süden nach Baky.

Einen Tag Richtung Süden zum Brunnen von El Guttara.

Zwei Tage östlich nach 'Ain el Baytha, einem Bedayat-Brunnen.

Zwei Tage östlich nach Baou, einem Bedayat-Brunnen oder -Teich in einem fruchtbaren Tal, das von Bedayat bewohnt wird.

Ein langer Tag oder anderthalb Tage Richtung Süden nach Kuffara, einem Tal mit viel Wasser.

Einen Tag nach Osten nach Medjoures, einem Tal mit vielen Brunnen.

Drei Tage und zwei „Stunden" Richtung Osten zum Wady Howar. Die Straße überquert den Howar Wady und mündet nach einer zweitägigen Reise weiter Richtung Ost-Südost in einen seiner Nebenflüsse – den Wady Faruwiah. Nach der Überquerung des Wady führt die Straße zwei Tage Richtung Südosten nach Musbut.

Musbut und Faruwiah sollen beide große Wadis mit vielen Brunnen sein. Musbut soll am Derb el Arbain liegen, der alten „Vierzig-Tage"-Karawanenstraße aus dem Sudan, auf der früher Sklaven nach Ägypten gebracht wurden.

Zwei „Stunden" südlich von Musbut nach Buhuruz und zwei Tage südöstlich von Buhuruz erreicht die Straße Formah, einen Brunnen der Zaghawa.

Zwei Tage weiter östlich erreicht man Kafut, ein Dorf in einem Wady gleichen Namens, der einen halben Tag weiter südlich einen Nebenfluss namens Wady Kobay erhält. Wady Kafut selbst, etwa siebzig Meilen weiter nördlich, vereinigt sich mit dem Wady Kuttum zum Wady Meleeat, der seinerseits ein Nebenfluss des großen Wady Howar ist.

Mr. Boyces Vermessung zeigt einen kurzen Abschnitt des Wady Kuttum, der von Osten nach Westen verläuft. Mr. Sarsfield-Hall zeigt Kuttum auf seiner Karte als Dorf, das an einem unbenannten Wady liegt – vermutlich dem Wady Kuttum – von dem nur ein kurzer Abschnitt zu sehen ist, der von Nordosten nach Südwesten verläuft. Weiter nördlich zeigt er jedoch einen großen unbenannten Wady, der nach Norden mündet und gut mit der Beschreibung übereinstimmt, die ich vom Kuttum-Meleeat-Wady erhalten habe.

Drei Tage weiter östlich endet die Straße in El Fasher.

Diese Routen gingen alle von Tollab aus und ergaben bei der Aufzeichnung auf der Grundlage einer Tagesreise von zwanzig Meilen in gerader Linie folgende Fehler gegenüber den auf den Karten angegebenen Endpunkten: Bidau, 95 Meilen 34° von der tatsächlichen Position entfernt, auf einer Route von Tollab von ungefähr 430 Meilen wie aufgezeichnet – mit anderen Worten mit einem Fehler von ungefähr 22 Prozent der Gesamtroute. Abesher, 95 Meilen 98° von der tatsächlichen Position entfernt, auf einer Route von ungefähr 680 Meilen, also ungefähr 14 Prozent der Gesamtentfernung; El Fasher, 160 Meilen 59° von der Kartenposition entfernt, auf einer fünfzigtägigen Reise von 1.000 Meilen oder 16 Prozent dieser Entfernung. In Anbetracht der Art des Materials, auf dem die Routen aufgezeichnet wurden, ist dies – außer im Fall von Bidau – im Vergleich zu einem wahrscheinlichen Fehler bei einer prismatischen Kompassreise von ungefähr 10 Prozent nicht ungünstig.

Diese Angaben könnten jedoch irreführend sein, denn Oberst Tilho - ein sehr genauer Beobachter und ausgerüstet mit einer drahtlosen Anlage zur Bestimmung der Längengrade anhand der Signale vom Eiffelturm - stellte fest, dass Nachtigals Angaben zu einigen Orten im Tibesti bis zu 80 Kilometer falsch waren; daher ist seine Position für Bidau vermutlich nicht sehr verlässlich. Rohlfs' Positionen für Tollab und andere Teile der Oase Kufara müssen ebenfalls noch mit modernen und genaueren Methoden überprüft werden, als sie zum Zeitpunkt seiner Reise zur Verfügung standen. [21]

Bei der Erstellung der Karten wurden die Routen zunächst als drei separate Straßen behandelt, die Tollab mit Bidau, Abesher und El Fasher verbinden, und mit der üblichen grafischen Methode separat an ihre jeweiligen Endpunkte angepasst. Dies ergab drei separate Positionen für Bushara, Asara und Tikeru. Diese drei Positionen wurden jeweils als richtig angenommen und von der Position von Tikeru aus wurde die Route nach Bidau neu geplant und an Nachtigals Position angepasst.

Die Routen nach Süden nach Abesher und El Fasher wurden von der so ermittelten neuen Position für Tikeru aus erneut aufgezeichnet und erneut an die Kartenpositionen von Abesher und El Fasher angepasst, als zwei separate Routen, die von Tikeru zu diesen Orten führten. Dies ergab zwei separate Positionen für Wanjunga Kebir, Bedadi, Funfun, Wayta Sogheir und Wayta Kebir.

Der Mittelwert dieser beiden Positionen wurde als richtig angenommen und von dieser Mittelwertposition für Wayta Kebir wurden die Straßen nach Abesher und El Fasher aufgezeichnet und schließlich an ihre Endpunkte angepasst. Viele der Orte auf diesen Routen wurden folglich fünfmal angepasst.

Route IV. Dongola zum Howash Valley.

Von Dongola führt eine Straße fünf Tage südwestlich nach Bu Senata, einem Brunnen des Kebabish-Stammes.

Vier Tage weiter west-südwestlich erreicht man Jebel Maydob. Von dort aus führt die Straße fünf Tage weiter genau nach Westen nach Bu Zibad und drei Tage weiter westlich erreicht sie das Howash-Tal.

Erst lange nachdem ich diese Route erhalten hatte, hörte ich von der Existenz des alten Dongola, das etwa 65 Meilen südsüdöstlich des bekannteren neuen Dongola liegt.

Wenn man die Straße von einem dieser Orte aus auf einer Tageslänge von zwanzig Meilen zeichnet, ist sie erheblich fehlerhaft, wenn man sich auf die Position von Maydob verlassen kann. Die Route, die vom alten Dongola aus beginnt und nach Maydob führt, ist jedoch viel besser als die vom neuen Dongola aus. Die Positionen auf der Karte sind diejenigen, die durch das Zeichnen der Informationen ermittelt wurden, ohne Anpassung vom neuen Dongola aus. Von dieser Route hängt auch der Teil des Wady Howash ab, der nördlich von Kowora liegt (siehe dort).

Die Beschreibung des Wady Howash, die ich erhielt, war äußerst interessant. Es wurde gesagt, dass die Seiten des Wady stellenweise mit bunten Malereien bedeckt waren und dass er zahlreiche Ruinen aus gebrannten Ziegeln enthielt, die wahrscheinlich meroitischen Ursprungs waren, und außerdem viele Statuen – offenbar Kolosse – und Gruben im Boden mit Asche, die mit Steinplatten bedeckt waren – möglicherweise waren dies Grabgruben mit menschlichen Überresten. Das Bedayat-Land enthielt im Allgemeinen viele aus Stein gebaute Ruinen (*ders*) und zahlreiche Felsinschriften und „römische" – d. h. artesische – Brunnen, wie sie in den westlichen Oasen Ägyptens zu finden sind, und es scheint sich wahrscheinlich als ein wertvolles Forschungsgebiet für zukünftige Archäologen zu erweisen.

Unter den übrigen auf der Karte gezeigten Orten können die folgenden erwähnt werden. Meine Informanten waren alle Araber oder Sudanesen, die in Ägypten lebten, daher sind die Namen die, die unter den arabischsprachigen *Die Sprache ist bedawinisch* und kann sich von der Sprache anderer Stämme unterscheiden, wie etwa der Tibbus, Bedayat und anderer sudanesischer Rassen.

Dendura: Dies ist Rohlfs' alternativer Name Zerzura – „die Oase der Schwarzen". Ich kam zu dem Schluss, dass Zerzura, falls es überhaupt existiert, ein anderer Ort als Dendura ist. Letzteres wurde als so groß wie die Oase Dakhla beschrieben und lag direkt westlich einer riesigen Längsdüne, die fast unpassierbar ist, sieben Tage genau westlich von Bu Mungar (siehe auch Zerzura).

Dünen: Alle Dünengürtel der Libyschen Wüste sollen von Norden nach Süden verlaufen. In der Nähe der Oase Dakhla haben sie eine Magnitude von 352°, und wenn sie, wie ich hörte, parallel zur Straße Tollab-Tikeru verlaufen, scheinen die Gürtel in Wirklichkeit leicht nach Norden hin zusammenzulaufen. Möglicherweise weht der vorherrschende Wind aus einer östlicheren Richtung, wenn man von Ägypten aus nach Westen fährt, da der Einfluss der heißen Luft, die aus den arabischen Wüsten aufsteigt, im westlichen Teil der Libyschen Wüste weniger spürbar wäre. In Richtung Zentralsudan scheint er der Richtung der in diesen Breitengraden normalerweise vorkommenden Nordostpassate zu entsprechen, denn Kommandant Tilho stellte fest, dass der vorherrschende Wind in Borku aus dieser Richtung weht. Ein leicht zu überquerender Dünengürtel soll etwa zwei Stunden westlich von Erbayana in der Nähe der Oase Kufara beginnen, sich drei Tage – mir wurde gesagt, vier – nach Westen erstrecken und vor Erreichen des Breitengrads von Bushara abklingen. Etwa zwei Stunden westlich von Erwully soll es außerdem einen Gürtel geben. Dieser Gürtel ist zwar etwa so breit wie der weiter nördlich gelegene, westlich von Erbayana, aber vielleicht besteht er nur aus Sand, der von den Tibesti-Bergen aufgeschüttet wurde, obwohl er von seiner Lage her wie die Fortsetzung des Gürtels bei Kufara aussieht, mit dem er genau auf einer Linie liegt. Tilhos Artikel bestätigt die Existenz eines großen Dünenfelds bis nach Ertha und Borku und auch südlich von Wady Dom. Die Dünenlinie entlang der Straße Tollab-Kufara soll knapp westlich von Kebabo beginnen und von Ost nach West etwa eine Tagesreise breit sein. Der Gürtel soll bis zum Sudan reichen und in der Vegetation von Wanjungat enden. Zwischen Wanjunga und Demi fand Tilho eine „kleine Kette von Sanddünen, etwa fünfzig Fuß hoch, die sich von Nordost nach Südwest erstreckt und fünf bis sechs Meilen breit ist", was das Ende des von meinem Informanten beschriebenen Gürtels zu sein scheint.

Die Dünengürtel bilden eine nützliche Kontrolle der Genauigkeit der mir gegebenen Daten. Einer, den ich am Ende unserer Reise südwestlich von Dakhla in der Nähe von Jebel Abdulla sah, ist anscheinend die nördliche Fortsetzung desjenigen, der von El Atrun zur „ägyptischen Oase" verläuft. Der südliche Teil der Dünenlinie liegt weiter westlich als der Teil, den ich sah; aber von einer Karte, die auf Grundlage einheimischer Informationen erstellt wurde, kann man kaum erwarten, dass sie sehr genau ist, und wenn man davon ausgeht, dass der vorherrschende Wind in der Umgebung von El Atrun aus einer Richtung ungefähr nach Nordosten weht, wie Tilho in Borku festgestellt hat, würde die Dünenlinie an ihrem südlichen Ende mit Sicherheit etwas nach Westen abknicken . Der Gürtel in der Nähe von Dendura liegt fast genau auf einer Linie mit dem Gürtel, der in der Umgebung von Owana gemeldet wurde; das Gleiche gilt für den breiten Gürtel westlich von Erbayana mit dem ähnlichen Dünenfeld westlich von Erwully. Sandfreie Abschnitte dieser Sandgürtel sind keine Seltenheit, und das Berichten zufolge etwa auf dem Breitengrad von Bushara stattgefundene Aussterben dieses Gürtels dürfte nur der Beginn einer dieser Lücken sein, denn weiter südlich wird die Dünenlinie wieder durchgehend.

„Ägyptische Oase": Ein Ebday (also einer vom Stamm der Bedayat), der mit einem meiner Führer befreundet war, erzählte ihm, er sei einmal mit zwei

Hagins (also Kamelen) von Merga (siehe dort) fünf Tage lang nach Norden geritten, dem Dünengürtel folgend (man sagte mir auch, dass die Entfernung von Merga mit einer gewöhnlichen Karawane zehn lange Tage betrug). Er sei dann auf einen sehr hohen schwarzen Hügel im Dünengürtel gestiegen und habe in der Ferne unter einer Klippe eine riesige Oase mit zahlreichen Olivenbäumen und viel *Terfa gesehen* . Er war zu weit weg, um zu sehen, ob sie bewohnt war, und traute sich nicht, hineinzugehen, weil er sagte, es sei eine „ägyptische Oase“, und er fürchtete, getötet zu werden, wenn er es täte. Ein anderer Araber erzählte mir, ein Cousin von ihm sei etwa acht Tage lang irgendwo südlich von Dakhla auf einer Böschung entlanggeritten, als er unter sich eine sehr große Oase mit zahlreichen Olivenbäumen, Palmen und Brunnen sah. Es gab eine sehr große Ruinenstadt, die unbewohnt zu sein schien, und ein paar *Ezbas* (d. h. Weiler), in denen man ein paar Leute sah. Mir wurde auch gesagt, dass dieser Ort sieben bis zehn Tage von der Oase Dakhla entfernt sei.

Ershay: Ein Süßwassersee, der nach unterschiedlichen Angaben drei Meilen breit und fünf oder sechs *Feddan* (d. h. Acres) groß ist; außerdem mündet in ihn ein Wady gleichen Namens. Der See mündet in den Wady bei El Guttara und liegt drei Tagesreisen nördlich des Wady. In dem See soll es Krokodile geben, die Kamele schnappen, wenn sie zum Trinken herunterkommen. Das ist nicht sehr unwahrscheinlich, denn Krokodile wurden tatsächlich mitten in der Westsahara gefunden, in den Tümpeln des Wad Mihero, der in den Wad Ighargharen mündet, der wiederum ein Nebenfluss des großen Wad Igharghar ist, eines Tals, das in prähistorischen Zeiten einen riesigen Fluss enthalten haben muss. Vermutlich wurden die Krokodile ausgerottet, als dieser Teil der Wüste austrocknete, und leben jetzt nur noch in den Tümpeln des Flussbetts – ein ähnlicher Umstand erklärt wahrscheinlich ihre Anwesenheit im Ershay-See.

Fardy, Wady el: Ein anderer Name für das Wady Tibbu oder Bahr el Ghazel, das mit dem Tschadsee verbunden ist. Barth nennt es Barrum und Fede. Der letztere Name ist möglicherweise eine Verballhornung des arabischen Wortes Fardy.

Es gibt auch einen weiteren Wady el Fardy, der östlich von Jebel Kusu durch Guru, Erbayana, Buseima und Taiserbo verlaufen soll. Er kreuzt die Straße Jalo-Kufara vier Tage südlich von Jalo und fließt dann an Jarabub, Siwa und Bahrain vorbei, um in den Nil zu münden. Einem Bericht zufolge floss er auch durch das Fayum.

Eine große Anzahl von Zweigwadies sollen aus dem Tibesti-Gebirge in das Wady el Fardy münden. Diese Täler ernähren eine große Bevölkerung von Tibbus; da diese Eingeborenen jedoch zu den wichtigsten Anhängern der Senussi zu gehören scheinen, konnte ich meine Informanten nicht dazu bewegen, mir Informationen über diesen Bezirk zu geben, der eine der Haupthochburgen der Sekte zu sein scheint. Auf vorhandenen Karten sind jedoch mehrere Wadies verzeichnet, deren Ursprung mir unbekannt ist, die in Tibesti beginnen und in diese Richtung verlaufen.

Es gibt eine Reihe einheimischer Berichte über ausgetrocknete Flussbetten in verschiedenen Teilen der Wüste, die meines Wissens nie untersucht wurden und möglicherweise unbegründet sind. Informationen dieser Art müssen daher mit Argwohn betrachtet werden. Aber der Wady el Fardy klingt authentisch, denn es wurde bereits über die Existenz von Wadies an allen von meinen Informanten genannten Punkten in seinem Verlauf berichtet. Im Tibesti-Gebirge muss es in der Regenzeit auch jetzt noch beträchtliche Niederschläge geben, und früher waren diese wahrscheinlich noch stärker. Der endgültige Bestimmungsort des Wassers, das auf der Nord- und Ostseite des Tibesti fällt, ist noch unbekannt. Es ist kaum wahrscheinlich, dass es durch das Gebirge zurückbrechen und nach Süden abfließen kann, also muss es anscheinend irgendwo nach Norden fließen.

In der Kufara-Oasengruppe gibt es reichlich Oberflächenwasser – mehr als die äußerst geringen Niederschläge der Wüste liefern könnten. In der Westsahara werden die großen Oasengruppen von Wadys dieser Art gespeist – der Wad Saura beispielsweise bringt den Niederschlag aus dem Atlasgebirge herunter, um die Oasen der Twat-Senke zu versorgen, während die Wad-Ghirh-Gruppe zwischen Tuggurt und Biskra vom großen Wad Igharghar versorgt wird, der in der Zentralsahara entspringt. Es scheint durchaus möglich, dass die Kufara-Oasen und der Wady el Fardy ihre Gegenstücke in der libyschen Wüste sind.

Es ist nicht nur bekannt, dass an allen Stellen entlang dieses Flussbetts Wadies existieren, die mir gemeldet wurden, sondern es ist auch bekannt, dass es zwischen der Oase Siwa und dem Nil eine große Senke gibt, von der Teile, wie der Sitra-See, Wasser enthalten und unter dem Meeresspiegel liegen. Die Nordgrenze dieser großen Senke wurde fast auf ihrer gesamten Länge vermessen, die Klippe, die von Jebel el Ghazalat, Jebel Tarfaia, Jebel Dakar, Garet el Leben, Jebel Somara und Jebel Hashem el Gud bis zum Wady Natrun reicht. Auf der Südseite dieses großen Tals wurde in der Nähe von Siwa eine gut markierte Grenze gefunden, die sich ostwärts in Richtung Nil bis zur Oase Araj und dem Sitra-See erstreckt. Über diesen Punkt hinaus scheint sie nicht vermessen worden zu sein. Wenn diese große Senke Teil des Wady el Fardy ist, muss sie sich östlich der Oase Siwa zu einer Art Mündung ausgeweitet haben. Der Wady el Fardy wurde mir als so groß wie das Niltal beschrieben.

Neben dem Wady el Fardy hörte ich von einem weiteren großen Flussbett namens Wady Howar, das an manchen Stellen so tief und breit sein soll wie das Niltal. Der Talgrund soll aus Lehm bestehen und nach den Regenfällen viel Wasser enthalten – vermutlich in Brunnen und Tümpeln –, in der heißen Jahreszeit aber austrocknen.

Hurry: Der Name eines Bedayat-Stammes. Auch der Name des Bezirks, den sie bewohnen, der einen See mit gutem Wasser enthält, der von Norden nach Süden mehr als einen arabischen Kanonenschuss breit ist und von Osten nach Westen eine Reisestunde entfernt liegt. Um den See herum gibt es ein paar Bäume und Palmen und einige Anbauflächen. Der See liegt drei Tage östlich von Wanjungat, die Straße verläuft ausschließlich über Sand und Felsen, vom Ershay-See sind es sieben Tage genau nach Norden, die Straße verläuft ausschließlich über Felsen und führt in der Regenzeit viel Wasser, aber bei trockenem Wetter keins. Es gibt Siedlungen am östlichen und westlichen Ende des Hurry-Sees.

Iddaila: Drei Tage südwestlich von Iddaila liegt eine große Oase und zwei Tage westlich von Iddaila eine große *Hattia* . Eine Straße führt von Iddaila nach Kufara und eine andere verläuft nach Westen, versteckt unter den Dünen.

Ko'or Wady: Liegt sechs Tage westlich von Erbayana.

Kowora: Ein wichtiger Bezirk der Bedayat. Östlich von Kowora besteht die Straße nach einer Tagesreise nur aus ebenem Sand, westlich davon nur aus Fels.

Merga: Die sogenannte „ *Hattia* der Bedayat", der *Bedawin* der ägyptischen Wüsten. Sie wurde als etwa so groß wie der Bezirk Tenida-Belat in der Oase Dakhla beschrieben – also etwa 16 Kilometer in jede Richtung. Sie enthält einen Teich von etwa einem Acre (*Feddan*) Größe, der von einer Quelle oder *einem 'Ain* (artesischer Brunnen) gespeist wird und von vielen Palmen umgeben ist, die wiederum von einem Gürtel aus Buschland – *Argul* und *Terfa – umgeben sind* . Sie liegt zweieinhalb Tage nordwestlich von El Atrun und drei bis dreieinhalb – ich habe auch gehört, vier – Tage westlich von Lagia. Zweieinhalb Tage südwestlich von Merga gibt es eine hohe Klippe mit einem *Negeb* (d. h. Pass), der zum Plateau auf der Spitze hinaufführt.

Nach etwas mehr als einer halben Tagesreise über das Plateau wird ein weiterer Pass erreicht, der hinunter ins „Tal der Bedayat" (siehe dort) führt. Merga ist nicht ständig bewohnt, aber die Bedayat kommen in der Saison dorthin, um Datteln zu sammeln. Sie nutzen es auch als Basis, um die Karawanen ägyptischer *Bedawin zu überfallen* , die nach El Atrun hinunterziehen, um Natron zu sammeln. Eine Straße führt von Merga nach Kufara, wobei Owanat (siehe dort) auf halber Strecke liegt. Nördlich von Merga gibt es keine Bedayat. Dies ist vielleicht der Ort, den Miani Ptolemäus' „See der Schlammschildkröten" nennt.

Die Informationen, die Oberst Tilho über diese *Hattia von seinen Vorfahren* hat, stimmen sehr genau mit denen überein, die ich erhalten habe. Auch er hatte von der Straße von Merga über Owanat nach Kufara gehört und auch gehört, dass der Ort ein von Palmen umgebener Teich sei. Er schätzt, dass die Lage „zwischen dem 25. und 26. Längengrad Ost und dem 18. und 19. Breitengrad Nord" liegt. Diese Schätzung stimmt hinsichtlich des Breitengrads gut mit meinen Informationen überein, aber nach meinen Erkenntnissen müsste es mindestens einen Grad weiter östlich liegen, als er angibt.

No'on Lake: Gehört zu den Bedayat und ist etwa drei Meilen breit. Er liegt in der Nähe des gleichnamigen Hügels. Auf der Südost- und Südwestseite gibt es Ackerland. Er liegt einen Tag westlich von Jebel Kuttum. Eine Straße führt vom See nach Süden und eine andere nach Osten (? Ziele).

Owana: Ein Ort auf halbem Weg entlang der Straße von Merga nach Kufara, bestehend aus einem Brunnen, ohne Vegetation in der unmittelbaren Umgebung, aber viel grünem Gras in der Gegend nach Regen, auf dem sich Wildesel und „bekker el wahash" (wahrscheinlich Mähnenspringer) ernähren. Nördlich des Brunnens befindet sich eine Klippe mit einem Pass, dessen Überquerung man in zwei Stunden bequem bewältigen kann, und auf der Spitze befindet sich eine hochgelegene Oase, deren Wahrzeichen zwei felsige Hügel sind, die von Norden her wie einer aussehen; die Böschung verläuft von dem Brunnen aus nordnordwestlich und südöstlich. Jebel Abdulla soll von hier aus sichtbar sein. Der gesamte Bezirk ist als Owanat (Plural von Owana) bekannt. Ein Dünengürtel kommt von Norden her dicht an ihn heran und endet etwa zwei Tage weiter südlich. [22]

Zerzura: Möglicherweise nur ein allgemeiner Name, der auf eine mythische oder unentdeckte Oase angewendet wird. Ich habe gehört, dass er auf Rohlfs' Zerzura (Dendura?) (siehe dort) angewendet wird – auch auf die „Ägyptische Oase" (siehe dort), auf eine Oase, die acht Tage irgendwo südlich von Dakhla existieren soll, und auf einen Steintempel, von dem ich gehört habe, dass er etwa achtzehn Stunden Reise westlich von Jedida in der Oase Dakhla liegt. Die hier wiedergegebene Karte mit Informationen über die Ureinwohner erschien ursprünglich im RGSJ, September 1913. Aber dann wurde sie etwas verändert und eine beträchtliche Menge an Material wurde hinzugefügt, für das ich in keiner Weise verantwortlich war. Die Karte wird hier in ihrer ursprünglichen Form wiedergegeben.

Die wichtigsten Straßen, die die libysche Wüste durchqueren, sind die folgenden: Eine Straße beginnt in Gizeh in der Nähe von Kairo, verläuft in westlicher Richtung durch das Wady Natrun und das Wady Moghara, folgt dem Verlauf des bekannten Wady el Fardy nach El Qara und führt dann über Siwa, Jaabub, Jalo und Aujila zur Oase Abu Naim und weiter nach Tripolis.

Weiter südlich durchquert eine Karawanenstraße, die vom Fayum aus beginnt, die Wüste zum nördlichen Ende von Baharia und mündet kurz vor dem Erreichen der Oase in Straßen aus dem Wady Natrun und aus Maghagha. Andere Routen, die das Niltal bei Bahnessa und Minia verlassen, erreichen die Oase weiter südlich und vereinigen sich zu einer Karawanenstraße, die die Westseite der Oase verlässt und über den Sitra-See und Araj zur Oase Siwa führt. Außerdem führt eine Straße von Baharia nach Norden über Wady Moghara nach Alexandria, während eine andere in südwestlicher Richtung über Ain el Wady nach Qasr Farafra führt.

Farafra ist mit dem Niltal durch eine Straße verbunden, die durch Kairowin *Hattia* nach Beni Adi in der Nähe von Assiut führt. Eine Route, die von den Senussi benutzt wurde, verläuft in Richtung Südwesten, vorbei an 'Ain Sheykh Murzuk und zum *Hattia* von Bu Mungar und von dort über ein Feld mit großen Dünen nach Kufara. Es heißt, dass sie auf ihrem Weg durch eine große Oase verläuft. Im Nordwesten gibt es eine Straße von Farafra, die über ein kleines, abgetrenntes Kalksteinplateau namens El Guss Abu Said zu einem Brunnen namens Bir Labiyat führt und dann über die kleinen Oasen von Iddaila und Bahrain nach Siwa weiterführt. Eine andere Straße führt von Iddaila nach Süden und führt durch eine kleine Oase namens Nesla nach Bu Mungar und weiter zur Oase Dakhla. Sie verläuft am Fuß der Klippe unmittelbar östlich von Bu Mungar entlang. Eine zweite führt von Iddaila über El Guss Abu Said direkt nach Dakhla, entlang der Klippe oberhalb von Bu Mungar.

Die übliche Straße zwischen Farafra und Dakhla verläuft jedoch südöstlich von Qasr Farafra nach Bir Dikker und folgt dann einem sogenannten *Gassi*, einem vom Wind vom Sand befreiten Pfad, durch ein Feld mit ziemlich großen Dünen und erreicht die Oase Dakhla an ihrer nordwestlichen Ecke. Diese Straße entspringt auf der Südseite der Oase Dakhla bei der Stadt Mut in Form des Derb el Terfawi und führt zu den Oasen Bir Terfawi und Selima.

Zwei weitere Straßen führen von Norden her in die Oase Dakhla: Die Derb el Tawil oder „lange Straße", die das Niltal bei Beni Adi verlässt, über das Kalksteinplateau die Klippe hinabführt, die die Oase im Norden begrenzt, und zwar über einen Pass namens El Agaba im östlichen Teil der Oase, der nach Tenida führt. Die andere ist eine wenig benutzte Straße namens Derb el Khashabi, die von der nordwestlichen Ecke der Oase direkt zu einem Punkt im Niltal südlich von Beni Adi oder vielleicht auch direkt nach Assiut führt.

Zwischen den Oasen Dakhla und Kharga werden zwei Straßen regelmäßig benutzt – die nördlichste führt zum Brunnen 'Ain Amur, hoch oben auf der Nordseite eines kleinen abgetrennten Kalksteinplateaus, und die andere, die Gubary-Straße, verläuft am Fuß der Klippe an der Südseite dieses Plateaus entlang. Letztere ist wasserlos und etwas länger als die 'Ain Amur-Straße, verläuft aber auf der Ebene und ist daher die am häufigsten benutzte, da die 'Ain Amur-Straße einen mühsamen Aufstieg auf das Plateau mit einem entsprechend schwierigen Abstieg erfordert. Sie hat jedoch den Vorteil, dass sie etwa auf halber Strecke einen Brunnen mit ziemlich bitterem Wasser hat, und wird daher gelegentlich von kleinen Gruppen benutzt, insbesondere bei heißem Wetter. Mehrere Zweigstraßen zweigen von der Gubary-Straße ab und führen nach Beris und zu den Orten im Süden der Oase Kharga; sie werden jedoch kaum benutzt.

Die Oase Dakhla wird auf ihrer Westseite von einem Dünenfeld begrenzt. In diese Richtung führen die Spuren mehrerer alter Straßen, die, bevor die Dünen bis hierher reichten, wahrscheinlich von Karawanen auf dem Weg nach Kufara benutzt wurden. Aber ich glaube, diese Wege werden heute nicht mehr beschritten. Spuren der nicht mehr benutzten Straße von Mut über Owanat in den Zentralsudan wurden bereits erwähnt.

Mehrere Straßen führen über die östliche Klippe der Kharga-Senke; vom südlichen Ende der Oase führt eine über die kleine Oase Dungun nach Tumas in der Nähe von Derr; eine zweite führt über die kleine Oase Kurkur nach Assuan; eine dritte führt in nordöstlicher Richtung nach Esna; während eine vierte durch die Wüste nach Farshut führt. Esna kann auch vom Zentrum der Oase aus über eine Straße erreicht werden, die in Qasr Zaiyan beginnt. Vom Dorf Kharga im Norden der Oase führen Straßen nach Sohag, Girga, Farshut, Qena, Luxor und Esna. Die Hauptstraße nach Kharga ist jedoch der Derb el-Arbain oder die „Vierzig-Tage"-Route der alten Sklavenhändler, die das Niltal bei Assiut verlässt, die Oase an ihrem nördlichen Ende betritt, sie von Norden nach Süden durchquert und dann über die Brunnen von Shebb, die Oase Selima, Lagia und Bir Natrun nach Darfur führt.

Die andere große Karawanenstraße, die die libysche Wüste von Norden nach Süden durchquert, beginnt in Bengasi und führt über Jedabya, Aujila und Jalo zur Oasengruppe von Kufara. Dies war praktisch die Route, der Rohlfs' und die Forbes-Hassanein-Expeditionen folgten. Von Kufara aus geht es weiter über Bushara, Asara und Tikeru nach Wanjunga und weiter in den Zentralsudan.

Es fällt auf, dass die meisten Straßen, die die Libysche Wüste durchqueren, ungefähr von Ost nach West verlaufen. Das ist bedauerlich, denn es macht es erforderlich, dass sie die Sandgürtel kreuzen, die ungefähr im rechten Winkel zu ihnen verlaufen, wobei die Richtung dieser Gürtel auf die stark vorherrschenden Nordwinde zurückzuführen ist.

Die Winde der Libyschen Wüste stellen ein recht interessantes Problem dar. Sie wehen vorwiegend aus einer Richtung, die leicht westlich von Nord liegt, was nicht ganz der zu erwartenden Richtung entspricht.

Das Mittelmeer erstreckt sich entlang der gesamten Küste Nordafrikas. Die Temperatur eines Wassergebiets dieser Größe und Tiefe ändert sich sehr langsam und würde durch ein oder zwei Sonnentage nicht merklich beeinflusst werden. Bei Windstille wird die Wärme der Atmosphäre über dem Meer weitgehend durch die des Wassers selbst bestimmt.

Da die Libysche Wüste näher am Äquator liegt, ist sie einer viel heißeren Sonne ausgesetzt. Aufgrund ihrer extremen Trockenheit kann sie durch Verdunstung nicht gekühlt werden und ist von keiner Vegetation beschattet. Unter der Hitze der tropischen Sonne erhitzen sich die Steine und der Sand, aus denen sie besteht, in den Sonnenstrahlen sehr schnell. Die darüber hängende Luft wird dadurch wiederum stark erhitzt, wird leichter und steigt auf, und die kältere, dichtere Luft aus dem Mittelmeer muss einströmen und ihren Platz einnehmen.

Ganz ähnlich verhält es sich im Atlantik und im Pazifik, wo die kalte Luft sowohl von Norden als auch von Süden in Richtung Äquator strömt und die Passatwinde bildet. Diese Winde wehen jedoch nicht im rechten Winkel zum Äquator, denn die Erde dreht sich sozusagen unter der umgebenden Atmosphäre hindurch, was zur Folge hat, dass die Passatwinde in der nördlichen bzw. südlichen Hemisphäre aus Nordosten bzw. Südosten wehen.

Doch statt aus Nordost zu wehen, wie man es aufgrund der Natur der Passatwinde erwarten würde, kommt der Wind in der Libyschen Wüste aus einer leicht westlich von Nord verlaufenden Richtung, was auf den ersten Blick recht rätselhaft erscheint.

Die Erklärung für diese Besonderheit liegt meiner Meinung nach in der Tatsache, dass östlich von Ägypten – jenseits des Roten Meeres – ein ähnlicher Landstreifen wie die Libysche Wüste in Form der Arabischen Wüste verläuft, wo sehr ähnliche Bedingungen herrschen. Das Rote Meer, das die beiden trennt, ist zu schmal, um die Situation stark zu beeinflussen. Die Luft über dem östlichen Teil des Mittelmeers muss außerdem den Platz der heißen Atmosphäre einnehmen, die aus Palästina und einem beträchtlichen Teil Arabiens aufsteigt, und tendiert daher dazu, in diese Richtung zu ziehen.

In der Wüste kann man verschiedene Licht- und Elektrizitätsphänomene beobachten, die man in anderen Klimazonen selten oder nie sieht. Ich habe mehrere Male gesehen, wie etwas, das wie ein großer Stern aussah, plötzlich aufblitzte und sofort wieder verschwand. Ich glaube, dass es sich dabei nicht um einen Meteor handelte, sondern um eine Art elektrisches Phänomen, wie ich es normalerweise nach einem Sandsturm sah, wenn die Luft voller feinen, elektrifizierten Sandes war.

Sonnenphänomene sind in der Wüste manchmal sehr auffällig. Das auf den Sonnenuntergang folgende Zodiakallicht ist oft sehr deutlich in Form eines halbelliptischen Teils des Himmels zu sehen, der nach dem Verschwinden der Sonne hell über dem Horizont erscheint und mit ausreichender Kraft scheint, um ein recht beachtliches Licht zu spenden.

In dieser Wüste habe ich noch ein weiteres Phänomen beobachtet, das mir von anderen Reisenden noch nie erwähnt wurde. Manchmal erschienen bei Sonnenuntergang leuchtende Linien am östlichen Himmel, die von einem Punkt ausgingen, der der untergehenden Sonne gegenüberliegt. Diese Linien waren nie sehr ausgeprägt, aber gleichzeitig ganz deutlich sichtbar. Einmal erschienen anstelle der leuchtenden Linien dunkle Linien.

Eine weitere Besonderheit dieses Wüstenteils war, dass manchmal Sandstürme aufkamen, ohne dass sich Stärke oder Richtung des Windes merklich änderten. Ich schloss daraus, dass dies auf eine Änderung der elektrischen Eigenschaften der Atmosphäre zurückzuführen war.

Die Verbindung zwischen den Winden dieser Wüste und ihrer Geographie ist so eng, dass ich sie beide in diesen Abschnitt aufgenommen habe. Die Hauptwirkung des Windes auf den Wüstensand ist natürlich in den Dünen zu sehen. Zusätzlich zu den Dünen, die ich im Zusammenhang mit den von mir gesammelten einheimischen Informationen erwähnt habe, gibt es in der Farafra-Senke ein großes Gebiet, das mit Sandhügeln bedeckt ist, und die in der Umgebung von Bu Mungar, die bereits zuvor erwähnt wurden.

Mehrere schmale Dünengürtel beginnen in der großen Senke zwischen Siwa und Kairo. Auch diese Gürtel verlaufen ungefähr von Norden nach Süden, aber mit einer Ausnahme verschwinden sie alle, bevor sie den Breitengrad der Farafra-Oase erreichen.

Die Auswirkungen der heftigen Wüstenstürme waren überall zu sehen. Auf dem Kalksteinplateau, auf dem Weg zur Oase Kharga und auf dem Derb el Tawil sind sehr schöne Beispiele der Sanderosion zu sehen.

Mr. H. Ll. Beadnell [23], der über einen längeren Zeitraum in der Oase Kharga eine Reihe von Wetterbeobachtungen durchführte, schätzte, dass der Sand in dieser Gegend an fünf von sechs Tagen aus nördlicher Richtung wehte. Heftige Sandstürme sind unangenehm häufig, und die bei weitem größten Zahl davon kommen aus der vorherrschenden nördlichen Richtung. Die Folge dieser Gleichförmigkeit der Windrichtung ist auf dem Plateau deutlich zu sehen. Die wirbelnden Sandwolken, die von den wütenden Wüstenstürmen getrieben werden, haben an vielen Stellen nicht nur den harten Kalkstein in lange, vom Wind auf und ab verlaufende Grate geformt, sondern sogar Rillen in die Grate selbst geschnitten, als ob man eine riesige Furche hätte, und so eine Art Wüste geformt, die den Eingeborenen als *Kharashef bekannt ist* . Diese Grate erheben sich manchmal sechs Meter über das Niveau des Plateaus, sind aber meist nur einen oder zwei Meter hoch, sodass ihre Oberfläche ein wenig an ein raues Meer erinnert – eine sehr unangenehme Art von Wüste, wenn man sie mit einer Karawane durchqueren muss. Eine kleine Form davon – *der Kharafisch* – in Form kleiner Grate, oft mit einer Schneide, ist ebenfalls häufig zu sehen und richtet verheerende Schäden an den Sohlen der Kamele mit den weichen Füßen an. Außer diesen Formen findet man gelegentlich auch eine flache Felsoberfläche mit sehr flachen Rillen, die als *Rusuf bekannt ist* .

Einige der Kalksteinblöcke, die auf der Oberfläche des Plateaus liegen, sind auf außergewöhnliche Weise durchlöchert. Der Sand, der sich durch die Erde bewegt, frisst sich offenbar in die weicheren Teile des Gesteins und bohrt Löcher in seine Oberfläche. Oft sieht man kleine Kieselsteine, die in diese Löcher geblasen wurden. Diese fliegen unter dem Einfluss eines starken Windes in der Ausgrabungsstätte herum und setzen vermutlich die Erosion des Sandstrahls fort, so wie ein Stein in einem Bach ein Schlagloch aushöhlt. Im Laufe der Zeit wird der ganze Felsblock so durchlöchert, dass er einem riesigen Schwamm ähnelt.

An mehreren Stellen gibt es große Wüstenflächen, die mehr oder weniger dicht mit runden Felsbrocken von bis zu einem Fuß Durchmesser bedeckt sind. Dabei handelt es sich um eine Erosionsart, die den Einheimischen als *Battikh* oder Wassermelonenwüste bekannt ist.

An anderen Stellen in der Wüste sind durchlöcherte Felsen und kleine natürliche Bögen zu sehen; und in der Nähe des Dorfes Farafra gab es eine Reihe schöner „Pilze" und Tischsteine, die vom Wind aus dem Kreidefelsen geschlagen wurden. Ähnliche „Pilze" aus Sandstein wurden außerdem in der Nähe des Wüstenzentrums gefunden.

In der Oase Kharga gibt es ein mehrere Quadratmeilen großes Gebiet, das von eigenartigen Lehmwällen bedeckt ist. Diese, die alle weniger als sechs Meter hoch zu sein schienen, entstanden offensichtlich durch die Erosion der Erde durch den windgetriebenen Sand, denn sie verliefen alle ungefähr von Norden nach Süden, in Richtung des vorherrschenden Windes.

Als der Sand die Oberfläche der Wüste abtrug und absenkte, stieß er offenbar hier und da auf härtere Teile des Lehms, die seiner Erosion widerstanden. Diese ragten folglich über die Oberfläche der Wüste hinaus, während der umgebende Lehm durch den Sandsturm weggefressen wurde, und dienten so als Schutz für die Erde unmittelbar in Lee, die in Form eines in Richtung des vorherrschenden Nordwinds verlaufenden Grates über dem Niveau der

Wüste intakt blieb. Ähnliche Formen habe ich westlich von Dakhla und in dieser Oase selbst gefunden.

Als ich mich in meiner ersten Saison im zentralen Teil der Wüste aufhielt, fand ich in einer Sanddüne zwei kurze Stücke getrockneten Grases, die sehr ausgefranst und zerschlagen waren. [24] Wie bereits erwähnt, folgten wir daher beim Verlassen des Lagers am nächsten Tag der Linie des Sandgürtels nach Norden, da dies die Richtung des vorherrschenden Windes zeigte, und fanden so die Stelle, von der das in der Düne eingebettete getrocknete Gras stammte.

Das Vorkommen dieses Grases so weit in Luv des Stücks, das ich in den Dünen aufgelesen hatte, ist nur ein weiteres Beispiel für die große Rolle, die der stark vorherrschende Nordwind in dieser Wüste spielt. Wären wir weiter nach Norden marschiert, in derselben Richtung wie tagsüber, hätten wir die Oasen oder *Hattias* von Bu Mungar, Iddaila und Sitra gefunden, alle auf derselben Linie. Die ursprünglichen Samen, von denen das Gras abstammt, das wir fanden, wurden wahrscheinlich vom Wind von Sitra nach Iddaila getragen, wo sie Wurzeln schlugen und Samen produzierten, der auf ähnliche Weise nach Bu Mungar und von dort – vielleicht durch eine andere *Hattia* oder Oase – zu dem Ort getragen wurde, wo wir es wachsen sahen. Sehr wahrscheinlich reicht die Linie der Grasplantagen sogar bis zum Sudan, falls es entlang dieser Linie Stellen gibt, wo der Samen keimen könnte.

Erodierter Fels, südwestlich von DAKHLA.

Nicht nur in der Verteilung der Vegetation ist die Wirkung dieses vorherrschenden Windes offensichtlich. Die Sandgürtel folgen derselben Richtung, ebenso die Lehmrücken in Kharga und anderswo; selbst die Hügel in der Wüste zeigen in vielen Fällen eine deutliche Tendenz, dass ihr längster Durchmesser auf und ab dieser Nord-Süd-Linie zeigt. Der vorherrschende Charakter der Nordwinde wirkt sich sogar auf die Karawanenstraßen aus; die Straße beispielsweise, die von der Farafra-Oase nach Dakhla führt, verläuft entlang einer Senke zwischen den Sanddünen, die ein großes Gebiet im

Zentrum der Farafra-Senke einnehmen und durch den Nordwind, der ständig darüber hinwegfegt, permanent sandfrei gehalten wird, wodurch ein leichter Weg durch ein ansonsten äußerst schwer zu durchquerendes Dünenfeld entsteht.

Einmal erlebte ich in 'Ain Amur einen merkwürdigen Sturm. Es war ein windiger Morgen und ich war auf der Suche nach Gazellen unterwegs. Als ich zum Lager zurückkehrte, sah ich in der Ferne etwas, das wie sehr starker Regen aussah, der im 'Ain Amur Wady fiel, also eilte ich zurück zum Brunnen, um in den Ruinen in seiner Nähe Schutz zu suchen.

Der Regen erwies sich jedoch als Nebel – oder vielleicht wäre es richtiger, Wolke zu sagen, da der Brunnen 510 Meter über dem Meeresspiegel liegt –, es fielen nur ein paar Tropfen; aber fast eine Stunde lang war die ganze Gegend in einen dichten weißen Nebel gehüllt, während ein wütender Wind aufkam und mit großer Gewalt blies. Nach dieser Zeit lichtete sich der Nebel, der Wind ließ plötzlich nach und es folgte ein sonniger und ungewöhnlich heißer Tag. Es versteht sich von selbst, dass Nebel in der Wüste kein alltägliches Phänomen ist.

Das Wort Oase ist leider sehr vage und hat in verschiedenen Teilen der Welt unterschiedliche Bedeutungen. In Wörterbüchern wird es normalerweise als „fruchtbarer Ort in einer Wüste" definiert. So weit, so gut. Die Schwierigkeit entsteht, wenn man versucht, diese Definition anzuwenden, denn man steht sofort vor zwei Problemen: Was macht „Fruchtbarkeit" aus und wie groß ist ein „Ort"?

Der Bezirk Wad Ghirh im Süden Algeriens beispielsweise erstreckt sich von Norden nach Süden über etwa 95 Meilen, umfasst etwa vierzig Dörfer mit ihren Palmenplantagen und eine Bevölkerung von etwa fünfzehntausend Einwohnern. Jedes dieser Dörfer mit seinen Palmenplantagen wird als eine Oase betrachtet. Der gesamte Bezirk Wad Ghirh wird als eine Gruppe von Oasen betrachtet.

Die Oasen Kharga und Dakhla, die durch etwa 120 Kilometer wasserlose Wüste voneinander getrennt sind, wurden von den antiken Schriftstellern als eine einzige Oase betrachtet, die als die „große Oase" bekannt war.

Die Oase Kharga ist laut Dr. John Ball, der sie für die ägyptische Regierung vermessen hat, von Norden nach Süden etwa 140 Meilen lang, umfasst etwa 15 Dörfer und hat eine Bevölkerung von 7.800. All dies wird auch heute noch als eine einzige Oase angesehen.

Nordwestlich von Kharga liegt ein kleiner Ort namens 'Ain Um Debadib, wo es ein beträchtliches Buschland mit ein paar Palmen und *Sunt-* Bäumen (d. h. Akazien) gibt. Ein Teil des Bodens wird hier von einer Familie aus dem

Dorf Kharga bewirtschaftet, die jedoch nicht immer dort wohnt. Dies wird normalerweise als separate Oase betrachtet.

Im östlichen Teil der Farafra-Senke gibt es ein Gebiet von etwa 16 mal 12 Meilen, das mit Buschland bedeckt ist, zwischen dem auch einige Dattelpalmen zu sehen sind, die anscheinend teilweise kultiviert werden. Dieser Ort ist als Kairowin bekannt. Es gibt keine festen Häuser oder Einwohner, obwohl man dort häufig *Bedawin* findet, die in Zelten oder Buschhütten leben und mit ihren Kamelen dort leben. Der Ort enthält mehrere Brunnen und wird manchmal als Oase beschrieben, obwohl die Einheimischen ihn eher als *Hattia bezeichnen* .

In 'Ain Amur, auf halbem Weg zwischen Kharga und Dakhla, gibt es einen Brunnen, einige Ruinen, ein Stück Buschland und ein oder zwei Palmen. Allerdings gibt es hier nie Bewohner – der Brunnen wird nur von Reisenden zwischen Kharga und Dakhla benutzt. Dieser Ort wird normalerweise als *Hattia bezeichnet* , obwohl ich auch schon gehört habe, dass er eine Oase genannt wird.

Von Orten wie diesem gibt es einen regelmäßigen Übergang über mit Buschwerk bedeckte Flecken mit Wasser, aber ohne Palmen, mit Buschwerk bedeckte Gebiete ohne Wasser und bloße Flecken mit einem halben Dutzend Büschen, die dicht an dicht in der Wüste stehen und von den Arabern *roadhs genannt werden* , zu Orten, die nach einem der seltenen Wüstenregen feucht genug bleiben, um ein paar weit verstreute Grashalme wachsen zu lassen, die von den *Bedawin redirs* genannt werden .

Es ist sehr schwer zu erkennen, wo die Grenze zu ziehen ist. Das in Algerien angewandte System, Orte wie Kharga und Wad Ghirh als Gruppen von Oasen – oder Oasen-Archipelen, wie sie manchmal genannt werden – zu beschreiben, scheint dem ägyptischen Konzept vorzuziehen, sie als eine einzige Oase zu bezeichnen. Es erscheint ratsam, den Begriff Oase auf einen Ort zu beschränken, der tatsächlich kultiviert wird, ob durchgehend bewohnt oder nicht, und das Wort *Hattia* für „fruchtbare Flecken" in der Wüste zu verwenden, wo es keine Kultivierung gibt. Die Trennlinie zwischen einer *Hattia* und einer verlassenen Oase wäre jedoch nicht sehr scharf gezogen.

Aus nicht ganz offensichtlichen Gründen waren die westlichen Oasen Ägyptens im Altertum als „Inseln der Seligen" bekannt – ein Name, der für einen modernen Besucher etwas ironisch klingt.

Normalerweise sagt man, sie lägen in Vertiefungen des Plateaus. Soweit es Baharia betrifft, ist dies eine zutreffende Beschreibung, denn es ist fast vollständig von Klippen umgeben; aber im Fall von Farafra und Kharga werden sie nur teilweise von den Steilhängen des Kalksteinplateaus begrenzt, und es wäre richtiger, sie an deren Fuß zu nennen. Dakhla liegt in gleicher

Weise am südlichen Fuß des Kreideplateaus, das den Boden der Farafra-Oase bildet, und steigt allmählich an, wenn es von Qasr Farafra nach Süden verläuft, bis es in der riesigen Klippe abbricht, die die Dakhla-Oase im Norden und Osten begrenzt. Die kleine Oase 'Ain Um Debadib, die etwas westlich von Kharga liegt, wird ebenfalls nur im Norden von der Klippe begrenzt. Kharga ist im Osten, Norden und Nordwesten von Klippen und Hügeln umgeben. Die Klippe ist an manchen Stellen auf der Ostseite fast 240 Meter hoch, am nördlichen Ende jedoch erheblich niedriger.

Von Norden ausgehend, auf der Westseite der Oase, erstreckt sich eine unübersichtliche Masse von Hügeln, Klippen und Sanddünen etwa 50 Kilometer weit nach Süden und bildet ihre Grenze. Südlich davon verläuft ein langer, von Norden nach Süden verlaufender Dünengürtel parallel zur östlichen Böschung und trennt die Oase von der offenen Wüste im Westen. An ihrem südlichen Ende geht die Oase ohne klar definierte Grenze in die Wüste über.

Wer beispielsweise auf der östlichen Böschung steht und auf den Boden der Oase hinunterblickt, dem erscheint diese so flach und beinahe so eintönig wie die Meeresoberfläche, wenn man sie von einer hohen Klippe aus betrachtet. Zwei riesige, flache Hügel erheben sich abrupt vom ebenen Boden der Oase nahe der östlichen Klippe bis zur Höhe des darüber liegenden Plateaus. Sie sind als Jebel Ghennihma und Jebel Um el Ghenneiem bekannt und liegen etwa 35 bzw. 40 Meilen vom nördlichen Ende der Oase entfernt. Fast ihnen gegenüber auf der Westseite stehen Jebel Taaref und Jebel Ter. Mit Ausnahme dieser vier Hügel und des kleineren kegelförmigen Gipfels, der als Gorn el Genna bekannt ist und aus der Mitte des Oasenbodens ragt, gibt es keine auffälligen Erhebungen, die die ebene Monotonie unterbrechen könnten.

Die Fläche des bebauten Landes ist im Vergleich zur Gesamtfläche der Oase äußerst gering. Dr. Ball schätzt, dass sich diese auf weit über 3000 Quadratkilometer erstreckt, gibt jedoch an, dass davon nur 19 Quadratkilometer bewässert werden. Die bebauten Flächen bestehen in einigen Fällen aus Flecken von lediglich ein oder zwei Morgen Größe. Nur in der Umgebung des Dorfes Kharga gibt es ein wirklich großes durchgehend bebautes Gebiet . Hier bildet ein langer Streifen von etwa vier Meilen von Norden nach Süden und etwa zwei Drittel einer Meile von Osten nach Westen, der insgesamt etwa 1000 Morgen bedeckt, einen praktisch durchgehenden Palmenhain und bebautes Land. Die Größe eines durchschnittlichen bebauten Flecks kann auf 65 bis 70 Morgen geschätzt werden. Jedes Grundstück ist normalerweise unter dem Namen des Brunnens bekannt, der es bewässert, oder in Fällen, in denen es mehr als einen gibt, unter dem Namen des Hauptbrunnens.

Die Bewässerung erfolgt ausschließlich mit Hilfe artesischer Brunnen, von denen einige aus längst vergangenen Zeiten stammen und von denen die Einheimischen behaupten, sie seien ein Werk der Römer.

Diese Brunnen und die modernen einheimischen Brunnen, die ihnen nachempfunden sind, werden mit primitiven Bohrgeräten gegraben und mit Rohren aus Akazienholz ausgekleidet. Sie sind normalerweise alle im Besitz mehrerer Eigentümer, unter denen der Wasserfluss mit Methoden verteilt wird, die wahrscheinlich auf eine lange Vergangenheit zurückgehen. Wenn eine Ernte – wie etwa Reis – angebaut wird, die eine kontinuierliche Bewässerung erfordert, wird die Wassermenge mithilfe eines sogenannten Reismessers aufgeteilt. Dieser besteht aus einem Brett mit einer Reihe von Kerben an der Oberkante, durch die das Wasser fließt. Jeder Eigentümer hat Anspruch auf die Menge, die durch eine Kerbe fließt, deren Breite dem Anteil der Erträge des Brunnens entspricht, auf den er Anspruch hat. Wenn eine intermittierende Bewässerung erforderlich ist, entnehmen die Eigentümer des Brunnens ihr Wasser abwechselnd gemäß einem äußerst komplizierten System. Der Zeitpunkt, zu dem jeder seinen Anteil zu entnehmen hat, wird durch eine äußerst raffinierte und komplizierte Methode der Zeitbestimmung ermittelt, bei der sich einer der Männer in eine Art menschliche Sonnenuhr verwandelt.

Eine Straße in Kharga.

Die Hausdächer sind ein beliebter Aufenthaltsort der Frauen. Um die Privatsphäre zu wahren, wird oben auf der Mauer eine Reihe Palmblätter aufrecht hineingesteckt. (S. 313.)

Außer dem Dorf Kharga, dem Hauptort der Oase, liegen noch einige andere Dörfer und Weiler in der Nähe der im Oasengebiet gegrabenen Brunnen verstreut.

Diese Dörfer sind in zwei Hauptgruppen unterteilt. Die wichtigsten sind, von Norden nach Süden betrachtet, Meheriq, Kharga, Gennah und Bulaq in der nördlichen Gruppe. Südlich davon erstreckt sich ein Wüstenstreifen, der eine lange Tagesreise entfernt liegt und kein Dorf und nur zwei oder drei isolierte

Brunnen enthält. Danach erreicht man Jaja und Dakhakhin, die beiden nördlichsten Siedlungen der südlichen Gruppe. Jaja liegt östlich von Dakhakhin und ist zwei oder drei Meilen entfernt. Etwa zehn Meilen weiter südlich liegt Beris – das Hauptdorf der südlichen Gruppe, gefolgt von Maks Bahry (nördliche Maks) und Maks Qibly (südliche Maks); fünf Meilen östlich von letzterem liegt das Dorf Dush. Dies bildet die südliche Gruppe.

Das Dorf Kharga ist zwar von einigen schönen Palmenplantagen umgeben, aber dennoch ein elender, schmutziger Ort. Wie es in Wüstenstädten oft der Fall ist, verlaufen die Straßen vielerorts durch Tunnel, die dadurch gebildet werden, dass die oberen Stockwerke der Häuser über die Straßen gebaut sind. In Kharga ist diese Besonderheit jedoch ungewöhnlich ausgeprägt – viele der Tunnel sind so niedrig, dass man nicht aufrecht darin stehen kann, und so lang, dass es völlig dunkel ist. Die Einheimischen sagen, sie seien aus Verteidigungsgründen so gebaut worden, damit ein Feind, der sich Zugang zur Stadt verschafft, in den dunklen Straßen die Orientierung verliert.

Soweit ich sehen konnte, waren alle Häuser aus den üblichen sonnengetrockneten Lehmziegeln gebaut, und die Dächer ruhten auf Sparren aus Palmenstämmen. Sie hatten jedoch die Besonderheit, dass die Brüstung, die das flache Dach umgab, von einer Art Zaun aus Palmblättern gekrönt war, der in die Oberseite der Mauer eingelassen war, um es anscheinend zu erhöhen und das Dach privater zu machen, ohne die Kosten für zusätzliches Mauerwerk zu verursachen. In einigen der besseren Häuser war die Innenseite dieses Zauns mit Lehm verputzt, um eine Art Flechtwerk zu bilden, durch das oft kleine Fenster geschnitten wurden, damit die Bewohner hindurchsehen konnten, ohne selbst gesehen zu werden. Wenn ein Haus neben einer offenen Straße gebaut wurde, wurden Balkone, die von einer Verlängerung der Sparren getragen wurden, manchmal über die Straße hinausragten und mit dem üblichen Zaun ummauert, damit die Bewohner des Hauses die Straße hinauf und hinunter sehen konnten.

Hier und da versuchte man, die Außenseite des Hauses durch grobe Bemalung der Fenster zu verzieren – normalerweise in Form strahlenförmiger Linien aus Kalktünche. Ein Haus hatte über der Tür eine Art Dreipassbogen, über dem sich ein vorspringendes Fenster befand, dessen Vorderseite von einer Reihe kleiner quadratischer Löcher durchbrochen war – offenbar in Nachahmung der *Meshrebia* oder des Gitterwerks der Städte im Niltal.

In Kharga wird eine beträchtliche Menge Binsenarbeit in Form von Körben für Esel und Matten zum Abdecken des Bodens hergestellt. Letztere werden auf einem primitiven Webstuhl hergestellt, der über den Boden gespannt wird. Es wird kein Weberschiffchen verwendet, die Binsen werden von Hand über die Schnüre gewebt, die die Grundlage der Matte bilden.

Die Oase Kharga ist reich an archäologischen Überresten als alle anderen. Früher war der Ort offensichtlich wichtiger als heute und beherbergte wahrscheinlich eine größere Bevölkerung.

Es ist bekannt, dass es schon in sehr ferner Zeit bewohnt war , sogar bis zurück zur Herrschaft von Thutmosis III. (1503-1449 V. CHR.). In früheren Zeiten scheint es hauptsächlich als Verbannungsort genutzt worden zu sein. Dies scheint eine Nutzung zu sein, die häufig genutzt wurde und bis heute fortgesetzt wird. Im Jahr 435 N. CHR . wurde der Bischof Nestorius aufgrund seiner revolutionären Ansichten nach Kharga verbannt. Hier gründete er eine koptische Kolonie. Eine große christliche Nekropole in Nadura, in der Nähe des Dorfes Kharga, und mehrere Lehmklöster, die offenbar zur Verteidigung gegen Feinde in Form von Burgen errichtet wurden, sind als Andenken an seine Verbannung noch immer sehr gut erhalten.

Ruinen alter Lehmstädte und -dörfer findet man an mehreren Orten, insbesondere in Hibis nördlich des Dorfes Kharga, in der Nähe des gleichnamigen Tempels, und in Tchonemyris, in der Nähe des Tempels von Qasr Zaiyan. In der Nähe des gleichnamigen Tempels liegen auch die Überreste der alten Stadt Kysis, die den Einheimischen heute als Qasr Dush bekannt ist.

Während ihrer Besetzung der Oase errichteten die Römer mehrere Festungen und Burgen, deren Äußeres eine bemerkenswerte Ähnlichkeit mit den alten normannischen Bergfrieden in England aufweist.

Das wichtigste dieser Forts, ein Gebäude, das den Einheimischen aus irgendeinem Grund als Ed Der – das Kloster – bekannt ist, liegt im nördlichen Teil der Oase nahe dem Nordfuß des Jebel Ghennihma. Es besteht aus einem etwa sechzig Quadratmeter großen Gehege, das von zehn Fuß dicken und etwa dreißig Fuß hohen Lehmziegelmauern umgeben ist, mit einem runden Turm an jeder Ecke und zwei halbrunden Türmen, die an jeder Seite hervorragen. Von seiner Position aus sollte es offensichtlich den Eingang zur Oase am Wady bewachen, durch den heute die Eisenbahn verläuft. Das Fort ist heute nur noch ein Gehege, und in seinem Inneren sind keine Spuren irgendwelcher Gebäude mehr vorhanden.

Hier und da sind in der Oase kleine Lehmziegelgebäude zu sehen, deren Innenwände mit kleinen würfelförmigen Nischen von 20 cm in jede Richtung durchsetzt sind. Diese findet man normalerweise in einiger Entfernung von Dörfern oder vorhandenen Überresten. Im Allgemeinen werden sie für Taubenschläge gehalten, es wurde jedoch auch vermutet, dass sie zur Aufnahme von Urnen gedacht waren.

Die mit Abstand interessanteste Ruine der Oase ist jedoch der Sandsteintempel des Hibis, ein kurzes Stück nördlich des Dorfes Kharga.

Dies ist der einzige bedeutende Tempel oder öffentliche Bau aus der Zeit der persischen Dynastie in Ägypten. Der Bau wurde von Darius I. begonnen und 424 v . CHR. von Darius II. fertiggestellt, wie Brugsch anhand der Hieroglyphen gezeigt hat.

Etwa eine Meile südöstlich des Hibis-Tempels liegen auf einer auffälligen Anhöhe die Ruinen eines kleinen Sandsteingebäudes, das als Tempel von Nadura bekannt ist.

Etwa zwei Kilometer südlich des Hügels, der als Gorn el Gennah bekannt ist, befindet sich ein kleiner Tempel namens Qasr el Guehda – ein Name, der lokal oft Wehda ausgesprochen wird. Es handelt sich um ein kleines Sandsteingebäude, das von Norden nach Süden etwa elf Meter und von Osten nach Westen zwanzig Meter misst.

Der Tempel selbst liegt in einer Einfriedung aus möglicherweise neueren Lehmziegeln, deren Zugang auf der Ostseite durch ein steinernes Tor erfolgt.

Etwa drei Meilen weiter südlich liegt der kleine Tempel namens Qasr Zaiyan, ein viel kleineres Gebäude als Qasr Guehda. Wie dieser scheint er von einer Mauer aus Lehmziegeln umgeben gewesen zu sein, die einen Bereich mit kleinen Lehmgebäuden bildet.

Den Tempel von Kysis, oder Qasr Dush, wie ihn die Eingeborenen nennen, der ganz im Süden der Oase liegt, habe ich nicht besucht. Für eine Beschreibung dieses Tempels und einen ausführlicheren Bericht über die Altertümer dieser Oase sei der Leser auf die Werke von Schweinfurth, Brugsch, Hoskins und Dr. John Ball verwiesen.

'Ain Um Debadib, die bereits erwähnte kleine Oase, liegt etwa 35 Kilometer weiter westlich.

Noch weiter westlich liegt die nächste Oase - wenn man sie überhaupt so nennen kann -, nämlich 'Ain Amur, die bereits erwähnt wurde. Sie liegt etwa vierzig Kilometer westsüdwestlich von 'Ain Um Debadib, nahe der Spitze einer steilen Klippe gegenüber der Nordgrenze eines Teils des abgetrennten Kalksteinplateaus, das bereits erwähnt wurde.

'Ain Amur liegt etwa 1.680 Fuß über dem Meeresspiegel. Die Existenz eines Brunnens in so großer Höhe, in einer extrem trockenen Region wie der Libyschen Wüste, ist so etwas wie ein Phänomen. Seine Existenz lässt sich jedoch leicht erklären: Die Spitze des Plateaus ist mit einer Schicht Kalkstein bedeckt, unter der sich eine Schicht Lehm befindet. Regenschauer sind selbst in dieser Wüste nicht ganz unbekannt, und gelegentlich gibt es, den Einheimischen zufolge, einen regelmäßigen Regenguss. Ein Teil des Wassers, das auf die flache Kalksteinoberfläche fällt, findet sicherlich seinen Weg durch die zahlreichen Risse, die auf der Oberfläche zu sehen sind. Der

Abwärtsfluss dieses Wassers wird gestoppt, wenn es den Lehm erreicht, durch den es nur äußerst langsam eindringen kann. Wo die Schichten nicht absolut horizontal sind, fließt das Wasser entlang der oberen Oberfläche des Lehms, geschützt vor Verdunstung durch den darüber liegenden Kalkstein, bis es am Rand des Plateaus, ein kleines Stück unterhalb des Gipfels der Klippe, an die Oberfläche kommt.

Das arabische Wort *'Ain* bedeutet streng genommen einen fließenden Brunnen oder eine Quelle. Der Brunnen in 'Ain Amur hat jedoch, soweit ich sehen konnte, überhaupt kein Wasser. Er besteht lediglich aus einem gewöhnlichen vertikalen Brunnenschacht, dessen Wasser etwa acht Fuß unter dem Bodenniveau liegt und der über einen geneigten Pfad oder eine Treppe erreicht wird, die von der Ostseite nach unten führt.

Der Brunnen steht am Fuß einer einzelnen, dürren Palme. In der Nähe des Brunnens ist eine gewisse Menge wildes Palmengestrüpp zu sehen, und ein Stückchen weiter ist ein Fleckchen grünes Binsengebüsch, wo, wie mir gesagt wurde, früher ein anderer Brunnen gewesen war; dieser war jedoch zum Zeitpunkt meines Besuchs − wahrscheinlich durch den vom Wind aufgewirbelten Staub − völlig zugeschüttet. Das Wasser im Brunnen war schmutzig und ziemlich bitter, aber ansonsten durchaus trinkbar.

sich unterhalb des Plateaus auf Höhe des Brunnens, der sich in der Nähe seines westlichen Endes befindet, ein langer Streifen grünen Kameldorns − *Argul − horizontal entlang der Klippe erstreckt.*

Früher muss 'Ain Amur ein Ort von einiger Bedeutung gewesen sein. In der Nähe des Brunnens befinden sich die Ruinen eines kleinen Steintempels, der noch Spuren von Farbe aufweist und wie viele Tempel in der Oase Kharga in der Mitte einer Mauer aus sonnengetrockneten Ziegeln liegt, die möglicherweise als Verteidigungsanlage gedacht war. Der Brunnen befindet sich innerhalb dieser Mauer, von der heute nur noch wenig übrig ist.

Etwa sechzig Kilometer westlich von 'Ain Amur liegt die Oase Dakhla. Wie Kharga ist sie eigentlich eine Gruppe von Oasen mit Wüstenflächen dazwischen − oder vielleicht wäre es richtiger, von zwei Gruppen zu sprechen, denn der Bezirk Belat-Tenida auf der Ostseite unterscheidet sich deutlich vom Rest der Oase, von dem er durch mehrere Kilometer wasserlose Wüste getrennt ist. Die Einwohner von Belat und Tenida sind daher etwas anders als die des Rests der Oase und sprechen, obwohl sie nur wenige Kilometer von ihnen entfernt sind, einen ziemlich anderen Dialekt − das harte K = Q wird in Belat und in der östlichen Gruppe der Oasen stark ausgesprochen, während es im westlichen Teil verwischt und wie in Kairo ausgesprochen wird.

Die Oase Dakhla unterscheidet sich etwas von Kharga, da die Dörfer weniger verstreut und sozusagen dichter beieinander liegen. Aufgrund der besseren Wasserversorgung ist sie auch sehr viel fruchtbarer. Dakhla ist auch günstiger gelegen als Kharga, da es am Fuße einer großen, drei- bis vierhundert Fuß hohen Ost-West-Klippe liegt, die es weitgehend vor den vorherrschenden Nordwinden schützt. Kharga hingegen verläuft von Norden nach Süden, so dass die reißenden Wüstenstürme mit voller Kraft aus dem Norden auf es niedergehen. Dakhla verläuft von Osten nach Westen – mit einer Verlängerung nach Norden an seinem westlichen Ende, wo die schützende Klippe eine tiefe Bucht nach Nordosten bildet, die von Norden nach Süden etwa sechs Meilen misst. Der südwestliche Teil der Oase, in dem sich die Hauptstadt Mut befindet, ist daher den vorherrschenden Winden stärker ausgesetzt.

Mut selbst – der letzte Ort im Südwesten – liegt etwa 28 Kilometer vom Steilhang entfernt, während die meisten anderen Dörfer nur fünf bis sechs Meilen von der schützenden Klippe entfernt liegen, die die Grenze der Oase an ihrer Nord- und Ostseite bildet. Im Süden geht die Oase allmählich in die dahinter liegende höher gelegene Wüste über, während sie im Westen von einem riesigen Dünenfeld umgeben ist.

Die östliche Gruppe der Oasen in Dakhla umfasst neben den Dörfern Tenida und Belat eine Reihe von *Ezbas* (Bauernhöfen oder Weilern), die jeweils aus einem oder zwei Brunnen mit den umliegenden Palmenplantagen und Anbauflächen sowie einigen Häusern bestehen. Im Allgemeinen gehört die gesamte *Ezba* einer Einzelperson oder zumindest einer einzigen Familie.

Außer einer Anzahl von *Ezbas* enthält die westliche Gruppe die folgenden kleinen Städte und Dörfer: Smint, Masara, Mut, Hindau, Qalamun, Gedida, Mushia, Rashida, Budkhulu und Qasr Dakhl – letzteres liegt im äußersten Nordwesten der Gruppe, dicht unter dem Schutz der Böschung. Die Größe dieser Dörfer ist sehr unterschiedlich. Qasr Dakhl, das größte Dorf, hatte mit den dazugehörigen *Ezbas im Jahr 1898 schätzungsweise 3.758 Einwohner, 3.428 Feddan* (Acres) Ackerland und 49.758 Palmen. Budkhulu, das kleinste Dorf, hatte mit seinen Nebenorten 583 Einwohner, 893 *Feddan* Ackerland und 12.302 Palmen.

Neben Dattelpalmen werden auch eine ganze Reihe anderer Obstbäume angebaut – Orangen, Mandarinen, Zitronen, Zitronen, Limetten, Feigen, Maulbeeren, Bananen, Oliven und Mandeln werden im Schatten der Palmen gepflanzt. Etwa ein Vierzehntel des Anbaulandes ist mit Obstbäumen bepflanzt – hauptsächlich Palmen –, der Rest ist für Feldfrüchte bestimmt, vor allem Weizen, Gerste, Reis, Klee und Gemüse. Ähnliche Obstbäume und Feldfrüchte werden in Kharga angebaut.

Es werden Ziegen, Schafe, Esel, Rinder und einige Pferde gehalten, außerdem Tauben, Hühner, ein paar Kaninchen und eine beträchtliche Anzahl Truthähne. Das Vieh der Oasen ist eine recht bekannte Rasse, die im Aussehen unseren Kanalinsulanern nicht unähnlich ist. Büffel gibt es entweder nur wenige oder gar nicht. Kamele – mit Ausnahme von etwa einem halben Dutzend, die den Senussi- *Zawias* (Klöstern) gehören und von den Scheichs bei ihren Besuchen in ihrem Hauptquartier in Kufara verwendet werden – werden in den Dakhla-Oasen nicht dauerhaft gehalten, da im Frühjahr eine Fliege auftaucht, deren Biss für diese Tiere ebenso tödlich ist wie die Tsetsefliege für Pferde in anderen Teilen Afrikas. Während der Wintermonate werden jedoch große Kamelherden von den *Bedawin* des Niltals zum Weiden in die mit Buschwerk bedeckten Gebiete an der Ost- und Südseite der Oase geschickt; diese werden jedoch entfernt, bevor die Kamelfliege im Frühjahr erscheint.

Fast die gesamte Bevölkerung der Oase ist mit der Bewirtschaftung des Landes beschäftigt. Die einzigen Erzeugnisse, die die Oase herstellen kann, sind die Herstellung von etwas grober Keramik und ein paar Körben. Die Frauen spinnen auch kleine Mengen Wolle mit einem primitiven Handrocken und einer Spindel und besticken ihre Gewänder mit dem so hergestellten Garn. Aus den Oliven wird auch eine kleine Menge Öl gewonnen, das meines Wissens gelegentlich ins Niltal exportiert wird.

Die Gebäude und Dörfer ähneln stark denen in der Oase Kharga, obwohl die Häuser aufgrund des wohlhabenderen Charakters der Einwohner häufig größer sind; aber wie im Fall von Kharga sind die Behausungen der ärmeren Einheimischen kaum besser als Hütten. Viele der Dörfer sind von einer Reihe kleiner ummauerter Höfe umgeben, in die das Vieh nachts getrieben wird und die in anderen Ländern im Allgemeinen die Rolle von Bauernhäusern spielen.

In einigen Dörfern - vor allem in Mushia, Gedida und Qalamun, die auf der Westseite der Oase am Rande des Dünengürtels liegen - dringen Sandhügel und Flugsand in die Anbauflächen ein, begraben Palmenhaine, überfluten Brunnen und verursachen immensen Schaden.

Obwohl die Senke im Norden von Dakhla, in der die Oase Farafra liegt, viel größer ist als die Senken, in denen Kharga, Dakhla und Bahariya liegen, ist Farafra ein armseliger kleiner Ort mit insgesamt nur etwa zwanzig Brunnen und nur zwei dauerhaft bewohnten Oasen. Von diesen hat Qasr Farafra, die größere, nur etwa 550 Einwohner, während die kleinere – 'Ain Sheykh Murzuk – nur ein oder zwei Häuser und eine kleine Senussi *Zawia hat*, deren Einwohnerzahl wahrscheinlich nicht viel mehr als zwanzig beträgt. Zur Zeit meines Besuchs gehörten praktisch alle Eingeborenen dieser Oase den Senussia an – und sie waren ein äußerst unangenehmer Haufen.

Baharia, die nächste Oase im Norden, soll von ähnlicher Art wie Kharga und Dakhla sein; ich habe sie jedoch nicht besucht. Sie ist aufgrund der großen Zahl kleiner, isolierter Felshügel, die verstreut auf dem Boden der Senke zu sehen sind, eigenartig. Auch die Oase Siwa, noch weiter nördlich im Wady el Fardy, habe ich nicht besucht. Sie wurde jedoch häufig beschrieben.

NOTIZ

Seit dieser Anhang geschrieben wurde, hat Hassanein Bey die Positionen von Arkenu und Owenat (Owanet) besucht und festgelegt. Meine Informationen über Owanat scheinen ziemlich genau gewesen zu sein. Der Brunnen am Fuß der Klippe, der Pass, der von dort wegführt, die hochgelegene Oase darüber, die Vegetation und die Sanddünen in der Gegend und sogar die Mähnenspringer wurden alle bestätigt. Auch die Position, die ich aufgrund meiner einheimischen Informationen angegeben habe, war einigermaßen korrekt, da sie nur etwa 21 Meilen entfernt war, verglichen mit einem Fehler von etwa 25 Meilen bei der Position von Kufara, die von Rohlfs Expedition durch astronomische Beobachtungen festgelegt wurde .

Meine Einschätzung der Beschaffenheit von Jebel el Owanat – dem Hochland oberhalb des Brunnens – scheint jedoch falsch gewesen zu sein. Aber ich glaube, das liegt an einem Missverständnis meinerseits und nicht an einem Fehler meines Informanten. „Jebel" – der Begriff, den er zur Beschreibung des Hochlandes bei Owanat verwendete, bedeutet wörtlich Berg, ist aber ein Begriff, der in der westlichen Wüste Ägyptens verwendet wird, um die hohen, flachen Hochebenen zu bezeichnen, aus denen die Wüste in diesem Teil hauptsächlich besteht. Die Oasen in diesem Bezirk liegen alle am Fuß der steilen Steilhänge, die diese Hochebenen begrenzen; da er also eine Klippe in der Nähe des Brunnens bei Owanat erwähnte, nahm ich an, dass der „Jebel" dieselbe Beschaffenheit hat wie in der Umgebung der ägyptischen Oasen.

Hassanein Bey legte die westliche Grenze dieses erhöhten Geländes sowie seine nördliche und südliche Grenze fest, doch obwohl er eine Vermessung von etwa 40 Kilometern östlich des Brunnens vornahm, konnte er seine östliche Ausdehnung nicht bestimmen. Soweit sich dies anhand seiner Beschreibung und seiner Fotografien beurteilen lässt, scheint dieses erhöhte Land einen ähnlichen flachen Charakter zu haben wie die „Dschebel" um die Oasen Westägyptens, doch soweit derzeit bekannt ist, entspricht es aufgrund seiner begrenzten Fläche eher Oberst Tilhos Einschätzung seines Charakters als freistehendes Massiv als streng genommen einem Tafelland.

Es bleibt zu hoffen, dass zukünftige Reisende diesen Bezirk bald wieder besuchen und die östliche Grenze von Jebel el Owanat festlegen werden. Ähnliche Anhöhen wurden mir nördlich der „Ägyptischen Oase" gemeldet, etwa 210 Kilometer östlich von Owanat, und wenn man sich auf diese

Informationen verlässt, ist es möglich, dass diese beiden Orte durch eine Hügelformation verbunden sind, deren westliche Grenze die Anhöhe bei Owanat bildet.

Die genaue Kartierung von Owanat mit seiner permanenten Wasserversorgung durch Hassanein Bey dürfte zukünftigen Reisenden eine große Hilfe sein, da sie eine äußerst nützliche Grundlage für weitere Erkundungen bietet.

Die Schwierigkeit besteht jedoch darin, dorthin zu gelangen. Die alte Straße, die ich südwestlich der Oase Dakhla über etwa 200 Meilen erkundet habe, führt zweifellos nach Owanat; es ist jedoch sehr fraglich, ob sie derzeit mit Kamelen befahrbar ist. Die Entfernung von Dakhla nach Owanat beträgt in gerader Linie etwa 375 Meilen oder mindestens fünfzehn Tage anstrengende Reise mit der Karawane. Eine kleine, gut ausgerüstete Gruppe, die mit wenig Gepäck reist, würde dies selbst in der günstigsten Jahreszeit als äußerst schwierig empfinden, wenn sie nicht über eine Art Depot oder Relaissystem verfügt.

Diese Straße ist wahrscheinlich seit Jahrhunderten nicht mehr benutzt, da an den meisten Stellen alle Spuren vollständig verwittert sind. Aber ihre Größe an den wenigen geschützten Stellen, an denen sie noch sichtbar ist, lässt darauf schließen, dass sie einst eine der wichtigsten Karawanenrouten der Wüste war. Darüber hinaus gab es Hinweise darauf, dass sie vor allem von den alten Sklavenhändlern benutzt wurde.

Ich denke, man kann mit absoluter Sicherheit davon ausgehen, dass es keine Hauptstraße dieser Art gegeben haben kann, die eine 375 Meilen lange wasserlose Strecke umfasste – insbesondere keine, die eine große Zahl von Sklaven zurücklegen musste, da die Wasserversorgung in diesen Karawanen immer ein äußerst ernstes Problem darstellte.

Wir müssen daher zu dem Schluss kommen, dass einst zwischen Dakhla und Owanat ein Zwischenbrunnen oder eine Oase existierte. Es kann sich nur um einen Brunnen mit einem gewöhnlichen vertikalen Schacht gehandelt haben, der vor langer Zeit versandet und ausgelöscht wurde; es kann aber auch die Oase mit Olivenbäumen gewesen sein, auf denen die Palmtauben, die ich aus dieser Richtung nach Dakhla ziehen sah, fraßen. Die Richtung, aus der sie kamen, nämlich 217° Mag. [25], entsprach, wie ich später herausfand, fast genau der Richtung des Jebel Abdulla von Mut aus und damit der alten Straße, der wir folgten, um dorthin zu gelangen. Justus Perthes' Karte im Maßstab 1/4.000.000, veröffentlicht 1892, und auch die Karte im Maßstab 1/2.000.000, überarbeitet bis 1899, veröffentlicht vom französischen Service géographique de l'Armée, zeigen einen unbenannten Brunnen oder eine Oase neben einem hohen, steilen Hügel und eine weitere Oase östlich davon. Die deutsche Karte beschreibt die Oase als unbewohnt, während die französische sie als bewohnt bezeichnet. Es wurde vorgeschlagen, dass Arkenu den Brunnen am Hügel und Owanat die weiter östlich gelegene Oase darstellt, und es kann kaum Zweifel daran bestehen, dass dieser Arkenu-Owanat-Bezirk derjenige ist, auf den sie sich beziehen. Aber weder Arkenu noch Owanat können behaupten, streng genommen Oasen zu sein – sie wären beide genauer als Brunnen zu beschreiben: Es scheint also, dass einer von ihnen – wahrscheinlich Owanat – den Brunnen darstellt und dass die Oase noch nicht gefunden wurde. Sehr wahrscheinlich führte der Ausfall der Wasserversorgung an dieser Stelle dazu, dass die Straße aufgegeben wurde. Eine Straße, die wie diese vom Zentralsudan nach Kairo und den anderen wohlhabenden Städten im nördlichen Teil Ägyptens führt, wo Sklavenhändler den bestmöglichen Markt für ihre Waren finden konnten, muss so praktisch gewesen sein, dass sie nicht ohne sehr guten Grund aufgegeben worden wäre. Wenn diese Straße durch die Wiederherstellung dieser Wasserversorgung wieder befahrbar gemacht werden könnte, könnte sie sich immer noch als sehr wertvoll erweisen.

Nach dem, was ich von diesem Teil der Wüste gesehen habe, bin ich mir sicher, dass diese Zwischenoase oder dieser Zwischenpunkt nicht näher an Dakhla liegt als Jebel Abdulla – mein entferntester Punkt entlang der Straße – und auch nicht viel weiter. Sie liegt sicherlich nicht in unmittelbarer Nähe dieses Hügels, aber sie kann, glaube ich, nicht mehr als 50 oder höchstens 75 Meilen weiter entfernt sein. Sie liegt wahrscheinlich eher östlich der direkten Linie, die den Hügel mit Owanat verbindet, da die Straße eher in diese Richtung zu verlaufen schien.

Die vielversprechendste Seite, um Owanat zu erreichen, scheint jedoch von Osten zu sein, wobei man Bir Natrun, Legia, Selima oder Terfawi als Ausgangspunkt nutzt. Meine Informationen zu Merga stammen von mehreren Informanten, deren Informationen – mit einer Ausnahme – alle hinsichtlich der Entfernung und Richtung von Bir Natrun und Legia übereinstimmten. Wenn man also davon ausgeht, dass diese beiden Orte auf der Karte richtig eingezeichnet sind, ist die Position von Merga wahrscheinlich nicht sehr weit vom rechten Weg entfernt. Die „Ägyptische Oase“ – falls sie existiert – wäre ein noch besserer Ausgangspunkt. Angenommen, es gibt sie, sollte es keine Schwierigkeiten geben, sie zu entdecken, da man nur der Linie der Sanddünen folgen müsste, bis man sie sieht.

A ANHANG II

IN DER LIBYSCHEN WÜSTE GESAMMELTE INSEKTEN

Die Insektensammlungen, die ich in meinen ersten beiden Jahren in der Libyschen Wüste angelegt hatte, wurden dem Natural History Museum in South Kensington übergeben, das sich im Gegenzug sehr freundlicherweise dazu verpflichtete, die Exemplare zu „benennen". Leider wurden sie jedoch auf die verschiedenen Abteilungen des Museums verteilt, bevor sie identifiziert werden konnten, und man sagte mir, dass die Exemplare jetzt nicht mehr aufgespürt werden können. Das ist bedauerlich, da in der Nähe der Gegenden, aus denen sie stammten, keine weiteren Sammlungen angelegt wurden, und es wäre sehr interessant gewesen zu sehen, inwieweit der Einfluss der stark vorherrschenden Nordwinde der Wüste die Verbreitung der verschiedenen Arten beeinflusst hat.

Die folgende Liste enthält die Insekten, die ich in meiner letzten Saison gesammelt habe. Leider konnten aufgrund der Reisebedingungen viele Exemplare nicht aus den zentraleren Teilen der Wüste mitgenommen werden.

Die meisten der hier erwähnten Exemplare befinden sich heute im Tring Museum, wo Lord Rothschild sie freundlicherweise für mich identifiziert hat. Die übrigen Exemplare befinden sich im Natural History Museum in South Kensington, dessen Mitarbeitern ich für ihre freundliche Benennung zu Dank verpflichtet bin.

Einige der an dieses Museum gesandten Exemplare sind jedoch nicht in der Liste enthalten, da sie „aufgrund ihres Zustands oder aus anderen Gründen" nicht identifiziert werden konnten.

I. IDENTIFIZIERT IN TRING

Arktis

Utetheisa pulchella (Linn.). Farafra, 20.4.12.

Noctuidae

Chloridea nubigera (Herrsch.). Camp IX, Libysche Wüste, 5.4.12.

Euxoa spinifera (Hubn.). Kairowin Hattia, Farafra, 12/4/12.

Agrotis ypsilon (Rott.). Von Gerara, 4.4.12.

Cirphis loreyi (Dup.). Bu Gerara, 3.4.12.

Athetis flava (Oberth.). Meir, Dirut, Ägypten, 17.3.12.

Laphigma exixua (Hubn.). Lager IX, 4.4.12; Bu Gerara, 3.-4.4.12; Meir, Dirut, Ägypten, 17.3.12.

Phytometra gamma (Linn.). Kairowin Hattia, Farafra, 12.4.12. Camp XI, Farafra, 6.4.12; Meir, Dirut, Ägypten, 17.3.12.

Leucanitis kabylaria (Bang, Haas.). Kairowin Hattia, Farafra, 10.-12.4.12.

Hypoglaucitis benenotata moses (Stdgr.). Kairowin Hattia, Farafra, 12/4/12.

Anumeta hilgerti (Rothsch.). Kairowin Hattia, Farafra, 12/4/12.

Pyralidae

Ommatopteryx ocellea (Haw.). Lager XII, 17.4.12.

Syria Kingi (Rothsch.). (*spec. nov.*) Fünfzehn Meilen südlich von Bir Kairowin, 14.4.12.

Syria variabillis (Rothsch.). Meir, Dirut, Ägypten, 17.-23.3.12; Camp II, 23.3.12.

Syria Libyca (Rothsch.). (*spez. nov.*) Kairowin Hattia, Farafra, 12.4.12.

Heterographis adustella (Rag.). Kairowin Hattia, Farafra, 12/4/12.

Heterographis verburii (Butl.). Lager II, 23.3.12.

Heterographis samaritanella (Zell.). Kairowin Hattia, Farafra, 12/4/12.

Heterographis conversella (Led.). Lager II, 23.3.12.

Nomophila noctuella (Schiff). Camp IX, Libysche Wüste, 4.4.12; Bu Gerara, 3.-4.4.12; Camp XI, Farafra, 6.4.12; Camp XII, 7.4.12; Camp IV, 25.3.12; Camp V, 26.3.12; Meir, Dirut, Ägypten, 17.3.12.

Pyraustidae

Cornifrons ulceratalis (Led.). Meir, Dirut, Ägypten, 17.3.12; Lager II, 23.3.12.

Noctuelia floralis (Hmpsn.). Lager II, 23.3.12.

II. IDENTIFIZIERT IN SOUTH KENSINGTON

TINEINA

Gelechiadae

Aproærema mitrella (Wlsm.). Meir, Dirut, Ägypten, 17.-18.3.12; Camp II, Libysche Wüste, 23.3.12; Negeb er Rumi, Libysche Wüste, 4.4.12. Sieben Exemplare. (Tests JH Durrant.)

Phthorimæa eremaula (Meyr). Dakhla Road, Libysche Wüste, 26.3.12; Bu Gerara, Libysche Wüste, 2.-4.4.12. Drei Exemplare. (Tests JH Durrant.)

Plutelliden

Plutella maculipennis (Crt.). Meir, Dirut, Ägypten, 16.-23.3.12; Camp II, Libysche Wüste, 23.3.12; Dakhla Road, Libysche Wüste, 26.3.12; Bu Gerara, Libysche Wüste, 3.-4.4.12; Negeb er Rumi, Libysche Wüste, 4.4.12; Farafra-Senke, Libysche Wüste, 6.4.12; südlich von Bir Kairowin, 10.4.12. Dreiundfünfzig Exemplare. (Tests JH Durrant.)

Tineidae

Trichophaga abruptella (Wlstn.). Meir, Dirut, Ägypten, 17.-18.3.12. Zwei Exemplare. (Tests JH Durrant.)

ZWEIPFLER

Mycetophilidae

Macrocera (?) *nana* (Macq.). Meir, Dirut, Ägypten, 20.-23.3.12. Drei Exemplare. (Tests FW Edwards.)

Zuckmücken

Chironomus tripartitus (Kieff). Meir, Dirut, Ägypten, 17.-23.3.12. Zwei Exemplare. (Tests FW Edwards.)

Schwebfliegen

Syrphus corollæ (Fabr.). Bu Gerara, Libysche Wüste, 2.-4.4.12. Zwei Exemplare. (Tests EE Austen.)

Muscidae

Musca analis (Macq.). Meir, Dirut, Ägypten, 16.-20.3.12. Vier Exemplare. (Tests EE Austen.)

Musca angustifrons (Thoms.). Meir, Dirut, Ägypten, 16.-18.3.12. Zwei Exemplare. (Tests EE Austen.)

TACHINIDAE

Sarkophage

Disjunctis nuba (Wied.). Bu Gerara, Libysche Wüste, 4.4.12. Ein Exemplar. (Tests EE Austen.)

Anthomyidae

Fannia canicularis (L.). Meir, Dirut, Ägypten, 16.3.12. Ein Exemplar. (Tests EE Austen.)

Trypetiden

Urellia stellata (Fuessl.). Abu Harag, Libysche Wüste, 26.3.12. Ein Exemplar. (Tests EE Austen.)

PLANIPENNIA

Chrysopidae

Chrysopa vulgaris (Schneider). Meir, Dirut, Ägypten, 17.3.12; Camp II, Libysche Wüste, 23.3.12; Dakhla Road, Libysche Wüste, 26.3.12; Abu Harag, Libysche Wüste, 26.3.12; Bu Gerara, Libysche Wüste, 2.-3.4.12; Negeb er Rumi, Libysche Wüste, 4.4.12. 25 Exemplare. (Tests H. Campion.)

HEMIPTERA

Reduviidae

Reduvius palliles (Klug). Meir, Dirut, Ägypten, 18.3.12. Ein Exemplar. (Testet CJ Gahan.)

Jassidae

Chlorita flavescens (Fabr.). Meir, Dirut, Ägypten, 20.3.12. Drei Exemplare. (Tests F. Laing.)

KäFER

Laufkäfer

Stenolophus marginatus (Dej.). Camp II, Libysche Wüste, 23.3.12. Ein Exemplar. (Testet GJ Arrow.)

Dermestidae

Dermestes frischi (Kug.). Bu Gerara, Libysche Wüste, 2.4.12. Ein Exemplar. (Testet GJ Arrow.)

Skarabäen

Aphodius hydrochæris (F.). Meir, Dirut, Ägypten, 17.3.12. Ein Exemplar. (Testet GJ Arrow.)

Aphodius granulifrons (Fairm.). Camp II, Libysche Wüste, 23.3.12. Ein Exemplar. (Testet GJ Arrow.)

Aphodius sp (?). Meir, Dirut, Ägypten, 20.3.12. Ein Exemplar. (Testet GJ Arrow.)

Tenebrioniden

Ocnera hispida (Forsk.). Meir, Dirut, Ägypten, 20.3.12. Ein Exemplar. (Testet KG Blair.)

Orthopteren

Grylliden

Gryllotalpa gryllotalpa (L.). Meir, Dirut, Ägypten, 17.-21.3.12. Zwei Exemplare. (Tests B. Uvarov.)

ANHANG III

Felsinschriften aus der libyschen Wüste

Die Graffiti auf den beigefügten Tafeln wurden in der libyschen Wüste gesammelt. Die meisten davon befinden sich auf der Gubary-Straße zwischen den Oasen von Kharga und Dakhla oder in der *Hattia* , durch die diese Straße verläuft, unmittelbar vor der Oase von Dakhla in ihrer südöstlichen Ecke.

An vielen Orten waren diese Felsinschriften außerordentlich zahlreich. Es ist keine Übertreibung zu sagen, dass an einigen der bekannten Rastplätze an der Gubary-Straße, wo Karawanen während der Mittagshitze oder am Ende der Tagesreise rasten, die Felsen so dicht mit Graffiti bedeckt sind, dass es fast unmöglich ist, zu gehen, ohne darauf zu treten.

Die Sammlung erhebt keinen Anspruch auf Vollständigkeit, denn die meisten Schilder wurden während einer eiligen Reise im heißen Wetter des Jahres 1909 kopiert; daher wurden zahlreiche übersehen.

Leider sind die meisten von ihnen auf den flachen, horizontalen Steinen am Straßenrand gehauen. Daher war es unmöglich zu sagen, wo sie richtig herum waren, da dies offensichtlich von der Position des Mannes abhing, der sie zu dem Zeitpunkt geschlagen hatte. Einige von ihnen befanden sich jedoch auf mehr oder weniger vertikalen Flächen, sodass kein Zweifel an ihrer richtigen Position bestehen konnte.

Wenn einige der anderen Zeichen mit zuvor an einem anderen Ort gemeldeten Zeichen verglichen wurden, von denen sie sich nur in ihrer Position unterschieden, ist der Winkel, um den sie gedreht werden müssen, damit ihre Position mit den Zeichen übereinstimmt, mit denen sie verglichen werden, im Uhrzeigersinn zu messen.

Hattia gefunden wurden , wurden an folgenden Orten gefunden:

Nr. 230-238 im nördlichen Teil der Oase Kharga, in der Nähe von 'Ain el Hagar. Sie wurden größtenteils aus der Mündung eines Schachts entnommen, der vertikal in einen horizontalen Tunnel geschnitten und durch den darunter liegenden Fels gegraben wurde, um als Sickerstollen zu dienen und das Wasser aus dem Untergrund, durch den es floss, auf eine tiefere Ebene an die Oberfläche zu bringen.

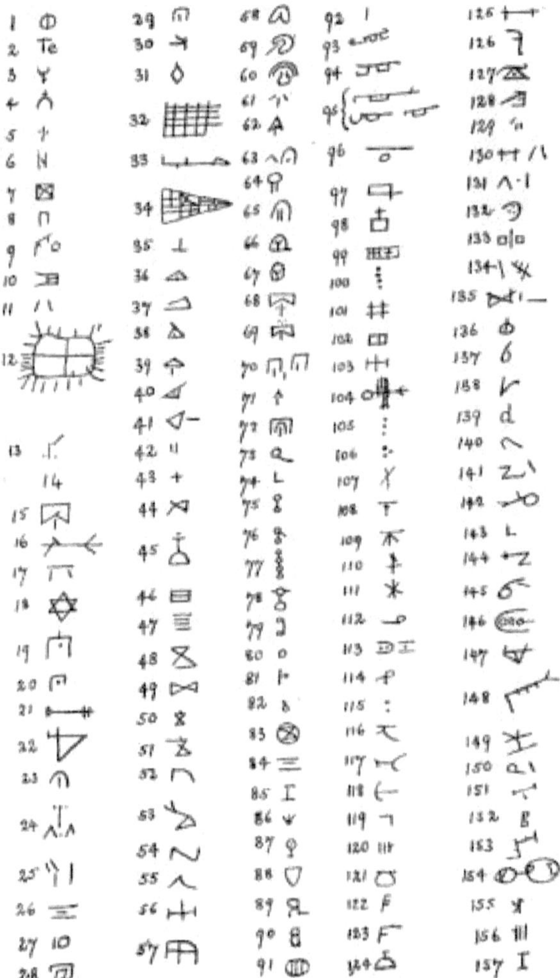

Nr. 219 wurde auf einem losen Steinblock am Fuße eines zerstörten Lehmturms in der Oase Dakhla in der Nähe von Bir 'Ain Sheykh Mufta, etwa drei Kilometer südöstlich von Smint el Kharab, gefunden.

Die Nr. 221-228 wurden in eine kleine Steinruine namens Qasr el Kadabya geschnitten, etwa fünf Kilometer südlich des Dorfes Tenida in der Oase Dakhla.

Nr. 224 wurde am Fuß der Mauer neben einem Eingang in einem kleinen Steingebäude am Brunnen von 'Ain Amur gesehen, an der nördlicheren Straße von Kharga zu den Oasen von Dakhla.

Außer den auf den Tafeln gezeigten Graffitis waren auch zahlreiche Skizzen zu sehen, die ich aus Zeitmangel leider nicht kopieren konnte . Viele davon zeigten Motive, die sich nicht reproduzieren ließen. Unter den übrigen befanden sich Jagd- und Schlachtszenen, Zeichnungen einiger Boote oder Schiffe – eines davon sollte offensichtlich eine *Dahabya darstellen* – und neben zahlreichen Kamelbildern waren auch Pferde, Maultiere oder Esel überraschend zahlreich, wenn man bedenkt, wie wenig diese Tiere in diesem Teil der Wüste genutzt werden.

Zu den in den Jagdszenen gezeigten Tieren gehörten mehrere Strauße, die zwar im Sudan vorkommen, derzeit aber in dem Gebiet, in dem die Graffiti zu sehen sind, völlig unbekannt sind. Darüber hinaus wurden an einigen Stellen Hornwild dargestellt; es war jedoch unmöglich festzustellen, welche Arten dargestellt werden sollten.

In den Kampfszenen waren die Männer mit Bogen, Schildern, Speeren und Schwertern bewaffnet. Ich sah keine Gewehre, die auf moderne Zeichnungen hindeuteten, oder *Shangamanger*, die auf einen sudanesischen Ursprung hätten hinweisen können.

Die Figuren wurden in jedem Fall in die Oberfläche des nubischen Sandsteins geschnitten, einer Substanz, die sich leicht mit einem Messer zerkratzen lässt. Ein Teil einiger der auf den Tafeln angegebenen Figuren ist durch eine gepunktete Linie dargestellt, um zu zeigen, dass der so umrissene Teil unsicher ist, da der Stein abgesplittert ist oder aus anderen Gründen.

Die Gubary-Straße, auf der die meisten Graffiti gefunden wurden, verläuft am Fuße einer Böschung, die sie weitgehend vor den starken Nordwinden schützt. Aber wenn man das Ausmaß der Erosion bedenkt, die während der häufigen Sandstürme aus dieser Gegend stattfindet, und wenn man die geschützte Lage der Felsen, auf denen diese Inschriften stehen, in Betracht zieht, ist ihr scharf geschnittenes Erscheinungsbild bemerkenswert und scheint darauf hinzudeuten, dass sie nicht aus einer sehr fernen Zeit stammen.

Eine Ausnahme bildeten jedoch die Inschriften Nr. 217 und 218. Diese beiden Inschriften waren übereinander, etwa fünf Fuß über dem Boden, auf einer senkrechten Fläche eingemeißelt, die etwa nach Nordwesten ausgerichtet war. Der Fels war an dieser Stelle vielleicht ungewöhnlich weich, aber beide Inschriften zeigten deutliche Anzeichen von Verwitterung.

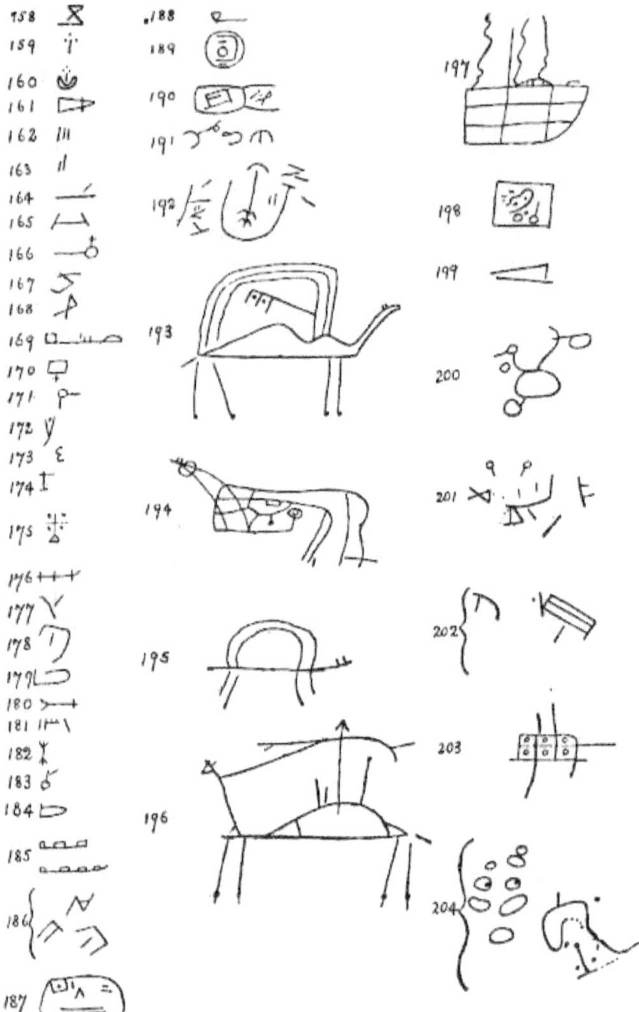

Nr. 217 scheint von besonderem Interesse zu sein, da sie teilweise in primitiven arabischen Buchstaben und teilweise in einer Schrift wie Tifinagh geschrieben zu sein scheint, die gepunktete Buchstaben verwendet. Inschriften dieser zweisprachigen Schrift wurden auch in der Twat-Gruppe von Oasen in der Westsahara in Ulad Mahmud im Distrikt Gerara gefunden. [26]

Die Unsicherheit hinsichtlich der korrekten Position der meisten dieser Graffiti, die vielen einfachen Formen und die grobe Art, in der sie gezeichnet wurden, machen Vergleiche mit anderen Zeichnungen möglicherweise gefährlich und erfordern in jedem Fall mehr Fachwissen als das, über das der

Autor verfügt. Aber die folgenden Anmerkungen dazu könnten vielleicht von Interesse sein.

Bei vielen der Zeichnungen handelt es sich zweifellos um Stammesbrandzeichen für Kamele. So sieht man hier oft einen Araber, der bei einem Halt sein *Wasm* oder Brandzeichen in den Boden ritzt, so wie ein Weißer seinen Namen schreibt.

Diese *Wasms* sind wahrscheinlich sehr alt und werden von den Arabern gesprochen, die sie bis in vormohammedanische Zeiten verwenden. Sie werden von den *Bedawin* in einer Weise verwendet, die der Heraldik des mittelalterlichen Europas ähnelt. Jeder Stamm hat sein eigenes Wappen, wobei die jüngeren Zweige und Ableger des Clans das ursprüngliche *Wasm* mit einem Unterschied übernehmen und an die „Kadenzzeichen" in der Heraldik erinnern.

Mit Hilfe meiner Männer konnte ich die folgenden Marken identifizieren:

Der in Nr. 27 zu sehende Kreis ist ein *Wasm* des Hamamla-Stammes, der in Nr. 80 abgebildet ist, und könnte mit dem hinzugefügten Strich das Markenzeichen einer seiner Unterteilungen darstellen.

Nr. 29 ist der *Wasm* des Khana-Stammes.

Nr. 37 der Jebsia.

Nr. 43, die der Zowia. Es ist merkwürdig, dass einer der fanatischsten Stämme, die zu den Lehren der Senussia konvertiert sind, das Emblem des Christentums als Abzeichen verwendet.

Nr. 44 könnte das Markenzeichen des Zoazi-Stammes sein, das in Nr. 168 und vielleicht auch in Nr. 114 erscheint.

Nr. 48 ist in der gezeigten Position das *Wasm* des Ulad ben Miriam oder, wenn es gedreht ist, wie es in Nr. 158 erscheint, das eines Maghreb-Stammes namens Malif.

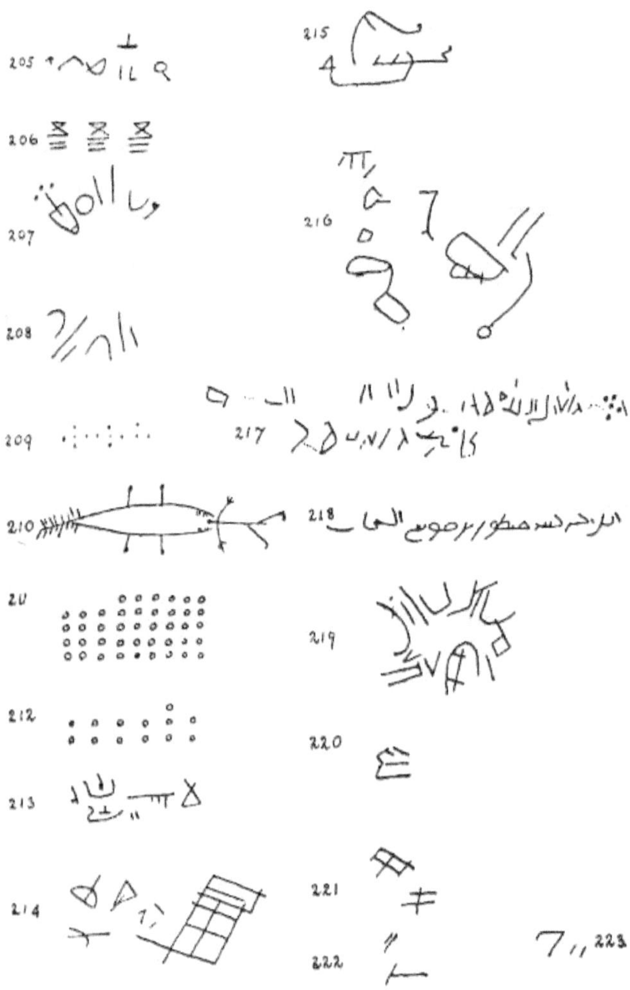

Nr. 75 soll das Brandzeichen eines anderen Maghreb-Stammes sein, dessen Namen ich nicht herausfinden konnte.

Nr. 85 ist das Zeichen des Amaim, das auch durch die Nr. 157 und 174 vertreten sein kann.

Nr. 86 wäre, um 180 Grad gedreht, der *Wasm* eines arabischen Stammes aus Moab, dessen Namen ich nicht ermitteln konnte.

Nr. 87 ist vielleicht umgedreht und soll das Zeichen der Reshaida darstellen – ein gepunkteter Kreis mit einem darüber liegenden Kreuz. Möglicherweise steht auch Nr. 170, obwohl der Kreis durch ein Quadrat dargestellt wird und die Figur ebenfalls umgedreht ist, für diesen *Wasm*.

Die Reshaida sind ein Ableger der Awazim, deren Marke – ein Kreis und ein Kreuz, ohne das „Kadenzzeichen" des Punktes – in Nr. 166 erscheint, wobei auf der linken Seite eine Linie hinzugefügt wurde. Auf diese zusätzliche Linie wird weiter unten Bezug genommen. Möglicherweise sind auch die Nr. 98 und 124 für diese Awazim-Marke gedacht.

Nr. 109 ist das *Wasm* des Orfilli-Stammes.

Nr. 156, die der Hassun, angeblich ein Ableger eines Stammes, dessen Namen ich nicht ermitteln konnte und der das Zeichen Y als Marke trägt.

Nr. 172 und 173 sind beides Marken des bekannten Bisharin-Stammes.

Nr. 177 ist das Zeichen des Harb-Stammes.

Nr. 179 des Hawerti-Stammes.

Meine Männer sagten, Nr. 234 sei das Brandzeichen eines Stammes, der aus einem anderen Clan hervorgegangen sei, dessen *Wasm* in den Nr. 73 und 112 zu sehen sein könnte, aber sie kannten die Namen beider Stämme nicht.

Viele der anderen auf den Tafeln gezeigten Zeichen *stammen wahrscheinlich* von diesen *Wasms* . Die *Bedawin* -Araber sind fast immer Analphabeten, aber sie kommunizieren untereinander durch in den Boden geritzte Zeichen, so wie Zigeuner ein „Patteran" verwenden. Siehe <u>S. 180.</u> *ante* .

, dass beispielsweise die Marken Nr. 50, die vom Malif *Wasm abgeleitet ist* , und 171 und 183, die von der ✆Marke stammen, auf diese Weise hergestellt wurden.

Viele der einfacheren Zeichen kamen wiederholt vor, und außerdem war die in Nr. 2 gezeigte Gruppe zweimal zu sehen, und die in Nr. 14 mehrere Male, während die Kombination Nr. 25 an einer Stelle nicht weniger als dreiunddreißig Mal in drei horizontalen Linien wiederholt wurde. Ähnliche Zeichen wie die Nr. 95 kamen an mehreren Stellen vor, im Allgemeinen in Dreiergruppen, angeordnet wie auf der Tafel gezeigt.

Nr. 18, das Siegel Salomons, ist in Felsinschriften der Westsahara nicht selten zu sehen. Es nimmt mehrere Formen an, von denen jede in der Mitte einen Punkt haben kann, und zwar: ✿. Die häufigste Form scheint die in Nr. 18 gezeigte zu sein, aber manchmal ist eines der Dreiecke, aus denen es besteht, mit einer dickeren Linie gezeichnet als das andere, und zwar: ✿. Es wird auch in mindestens einem Fall dargestellt – auf dem Col de Zanaga im Distrikt Figuig – umgeben von einer Wellenlinie, die eine Art Rosette bildet ✿. Außer diesen Formen sieht man in diesem Distrikt auch das falsche Siegel Salomons oder den fünfzackigen Stern, der aus einer durchgehenden Linie besteht ✹, aber ich bin in der Libyschen Wüste nicht zufällig darauf gestoßen. Diese Zeichen werden alle häufig von den einheimischen Magiern verwendet.

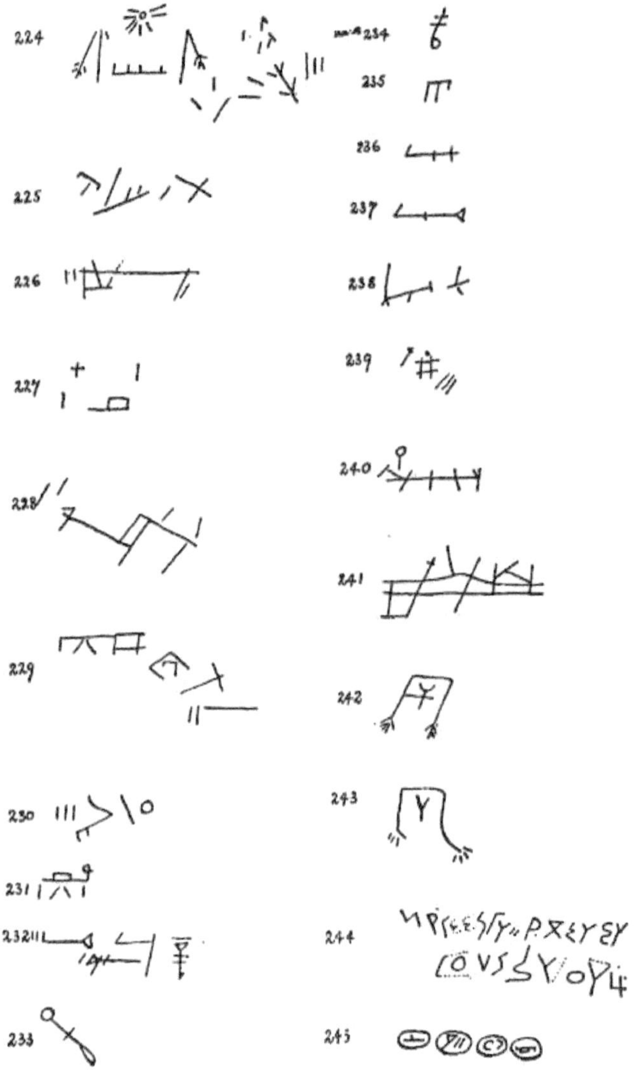

Nr. 88 war offenbar die Zeichnung einer Ledersandale und hatte die gleiche Größe wie die Originale. Die Umrisse von beschuhten und unbeschuhten Füßen, manchmal wurde der rechte Fuß nachgezeichnet, manchmal der linke, kamen nicht selten vor. Sie wurden auch in der Westsahara in Qasr el Jaj Ahmer, im Bezirk Geryville und in Guebar Rashim gefunden. Auch die Umrisse von Händen kommen vor; letztere habe ich jedoch in der Libyschen Wüste nicht gesehen.

Von den anderen Zeichen wurde das Zeichen **4**, das in Kombination mit anderen in den Nrn. 14 und 244 vorkommt, auch am Tempel des Soleb inmitten einer Inschrift gefunden. Das Zeichen **L** Nr. 74 erscheint hier ebenfalls. [27]

Die Nummern 42, 43 und 49 wurden vom verstorbenen Herrn Oric Bates aus Marmarica gemeldet. [28] Dasselbe gilt für die Nummern 63 und 71, wenn sie um 180 Grad gedreht wurden. Der kleine Kreis, der als Nummer 80 und in Kombination mit anderen Zeichen in den Nummern 9, 27 und in mehreren der auf den Tafeln gezeigten Gruppen erscheint, sowie auch Nummer 162, wenn sie um einen rechten Winkel gedreht wird, erscheinen ebenfalls in dieser Sammlung. Darunter befindet sich auch das Zeichen, das mit dem Zeichen in der Inschrift identisch sein könnte, das als Nummer 219 angegeben ist.

In einigen der Inschriften, die im Gara esh Shorfa im Aulef-Distrikt von Tidikelt in der Twat-Oasengruppe gefunden wurden, ist der Vokalpunkt (*tagherit*) der libysch-berberischen Schrift oft von einer Linie umschlossen, die eine Art Schleife darum bildet, was an die Kartusche erinnert, die in der modernen Tifinagh-Schrift häufig verwendet wird, um die verschiedenen Wörter eines Satzes zu umgeben. Manchmal wird auch der umschlossen, wobei die Buchstaben in dieser Weise folgendes Aussehen haben: . Die rechten Zeichen von Nr. 63 und Nr. 132, Nr. 146 und mehrere andere der auf den Platten gezeigten Graffiti sind möglicherweise Beispiele für diese Vorgehensweise, die sehr wahrscheinlich auch durch das Zeichen in Nr. 219 illustriert wird. Die Kartuschenbehandlung erscheint in Nr. 245.

Einige der komplizierteren Zeichen sind vielleicht nur leere Kritzeleien. Zeichnungen wie Nr. 34 sind beispielsweise oft auf Löschblättern zu sehen, die ein Schriftsteller während der Schreibpausen angefertigt hat. Aber Zeichen wie Nr. 16, 142, 148, 149 und 153 erinnern an die merkwürdigen ligierten Monogramme, die die modernen Tawarek manchmal in ihren Schriften verwenden, oder an die von Duveyrier und H. Barth erwähnten Kryptogramme, die die Tawarek-Frauen manchmal zum Spaß erfinden und die nur von denen entziffert werden können, denen sie den Schlüssel gegeben haben. [29]

Die Kreise in den Nr. 203, 211 und 212 stellen kleine Becher mit einem Durchmesser von etwa zwei Zoll dar und wurden vielleicht für Spiele wie *Harubga* oder möglicherweise zur Wahrsagerei in der von Mohammed et Tounsi beschriebenen Weise verwendet. [30] Etwas ähnliche Bechergruppen wurden in der Twat-Oasengruppe in 'Ain Guettara sowie im Distrikt Geryville in El Jaj Mohammed und Shellala Dahrania gefunden.

Nr. 224 – der linke Teil – 242 und 243 stellen wahrscheinlich Menschen dar. In Nr. 224 kommen die fünf Finger zweier Hände und das lange Haar in dem sternförmigen Zeichen darüber in mehreren anderen unbestrittenen Zeichnungen von Figuren vor, die gesehen wurden, aber nicht auf den Tafeln gezeigt werden. Es ist jedoch fraglich, ob in Nr. 242 und 243 die Füße oder die Hände dargestellt sind. Unter den Figuren, die nicht auf den Tafeln gezeigt werden, erschienen mehrere, bei denen das Haar durch Punkte statt durch die Linien in Nr. 224 dargestellt wurde.

Grobe Zeichnungen von Kamelen wurden häufig gesehen. Sie sind in Nr. 193 und 196 abgebildet, und möglicherweise sollen auch Nr. 194, 195 und 131 sie zeigen. Nr. 193 und 195 stellen möglicherweise Kamele dar, die ein Reisezelt tragen, wie es von reichen Frauen und manchmal auch von Männern auf Reisen verwendet wird. Nr. 193 stellt möglicherweise ein Tier mit zwei Höckern dar, obwohl diese natürlich in Nordafrika nie zu sehen sind. Nr. 196 trägt anscheinend einen Reiter, der auf einem Reitsattel sitzt. Unter den anderen auf den Tafeln erscheinenden Kreaturen ist Nr. 210 vermutlich ein Mann, der von einem Krokodil verschluckt wird.

Grobe Zeichnungen von Kamelen, die den hier abgebildeten sehr ähnlich sind, wurden von Oberstleutnant Tilho in der Oase Harda in Borku gefunden; und ich selbst bin in einer Höhle in der Nähe von Marsa Matru an der nordägyptischen Küste auf weitere gestoßen. Letztere wurden zusammen mit Zeichnungen einer abgefeuerten Kanone und eines Schaufelraddampfers gefunden, die aus derselben Zeit zu stammen schienen, also offensichtlich verhältnismäßig jüngeren Datums waren.

Die Zeichnungen von Straußen und die Fragmente ihrer Schalen, die man oft in der libyschen Wüste findet, sogar in der Nähe der ägyptischen Oasen, wurden als Beweis dafür angesehen, dass sie einst in diesem Teil der Wüste wild lebten. Aber das Argument ist keineswegs schlüssig; Straußeneier wurden früher häufig von den alten Sklavenhandelskarawanen aus dem Sudan gebracht, die sie als Nahrung nutzten, und die Zeichnungen zeigen ebenso wenig, dass Strauße diesen Teil bewohnten, wie die Bilder von Booten zeigen, dass einst *Dahaybas* über die Wüste in der Nähe von, sagen wir, der Oase Dakhla segelten. Das Vorkommen dieser und der Zeichnungen von Antilopen und anderen wilden Tieren zeigt lediglich, dass einige der Reisenden, die diese Straßen benutzten, aus Gegenden kamen, in denen die von ihnen dargestellten Tiere zu sehen waren.

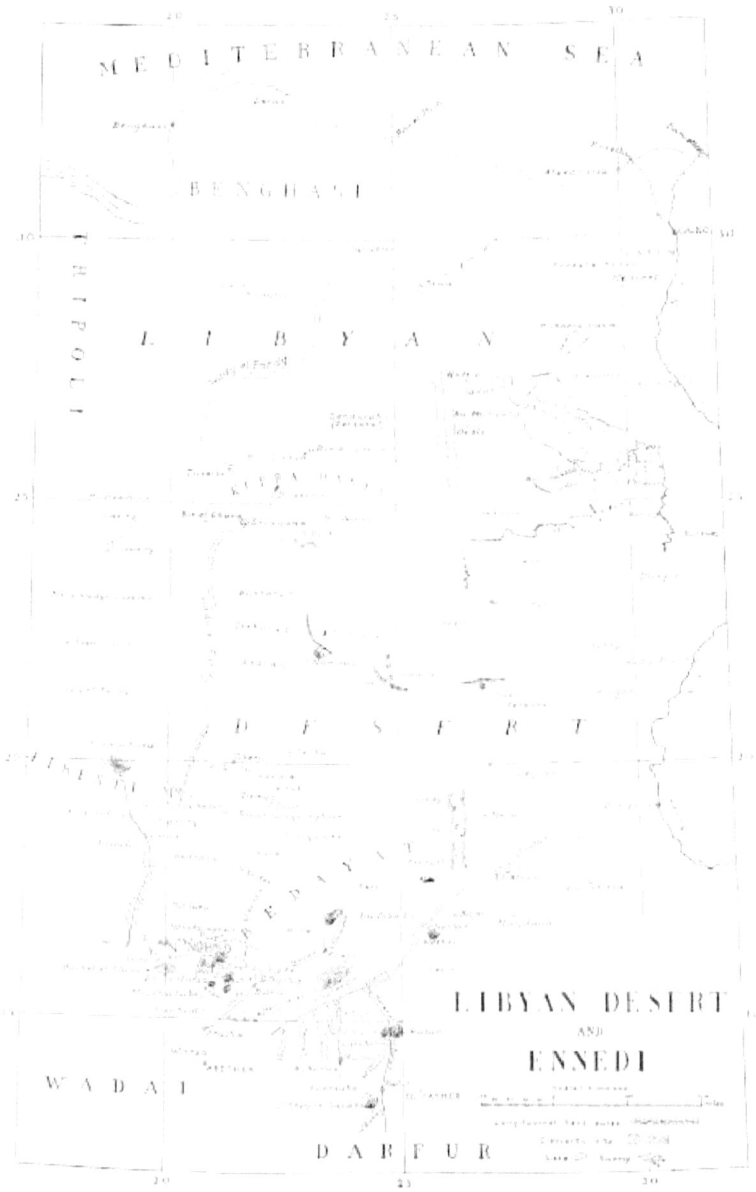

SEELEY SERVICE & CO., LTD.

Karte für „Geheimnisse der libyschen Wüste“.

FUßNOTEN:

[1] *Trifolium Alexandrinum* , L.

[2] *Medicago Sativa* (Luzern).

[3] Eine *Ardeb* = 300 Pfund.

[4] Bauer im Niltal oder in der Oase.

[5] „Die libysche Wüste aus einheimischen Quellen", RGSJ, September 1913.

[6] „Reisen in die Libysche Wüste", RGSJ, Februar 1912.

[7] „Die Farafra-Senke und Bu Mungar *hattia* ", RGSJ, Nov. 1913.

[8] „Die Farafra-Senke und Bu Mungar *hattia* ", RGSJ, Nov. 1913, S. 455-461.

[9] „Reisen in die Libysche Wüste", RGSJ, Februar 1912.

[10] Siehe RGSJ „The Nature and Formation of Sand Ripples and Dunes", März 1916, S. 189-209. „Study of a Dune Belt", Januar 1918, S. 16-33. Diskussion zum letztgenannten Artikel, April 1918, S. 250-258.

[11] „Bräuche, Aberglaube und Lieder der westlichen Oasen", Kairo, August 1914.

[12] „Bewässerung in der Oase Dakhla", RGSJ, Nov. 1917.

[13] „Die geographische Verbreitung einiger Pflanzen aus der libyschen Wüste", Kairo, Oktober 1913.

[14] *Calotropis procera* .

[15] *Malva parviflora* , L.

[16] S. 146.

[17] S. 262.

[18] „Nordamerikanische Wüsten". Prof. DT MacDougal, RGSJ Vol. XXXIX, Nr. 2.

[19] „Probleme bei der Erforschung: Afrika". Von FR Cana, RGSJ, Nov. 1911, S. 464.

[20] Siehe auch „The Libyan Desert from Native Information", RGSJ, Sept. 1913.

[21] Hassanein Beys Beobachtungen haben gezeigt, dass Rohlfs' Position für Boema in Kufara um etwa 40 Kilometer falsch ist.

[22] Siehe Anmerkung auf S. 319.

[23] „Die Sanddünen der libyschen Wüste." Von HL Beadnell, RGS Vol. XXXV, S. 383

[24] S. 96.

[25] Siehe S. 90.

[26] „Notizen zu einigen neuen oder vielleicht bekannten Stationen aus der Sahara", von MQBM Flamand.

[27] Waddington und Hanbury, „Journal of a Visit to some parts of Ethiopia", 1882. Veröffentlicht von John Murray, Albemarle Street, London, 268.

[28] Oric Bates, „Nomad Burials in Marmarica". „Man", Vol. XII. Nr. 10.

[29] „Notizen zu einigen neuen oder vielleicht bekannten Stationen aus der Sahara", von GMB Flamand, S. 6. 9.

[30] Verweis auf GBM Flamand, *a. a. O.*